임상신경심리학의 기초

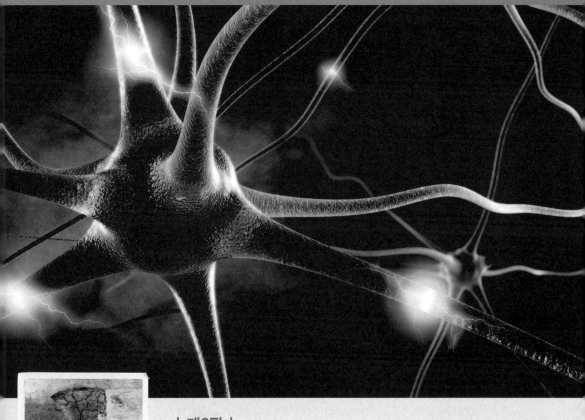

| 제3판 |

임상신경심리학의 기초

Christopher M. Filley 지음 | 김홍근 옮김

Σ 시그마프레스

임상신경심리학의 기초

발행일 | 2012년 7월 9일 1쇄 발행
       2017년 2월 13일 2쇄 발행
       2021년 3월 5일 3쇄 발행

저자 | Christopher M. Filley
역자 | 김홍근
발행인 | 강학경
발행처 | ㈜시그마프레스
디자인 | 송현주
편집 | 류미숙

등록번호 | 제10-2642호
주소 | 서울특별시 영등포구 양평로 22길 21 선유도코오롱디지털타워 A401~402호
전자우편 | sigma@spress.co.kr
홈페이지 | http://www.sigmapress.co.kr
전화 | (02)323-4845, (02)2062-5184~8
팩스 | (02)323-4197

ISBN | 978-89-97927-03-6

Neurobehavioral Anatomy, Third Edition

* 책값은 뒤표지에 있습니다.

모든 행동에는 해부학이 있다.

역자 서문

이 책은 C. M. Filley의 『Neurobehavioral Anatomy』(3판, 2011)를 완역한 것이다. 원서의 제목을 직역하면 '신경행동해부학'이지만 역서에서는 국내 실정에 맞게 『임상신경심리학의 기초』라고 제목을 정하였다. 책의 차례를 보면 알 수 있겠지만 다루고 있는 내용이 심리학자, 신경학자, 정신의학자에게 적합한 내용이다. 그러므로 '신경행동해부학'이라는 직역은 책 내용에 관해 오해의 소지가 있었을 것이다.

　　역자는 우연한 기회에 이 책의 원서 제1판을 십수 년 전에 접하게 되었는데 책의 짜임새와 문장력에 개인적으로 감탄해 마지 않았다. 그 후 강의 교재로 사용하면서 번역하려는 생각이 있었지만 실행에 옮기지 못하다가 이번에 마침내 번역본을 출간하게 되었다. 정말 좋은 책이라는 역자의 생각은 번역하는 동안 조금도 줄지 않았다. 잘된 책이라고 느낀 점은 두 가지이다. 하나는 신경심리학에서 진짜로 중요한 주제들만을 선발해내는 '선구안'이다. 역자가 접한 교재들 중에는 중요한 주제들 중 상당 부분을 다루지 않은 경우가 있었다. 또한 지엽적이거나 저자 자신의 관심을 반영하는 주제들을 지나치게 상세히 다루는 경우도 있었다. 그러나 이 책의 경우 개인적으로 빼버리고 싶은 주제나 첨가하고 싶은 주제가 거의 없을 만큼 완벽한 선택이라고 느꼈다. 그 다음은 선별된 주제를 간명하게 서술해내는 저자의 글솜씨이다. 다른 책에서는 지나치게 복잡하거나 지루했던 주제들이 이 책에서는 놀라우리만치 간명하게 정리되어 있었다. 뇌-행동 관계를 이 정도로 쉽게 풀어내는 저자의 솜씨는 이 분야의 지식을 높은 수준에서 꿰뚫고 있음을 보여준다. 또한 저자는 신경과 의사로서 임상적 관점에서 주제들을 다루기 때문에 이론을 강조하는 책에 비해 매우 흥미로우며, '신경심리학' 또는 '행동신경학'의 기초적 지식을 연마하는 데 매우 적합하다.

　　번역에서 어려운 점 중의 하나는 신경심리학 관련 용어들의 거의 대부분이 통일

된 번역어가 없다는 점이었다. 역자는 여러 고심 끝에 가능한 한 순우리말 번역을 지향하였다. 예를 들어 limbic system은 '변연계'로 번역하지 않고 '둘레계'로 번역하였다. 순우리말 번역을 지향한 것은 한자어 번역보다 친근하고 이해하기 쉽다는 점을 고려하였다. 그러나 이미 많이 쓰여서 상당히 굳어진 한자어 번역이 있는 경우는 그대로 사용하였다. 또한 단일한 병명이나 해부적 구조를 의미하는 번역어가 2개 이상의 단어로 구성된 경우 가능한 한 띄어쓰기를 하지 않았다. 이는 의학용어 번역에서 많이 사용되는 관례이며 역자의 경험으로는 번역에서 오는 혼란을 경감시키는 데 도움을 준다. 마지막으로 번역어 뒤에 영문을 많이 병기하여 번역어가 주는 혼란을 경감시키도록 노력하였다.

마지막으로, 이 책의 부록에 관해서 잠시 언급하고자 한다. 부록 A는 원서에 있는 것으로 이 책에서 사용하는 주요 신경심리용어에 대한 해설이다. 이 용어의 번역은 본문과 마찬가지로 주로 순우리말 번역을 지향하였다. 부록 B는 역자가 첨가한 것으로 신경심리사례들이다. 책 내용의 이해에 도움이 되도록 국내외 문헌 및 역자의 임상파일에서 수집하여 간명하게 기술하였다. 끝으로 부록 C 역시 역자가 첨가한 것으로 이 책의 이해를 도울 수 있는 여러 신경해부 그림들을 수록하였다. 책의 본문에 나와 있는 그림들은 피하고 없는 그림들을 수록하여 보완할 수 있도록 하였다. 끝으로 '찾아보기'는 한글과 영문을 대조시켜 번역어에 대한 찾아보기 역할도 할 수 있도록 배려하였다. 그러므로 본문을 읽다가 의문 나는 점이 있으면 부록 및 찾아보기를 일차적으로 참고할 것을 권한다.

신경심리학은 뇌와 마음의 관계를 분석하는 학문이다. 과학적으로 매우 흥미 있는 연구 분야이며, 실용적으로도 뇌손상 환자의 임상과 관련되는 중요한 분야이다. 아무쪼록 이 역서가 신경심리 및 관련 분야를 학습하려는 학도들에게 작은 도움이라도 될 수 있다면 역자로서는 매우 기쁜 일이 될 것이다. 가능한 한 쉬운 말로 번역하려고 신경을 썼지만 미흡한 점이 많이 남는 것에 대해 독자들의 양해를 구한다. 끝으로 번역 원고의 퇴고를 도와준 신경심리실 학생들과 실어증 자료의 수집을 도와 준 김영은에게 감사의 마음을 전한다.

2012년 6월 김홍근

머리말

이 책은 1980년대 말 콜로라도대학교 의과대학 신경과의 레지던트, 학생, 펠로우에게 실시했던 일련의 신경행동세미나에서 비롯하였다. 세미나의 의도는 수강생들이 잘 간추려진 요약적 지식을 다양한 학술적 장면에서 즉시 활용할 수 있도록 하는 것이었다. 이를 위해 선택적이고, 실용적이고, 간결한 내용을 제시하였다. 행동신경학 책을 읽는 것은 공포스러울 수 있다. 여러 가지 이해하기 어려운 개념과 용어들이 등장하며, 미묘하게 변화된 행동은 언어적으로 기술되기가 본질적으로 어렵다. 그러므로 나는 의도적으로 행동신경학에서 가장 중요한 주제들에 관한 간결한 기술에만 한정하였다. 많은 사람들이 이 책의 1995년 판을 행동신경학에 대해 이해하기 쉬운 입문서로 말한다는 사실에 큰 만족감을 느꼈다. 또한 임상적 의문들과 의사시험 준비를 위한 간편한 참고서로도 활용된다는 것에 매우 기뻤다. 심지어는 그냥 흥미로워서 읽었다는 사람들도 있었다. 이 책의 2001년도 판은 유사한 의도를 가지고 준비되었다. 그러므로 비교적 소규모의 개정만을 하였으며 책의 부피는 늘지 않았다.

이제 제3판을 접하는 독자는 여러 달라진 점들을 즉시 알아볼 수 있을 것이다. 아직도 큰 책으로 보기는 어렵지만 제3판은 이전 판들에 비해 부피가 커졌으며 내용에 상당한 개정이 가해졌다. 모든 과가 최근의 경향을 반영하기 위하여 큰 폭으로 개정되었다. 또한 이전 판에서 강의 노트에 불과했던 부분들을 보강하여 내용을 심화시켰다. 나는 초판의 주제들이 아직도 차례에 포함될 충분한 가치가 있다고 믿기 때문에 책의 전체적 구성은 바꾸지 않았다. 그러나 각 과의 내용은 지난 수년간 등장한 새로운 지식들을 반영하기 위하여 개정되었다. 이러한 개정은 뇌가 행동을 어떻게 매개하는지를 자세히 볼 수 있게 해주는 새로운 기술들에서 나온 자료들을 포함한다. 또한 관련 분야의 사고가 활기차게 발전해 감에 따라 강조점과 뉘앙스가 달라진 점도 반영한다. 행동신경학의 하부 전문 영역들은 빠르고 활기차게 변하고 있다. 또한 관련 학문들과 함께 뇌-행동 관계의 풍요한 직조를 점점 더 명료하게 풀어나가고 있다. 이러한 발전을 목격하는 것은 실로 가슴 두근거리는 일이다.

이 책의 주요 초점은 뇌연구를 통해 밝혀진 행동의 신경해부학이다. 다른 신경과학 분야들에 대한 논의도 가끔 있지만 주 강조점은 뇌구조, 특히 분산신경망의 개념으로 이해된 뇌구조에 있다. 또한 뇌라는 특별한 기관이 어떻게 인간 행동 및 행동장애의 근원이 되는지의 이해를 강조한다. 이러한 목표가 있기 때문에 치료는 이 책의 주요 주제가 아니다. 여러 신경행동적 장애들의 치료에서 상당한 발전이 있어왔음은 의심할 바 없다. 그러나 이 책의 부피를 합리적인 수준으로 유지하기 위해서는 행동신경학의 치료적 측면은 대부분 다른 책들로 미뤄질 것이다.

이 책은 임상적 관점에서 서술되었다. 나는 주요 포인트를 예시하는 여러 신경영상 사진들을 포함시킬 것을 신중히 고려하였지만 결국 포함시키지 않기로 결정하였다. 왜냐하면 행동신경학의 뿌리는 변화된 행동의 임상적 평가에 있지 뇌의 구조적혹은 기능적 영상을 강조하는 것에 있지 않기 때문이다. 이 책은 신경방사선학 책이 아니다. 만약 독자가 이 빠르게 발전 중인 분야에 관해 더 많은 것을 알기 원한다면여러 훌륭한 교과서들 중에서 선택할 수 있을 것이다. 뇌-행동 관계는 사려 깊은 임상적 평가와 신경해부학 및 신경병리학의 지식을 통해 밝혀질 수 있다. 뇌영상에 의존하는 것은 도움이 되는 것은 분명하지만 자세한 환자 평가를 대신할 수는 없다.

제1판의 서문에서 나는 뇌를 '우주에 존재하는 가장 환상적이고 인상적인 생물학적 구조'라고 언급하였다. 경험은 나에게 다른 분야의 의사들과 의과학자들이 그들이 연구하는 신체 기관에 대해서 똑같이 느낀다는 점을 알게 해주었다. 물론 이러한 자부심은 다 정당한 것이다. 그러나 내가 뇌에 관한 연구들을 계속해 온 지난 세월동안 마음의 기관이라는 뇌의 매력은 조금도 줄지 않았다. 실로 뇌가 어떻게 우리가 마음이라고 부르는 것을 가능하게 하는지에 대한 견해를 제시하는 것은 하나의 특권이다. 환자들은 고통스러운 신경행동적 이상의 시기를 통해 그들만이 겪는 독특한 경험을 개방함으로써 우리에게 영감을 불어넣어 주었다. 나는 환자들에게 다시 한 번 고마운 마음을 전한다.

콜로라도대학교 출판부의 Darin Pratt에게 이 개정판의 작업을 시작하도록 격려하고 점차적인 완성까지 도움을 준 것에 감사의 마음을 전한다. Mel Drisko에게 신경해부학의 중요한 세부사항들을 훌륭하게 묘사하는 그림들을 그려준 것에 감사를 전한다. 이 밖에 C. Alan Anderson, David B. Arciniegas, James P. Kelly, Benzi M. Kluger, Bruce H. Price, Jeremy D. Schmahmann, M.-Marsel Mesulam, Kenneth M. Heilman, Bruce L. Miller, Mario F. Mendez, Michael P. Alexander, Antonio R. Damasio, Kirk R. Daffner, Daniel I. Kaufer, Thomas W. McAllister, Kenneth L. Tyler, Steven P. Ringel, Victoria S. Pelak, Mark C. Spitz, John R. Corboy, Laurence J. Robbins, Elizabeth Kozora, C. Munro Cullum, Brian D. Hoyt, Michael Greher, James Grigsby, Steven M. Rao, B. K. Kleinschmidt-DeMasters, Bernardino Ghetti, Michael Wiessberg, Hal S. Wortzel, Kristin M. Brousseau, Jack H. Simon, Mark S. Brown, Jody Tanabe, and Philip J. Boyer에게도 감사를 전한다. 이들 모두는 그들의 광대한 전문 지식을 통해서 나의 생각을 명료화시켜 주었다.

차례

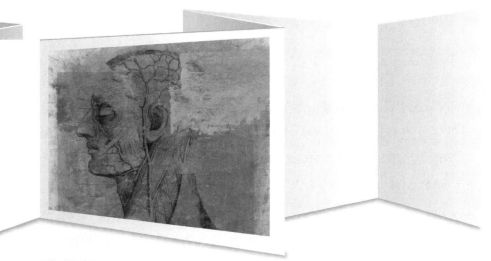

제1장

행동과 뇌

인간의 행동은 끝없는 호기심을 불러일으킨다. 우리 모두는 '기억은 어떻게 만들어지는가?', '말은 어떻게 할 수 있는가?', '정서는 어떻게 만들어지는가?', '인간의 특성인 복잡한 사고와 감정의 근원은 무엇인가?' 등의 의문을 가져 본 적이 있다. 이러한 의문들을 풀기 위하여 수많은 연구들이 행해져 왔지만, 우리가 가진 답변은 아직도 극히 제한적이다. 고대 그리스의 히포크라테스 이후로 뇌가 행동의 근원이라는 원리는 널리 인정되어 왔다. 그러나 머리뼈 속에 감추어진 이 조그만 기관을 연구하는 것은 인간 생물학의 다른 어떤 주제보다도 어려운 도전에 직면해 왔다. 대부분의 과학자들은 뇌-행동 관계라는 거대한 주제를 직접 연구하는 것은 너무 어려운 일이라고 생각한다. 대신에 보다 작은 주제를 택해서 의미 있는 진전을 이루는 것(그리고 많은 연구비를 지원받는 것)을 선호한다. 뇌와 행동에 관한 많은 연구들은 사실 '설명적(explanatory)' 연구가 아니라 '기술적(descriptive)' 연구에 머문다. 그러나 기술적 연구에서조차 관찰된 뇌-행동 현상에서 신뢰성 있는 측면을 파악하는 것은 결코 쉽지 않다. 인간의 다양한 정상 및 이상 행동들을 뇌의 복잡한 신경생리와 연계시키는 것은 아직도 지극히 어려운 일이다. 행동의 원인에 대한 우리의 무지는 실로 유감스럽다. 만약 뇌가 어떻게 행동을 일으키는지를 완벽하게 밝혀낸다면 그 파장은 엄청날 것이다. 인류의 문명에는 큰 진보가 있을 것이고 인류의 파괴성도 크게 낮출 수 있을 것이다. 사실 뇌가 행동을 일으키는 메커니즘이 밝혀진다면, 인간 활동의 거의 모든 영역에 엄청난 파장이 미칠 수밖에 없을 것이다.

이 책의 서론에 해당하는 본 과에서는 다음 몇 가지를 중점적으로 살펴볼 것이다. 첫째, 뇌-행동 관계 연구의 철학적 및 역사적 배경에 대해 살펴볼 것이다. 이러한 배경은 오늘날의 연구에도 많은 영향을 주는 점에서 중요하다. 둘째, 뇌의 해부학적 구조에 관해 살펴볼 것이다. 해부학적 논의는 신경행동기능에 중요한 부분에 국한될 것이다. 셋째, 이제는 퇴출된 학문인 골상학(phrenology)에 관해 잠시 살펴볼 것이다. 골상학의 논의는 뇌-행동 관계에 관한 도식적이고 단순화된 설명이 얼마나 위험한지에 관한 교훈을 줄 것이다. 마지막으로, 행동신경학(behavioral neurology)의 특징에 관해 논의할 것이다. 행동신경학의 논의는 뇌의 구조와 기능에 대한 지식이 왜 인간행동의 이해에 필수적인지를 제시할 것이다.

1.1 마음 – 뇌 문제

역사적으로 철학자들은 마음에 관한 논의에서 중심적인 역할을 해왔다. 대부분의 인간 역사에서 마음 연구에 사용된 유일한 방법론은 연구자 스스로 자신의 사고와 감정에 관해 살펴보고 분석하는 것이었다. 이러한 방법론을 내성법(introspective method)이라고 한다. 마음 연구에 체계적이고 경험적인 과학적 방법론이 적용되기 시작한 것은 그리 오래되지 않았다. 먼저 19세기 후반 심리학에서 사용되었고 (James, 1890), 20세기 초반 신경과학의 성장과 함께 폭발적으로 증가하였다(Corsi, 1991). 심리학의 방법론은 하향식(top-down)인 반면에 신경과학의 방법론은 상향식(bottom-up)인 점이 대조적이다. 어쨌든 이 두 학문은 모두 뇌-행동의 이해에 지대

한 공헌을 해왔다. 고대 철학자들이 뇌-행동 관계에 관해 고심했던 몇 가지 근본적
이슈들은 과학적 방법이 사용되는 오늘날에도 여전히 해결되지 않고 있다. 과학이
마음의 본질에 관한 모든 의문들에 관해 해답을 준 것은 결코 아닌 것이다. 사실 많
은 사람들은 미래에도 과학이 마음에 관한 가장 근원적인 의문에는 해답을 줄 수 없
을 것이라고 예상한다(Horgan, 1994). 물론 그럴 수도 있다. 그렇지만 분명한 것은
과학을 통해서만 그러한 근원적 의문들에 대한 의미 있는 탐구가 가능하다는 것이
다. 이제 마음에 관한 몇 가지 근본적인 철학적 이슈를 살펴보자. 임상신경과학도인
저자가 이러한 철학적 논의를 하는 것은 적절하지 않은 것으로 보일 수도 있다. 그러
나 생물학의 최근 발전은 이 오래된 철학적 문제를 새로운 관점에서 조명할 수 있게
해준다(Young, 1987).

철학에서 가장 오래되고 해결하기 어려운 이슈 중의 하나가 마음과 신체의 관계
이다. 이 이슈를 마음-신체 문제(mind-body problem)라고 부른다. 우리의 일상 경
험은 '마음'이라는 것이 실체적으로 존재한다고 믿을 만한 충분한 근거를 제공한다.
또한 물질적 현실은 '신체'라는 것이 실체적으로 존재한다는 것을 의심할 수 없게 한
다. 뇌는 신체 중에서도 마음과 가장 밀접하게 연관된 부분임이 분명하다. 그러므로
마음-신체 문제는 더 정확히 표현하면 마음-뇌 문제(mind-brain problem)이다. 문
제의 중심에는 마음은 본인만이 내적으로 느낄 수 있는 순수하게 주관적인 존재인
반면에, 뇌는 객관적으로 존재하는 물질이라는 점이 자리한다. 우리는 인간 마음의
특징 중 하나가 의식(consciousness)이라는 것을 의심하지 않는다. 그러나 물질적 존
재인 뇌가 어떻게 의식을 할 수 있는지는 아직도 분명하지 않다. 바로 이것이 마음-
뇌 문제이다. 많은 사람들은 인간이 뇌세포나 뇌의 작동 원리에 대해 아무리 더 많이
이해하게 되더라도 의식의 존재를 과학적으로 설명할 수는 없으리라고 예상한다. 이
러한 점에서 의식을 영혼(soul)이나 혼령(spirit)에 비유하기도 한다. 철학자 John
Searle은 마음-뇌 문제를 다음의 직설적인 질문으로 표현했다. "어떻게 내 머리뼈 안
에 있는 흰색과 회색의 물컹한 덩어리가 의식을 할 수 있단 말인가?"(Searle, 1984,
p.15). 의식은 인간의 마음 중에서도 가장 불가사의한 특징이며, 뇌가 어떻게 의식을
만들어내는지는 현대 과학으로도 분명하게 밝혀지지 않았다.

마음-뇌 문제에 대한 철학적 입장은 크게 두 가지로 나뉜다. 하나는 이원론 (dualism)이고, 다른 하나는 유물론(materialism)이다. 이원론을 주창한 대표적 철학 자는 17세기의 René Descartes이다. 그는 마음과 뇌가 서로 독립적인 별개의 실체라 고 생각하였다. 그가 남긴 유명한 말인 "나는 생각한다. 고로 존재한다(I think, therefore I am)"는 마음이 신체로부터 독립된 존재이며, 정신 활동이 물리적 세계와 는 별개라는 그의 사상을 잘 표현한다(Descartes, 1637). Descartes는 마음과 신체가 상호작용하는 지점이 있다고 생각하였으며, 솔방울샘(pineal gland)이 그 지점이라 고 주장하였다. 이 주장에 따르면 마음은 솔방울샘에서 감각 신호를 받아서, 뇌가 운 동 신호를 보내도록 중계한다. 비물질적인 존재인 마음과 물질적인 존재인 뇌가 별 개의 실체라는 Descartes의 사상은 수백 년간 커다란 영향력을 행사하였다.

유물론은 John Locke, John Dewey, Bertrand Russell 등의 사상가들에 의해 주 창되었다. 이들은 물리적이든 정신적이든 이 세상에 존재하는 유일한 실체는 물질이 라고 생각하였다. 그러므로 이들은 마음과 뇌를 분리적인 존재로 보지 않았으며, 마 음이란 뇌의 물리적 활동의 한 측면일 뿐이라고 생각하였다. 현대 철학에서는 이런 주장을 '동일론(identity theory)'이라고 부르는데 '마음이 곧 뇌이고, 뇌가 곧 마음이 다'는 사상이다. 이 사상가들은 정신적인 존재와 물리적인 존재가 별개의 실체라는 이원론은 전혀 근거가 없다고 비판한다. Gilbert Ryle(1949)은 이원론이 '기계에 혼령 이 있다(ghost in the machine)'는 주장만큼이나 허무맹랑한 것이라고 신랄하게 비판 하였다. 유물론이 극단적으로 변형된 형태의 하나가 B. F. Skinner의 행동주의 (behaviorism)이다. 행동주의는 환경 조건에 따른 행동의 조작을 강조하면서 20세기 전반 미국 심리학에 큰 영향을 주었다(Skinner, 1971). 행동주의에 따르면 '마음'이라 는 개념은 사실 과학적 연구에서 전혀 고려할 필요가 없는 사항이다.

마음-뇌 문제를 해결하려는 논쟁은 오늘날에도 활발하게 이어지고 있다. 현대 철학자 중 이원론적 상호작용주의(dualist interactionism)를 주장하는 대표적 인물은 Karl Popper이다(Popper and Eccles, 1977). 유물론을 대표하는 철학자 중에는 Searle(1984, 2004), Patricia Churchland(1986), Daniel Dennett(1991)가 있다. Patricia Churchland(1986)와 Dennett(1991)는 '마음과 뇌가 동일하다'는 명제를 완

전히 수용한다는 의미에서 '마음-뇌(mind-brain)'라는 합성명사를 사용할 것을 제안하였다. 이는 뇌과학의 연구성과가 철학적 사유에 얼마나 많은 영향을 끼칠 수 있는가를 잘 보여준다.

이원론은 현대 과학의 관점에서 매우 방어하기 어려운 입장으로 보일 수 있다. 그러나 사실 현실은 그리 간단하지 않다. 예를 들어 자유 의지(free will)에 관해 생각해보자. 사람의 행동은 자유스러운 것인가, 아니면 물리와 화학의 기계적 법칙에 따라 결정되는 것인가? 이 질문에 어느 하나로 명확한 답을 주는 것은 매우 어렵다. 만약 유물론의 주장처럼 마음과 뇌가 동일하고, 뇌가 결국에는 작동 원리가 모두 밝혀질 수 있는 물질적 존재라고 가정한다면, 유물론은 결국 결정론(determinism)의 덫에서 빠져나올 수 없게 된다. 즉, 모든 인간행동은 물리와 화학의 법칙에 따른 것이며, 자유 의지란 없다는 결론이 불가피하다. 이 문제 말고도 과학이 답하기 곤란한 몇 가지 문제들이 더 있다. 이러한 문제들 때문에 유물론의 입장을 아무런 의심 없이 전폭적으로 수용하는 것에는 여러 어려움들이 남아 있다.

이원론의 주장을 완전히 배격하는 것을 어렵게 만드는 몇 가지 쟁점들에도 불구하고 유물론자의 입장이 보다 현실적이고 유용한 관점임을 부정할 수는 없다. 마음의 연구에서 신경과학적 접근이 이룬 성과는 박테리아성 폐렴의 치료에서 페니실린이 발견된 것만큼이나 혁명적인 변화를 가져왔다. 모든 종류의 인간 심리 연구가 뇌의 결정적 중요성을 제시하고 있다. 예를 들어 뇌졸중, 치매 혹은 뇌외상 환자의 관찰은 뇌의 물리적 변화가 정신 활동의 변화(때로는 극적인 변화)를 일으킨다는 점을 추호도 의심할 수 없게 한다. 뇌와 행동의 관계 연구가 불확실하고 일관성 없는 결과로 인해 신경과학자들을 어렵게 만드는 경우도 많이 있다. 그러나 이는 뇌 연구가 어렵다는 것을 증명할 뿐이지 뇌와 행동 간에 연관성이 없다는 것을 증명하지는 않는다. 신경과학자들 중 이원론에 집착하는 소수(Penfield, 1975; Popper and Eccles, 1977)가 없는 것은 아니지만, 절대 다수의 신경과학자들은 물리적(physical) 사건이 정신 활동에 대한 보다 완벽하고 만족스러운 설명이라는 쪽에 동의한다. 뇌 활동이 정신 활동을 매개한다거나, 뇌 활동과 정신 활동 간에 직접적 상관이 있다는 것은 완전히 증명된 진리가 아니라 어림법적 원리(heuristic principle)라고도 볼 수 있다. 그러나

이 원리는 많은 생산적 연구 활동의 촉매제가 되어 왔다. 현대 신경과학의 연구성과들이 앞서 언급한 어려운 철학적 문제들에 대해 완전한 답변을 주지는 못하였다. 그러나 '정신 활동이 뇌구조와 기능의 산물이다'는 명제를 지지하는 강력한 증거들을 축적해 온 것도 사실이다. 이러한 관점에서 과학적 진보가 오랜 철학적 문제들을 완벽히 해결한 것은 아니지만 전에 비해 그 문제들이 제기하는 심각성을 완화시켰다.

이 책이 취하는 입장은 유물론이며 신경과학의 가정과 방법들을 전폭적으로 수용한다. 물질론을 실용적으로 수용한다고 해서 비물리적인 실체의 존재를 완벽하게 부정할 수는 없다. 그러나 과학적 방법론으로 환원(reduction)시킬 수 없는 영적 혹은 신비한 실체의 존재를 가정한다고 해서 우리가 얻을 수 있는 것은 거의 없다. 특히 오늘날에는 기억, 언어, 정서와 같은 복잡한 심리 현상도 과학적 방법론으로 의미 있는 연구성과를 낼 수 있다. 그러므로 신비한 존재를 가정할 필요는 더욱 없게 되었다. 예를 들어, 우리는 제9장에서 신앙심과 같은 종교적 경험에서조차 신경학적인 접근이 가능함을 보게 될 것이다(Saver and Rabin, 1997). 이런 점에서 정신적 사건이 어떤 물리적 근간도 없다고 해석하는 이원론적 시각은 한계가 있다. 우리가 앞두고 있는 과제는 정신적 사건이 뇌에 의해 어떻게 구현되는지를 구체적으로 밝히는 것이다. 이런 점에서 Searle은 마음-뇌 문제의 보다 현실적인 해결책으로 '생물학적 자연주의(biological naturalism)'라는 개념을 제안하였다(Searle, 2004). 어떤 용어가 사용되든지 간에 마음이 뇌의 직접적 산물이라는 입장은 합리적이며 수많은 증거가 있다(Geschwind, 1985; Churchland, 1986; Dennett, 1991; Searle, 2004). 또한 뇌의 작동원리에 대한 계속적인 탐구가 마음의 신비를 밝히는 데 지대한 공헌을 하리라고 기대할 만한 충분한 근거가 있다.

1.2 뇌 해부의 개관

신경해부학(neuroanatomy)은 행동신경학의 토대이며 인간행동의 신경적 기반에 대하여 많은 통찰을 제공하여 왔다. 기초적인 운동과 감각기능이 뇌 작동의 산물인 것처럼 복잡한 인지와 정서기능도 뇌 작동의 산물이다(Mesulam, 2000; Kandel,

Schwartz, and Jessell, 2000). 이 책은 뇌의 고위기능(higher functions)과 주로 관련되며 각 장에서는 그 장의 고위기능과 임상적으로 관련된 뇌 부위의 해부를 다룰 것이다. 여기서는 후속 장들에 대한 길잡이로서 뇌 해부의 일반적 특징을 신경행동적 개념과 연관시켜 간단히 살펴보고자 한다. 뇌 해부에 관한 보다 자세한 지식은 관련 전문서(Nauta and Fiertag, 1986; Parent, 1996; Nolte, 2002)를 참고하기 바란다.

인간의 뇌는 부드럽고 물컹한 조직으로 성인의 경우 1,400g 정도가 나가며 회색질(gray matter)과 백색질(white matter)로 구분된다. 뇌에는 대략 1,000억 개 이상의 신경세포(neuron)가 있으며, 신경아교세포(glial cell)의 수는 그보다 최소한 10배 이상인 것으로 추정된다(Kandel, Schwartz, and Jessell, 2000). 또한 각 신경세포는 대략 수천 개 정도의 다른 신경세포와 연결되어 있어서 뇌의 복잡성은 실로 엄청나다(Kandel, Schwartz, and Jessell, 2000). 뇌에 있는 신경세포들 중 99% 이상이 사이신경세포(interneuron)로 분류될 수 있다(Kandel, Schwartz, and Jessell, 2000). 그러므로 대부분의 뇌 활동은 감각입력과 운동출력 사이에서 일어나는 정보처리와 관련된다. 즉, 대부분의 뇌조직은 감각 기제와 운동 기제 사이에서 환경적 요구에 대응하여 행동을 적응적으로 정교화하는 활동을 한다.

뇌는 대뇌(cerebrum), 뇌줄기(brain stem), 소뇌(cerebellum)의 세 부분으로 구성된다(그림 1.1, 1.2 참조). 이 중 고위기능에 가장 중요한 것은 대뇌이다. 대뇌는 두 개의 뇌반구(hemisphere)와 사이뇌(diencephalon)로 구성된다. 사이뇌에는 시상(thalamus)과 시상하부(hypothalamus)가 있다. 왜 대뇌가 2개의 반구로 되어 있는지, 그리고 왜 인체의 다른 2개로 되어 있는 기관(예 : 허파, 신장)과는 달리 두 뇌반구의 기능이 비대칭적인지는 잘 이해되지 않고 있다. 그러나 우리는 이 책에서 각 뇌반구의 독특한 작동에 대해 여러 번 강조하게 될 것이다. 뇌반구의 표면은 주름이 잡혀 있는데, 밖으로 나온 부분을 이랑(gyrus), 안으로 들어간 부분을 고랑(sulcus) 또는 틈새(fissure)라고 부른다. 관례적으로 뇌반구는 전두엽(frontal lobe), 측두엽(temporal lobe), 두정엽(parietal lobe), 후두엽(occipital lobe)의 4개 부분으로 구분한다.

뇌반구를 4개의 엽으로 구분하는 경계는 주요 틈새들을 기준으로 했을 뿐 임의

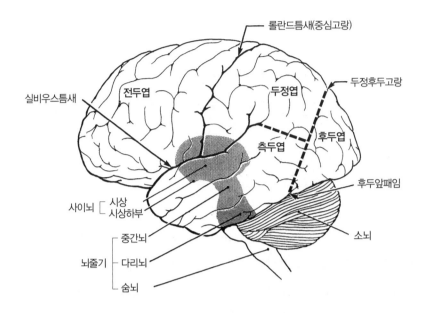

그림 1.1 뇌의 바깥면. 네 엽 및 주요 틈새, 사이뇌, 뇌줄기 소뇌가 표시되어 있다.

적(arbitrary)이다. 그렇지만 네 엽의 구분은 여러 모로 편리하며, 각 엽은 기능적으로
도 구분되는 역할을 한다. 표 1.1에는 각 엽의 기능이 요약되어 있다. 이 기능들은 후
속 장들에서 자세히 논의될 것이다. 여기서는 각 엽의 기능을 간단하게만 살펴보자.
첫째, 전두엽(frontal lobe)은 가장 앞쪽에 위치하며, 모든 엽들 중에서 제일 크다. 전
두엽은 운동출력의 시발점이며 피질척수길(corticospinal tract)을 통해서 운동출력을
내려보낸다. 또한 말소리(speech)와 운율(prosody)의 산출(production)에도 중요한
역할을 한다. 그리고 처신(comportment), 관리기능(executive function), 동기와 같
은 통합적인 능력도 매개한다. 둘째, 측두엽(temporal lobe)에는 청각입력을 처리하
는 기능이 있으며, 말소리와 운율의 이해에도 중요하다. 또한 둘레계(limbic system)
와의 연결을 통해 기억과 정서에서도 중요한 역할을 한다. 셋째, 두정엽(parietal
lobe)에는 체감각입력을 처리하는 기능이 있으며, 시공간기능에 중요한 역할을 하고,
읽기와 계산하기 기능도 매개한다. 마지막으로, 후두엽(occipital lobe)은 뇌의 가장
뒤쪽에 위치하며, 모든 엽들 중에서 제일 작다. 후두엽은 시각입력을 처리하는 기능

표 1.1 네 엽의 기능 요약

전두엽	두정엽
운동계(motor system) 언어산출(language production)-좌반구 운율산출(motor prosody)-우반구 처신(comportment) 관리기능(executive function) 동기(motivation)	촉각(tactile sensation) 시공간기능(visuospatial function)-우반구 읽기(reading)-좌반구 계산(calculation)-좌반구
측두엽	**후두엽**
청각(audition) 언어이해(language comprehension)-좌반구 운율이해(sensory prosody)-우반구 기억(memory) 정서(emotion)	시각(vision) 시지각(visual perception)

을 한다. 시각정보의 초기 처리는 후두엽에서 일어나지만, 후기 처리는 보다 앞쪽에 위치한 측두엽과 두정엽에서 일어난다.

뇌들보(corpus callosum)는 좌측 뇌반구와 우측 뇌반구를 연결하는 가장 중요한 신경길이다. 뇌들보는 약 3억 개의 축삭(axon)으로 이루어진 백색의 거대한 신경길이다(Nolte, 2002; 그림 1.2). 이 신경길을 통해서 좌반구와 우반구 사이에 신호가 끊임없이 오가며 양쪽 뇌반구의 기능이 하나의 신경망으로 통합된다. 사이뇌(diencephalon)는 뇌심부의 중앙에 자리 잡고 있다. 사이뇌는 감각, 운동, 각성, 둘레계 활동에서 중요한 역할을 한다. 사이뇌 중에서 시상(thalamus)은 계란 모양을 하고 있는 구조이다. 시상은 후각을 제외한 모든 감각들에서 중계소(relay station) 역할을 하며 각성상태(wakefulness)를 유지하는데도 매우 중요하다. 시상하부(hypothalamus)는 시상 밑에 있는 매우 작은 구조인데 기능적으로 매우 다양하고 중요한 역할을 한다. 먼저 교감신경계(sympathetic nervous system) 및 부교감신경계(parasympathetic nervous system)와 연결되어 자율신경계(autonomic nervous system) 활동을 통제한다. 또한 뇌하수체(pituitary gland)와 연결되어 내분비샘들의 활동을 통제한다. 뇌줄

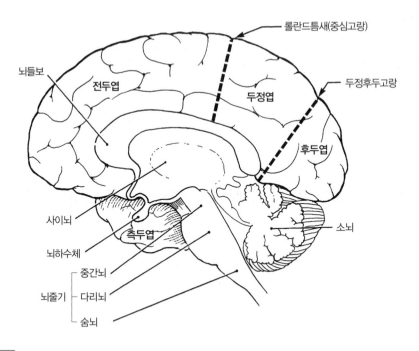

롤란드틈새(중심고랑)

뇌들보

전두엽

두정엽

두정후두고랑

후두엽

사이뇌

측두엽

뇌하수체

중간뇌

뇌줄기 ─ 다리뇌

숨뇌

소뇌

그림 1.2 뇌의 안쪽면. 네 엽, 사이뇌, 뇌줄기 및 소뇌가 표시되어 있다.

기와 소뇌는 뇌의 하부에 위치한다. 뇌줄기(brainstem)는 중간뇌(midbrain), 다리뇌 (pons), 숨뇌(medulla)의 세 부분으로 구성된다. 뇌줄기는 운동과 감각에서 중요한 기능을 한다. 뇌줄기의 하단에 있는 숨뇌에는 호흡과 심박을 조절하는 중추가 있다. 소뇌(cerebellum)는 운동의 미세한 조정(fine motor coordination)과 자세 통제 (postural control)에 중요한 역할을 한다. 소뇌의 이러한 활동은 바닥핵(basal ganglia)이라는 신경핵과 연계되어 일어난다. 바닥핵은 뇌반구의 심부에 위치한 꼬리핵(caudate nucleus), 조가비핵(putamen), 창백핵(globus pallidus) 및 뇌간에 위치한 흑색질(substantia nigra)을 포함하는 총칭이다. 뇌줄기의 끝부분인 숨뇌는 머리뼈 (skull) 바닥에 있는 큰 구멍(foramen magnum)을 통해 밑으로 연장되어 척수(spinal cord)와 만난다. 척수는 중추신경계(central nervous system, CNS)의 가장 밑부분에 해당한다.

　　뇌는 머리뼈(skull)로 둘러싸여 보호를 받는다. 뇌와 머리뼈 사이에는 3개의 막이 있다. 이 3개의 막은 경질막(dura mater), 거미막(arachnoid), 연질막(pia mater)이다. 거미막밑공간(subarachnoid space)에는 뇌척수액(cerebrospinal fluid)이 차서 중추신경계 전체를 감싸고 있다. 이를 통해 뇌는 외부 충격으로부터 보다 잘 보호받는다. 뇌척수액은 4개의 뇌실(ventricle)에서 끊임없이 만들어져서 순환한다. 대뇌의 심부에는 좌측과 우측에 하나씩 가쪽뇌실(lateral ventricle)이 있다. 셋째뇌실(third ventricle)은 좌측과 우측의 시상 사이에 위치한다. 넷째뇌실(fourth ventricle)은 뇌줄기와 소뇌 사이에 위치한다. 뇌척수액은 넷째뇌실에 있는 작은 구멍들을 통하여 거미막밑공간으로 진출한다. 뇌척수액은 최종적으로 머리의 꼭대기 부분으로 순환하여 거미막융모(arachnoid villi)를 통해 정맥계(venous system)로 흡수된다. 뇌실과 뇌척수액은 뇌를 구조적으로 보호하는 데 중요하며 뇌의 신진대사 활동에도 관여한다는 증거가 있다.

　　뇌에 대한 혈액 공급은 목에 위치한 2개의 큰 혈관이 주요한 역할을 한다. 이 두 혈관은 속목동맥(internal carotid artery)과 척추동맥(vertebral artery)이다. 속목동맥은 뇌쪽으로 올라가서 앞대뇌동맥(anterior cerebral artery)과 중간대뇌동맥(middle cerebral artery)으로 분지한다. 앞대뇌동맥은 전두엽과 두정엽의 안쪽면에 혈액을 공급하며, 중간대뇌동맥은 뇌의 바깥면 대부분에 혈액을 공급한다. 척추동맥은 좌측과 우측에 하나씩 있는데, 숨뇌와 다리뇌가 만나는 지점에서 하나로 합쳐져 뇌바닥동맥(basiliar artery)이 된다. 뇌바닥동맥은 중간뇌(midbrain) 수준에서 좌측 뒤대뇌동맥(posterior cerebral artery)과 우측 뒤대뇌동맥으로 분지한다. 뒤대뇌동맥은 측두엽과 후두엽의 안쪽면과 바닥면 그리고 꼬리쪽 사이뇌(caudal diencephalon)에 혈액을 공급한다. 주요 동맥들의 혈액 공급이 막혀서 뇌졸중(stroke)이 발생하면 다양한 신경행동적 증후군들(neurobehavioral syndromes)이 야기된다. 뇌에 공급된 혈액은 복잡한 뇌정맥 체계에 의해 흡수되어 심장으로 돌아간다. 뇌정맥의 경색은 뇌동맥의 경색에 비해 드물게 발생하지만 유사한 국소 증후군을 야기할 수 있다.

　　진화 과정을 통해서 인간은 다른 동물들에 비해서 (체중을 감안한) 뇌 크기가 비약적으로 발전하였다. 그러나 어떤 동물들, 예를 들면 몸집이 작은 일부 영장류(primates)나 돌고래는 인간보다도 체중에 비한 뇌 크기가 더 크다(Nolte, 2002). 그러므로 단순히 뇌 크기만 고려해서는 인간의 특별한 능력을 설명하기 어렵다. 인간 뇌의 경우 감각과 운동 같은 기초기능과 관련된 부위에 비해 인지와 정서 같은 고위 기능과 관련된 부위의 상대적 비율이 다른 동물들보다 매우 크다는 점이 중요하다. 또한 신경세포들 사이의 연결도 다른 동물들에 비해 훨씬 더 복잡한 점도 중요하다 (Nolte, 2002). 또한 인간 뇌의 진화에서 전두엽이 다른 뇌 부위보다 특히 크게 팽창 되었다(Mesulam, 2000). 흥미롭게도 이러한 전두엽 팽창은 주로 전두엽 부위의 백색 질이 증가한 결과이다(Schoenemann, Sheehan, and Glotzer, 2005).

뇌의 표면은 대뇌피질(cerebral cortex)이라고 부른다. Cortex라는 말의 어원은 라틴어로 bark(껍질)이다. 대뇌피질은 부위에 따라 신경세포들의 형태나 구성에서 차이가 있으며, 이러한 차이에 따라 대뇌피질을 여러 부위로 구분하여 '뇌지도'를 만 들려는 시도가 있어 왔다. 이러한 지도들 중 가장 폭넓게 수용되는 것은 독일의 해부 학자인 Korbinian Brodmann(1909)이 만든 것이다. 이 지도는 그림 1.3에 제시되어 있다. 그림 1.3에는 1부터 47번까지의 브로드만영역이 표시되어 있지만 13부터 16번 까지의 영역은 없다. 표시되지 않은 영역들은 실비우스틈새(Sylvian fissure) 안쪽의 작은 대뇌피질인 뇌섬엽(insular lobe)에 있다. 뇌섬엽은 뇌의 바깥면에 노출되어 있 지 않으므로 그림 1.3에 표시될 수 없다(Gorman and Unützer, 1993). 뇌섬엽은 미각 과 일부 정서기능에서 중요하다는 것 말고는 기능이 확실히 밝혀져 있지 않다. 실비 우스틈새는 전두엽, 두정엽, 측두엽의 부분들이 만나서 형성되며 이 부분들은 각기 덮개(operculum)라고 불린다(예 : 전두덮개). Operculum의 어원은 라틴어로 lid(뚜 껑)이다. 브로드만영역들 중 상당수는 기능적으로 잘 밝혀져 있으며 행동신경학적으 로 중요하다. 그러므로 후속 장들에서도 브로드만영역에 대한 언급이 자주 등장할 것이다.

대뇌피질에 대한 자세한 설명은 이 책의 범위를 벗어난다. 그러나 대뇌피질의 구 조에 관한 몇 가지 사항은 이 책의 이해에 필요하다. 대뇌피질은 회색조의 얇은 '판' (sheet)구조로 뇌 표면을 덮고 있다. 대뇌피질의 상당 부분은 고랑이나 틈새에 위치 하므로 바깥에서는 보이지 않는다. 대뇌피질의 두께는 부분에 따라 차이가 있는데 약 1.5~4.5mm이며 평균 3mm 정도이다. 대뇌피질의 90% 이상이 신피질(neocortex)

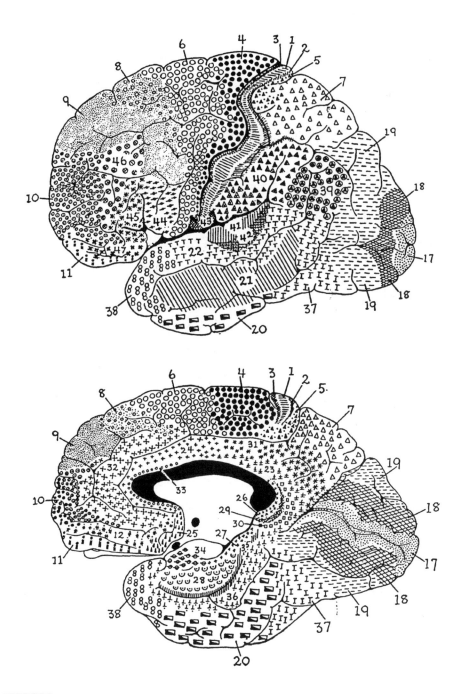

그림 1.3 대뇌피질의 브로드만영역(출전 : Brodmann, 1909)

인데, 이는 진화적으로 최근에 발달한 대뇌피질이며 세포층이 6개인 것이 특징이다. 뇌에 있는 1,000억 개의 신경세포 중 약 200억 개가 신피질 세포인 것으로 추산된다 (Popper and Eccles, 1977; Kandel, Schwartz, and Jessell, 2000). 대뇌피질 중 신피질이 아닌 부분은 이종피질(allocortex)이라고 부르는데, 이 부분은 세포층이 3개인 것이 특징이다. 이종피질에는 해마(hippocampus)와 후각피질 중 둘레계와 연관된 부분이 해당한다.

신피질은 관례적으로 운동영역, 감각영역, 연합영역(association area)의 세 부분으로 구분한다. 이 중 마지막의 연합영역이라는 표현은 영국의 경험주의 철학자인 John Locke에서 기원한다. 그는 정신 활동이 관념(ideas)들의 연합으로 이루어진다고 주장하였다(Duffy, 1984). 신피질의 대부분을 차지하는 연합영역은 관념들을 저장하며 고위 정신 활동을 매개하는 부위로 알려져 왔다. 그러나 이 부위가 정확히 어떤 작용을 하는지에 관해서는 항상 불확실성이 있었다.

신피질에 대한 보다 최근의 신경생리학적 연구들은 기본적인 기능 단위가 작은 수직기둥(vertically oriented column)임을 제시하였다. 수직기둥 1개는 대략 100개의 신경세포들을 포함할 정도로 작은 단위인데, 뇌 표면과 수직방향을 이루고, 다른 수직기둥들과의 연결이 발달되어 있다(Mountcastle, 1978). 이러한 기둥들이 있다는 가장 확실한 초기 증거는 원숭이의 시각피질에 초소형 전극을 꽂아서 신경세포의 활동을 기록한 연구에서 밝혀졌다(Hubel and Wiesel, 1977). 이 연구에 따르면 동일 수직기둥 내의 신경세포들은 시각 자극에 대한 반응 패턴이 매우 유사하였다. 이러한 기둥 구조는 시각피질뿐 아니라 대뇌피질의 모든 영역에 존재하는 것으로 생각되고 있다(Mountcastle, 1978).

신피질에 있는 기둥의 전체 수는 수억 개 정도로 추산되며 기둥과 기둥 사이에는 수많은 연결이 발달되어 있다. 그러므로 기둥들 간의 잠재적 조합 수는 실로 엄청나다. 이러한 수많은 단위들의 복잡한 연결성은 분산신경계(distributed neural system), 즉 뇌 활동이 수많은 기초 단위들의 복잡한 연결을 통해 구현된다는 개념을 발달시켰다(Mountcastle, 1978). 마음의 신경적 기반을 고려함에 있어서 과거에는 연합영역의 관점이 중심적인 역할을 하였지만 이제는 분산신경계의 관점이 중심적인 역할을 한다. 그러나 이 두 관점은 사실 그다지 대립되지 않으며 오히려 양립한다(Duffy, 1984). 기초 신경과학의 발전에 따라 용어는 바뀌어졌지만, 뇌가 어떻게 작동하는가에 대한 기본 개념은 유지되고 있다.

대뇌피질의 아래에 위치한 여러 구조들도 고등정신기능에서 중요한 역할을 한다. 사이뇌(diencephalon), 바닥핵(basal ganglia), 뇌줄기(brainstem)의 여러 신경핵들은 각성, 주의, 기분에서 중요한 역할을 한다. 신경전달물질계(neurotransmitter systems)는 뇌반구의 심부나 뇌줄기에 근원이 위치하며, 여기에서 뻗어 나온 축삭들이 여러 상부 구조들로 신경전달물질을 분비한다. 아세틸콜린(acetylcholine)계는 바닥앞뇌(basal forebrain)에 근원이 있다. 도파민(dopamine)계는 중간뇌에 위치한 흑색질(substantia nigra)과 근처에 위치한 배쪽피개영역(ventral tegmental area)에 근원이 있다. 노에피네프린(norepinephrine)계는 다리뇌에 위치한 청색반점(locus ceruleus)에 근원이 있다. 세로토닌(serotonin)계는 뇌줄기에 위치한 솔기핵(raphe nuclei)에 근원이 있다. 피질 영역과 피질밑 영역들 사이에는 구조적 및 기능적 측면에서 밀접한 연결성이 발달되어 있다. 전두엽, 바닥핵, 시상을 연결하는 여러 개의 전두엽-피질밑 회로들(frontal-subcortical circuits)이 확인되었는데, 이 회로들은 각 부위의 작동을 조화롭게 연결하여 처신(comportment), 동기(motivation), 관리기능(executive function)을 매개한다(Cummings, 1993). 그림 1.4에는 이러한 회로의 일반적인 구성이 그려져 있다.

피질 및 피질밑 영역들을 연결하는 백색질의 신경길들도 고등정신기능의 매개에 중요한 역할을 한다(Filley, 2001). 이 신경길들을 통해서 영역과 영역들 사이에 신경신호가 빠르고 효과적으로 전달된다. 뇌반구 내의 영역과 영역들을 연결하는 신경섬유를 연합섬유(association fiber)라고 칭한다. 좌반구 영역과 우반구 영역들을 연결하는 신경섬유를 맞교차섬유(commissural fiber)라고 칭한다. 뇌의 심부에 있는 신경섬유 중 뇌활(fornix)은 둘레계(limbic system)와 대뇌를 연결하며, 안쪽앞뇌다발(medial forebrain bundle)은 뇌줄기와 대뇌를 연결한다. 백색질은 뇌 부피의 약 반을 차지하며, 백색질을 통한 정보의 신속한 이동은 정상적 인지와 정서기능이 일어나기 위한 주요 기초이다(Filley, 2001). 요약하면 피질밑 회색질과 백색질 구조들은 신경

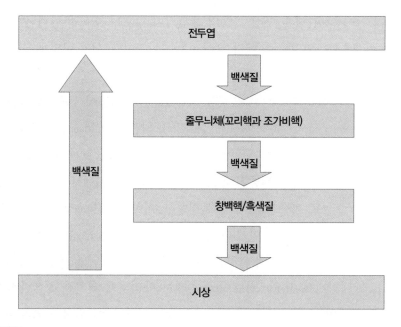

그림 1.4 전두-피질밑 회로(frontal-subcortical circuits)의 도식적 그림(출전 : Cummings, 1993)

행동기능을 매개하는 분산신경계들(distributed neural systems)에 구성 요소로서 기여한다(Mesulam, 1990).

　뇌의 복잡성에 근거해서 뇌를 컴퓨터에 비유하는 경우가 최근에 많아졌다. 컴퓨터는 급속도로 발전하여 왔으며 어떤 면에서는 이미 인간 뇌가 할 수 있는 능력을 초월하고 있다. 인공지능(artificial intelligence)은 전산공학의 한 분야인데, 인간 뇌가 할 수 있는 것과 똑같은 기능을 가진 컴퓨터를 만들어내는 것이 목표이다(Crevier, 1993). 전산공학이나 인공지능에 대한 자세한 논의는 이 책의 범위를 벗어난다. 그러나 컴퓨터가 직렬적(serial) 정보처리를 하는 반면에, 인간 뇌는 직렬적 정보처리뿐 아니라 병렬적(parallel) 정보처리를 한다는 점은 주목할 만하다(Dennett, 1991; Mesulam, 2000). 인간의 일상활동 중에는 뇌의 병렬적 처리와 직렬적 처리가 모두 활발하게 일어난다. 예를 들어 병렬적 처리는 여러 외부 및 내부 감각을 동시에 처리할 수 있게 해준다. 직렬적 처리는 여러 자극들 중 가장 긴급한 것을 먼저 처리하고 나머지를 무시해서 환경에 적응적으로 대응할 수 있게 해준다(Mesulam, 2000). 뇌는 여러 정신적 경험들을 하나로 조합하고 통합하는 일들을 매우 효과적이고 빈틈없이 해낸다. 이러한 뇌기능을 통해 모든 인지와 정서기능이 가능해지며 궁극적으로 의식(consciousness)이라는 현상도 가능해진다. 뇌의 이러한 병렬적 통합 능력은 현재 가장 성능이 좋은 컴퓨터가 할 수 있는 일의 범위를 한참 벗어난다. 더구나 의식이라는 현상은 수십억 개의 살아 있는 신경세포들이 수조 개의 시냅스로 연결된 활동에 기초한다. 그러므로 인간 뇌의 가장 핵심적인 특징인 '의식'을 컴퓨터가 흉내낸다는 것은 가까운 장래에는 상상하기조차 어렵다.

인공지능 구현의 막대한 어려움을 인지하게 된 것은 컴퓨터를 보다 현실적인 목적에 사용하려는 방향으로의 움직임에 영향을 주었다. 한 예가 신경보철학(neuro-prosthetics)이다(Friehs et al., 2004). 와우이식(cochlear implant)은 인간에게 사용된 최초의 신경보철물이라고 할 수 있다. 현재는 신경계 손상으로 운동장애를 갖게 된 여러 환자군들을 대상으로 다양한 방식의 뇌-기계 혹은 뇌-컴퓨터 인터페이스가 시도되고 있다(Friehs et al., 2004). 이러한 환자군에는 뇌졸중, 뇌 혹은 척수외상, 감금증후군(locked-in syndrome), 다발성경화증(multiple sclerosis), 근육위축가쪽경화증(amyotrophic lateral sclerosis), 근육퇴행위축(muscular dystrophy), 뇌성마비(cerebral palsy)가 포함된다. 이러한 시도는 생각을 운동으로 전환시키는 것에 문제가 있는 환자들에게 많은 도움을 줄 수 있을 것으로 기대되고 있다(Friehs et al., 2004).

1.3 골상학의 실패

정신기능을 뇌와 연관시키려는 초기 학문적 시도들은 그다지 신뢰할 만한 결과를 가져오지 못했다. 대표적으로 18세기 말과 19세기 초에 유행하였던 골상학(phrenology)을 예로 들 수 있다. 골상학은 뇌 부위와 정신기능을 일대일로 단순 대응시키는 시도가 터무니없는 것임을 잘 보여주는 예이다. 골상학의 탄생과 가장 관련이 깊은 두 학자는 Franz Joseph Gall(1758~1828)과 Johann Kaspar Spurzheim(1776~1832)이다. 골상학의 핵심적 주장은 머리뼈를 만져서 그 사람의 심리적 특성을 파악할 수 있다는 것이었다. 골상학에 따르면 각 사람마다 머리뼈에서 나온 부분과 들어간 부분이 있

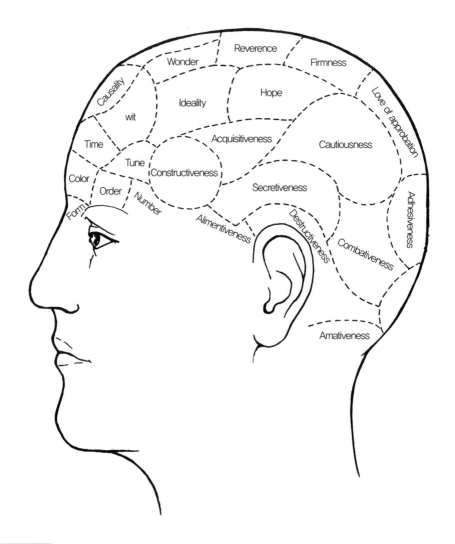

그림 1.5 골상학 지도를 현대 화법으로 묘사한 그림

는데, 이는 그 밑에 있는 뇌 부위가 발달된 정도와 비례한다. 또한 각 뇌 부위는 각기 다른 심리기능, 예를 들어 '성충동', '재치', '파괴성'을 매개한다고 하였다(Gall and Spurzheim, 1810~1818). 골상학자들은 어떤 심리기능을 많이 사용할수록 해당하는 뇌 부위가 팽창되며, 그 부위를 덮고 있는 머리뼈도 그에 따라 융기한다고 생각하였다. 그림 1.5는 골상학적 분석에 사용되는 '머리뼈 지도'의 예를 보여준다.

골상학은 한때 유럽과 미국 모두에서 크게 유행하였으며, 당시 많은 관련 학회와 학술지가 등장하여서 골상학을 보급하는 데 앞장섰다. 골상학의 창시자인 Gall은 오스트리아의 의사이자 신경해부학자였으며, 뇌의 회색질이 백색질로 연결되어 있다는 것을 최초로 발견한 업적을 남기기도 하였다. 그러나 골상학과 관련된 그의 활동은 의학 역사에서 그의 위치를 격하시키는 결과를 초래하였다. 그가 심리기능을 뇌의 특정 부위와 결부시킨 것은 과학적 근거가 전혀 없는 것이었다. 또한 머리뼈 부위의 융기 정도가 해당 심리기능의 발달 정도와 비례한다는 그의 믿음은 현대 과학의 입장에서 보면 매우 조잡하고 순진한 것이다.

그러나 골상학이 당시의 주류적 관점이었던 뇌와 마음에 관한 이원론(dualism)에 정면으로 반대하고 나선 것은 평가할 만하다. 골상학은 이를 통해 뇌가 행동을 관장하는 기관(organ)이라는 관점을 과감하게 출발시켰다. Gall과 Spurzheim의 시도는 이원론을 방향 전환시키는 데 일조한 것이 사실이지만 지나치게 극단적인 주장으로 인하여 그들 자신도 결국 실패하였다. 골상학이 뇌 부위를 심리기능과 일대일로 대응시키려 했던 것은 지나치게 단순화된 시도였음이 분명하다. 그러나 각 뇌 부위가 각기 다른 심리기능에 관여한다는 개념 자체는 오늘날에도 유효하다. 실제로 각 행동에 어떤 뇌 부위들이 관련되는지를 밝혀내는 것은 현대 신경과학의 주요 목적 중 하나이며 많은 성과가 있었다. 이 책의 논의도 상당 부분 이런 성과와 관련된다.

1.4 행동신경학

이 책의 주제는 인간행동의 해부학이다. 여기서 '행동(behavior)'이라는 용어는 마음의 활동을 가리키며, 보다 포괄적으로 표현하면 모든 정신적 행위(mental acts)를 가리킨다. 신경학자들(neurologists)은 이러한 기능을 때로 고위기능(higher functions)이라고 언급한다. 이는 감각기능이나 운동기능과 같이 동물도 가능한 기초기능과 인간만이 가능한 보다 높은 수준의 행동기능을 구별하기 위한 것이다. 어떤 학자들은 고위피질 기능(higher cortical functions)이라는 용어도 사용한다(Luria, 1980). 그러나 시상, 바닥핵, 백색질과 같은 피질밑 구조들도 행동에 기여하는 점에서 이 용어는 오해의 소지가 있다. 고위대뇌기능(higher cerebral functions)을 일상용어로 대별하면 사고(인지)기능과 감정(정서)기능이 있다. 그러나 현실적인 인간행동들은 대부분이 두 기능이 복합적으로 작용하여 발생한다(Damasio, 1994). 우리의 목표는 다양한 인간행동들의 신경학적 기반을 탐구한 경험적 연구들과 이론들을 살펴보는 것이다. 대부분의 자료는 성인들의 연구에 근거하지만, 필요할 경우 아동들의 연구에 근거한 자료도 살펴볼 것이다.

이 책의 방법론은 주로 **행동신경학**(behavioral neurology)에 근거한다(Damasio, 1984). 행동신경학은 신경학의 한 전문 분야로 뇌질환, 뇌손상, 또는 뇌중독과 같은 분명한 뇌장애가 행동에 미치는 효과를 연구한다. 이 분야는 신경학 내에서 계속적인 관심을 받아오다가 1960년대에 행동을 뇌구조나 기능에 연관시킨다는 목표하에 전문 분야로 독립하였다(Geschwind, 1965; Damasio, 1984; Mesulam, 2000). 이 분야가 1960년대를 전후해서 큰 발전을 이룬 것에는 다음 몇 가지 요인이 작용하였다. 첫째, 프로이트가 창립한 정신분석학(psychoanalysis)은 20세기 전반에 걸쳐 관련 분야들에 매우 커다란 영향력을 행사하였다. 그러나 20세기 중반 정신의학과 심리학에서 보다 생물학적 지향이 발달하게 되자 정신분석학은 퇴조하기 시작하였다. 정신분석학의 퇴조는 행동의 연구에서 보다 객관적이고 양적인(quantitative) 접근을 강조하는 중요한 계기가 되었다(Kandel, 1979; Price, Adams, and Coyle, 2000). 둘째, 1980년대 초부터 신경과학과 관련한 기술들의 괄목한 발전이 있었다(구체적인 것은 아래 논의 참조). 이러한 기술 발전으로 뇌의 사후 부검(postmortem examination) 없이도 복잡한 행동을 뇌구조 및 기능에 연관시키는 것이 점차 현실화될 것이라는 기대감이 증폭되었다. 마지막으로, 행동신경학이 독립된 학문으로 등장하게 된 데는 1960년대 Norman Geschwind(1965)가 행한 일련의 연구들도 중요한 역할을 하였다. 그의 연구는 다음 세대의 임상 연구가들에게 많은 영향을 끼쳤다. 오늘날 행동신경학은 현대 신경과학과 환자의 행동에 대한 임상적 연구가 교차하는 지점에 위치한다. 뇌에 국소성(focal) 혹은 광범위(diffuse) 손상을 입은 환자들의 행동적 연구는 각 뇌 영역들이 어떻게 행동에 기여하는지에 관한 중요한 정보들을 제공한다. 그러므로 뇌손상 환자의 행동적 관찰은 뇌-행동 관계의 연구에서 극히 중요한 역할을 하고 있다.

행동신경학의 역사에서 뿌리 깊은 논쟁의 하나는 국소주의(localizationism)와 전체주의(holism)의 논쟁이다. 국소주의는 각 심리기능이 뇌의 한정된 특정 부위에만 표상(representation)되어 있다는 입장이다. 반면에 전체주의는 인지나 정서기능이 뇌의 광범위한 영역에 분산적으로 표상되어 있다는 입장이다. 국소주의의 극단적 예는 앞서 논의한 골상학이다. 골상학이 남긴 잔재는 보다 온건한 국소주의에게는 극복해야 할 과제로 남아 있다. 전체주의는 유기체적(organismic) 접근 혹은 동일잠재설(equipotentiality) 가설로도 알려져 있다. 전체주의는 어떤 행동이든지 뇌가 전체로서 관여한다고 주장한다. 이들은 국소주의적 접근은 지나치게 단순하며 타당성이 결여된 뇌-기능 지도를 만들 뿐이라고 보았다. 전체주의가 자신들의 주장과 잘 일치한다고 본 증상에는 실어증(aphasia)과 기억상실증(amnesia)이 포함된다. 전체주의자들은 다양한 뇌 부위들의 손상이 비슷한 언어장애나 비슷한 기억장애증상을 일으킨다고 보았다. 그러므로 언어장애(Goldstein, 1948)나 기억장애(Lashley, 1926)를 뇌의 특정 부위의 손상과 연관시킬 수 없다고 주장하였다. 이 논쟁은 아직도 완전히 끝나지 않았으며 학자들 간에 건설적인 의견 교환을 유발해 왔다. 그러나 최근 들어서는 수정된 국소주의(modified localizationism)가 많은 학자들에게 최종적 결론으로 받아들여진다. 이 견해에 따르면 어떤 심리기능에 관여하는 것은 특정한 단일 뇌 부위가 아니라 서로 그물처럼 연결된 일련의 뇌 부위들이다(Mesulam, 1990, 2000; Cummings, 1993). 예를 들어 언어에는 실비우스틈새 주위에 있는 여러 뇌 부위들이 관여하며, 기억에는 안쪽측두둘레계(medial temporolimbic system)에 있는 여러 뇌 부위들이 관여한다. 이러한 분산신경망(distributed neural networks) 개념은 뇌-행동 관계의 연구에서 국소주의의 기본 원리를 유지하면서도 지나친 단순화는 피한다는 장점이 있다. 여러 군데에서 우리는 이러한 분산신경망의 개념과 마주칠 것이다.

신경정신의학(neuropsychiatry)이라는 임상 분야도 언급할 필요가 있다(Arciniegas and Beresford, 2001). 신경정신의학은 19세기 유럽에서 왕성한 활동을 보이다가 프로이트적인 정신의학이 유행하면서 침체하였다. 신경정신의학은 행동신경학과 많은 관심 분야를 공유하는 학문으로 최근에 활발하게 재부상하였다(Cummings and Hegarty, 1994). 그러나 신경정신의학의 정확한 정의 및 행동신경학과 무엇이 차별화되는가에 관해서는 혼란스러운 점이 남아 있다(Caine and Joynt, 1986; Yudofsky and Hales, 1989; Lishman, 1992; Trimble, 1993). 대부분의 행동신경학자들은 신경학자로서 훈련을 받은 사람들이기 때문에 신경해부학과 신경병리학적 측면을 더 강조한다. 반면에 대부분의 신경정신의학자들은 정신의학자로서 훈련을 받은 사람들이기 때문에 신경약리학과 정신병리학적 측면을 더 강조한다. 실제로 이 책도 행동과 관련된 뇌구조를 보다 강조하며 신경전달물질계나 약물에 의한 조절은 덜 강조한다. 그러나 이 두 분야가 서로 가까워지며 융합하는 추세라는 점은 분명하다. 예를 들어 이 두 분야를 모두 아우르는 전공으로 '행동신경학과 신경정신의학'이라는 전문 분야가 새롭게 등장하였다(Arciniegas et al., 2006). 이 분야의 등장은 행동의 신경생물학적 기반을 밝히려는 노력에서 신경학 분야와 정신의학 분야가 점차 융합하고 있음을 보여주는 중요한 증거이다(Kandel, 1989; Price, Adams, and Coyle, 2000; Cummings and Mega, 2003). 실제로 행동신경학자들과 신경정신의학자들은 미국정신의학협회에서 발행한 『정신장애의 진단 및 통계 편람, 제4판』(Diagnostic and Statistical Manual of Mental disorders-4th edition, 1994)에 수록된 여러 장애들을 분류함에 있어서 긴밀히 협력하였다. 이러한 융합 추세는 두 분야의 발전을 위해서도 환영할 만하다. 또한 많은 뇌손상 환자들이 신경과와 정신과의 경계 사이에서 애매한 위치를 점하는 현실적 문제의 해소에도 도움이 될 것이다(Geschwind, 1975). 행동신경학과 신경정신의학은 모두 행동의 이해에 공헌할 많은 잠재력을 가진 학문이다. 두 학문의 협조는 각 학문이 자기 영역을 다투며 비생산적인 논쟁을 벌이는 것보다 훨씬 나은 일이다.

이 책의 주 내용은 국소성(focal) 또는 광범위한(diffuse) 뇌손상을 입은 환자들에 대한 임상적 연구이다. 그러나 최근에 괄목할 만한 기술 발전을 이룬 신경영상 분야의 연구도 논의될 것이다(Naeser and Hayward, 1978; Alavi and Hirsch, 1991; Posner, 1993; Roland, 1993; Basser, Mattiello, and LeBihan, 1994; Goodkin, Rudick, and Ross, 1994; Raichle, 1994; Turner, 1994; Wright et al., 1995; Prichard and Cummings, 1997; Rudkin and Arnold, 1999; D'Esposito, 2000; Bandettini, 2009). 신경영상기술의 발전으로 안전하고 비침습적인(noninvasive) 방법을 사용하여 환자 혹

은 정상인의 고위기능을 연구하는 것이 가능해졌다. 이 방법들은 뇌구조와 기능에 관해 멋진 영상들을 만들어낸다. 역사적으로 가장 먼저 등장한 신경영상기술은 **전산화단층촬영술**(computed tomography, CT)이다. 이 기술은 1970년대 등장하였으며 곧 뇌-행동 관계의 연구에서 중요한 역할을 하게 되었다(Naeser and Hayward, 1978). 1980년대 들어서는 **자기공명영상**(magnetic resonance imaging, MRI)이 등장하였다. 이 영상은 뇌, 특히 백색질의 보다 선명한 구조적 영상(structural imaging)을 제공하였으며 방사능 노출을 피하는 장점을 가졌다(Goodkin, Rudick, and Ross, 1994). 1990년대에는 보다 진보된 형태의 MRI 방법들이 등장하여 현재 여러 연구 분야에서 응용되고 있다(Bandettini, 2009). **복셀기반형태계측술**(voxel-based morphometry, VBM; Wright et al., 1995)은 회색질의 부피 측정에 사용될 수 있다. **확산텐서영상**(diffusion tensor imaging, DTI; Basser, Mattiello, and LeBihan, 1994)은 백색질의 구조와 위치를 파악하는 데 도움을 줄 수 있다. **자기공명분광술** (magnetic resonance spectroscopy, MRS; Rudkin and Arnold, 1999)은 회색질 혹은 백색질에서 신경대사산물(neurometabolite)의 농도 측정에 사용될 수 있다. 현재 행동신경학자에게 가장 유용한 영상 도구는 CT와 MRI(특히 MRI)이다. 이 도구들은 임상적 평가에서도 핵심적인 역할을 한다(그림 1.6, 1.7 참조).

구조적(structural) 신경영상술의 발전과 더불어 뇌의 생리적 활동을 영상화하는 다양한 기술들도 발전하였다. 이러한 기술들은 총칭적으로 기능신경영상(functional neuroimaging)이라고 한다. **단일광자방출컴퓨터단층촬영술**(single photon emission computed tomography, SPECT; Alavi and Hirsch, 1991)과 **양전자방출단층촬영술** (positron emission tomography, PET; Roland, 1993)은 대사활동(metabolic activity)과 뇌혈류 사이에 상관이 있다는 원리에 근거한다. 구체적으로 피검자의 혈류에 방사선(radiation)을 방출하는 동위원소(isotope)가 처리된 물질(예 : 포도당)을 주사하고 흡수된 정도를 측정한다. 이 방법을 통해 어떤 과제를 수행하는 동안 각 뇌 부위가 활성화된 정도를 평가할 수 있다. 보다 최근에는 **기능자기공명영상**(functional MRI, fMRI)이라는 기술이 주목을 받게 되었다. 이 기술은 신경 활동이 활발한 영역 주위에서 혈중 산소치(blood oxygenation)가 상승하며 발생하는 탈산소혈색소

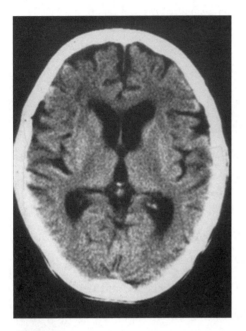

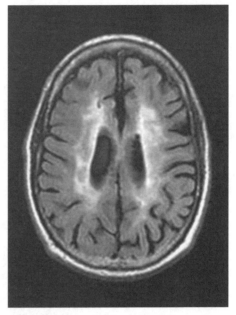

그림 1.6 알츠하이머병(Alzheimer's disease) 환자의 축방향 전산화단층촬영(axial CT). 경한 수준의 광범위성 대뇌위축을 볼 수 있다.

그림 1.7 빈스방거병(Binswanger's disease) 환자의 축방향 자기공명영상(axial MRI). 대뇌 백색질 허혈을 볼 수 있다.

(deoxyhemoglobin)의 변화를 측정한다. 이 방법 또한 어떤 과제를 수행하는 동안 각 뇌 부위의 대사가 활성화된 정도를 평가할 수 있다(Prichard and Cummings, 1997). 이러한 기술들은 모두 매우 가치 있다는 점이 증명되었다. 특히 PET와 fMRI는 마음의 활동을 눈으로 직접 보는 것이 가능해질 것이라는 전망을 하게 만든다(Posner, 1993; Turner, 1994; Bandettini, 2009). 현재 신경과학계에서 기능신경영상의 도구로 가장 인기가 높은 것은 fMRI이다. fMRI는 공간적 해상도와 시간적 해상도가 모두 높고, 설치 및 운영에 비용이 상대적으로 적게 들고, 방사선에 노출이 없다는 장점이 있다(Bandettini, 2009). 기능신경영상 연구들에서 나온 결과는 전통적인 손상법 연구에서 얻어진 결과들과 대체로 일치한다. 그러나 기능신경영상에 고유한 여러 방법론적 문제들 때문에 연구의 진전이 기대만큼 빠르지 못한 부분도 있다. fMRI는 연구에 사용된 인지 과제를 하는 동안 뇌의 어느 부분이 활성화되느냐에 관해서

는 많은 통찰력을 주었다. 그러나 이런 '기술적(descriptive)' 단계를 넘어서 인지과제를 하는 동안의 뇌 활동에 대한 보다 원리적인 설명에 관해서는 아직 큰 통찰을 주지 못했다(Bandettini, 2009). 그렇지만 기능신경영상이 뇌-행동 연구에 크게 공헌해왔고 앞으로도 많은 기여를 할 것이라는 것은 의심할 바 없다.

이 책은 행동신경학의 관련 분야인 신경심리학(neuropsychology), 인지과학(cognitive science) 및 기초신경과학(basic neuroscience)의 연구성과도 일부 논의하게 될 것이다. 신경심리학은 행동을 정교하게 측정하고 특징을 도출하는 것에 중요한 역할을 하는 임상 및 연구 분야이다(Lezak et al., 2004). 인지과학은 컴퓨터 모형을 비롯한 인지기능의 이론적 모형에서 새로운 통찰을 제공해 왔다(Gardner, 1987). 기초신경과학은 주로 동물을 대상으로 연구하는데 고위기능 혹은 그것의 이상에 관해서는 적절한 동물 모형이 없다는 제한점이 있다. 그러나 신경전달물질이나 시냅스(synapse) 기능에 관해서는 중요한 정보를 제공해 왔다(Kandel, Schwartz, and Jessell, 2000). 행동의 연구와 관련된 여러 분야들에서는 관련 학계를 흥분시키는 새로운 연구 결과들이 거의 매일 발표되고 있다. 어느 신경과학 분야든 여러 미해결된 문제들이 남아 있다. 그러나 각 분야에서 얻은 자료들이 축적됨에 따라 다양한 인간행동에서 각 뇌 부위가 어떤 역할을 하는지가 점차 보다 구체적으로 밝혀지고 있다.

인간 뇌에 고위기능이 어떻게 표상(representation)되어 있는가를 연구하는 것은 지극히 어려운 과제임이 분명하다. 행동신경학(behavioral neurology)은 뇌병리와 관련된 이상행동을 정밀하게 분석하여 정상행동의 뇌 표상을 이론화한다(Benson, 1994). 이런 연구 과정에서 주요 어려움 중 하나는 주의, 기억, 언어와 같은 신경행동 기능들을 엄밀하게 정의하고 측정하는 것이다. 또 다른 어려움은 뇌손상이 발생한 부위를 정확히 확인하는 것이다. 이 두 가지 어려움이 잘 해소되지 않는다면 뇌-행동 방정식의 양변에 여러 불확실성이 남게 된다. 손상법(lesion method)은 연구되는 심리기능에서 분산신경망의 각 영역들이 어떤 구체적인 역할을 하는가를 탐구하는 도구로서 사용되어야 한다. 손상법을 각 심리기능이 뇌의 특정 단일 영역에만 관여한다는 잘못된 가정하에 사용하는 것은 적절하지 못하다(Damasio and Damasio, 1989). 뇌는 각각 고정된 한 가지 기능만을 하는 엽들, 이랑들, 핵들, 신경길들(tracts)의 단순한 집합체가 아니다. 분산신경망의 개념에 기초한 현대적 연구들은 각 인지 및 정서 기능들이 놀랍도록 복잡한 신경적 기반에 근거하고 있음을 보여준다(Mesulam, 2000). 행동의 신경해부학은 항상 뇌-행동 관계의 이러한 복잡성을 염두에 두고 접근해야 한다. 인간 특유의 행동을 이해하기 위한 유일한 방법은 인간을 연구하는 것이다. 그러나 인간 연구는 뇌졸중, 뇌외상, 퇴행성 뇌질환과 같은 '자연의 실험(nature's experiments)'에 주로 의존한다는 제한점이 있다. 이는 보다 엄격하게 통제된 실험이 가능한 동물 연구에 비해 인간 연구가 갖는 제한점 중의 하나이다. 다음 장들에서 우리의 목표는 각 행동 영역별로 임상적 연구에서 밝혀진 주요 결과들을 면밀히 살펴보는 것이다. 이 결과들은 뇌기능장애로 곤경에 빠진 환자들의 치료뿐만 아니라 인간 행동의 뇌 조직화에 관해서도 매우 유용한 정보를 제공한다.

참고문헌

Alavi, A., and Hirsch, L. J. Studies of central nervous system disorders with single photon emission computed tomography and positron emission tomography: evolution over the past 2 decades. *Semin Nucl Med* 1991; 21: 58-81.

American Psychiatric Association. *Diagnostic and Statistical Manual of Mental Disorders 4th ed.* Washington, DC: American Psychiatric Association; 1994.

Arciniegas, D. B., and Beresford, T. P. *Neuropsychiatry: An Introductory Approach.* Cambridge: Cambridge University Press; 2001.

Arciniegas D. B., Kaufer, D. I., and Joint Advisory Committee on Subspecialty Certification of the American Neuropsychiatric Association and the Society for Behavioral and Cognitive Neurology. Core curriculum for training in behavioral neurology and neuropsychiatry. *J Neuropsychiatry Clin Neurosci* 2006; 18: 6-13.

Bandettini, P. A. What's new in neuroimaging methods? *Ann NY Acad Sci* 2009; 1156: 260-293.

Basser, P. J., Mattiello, J., and LeBihan, D. MR diffusion tensor spectroscopy and imaging. *Biophys J* 1994; 66: 259-267.

Benson, D. F. *The Neurology of Thinking.* New York: Oxford University Press; 1994.

Brodmann, K. *Vergleichende Lokalisationslehre der Grosshirnrinde in ihren Prinzipien dargestellt auf Grund des Zellenbaues.* Leipzig: Barth; 1909.

Caine, E. D., and Joynt, R. J. Neuropsychiatry . . . again. *Arch Neurol* 1986; 43: 325-327.

Churchland, P. S. *Neurophilosophy: Toward a Unified Science of the Mind-Brain.* Cambridge: MIT Press; 1986.

Corsi, P., ed. *The Enchanted Loom: Chapters in the History of Neuroscience.* New York: Oxford University Press; 1991.

Crevier, D. *AI: The Tumultuous History of the Search for Artificial Intelligence.* New York: Basic Books; 1993.

Cummings, J. L. Frontal-subcortical circuits and human behavior. *Arch Neurol* 1993; 50: 873-880.

Cummings, J. L., and Hegarty, A. Neurology, psychiatry, and neuropsychiatry. *Neurology* 1994; 44: 209-213.

Cummings, J. L., and Mega, M. S. *Neuropsychiatry and Behavioral Neuroscience.* New York: Oxford University Press; 2003.

Damasio, A. R. Behavioral neurology: theory and practice. *Semin Neurol* 1984; 4: 117-119.

Damasio, H., and Damasio, A. R. *Lesion Analysis in Neuropsychology.* New York: Oxford University Press; 1989.

Dennett, D. C. *Consciousness Explained.* Boston: Little, Brown and Company; 1991.

Descartes, R. *Discourse on Method.* Paris: n.p.; 1637. Trans. Sutcliffe: F. E. London, Penguin; 1968.

D'Esposito, M. Functional neuroimaging of cognition. *Semin Neurol* 2000; 20: 487-498.

Duffy, C. J. The legacy of association cortex. *Neurology* 1984; 34: 192-197.

Filley, C. M. *The Behavioral Neurology of White Matter.* New York: Oxford University Press; 2001.

Friehs, G. M, Zerris, V. A., Ojakangas, C. L., et al. Brain-machine and brain-computer interfaces. *Stroke* 2004; 35 (11 Suppl 1): 2702-2705.

Gall, F. J., and Spurzheim, J. K. *Anatomie et physiologie de système nerveux en général et du cerveau en particular.* Paris: Schoell; 1810-1818.

Gardner, H. *The Mind's New Science: A History of the Cognitive Revolution.* New York: Basic Books; 1987.

Geschwind, N. The borderland of neurology and psychiatry: some common misconceptions. In: Benson, D. F., and Blumer, D., eds. *Psychiatric Aspects of Neurologic Disease,* vol. 1. New York: Grune and Stratton; 1975: 1-8.

———. Brain disease and the mechanisms of mind. In: Coen, C. W., ed. *Functions of the Brain.* Oxford: Clarendon Press; 1985: 160-180.

———. Disconnexion syndromes in animals and man. *Brain* 1965; 88: 237-294, 585-644.

Goldstein, K. *Language and Language Disturbances.* New York: Grune and Stratton; 1948.

Goodkin, D. E., Rudick, R. A., and Ross, S. J. The use of brain magnetic resonance imaging in multiple sclerosis. *Arch Neurol* 1994; 51: 505-516.

Gorman, D. G., and Unützer, J. Brodmann's "missing" numbers. *Neurology* 1993; 43: 226-227.

Horgan, J. Can science explain consciousness? *Sci Am* 1994; 271: 88-94.

Hubel, D. H., and Wiesel, T. N. Functional architecture of macaque monkey visual cortex. *Proc R Soc Lond B* 1977; 198: 1-59.

James, W. *The Principles of Psychology.* New York: Henry Holt and Company; 1890.

Kandel, E. R. Genes, nerve cells, and the remembrance of things past. *J Neuropsychiatry Clin Neurosci* 1989; 1: 103-125.

_____. Psychotherapy and the single synapse. *N Engl J Med* 1979; 301: 1028-1037.

Kandel, E. R., Schwartz, J. H., and Jessell, T. M., eds. *Principles of Neural Science.* 4th ed. New York: McGraw-Hill; 2000.

Lashley, K. S. Studies of cerebral function in learning VII: the relation between cerebral mass, learning and retention. *J Comp Neurol* 1926; 41: 1-58.

Lezak, M. D., Howieson, D. B., Loring, D. W., et al. *Neuropsychological Assessment.* 4th ed. New York: Oxford University Press; 2004.

Lishman, W. A. What is neuropsychiatry? *J Neurol Neurosurg Psychiatry* 1992; 55: 983-985.

Luria, A. R. *Higher Cortical Functions in Man.* New York: Consultants Bureau; 1980.

Mesulam M.-M. Behavioral neuroanatomy: large-scale networks, association cortex, frontal systems, the limbic system, and hemispheric specializations. In: Mesulam M.-M. *Principles of Behavioral and Cognitive Neurology.* 2nd ed. New York: Oxford University Press; 2000: 1-120.

_____. Large-scale neurocognitive networks and distributed processing for attention, language, and memory. *Ann Neurol* 1990; 28: 597-613.

Mountcastle, V. B. An organizing principle for cerebral function: the unit module and the distributed system. In: Edelman, G. M., and Mountcastle, V. B., eds. *The Mindful Brain.* Cambridge: MIT Press; 1978: 7-50.

Naeser, M. A., and Hayward, R. W. Lesion localization in aphasia with cranial computed tomography and the Boston Diagnostic Aphasia Exam. *Neurology* 1978; 28: 545-551.

Nauta, W.J.H., and Fiertag, M. *Fundamental Neuroanatomy.* New York: W. H. Freeman; 1986.

Nolte, J. *The Human Brain: An Introduction to Its Functional Anatomy.* 5th ed. St. Louis: Mosby; 2002.

Parent, A. *Carpenter's Human Neuroanatomy.* 9th ed. Baltimore: Williams and Wilkins; 1996.

Penfield, W. *The Mystery of the Mind.* Princeton, NJ: Princeton University Press; 1975.

Popper, K. F., and Eccles, J. C. *The Self and Its Brain.* Berlin: Springer International; 1977.

Posner, M. I. Seeing the mind. *Science* 1993; 262: 673-674.

Price B. H., Adams, R. D., and Coyle, J. T. Neurology and psychiatry: closing the great divide. *Neurology* 2000; 54: 8-14.

Prichard, J. W., and Cummings, J. L. The insistent call from functional MRI. *Neurology* 1997; 48: 797-800.

Raichle, M. E. Visualizing the mind. *Sci Am* 1994; 270: 58-64.

Roland, P. E. *Brain Activation.* New York: Wiley-Liss; 1993.

Rudkin, T. M., and Arnold, D. L. Proton magnetic resonance spectroscopy for the diagnosis and management of cerebral disorders. *Arch Neurol* 1999; 56: 919-926.

Ryle, G. *The Concept of Mind.* Chicago: University of Chicago Press; 1949.

Saver, J. L., and Rabin, J. The neural substrates of religious experience. *J Neuropsychiatry Clin Neurosci* 1997; 9: 498-510.

Schoenemann P. T., Sheehan, M. J., and Glotzer, L. D. Prefrontal white matter volume is disproportionately larger in humans than in other primates. *Nat Neurosci* 2005; 8: 242-252.

Searle, J. R. *Mind: A Brief Introduction.* New York: Oxford University Press; 2004.

_____. *Minds, Brains and Science.* Cambridge, MA: Harvard University Press; 1984.

Skinner, B. F. *Beyond Freedom and Dignity.* New York: Alfred A. Knopf; 1971.

Trimble, M. R. Neuropsychiatry or behavioural neurology. *Neuropsychiatry Neuropsychol Behav Neurol* 1993; 6: 60-69.

Turner, R. Magnetic resonance imaging of brain function. *Ann Neurol* 1994; 35: 637-638.

Wright, I. C., McGuire, P. K., Poline, J. B., et al. A voxel-based method for the statistical analysis of gray and white matter density applied to schizophrenia. *Neuroimage* 1995; 2: 244-252.

Young, J. Z. *Philosophy and the Brain.* New York: Oxford University Press; 1987.

Yudofsky, S. C., and Hales, R. E. The reemergence of neuropsychiatry: definition and direction. *J Neuropsychiatry Clin Neurosci* 1989; 1: 1-6

제2장

정신상태평가

의사와 환자 사이에 일어나는 상호작용의 주 목적은 환자의 적절한 평가와 치료에 기여할 정보를 수집하는 것이다. 뇌손상으로 발생한 신경행동적 장애(neurobehavioral disorders)는 환자의 행동에 대한 철저한 평가, 즉 정신상태평가(mental status evaluation)를 통해서만 정확한 검진이 가능하다. 물론 환자에 관한 임상적 자료의 많은 부분이 병력 청취, 신체검사, 기초 신경학적 검사(neurological examination), 검사실(laboratory) 검사, 신경영상검사, 신경심리검사를 통하여 수집된다. 그러나 정신상태평가는 환자에 관해 특히 많은 부분을 말해 주는 검사이며, 이 검사를 잘 시행하는 것은 임상가에게는 매우 도전적인 과제이다. 사실 정신상태평가는 행동신경학의 근간이 되는 검사이다(Strub and Black, 1993; Cummings and Mega, 2003).

2.1 병력과 인터뷰

임상의학 경험을 쌓다 보면 모든 장애는 '역사(history)'를 갖는다는 것을 실감하게 된다. 환자가 보고하는 증상들은 임상적 문제의 핵심이 되는 현상이며, 병원에 오기 전까지 증상이 어떻게 시작해서 어떤 식으로 진화해 왔는가를 말해 준다. 상당수의 신경행동적 장애에서는 환자가 이런 보고를 할 수 없는 상태이며 주변의 지인들이 보고를 하게 된다. 병력 채취(history taking)는 임상적 관리의 매우 중요한 요소이다. 경험이 풍부한 임상가일수록 병력 채취에서 얻은 정보만 가지고도 환자의 병에 대해 확실한 진단을 내릴 수 있는 경우가 많다. 물론 정신상태검사는 반드시 필요하며 병력 채취에서 드러나지 않았던 추가적 정보를 줄 수 있다. 그러나 많은 경우 정신상태검사에서 얻는 정보는 임상가가 병력 채취에 의거해서 이미 내린 진단을 보다 확실하게 해주는 역할을 한다. 사실 이러한 점은 신경행동적 장애뿐 아니라 의학적 진단에서 일반적으로 적용되는 사항이다.

　환자와 인사하고 초기 면접을 하는 동안의 행동 관찰에서도 많은 정보가 수집된다. 경우에 따라서는 환자가 배우자나 보호자와 같이 왔다는 사실 자체가 인지적 문제를 암시한다. 왜냐하면 환자가 병원에 스스로 오고 갈 정도의 인지적 능력이 없어서 같이 온 것일 수 있기 때문이다. 환자의 겉모습은 자기관리와 처신(comportment)의 수준을 보여준다. 또한 머리 외상 혹은 수술, 편마비 혹은 국소마비, 운동장애, 걸음장애(gait disturbance), 주의분산, 초조증(agitation), 무감동증(apathy), 긴장증(catatonia), 강박행동, 불안, 과잉행동의 증거를 보여줄 수 있다. 이러한 비정상성의 증거는 명확할 때도 있지만 미약할 때도 있으며, 매우 다양한 종류의 신체적 징후가 신경행동적 기능장애와 연관될 수 있다. 면접 중에 병의 자세한 측면이 노출됨에 따라 환자가 인격적으로 변화하는 모습이 관찰되는 경우도 있다. 환자와 말을 교환하다 보면 사고 내용의 비정상성, 예를 들어 연상이완(loosened associations), 사고이탈(tangentiality), 사고비약(flight of ideas), 과장된 사고(grandiosity)가 나타날 수 있다. 사고 내용의 장애 중에서도 매우 현저한 증상인 망상(delusions), 즉 현실성이 결여된 잘못된 믿음도 드러날 수 있다. 비정상적 지각 현상인 환각(hallucinations)과 착각(illusions)은 자발적으로 나타나거나 혹은 적절한 질문을 통해 확인될 수 있다. 사고 내용의 장애나 비정상적 지각 현상은 '정신과 질환(즉, 명백한 구조적 뇌손상이 없는 질환)'을 시사할 수 있으며 후속 평가는 정신과 평가에 집중될 수도 있다. 전환장애(conversion), 신체화장애(somatization) 및 다른 신체형장애(somatoform disorders)는 환자가 심각한 신경학적 증상을 보여주지만 실제로는 어떤 구조적 혹은 신진대사적 질환도 확인될 수 없는 경우에 시사된다. 드물긴 하지만 의도적 속임수가 드러나는 경우 사병(malingering)이 시사된다(American Psychiatric Association, 1994).

그러나 정신과 질환을 시사하는 증상들이 실제로는 신경학적 질환(즉 명백한 구조적 뇌손상이 있는 질환)을 반영하는 경우도 많음을 유의해야 한다(Cummings and Mega, 2000). **망상**(delusions), 즉 현실성이 결여된 잘못된 믿음은 여러 종류의 신경학적 질환에서 보고된 바 있으며(Cummings, 1985) 특히 둘레계(limbic system)가 손상된 환자에서의 발생 빈도가 높다(Cummings, 1992). 편집망상(paranoid delusions)은 예를 들어 알츠하이머병(Alzheimer's disease, AD)에서 흔히 나타난다. 편집망상에는 배우자가 부정을 한다고 믿는 망상도 있는데 **오셸로증후군**(Othello syndrome)이라고 부른다(Shepard, 1961). 색정증(erotomania) 혹은 끄레랑보오증후군(de Clérambault's syndrome)은 대부분 여자 환자에서만 있는 망상인데, 사회적으로 지위가 있는 중년 남자가 자기와 사랑에 빠졌다고 믿는다(Anderson, Camp, and Filley, 1998). **캅그라스증후군**(Capgras syndrome; Alexander, Stuss, and Benson, 1979), **프레고리증후군**(Fregoli syndrome; Feinberg et al., 1999), **장소복제기억착오증**(reduplicative paramnesia; Benson, Gardner, and Meadows, 1976; Filley and Jarvis, 1987)의 세 망상장애는 공통점이 있다. 즉, 모두 어떤 사물을 다른 사물로 오인하는 망상이며 양측 전두엽과 우반구가 동시에 손상될 때 많이 발생한다. 캅그라스증후군 환자는 자기의 가족이나 친구가 당사자가 아니라 당사자와 비슷하게 생긴 다른 사람이라고 믿는다. 프레고리증후군 환자는 두 명의 다른 사람이 겉모습만 바꾼 동일한 사람이라고 믿는다. 장소복제기억착오증 환자는 자기의 집이나 친숙한 장소가 그 장소와 비슷하게 보이는 다른 장소라고 믿는다.

환각(hallucinations)은 실제로는 자극이 없는 상태에서 감각을 경험하는 것이며 시각, 청각, 촉각, 후각 및 미각에서 나타날 수 있다(Siegel, 1977). 환각에 관한 병력 채취는 다음 몇 가지 원리들을 아는 것이 도움이 된다. 일반적으로 환시(visual hallucinations)는 신경학적 손상을 시사하며 환청(auditory hallucinations)은 정신과적 질환을 시사한다. 환시는 대표적으로 (1) 시각계 질환으로 인한 지각방출(perceptual release; Lepore, 1990), (2) 발작방전(ictal discharge; King and Marsan, 1977), (3) 독성-대사장애(toxic-metabolic disorders; Lipowski, 1980) 상황에서 많이 발생한다. 방출환시에는 두 가지 유형이 있다. 하나는 **찰스보닛증후군**(Charles Bonnet syndrome)인데 안구질환으로 인한 시각상실에서 나타나는 환시이다(Damas-Mora, Skelton-Robinson, and Jenner, 1982). 다른 하나는 **반복보임증**(palinopsia)인데 자극이 사라진 후에도 계속적으로 보이는 증상이며 우반구 두정후두 손상(parietooccipital lesion)과 연관된다(Stagno and Gates, 1991). 일반적으로 환시는 좌반구 손상에 비해 우반구 손상에서 더 많이 발생한다(Lessell, 1975; Hecaen and Albert, 1978). 보통 무형적(unformed) 환시는 후두엽 손상을 시사하며 유형적(formed) 환시는 측두엽 손상을 시사한다(Cummings and Mega, 2003). **대뇌다리환각증**(peduncular hallucinosis)은 대뇌다리(cerebral peduncle) 근처의 중뇌손상과 관련된 특이한 유형적 환시이다. 보통 사람이나 동물이 보이는데, 이 유형의 환자는 환시 경험에 거부감이 없으며 심지어 즐기는 경우도 있다(Dunn, Weisberg, and Nadell, 1983). 환청(auditory hallucinations)은 정신분열증(schizophrenia)에서 흔히 나타나며 **정신분열형정신병증**(schizophreniform psychosis; 제9장 참조)과 **알코올환각증**(alcoholic hallucinosis)에서도 흔하다(Victor and Hope, 1958). **반복들림증**(palinacousis)은 반복보임증과 유사한 증상으로 자극이 사라진 뒤에도 계속적으로 들리는 증상이며 보통 측두엽 손상과 연관된다(Jacobs et al., 1973). 환촉(tactile hallucinations)은 정신과 질환에서 많이 나타나며 독성-대사장애에서도 흔하다(Berrios, 1982). **벌레환촉**(formications)은 벌레가 피부 위를 기어 다니는 것처럼 느끼는 환각인데 약물금단상태(drug withdrawal states)에서 흔하다. 후각 환각 그리고 드물지만 미각 환각이 측두엽발작(temporal lobe seizures)에서 나타날 수 있다(Daly, 1975).

　　착각(illusions)은 외부 자극을 잘못 지각하는 것이다. 착각은 보통 시각에서 일어나며 자발적이 아니라 외부 자극에 의해 유도되는 점에서 환각과 다르다. 착각의 흔한 형태로는 **작게보임증**(micropsia), **크게보임증**(macropsia), **변형보임증**(metamorphopsia)이 있다. 착각은 측두엽 발작과 고전적 편두통(classical migraine)에서 가장 흔히 나타나며, 관련된 피질의 과도한 전기방출(electrical discharges)이 원인으로 추정된다(Hecaen and Albert, 1978).

2.2 정신상태검사

병력을 청취한 후에는 정신상태검사(mental status examination)를 진행한다. 정신상태검사를 실시하는 형식은 신경학적 검사(neurological examination)를 실시하는 형식과 유사하다. 정신상태검사의 목적은 각 정신기능을 체계적으로 평가하여 증후군에 입각한 진단을 내리는 것이다. 증후군 진단은 신경계에 어떤 구조적 및 생리적(physiological) 변화가 있는가를 추론할 수 있게 해주며, 이에 따라 치료 계획도 세울 수 있다(Strub and Black, 1993; Cummings and Mega, 2000). 그러므로 임상가는 각 정신기능의 신경생물학적 기제에 대한 기본적 지식을 갖추고 있어야 한다. 아래 논의는 정신상태검사의 종합적인 개관이다(표 2.1 참조). 이러한 개관은 후속 장들에서 기술될 신경행동 증후군들을 이해하기 위한 기본적 틀(framework)을 제공할 것이다. 정신상태검사는 크게 (1) 각성, 주의, 동기, (2) 기억, (3) 언어, (4) 시공간기능, (5) 관리기능(executive function), (6) 기분과 성격의 여섯 범주로 나눌 수 있다(표 2.1 참조). 표 2.1에는 주요 신경행동 증후군들을 탐지하기 위하여 각 범주에서 시행되어야 할 검사 항목들이 열거되어 있다. 이 검사 항목들은 신경행동평가에서 모두 다 실시될 필요가 있으며, 사례에 따라 어떤 항목은 더 자세히 평가하고 어떤 항목은 덜 자세히 평가한다. 각 신경행동 증후군의 자세한 논의는 해당 장에서 제시될 것이다.

　　정신상태검사의 시행 및 해석에서는 다음 몇 가지 원리에 특히 유의해야 한다. 첫째, 어떤 임상검사든 순수하게 단일한 신경행동 영역만을 측정하는 경우는 없으며 기껏해야 이러한 목표에 근접하는 정도이다. 그러므로 임상가는 검사에서 수집한 자

표 2.1 정신상태검사

I. 각성, 주의, 동기	IV. 시공간기능
A. 각성(arousal) 　1. 과다각성(hyperarousal) 　2. 과소각성(hypoarousal) B. 주의(attention) 　1. 숫자외우기(digit span) 　2. 연속 7 빼기(serial sevens) 　3. 무선철자검사(random letter test) C. 동기(motivation) 　1. 협조하기(cooperation) 　2. 계속하기(perseveration)	A. 그리기(drawing) 　1. 2차원과 3차원 물체(two- and three- 　　 dimensional objects) 　2. 11：10분을 가리키는 시계(clock with hands 　　 at 11：10) B. 방향적 주의(directed attention) 　1. 이중동시자극(double simultaneous 　　 stimulation) 　2. 선지우기(line cancellation) 　3. 선나누기(line bisection) C. 공간지남력(spatial orientation) D. 옷입기(dressing) E. 인식기능(gnosis)
II. 기억	**V. 관리기능**
A. 즉시기억(immediate memory) B. 최근기억(recent memory) 　1. 언어기억(verbal memory) 　2. 시각기억(visual memory) C. 옛날기억(remote memory)	A. 추상적 사고(abstraction) B. 단어목록생성(word-list generation) C. 운동 프로그래밍(motor programming) D. 교대 연속하기(alternating sequences) E. 통찰력(insight) F. 판단력(judgment)
III. 언어	**VI. 정서와 성격**
A. 명제언어(propositional language) 　1. 자발적 말하기(spontaneous speech) 　2. 듣고 이해하기(auditory comprehension) 　3. 따라 말하기(repetition) 　4. 이름대기(naming) 　5. 읽기(reading) 　6. 쓰기(writing) B. 운율(prosody) C. 행위기능(praxis) D. 계산하기(calculations)	A. 기분(mood) 　1. 환자에게 질의(inquiry to patient) 　2. 친지에게 질의(inquiries to family, caregivers) B. 정동(affect) 　1. 얼굴 표정(facial expression) 　2. 말하는 음조(tone of voice) 　3. 반응 지연(latency of response) 　4. 제스처와 자세(gesture and body posture) C. 처신(comportment)

료들을 전체적으로 평가하여 어떤 신경행동적 결손이 가장 현저한지를 분석해야 한다. 이와 관련된 사항 중 하나는 기초 신경학적 검사[즉 뇌신경, 운동계, 협응(coordination), 걸음, 반사, 감각의 검사]는 손상 위치에 따라 나타나는 정보가 신경행동적 진단에도 큰 참고가 될 수 있다는 점이다. 예를 들어 브로카실어증에는 우측 반신불완전마비(hemiparesis)가 동반되는 것이 보통이다. 그러므로 우측 반신불완전마비가 있는 것은 브로카실어증의 진단에 중요한 참고 자료가 될 수 있다. 둘째, 환자의 검사 수행은 뇌기능의 장애뿐 아니라 문화적 배경, 나이, 교육과 같은 일생 경험들에 의해서도 영향을 받는다. 그러므로 적절한 결과 해석에는 상당한 융통성과 숙련이 요구된다. 마지막으로 신경학, 특히 행동신경학은 미묘하고 언어적으로 기술하기 어려운 방식으로 표출되는 신경계의 기능이상을 임상가가 얼마나 잘 탐지할 수 있느냐에 달려 있다. 그러므로 임상가의 예리한 관찰과 고도의 기술이 매우 중요한 역할을 한다. 아무리 첨단 신경영상장비라도 노련한 임상가가 수행하는 주의 깊고 민감한 평가를 대신할 수는 없다.

2.2.1 각성, 주의, 동기

정신상태검사는 가장 기본적 기능에 해당하는 각성(arousal), 주의(attention), 동기(motivation)를 먼저 점검한다. 논리적으로도 이 기능들의 평가는 다른 기능들의 평가에 앞서 실시될 필요가 있다. 만약 이 기능들 중 어느 하나라도 심각한 수준으로 저하되어 있다면 다른 기능들의 평가는 사실상 무의미하다. 즉, 각성 수준이 완전하지 못하거나, 주의력이 미약하거나, 수행에 충분한 노력이 없는 경우에는 신경행동적 검사를 정식으로 실시하기가 불가능하다. 따라서 이런 환자들의 평가에는 다른 접근이 필요하다.

각성(arousal)은 깨어 있음(wakefulness)을 의미하는 생리학적 개념으로 **의식 수준**(level of consciousness)과 연관된다. 의식 수준에는 뇌줄기(brain stem)와 사이뇌(diencephalon)에 있는 상행그물활성계(ascending reticular activation system, ARAS)가 중요한 역할을 한다(Posner et al., 2007). **의식 내용**(content of consciousness)은 모든 인지 및 정서적 작동을 포괄하는 개념이며 대뇌반구가 중요한 역할을 한다

(Posner et al., 2007). 인지나 정서과정이 일어나기 위해서는 적절한 수준의 각성이 반드시 필요하다. 신경해부학적 용어를 사용한다면 대뇌반구가 작동하기 위해서는 ARAS의 작동이 반드시 필요하다.

각성장애는 과다각성(hyperarousal)과 과소각성(hypoarousal)의 두 유형으로 대별할 수 있다. 과다각성의 특징은 안절부절(restlessness), 초조증(agitation), 섬망(delirium)이며, 과소각성의 특징은 졸음(drowsiness), 기면(lethargy), 혼미(stupor), 혼수(coma)이다. 이 용어들의 의미는 표준화되어 있지 않아서 정확히 구별해서 사용하기가 쉽지 않다. 그러므로 어떤 용어를 사용할지 의심스런 경우에는 환자의 행동을 구체적으로 기술하는 것이 이런 용어들로 명칭화하는 것보다 좋은 방법이다.

주의(attention)는 보다 복잡한 현상이며 연구자에 따라 여러 다른 정의들이 사용되기 때문에 더욱 혼란스럽다. 그러나 주의력 저하는 신경학적인 관점에서 중요한 진단적 및 치료적 함의를 갖는다. 이 책에서는 주의장애를 발생시키는 여러 질환들과 관련해서 주의를 살펴볼 것이다(Posner et al., 2007). 이러한 접근은 주의의 신경망이 어떻게 구성되어 있는가에 관한 예비적이지만 실용적인 가설을 제시할 것이다.

명료함(alertness)은 임상에서 주의를 대신하는 용어로 자주 사용된다. 주의는 신경행동적 측면에서 다음 세 가지로 분류할 수 있다(Filley, 2002). 첫째, **선택적 주의**(selective attention)는 외부 환경 중에서 생물학적으로 중요한 자극에 자각(awareness)의 초점을 맞추는 기능이다. 선택적 주의는 숫자외우기(digit span)로 믿을 만한 측정이 가능하다(Cummings and Mega, 2003). 숫자바로따라외우기의 정상치는 7±2이고, 숫자거꾸로따라외우기의 정상치는 5±2이다. 둘째, **지속적 주의**(sustained attention)는 숫자외우기와 같이 몇 초가 아니라 그 이상의 장시간 동안 어떤 과제에 집중하는 기능이다. 집중력(concentration) 혹은 경계(vigilance)라는 용어도 사용된다. 지속적 주의는 연속 7빼기 검사(serial sevens test) 혹은 무작위철자 검사(random letter test)로 측정할 수 있다(Strub and Black, 1993). 무작위철자 검사에서 피검자는 여러 철자들이 무작위로 섞인 목록을 들으면서 철자 A가 들릴 때마다 반응한다. 셋째, **방향적 주의**(directed attention)는 좌측과 우측 공간에 주의를 기울이는 기능이다. 뇌반구에 편재화된 기능으로 우반구는 좌측 반공간(hemispace), 좌반구는 우측 반공간에 주의를 기울인다. 방향적 주의의 장애는 편측무시증(hemineglect) 혹은 무시증(neglect)이라고 한다. 이에 관해서는 제8장에서 자세히 살펴볼 것이다.

동기(motivation)는 환자가 피검에 투입하는 노력의 수준을 의미한다. 환자가 얼마나 협조적이고 참을성 있는가는 주관적이지만 믿을 수 있는 동기의 지표이다. 환자의 성격(personality)이 동기에서 중요한 역할을 하지만, 성격 자체가 전두엽, 피질밑(subcortical), 둘레(limbic) 구조들에 의해 매개된다는 점에 유의할 필요가 있다(Mesulam, 2000). 무동기 상태(amotivational states)는 양측 전두엽의 손상과 관련될 수 있으며 우울증도 무동기의 잠재적 원인일 수 있다. 증상을 과장하는 꾀병(malingering)이나 다른 정신과적 문제가 있는지도 동기에 관한 평가에서 주의 깊게 살펴볼 필요가 있다(American Psychiatric Association, 1994).

2.2.2 기억

기억(memory)이라는 용어는 서로 관련된 여러 현상들에 대한 명칭으로 사용되고 있다. 기억 연구에는 관련 학문의 관점에 따라 다양한 접근들이 사용되기 때문에 혼란을 줄 수 있다. 특히 단기기억(short-term memory)과 장기기억(long-term memory)의 구분과 관련해서는 상당한 혼란이 있다. 심리학에서는 이 구분이 각각 일시적으로 저장된 기억과 영구히 저장된 기억을 지칭하는 용어로 사용된다. 이러한 구분은 충분히 의미가 있지만 장기기억이 수분 전에 학습한 내용을 의미하는지 혹은 수년 전에 학습하여 오랜 기간 안정되게 유지된 내용을 의미하는지 불분명하다는 약점이 있다. 그러므로 임상가들은 장기기억이라는 용어 대신에 최근기억(recent memory)과 옛날기억(remote memory)이라는 두 용어로 세분하여 사용한다. 그리고 단기기억이라는 용어 대신에 즉시기억(immediate memory)이라는 용어를 사용한다(표 2.1 참조). 그러므로 임상적 목적이라면 즉시기억, 최근기억, 옛날기억의 용어들이 가장 유용한 구분이다(Strub and Black, 1993; Cummings and Mega, 2003).

즉시기억(immediate memory)은 앞에서 논의한 선택적 주의와 밀접한 관련이 있다. 즉시기억의 예로는 수첩에서 전화번호를 찾아 다이얼을 돌리는 시간 동안만 잠시 기억하는 것을 들 수 있다. 즉시기억을 지칭하는 옛 용어로는 **일차적 기억**

(primary memory; James, 1890)이 있다. 보다 최근에는 **작업기억**(working memory) 이라는 용어가 많이 사용된다(Baddeley, 1992). 작업기억은 어떤 정보를 인지적 처리 가 일어나기에 충분한 시간만큼 의식 안에 유지하는 능력을 지칭한다. 어떤 용어가 사용되든 이러한 종류의 기억은 숫자외우기 검사로 적절한 측정이 가능하다. 다른 평가 방법으로는 1부터 10의 숫자를 거꾸로 암송하거나, 월 이름이나 요일 이름을 역 순으로 암송하는 절차가 있다.

최근기억(recent memory)은 새로운 정보를 학습하는 능력을 지칭한다. 시간적 으로는 학습한 후 수분에서 수시간 정도 지난 기억을 지칭한다. 최근기억의 평가는 예를 들어 3~4개 정도의 무관련 단어들(unrelated words)을 제시하고 5~10분 정도 의 시간이 지난 후에 물어볼 수 있다. 지연 시간 동안에는 피검자가 암송하는 것을 방 지하기 위해 다른 검사들을 실시하는 것이 적절하다(Strub and Black, 1993). 피검자 가 기억을 못하는 경우 의미적 단서(예 : 단어가 속한 범주 이름)나 음소적 단서(예 : 단어의 첫째 철자)가 도움이 되는지를 살펴볼 필요가 있다. 또한 제시한 단어들과 제 시하지 않은 단어들이 섞인 목록을 주고서 제시한 단어들만 재인(recognition)시키는 절차도 필요하다(Cummings and Mega, 2003). 만약 이러한 단서들이나 재인 절차로 기억이 가능하다면 부호화(encoding)보다는 인출(retrieval)에 문제가 있을 가능성이 높으며, 전두-피질밑(frontal-subcortical) 신경병리나 정신과적 질환을 시사한다. 좌 반구 손상은 시각기억(visual memory)에 비해 언어기억(verbal memory)의 기능을 더 저해하며, 우반구 손상은 언어기억에 비해 시각기억의 기능을 더 저해할 수 있다. 그러므로 단어뿐 아니라 그림, 디자인 및 물체를 이용하여 기억을 측정할 필요가 있 다. 예를 들어 3단어-3형태 검사(The Three Words-Three Shapes test)는 언어기억과 비언어기억을 모두 측정한다(Weintraub, 2000). 최근기억에 대한 다른 접근은 장소 지남력(orientation), 시간지남력, 현재의 병에 관한 자세한 기억, 현재의 정치나 스포 츠 이벤트에 관한 기억을 평가하는 것이다. 절차기억(procedural memory)은 기술 학 습(skill learning)을 의미한다. 이 기억이 임상검사에 포함되는 경우는 많지 않지만 인지신경심리검사실에 의뢰하여 측정할 수 있다(Weintraub, 2000). 절차기억도 임상 적으로 중요할 수 있으며, 이에 관해서는 제12장에서 자세히 살펴볼 것이다.

옛날기억(remote memory)은 우리가 지식(knowledge)이라고 부르는 것에 해당한다. 시간적으로는 수일, 수개월, 혹은 수년 전의 과거에 저장한 기억이다. 옛날기억은 피검자의 일생에서 중요한 사건 혹은 역사적으로 중요한 사건을 질문하여 평가할 수 있다. 옛날기억은 신피질의 광범위한 영역에 중복적으로 표상(representation)되어 있다고 추정된다. 그러므로 대부분의 신경학적 질환들에서 옛날기억은 최근기억에 비해 보다 잘 보존된다. 이러한 점은 초기 치매 환자들에서 매우 현저하게 표출될 수 있다. 일단 기억이 신피질에 저장되고 나면 신경병리에 상당한 저항성을 갖는다. 그러나 많은 기억장애 환자들이 기억을 등록시키는 단계에서 문제가 있기 때문에 기억의 이러한 특성이 별 도움이 안 된다.

2.2.3 언어

언어(language)는 사고를 말 혹은 글로 표상하는 기능으로 사람과 사람 간의 상징을 통한 의사소통(symbolic communication)을 가능하게 한다. 언어는 **말하기**(speech)와는 다른 기능이다. 말하기는 구강어(oral language) 산출에 사용되는 음들을 만드는 운동능력, 즉 조음(articulation) 운동능력을 뜻한다. 언어는 **음성**(voice)과도 다른 기능이다. 음성은 후두(larynx)의 기능으로 발성(phonation)과 호흡을 조정한다. 말하기의 장애는 마비말장애(dysarthria), 음성의 장애는 발성곤란증(dysphonia)이라고 부른다. 마비말장애와 발성곤란증은 언어장애인 실어증(aphasia)과 함께 나타날 수도 있지만 단독으로 나타날 수도 있다. 그러므로 실어증과는 독립적인 증상이므로 개별적인 고려가 요구된다.

명제언어(propositional language)는 언어에서 단어의 선택과 배열에 관련된 부분을 의미한다. 명제언어는 준언어적(paralinguistic) 요소인 운율(prosody)과는 다르다. 운율은 언어에 감정 및 정서적 색채를 입히는 것으로 음고, 음량, 음조(intonation), 멜로디, 빠르기, 강세, 타이밍(timing)과 관련된다(Ross, 2000). 명제언어의 결손을 실어증(aphasia)이라고 부르며 임상적으로 매우 중요한 증상이다. 명제언어의 검진에서는 다음 여섯 가지 측면의 평가가 필요하다(Goodglass and Kaplan, 1983).

(1) **자발적 말하기**(spontaneous speech)는 병력을 청취하기 위한 대화에 근거하

여 평가한다. 주요 사항은 피검자 말이 유창(fluency)한지 혹은 비유창(nonfluency) 한지를 살피는 것이다. 비유창한 말의 특징은 짧은 구절길이(phrase length; 5개 단어 이하), 문법상실증(agrammatism; 틀린 문법 구조), 손상된 언어운율(linguistic prosody; 비정상적 리듬과 스트레스), 조음의 어려움(마비말장애)이다. 유창한 말인 가 비유창한 말인가의 변별은 항상 명백하지는 않으며 임상적 전문성이 요구될 수 있 다. 사실 유창성과 비유창성은 이분법적 범주가 아니라 연속선상에 있다고 보는 것 이 더 적절하다(Hillis, 2007). (2) **청각적 이해**(auditory comprehension)는 지시 사항 을 듣고서 수행하는 것으로 평가할 수 있다. 점진적으로 보다 복잡한 지시를 해서 평 가한다. 예를 들어 신체 부위(손가락마디, 귓불)를 듣고서 가리키기, 방 안의 물체를 듣고서 가리키기, 2~3개 혹은 4개의 물체를 한번에 듣고서 가리키기, 물체를 기능적 으로 설명한 문장을 듣고서 가리키기("몇 시인지 알고 싶을 때 사용하는 물건을 가리 켜 보십시오."), 문장을 듣고서 '예' 또는 '아니요'로 답하기("제가 모자를 쓰고 있나 요?", "포크로 국을 먹을 수 있나요?"), 문법 구조가 복잡한 문장을 듣고서 답하기 ("사자가 호랑이에게 죽임을 당하였습니다. 어떤 동물이 죽었습니까?")로 진행한다. (3) **따라 말하기**(repetition)는 말을 듣고서 곧바로 따라 말하는 것으로 평가할 수 있 다. 점진적으로 보다 긴 말을 사용하여 평가한다. 예를 들어 내용 단어(content word; '집', '야구')를 듣고서 따라 말하기, 내용 단어로 구성된 문장("기차가 역에 도 착했다.")을 듣고서 따라 말하기, 기능 단어(function word)가 많이 포함된 문장("그 가 그것을 행한 자이다.")을 듣고서 따라 말하기로 진행한다. (4) **이름대기**(naming) 는 물체, 신체 부위를 보고서 이름을 말하는 것으로 평가할 수 있다. 사용 빈도가 낮 은 사물뿐 아니라 사용 빈도가 높은 사물에서도 이름대기에 실패하는 것은 보다 심 한 결손을 시사한다. (5) **읽기**(reading)는 낭독과 음독 후 이해하는 정도를 통하여 평 가한다. 철자, 단어, 문장, 단락(paragraph)의 점차 더 긴 순으로 평가한다. (6) **쓰기** (writing)는 사인하기(고도로 반복 학습된 기술), 받아쓰기(단어, 짧은 문장), 어떤 주 제('오늘 날씨')에 관한 작문하기로 평가한다. 읽기와 쓰기는 물론 문맹이 아닌 경우 에만 실시할 수 있다.

위에서 논의한 핵심 검사와 더불어 **착어증**(paraphasias)도 평가할 필요가 있다.

착어증은 말하기에서 발생하는 철자 혹은 단어 선택의 오류이다. 착어증은 음소착어증(phonemic paraphasia; '천장' 대신 '전장'이라고 말함), 의미착어증(semantic paraphasia; '천장' 대신 '벽'이라고 말함), 신어증(neologism; '나뿔호'라고 말함)으로 분류할 수 있다. 음소착어증과 의미착어증은 각각 철자착어증(literal paraphasia)과 언어착어증(verbal paraphasia)이라고도 칭한다. 착어증은 모든 실어증에서 나타나지만 말을 많이 하는 유창실어증(fluent aphasia)에서 보다 많이 관찰된다. **횡설수설실어증**(jargon aphasia)은 착어증이 심해서 이해가 불가능한 말을 하는 경우로 심한 유창실어증에서 관찰된다. 일부 환자의 언어 평가에서는 다른 절차들도 유용할 수 있다. 노래 부르기는 비유창실어증 환자의 재활에서 응용될 수 있는 음악적 능력이 있는지를 살펴보는 데 유용하다(제8장 참조). 순서적 암송하기(serial speech; 월이름을 순서대로 말하기, 충성 서약)는 피질경유실어증(transcortical aphasia)의 진단에 유용할 수 있다. 철자오류는 실어증 환자의 쓰기장애[실서증(agraphia)]에 흔히 동반되는 점에서 유용하다. 철자오류는 발달성 읽기장애에서도 나타날 수 있다.

앞서 언급한 바 있는 **운율**(prosody)은 준언어적인 요소로 명제언어를 말하는 어조를 의미한다(Ross, 2000). 만약 운율이 없다면 우리의 언어는 단순하고 무미건조한 서술과 질문에 그칠 뿐 감정이나 정서의 교류가 불가능할 것이다. 예를 들어 기쁨, 슬픔, 유머, 놀라움, 빗대어 말하기 등이 모두 사라질 것이다. 우반구는 운율에서 주도적인 역할을 하는데, 이는 우반구가 여러 정서기능에서 중요한 역할을 하는 것과 일치한다(Ross, 2000). 실운율증(aprosody)은 심한 경우에는 환자가 어조가 없이 단조롭게 말하는 것에서 쉽게 탐지된다. 그러나 증상이 약한 경우에는 정식 평가가 필요한데 이에 관해서는 제8장에서 논의할 것이다.

언어평가 후에는 **실행증**(apraxia)의 평가가 적절하다. 실행증은 학습된 운동(learned motor activity)을 수행하는 능력의 장애이다. 실행증은 실어증과는 별개이지만 임상적으로 실어증 환자에서 나타나는 경우가 많다. 이 경우 환자들의 언어장애를 보다 심화시킬 수 있으며, 언어장애에 덧붙여 손상 위치에 관해 추가적 정보를 준다. 실행증 평가의 기본적인 절차는 사지, 구강안면(buccofacial), 몸통(axial) 근육을 사용하는 학습된 운동을 하도록 언어적으로 지시하는 것이다. 실행증은 제6장에서 고위운동기능(higher motor function)의 장애로 논의될 것이다.

마지막으로, **계산하기**(calculations)의 평가가 이 시점에서 적절하다. 산수를 수행하는 능력은 언어와 밀접히 관련되며 많은 실어증 환자들이 계산하기에서도 결손을 보인다. 다른 관련된 증상들, 예를 들어 **게르스트만증후군**(Gerstmann's syndrome)에 대한 검사도 필요하다. 이 증후군의 증상은 특이한데 실서증(agraphia), 계산못함증(acalculia), 좌우혼동증(right-left disorientation), 손가락실인증(finger agnosia)의 네 가지 증상이 나타난다(Strub and Black, 1993). 먼저 쓰기에 결손이 있는지를 앞서 논의한 방식에 따라 검사한다. 그다음에는 계산하기에 결손이 있는지를 간단한 산수문제 및 보다 복잡한 산수문제로 검사한다. 그다음에는 좌우혼동증이 있는지를 알아보기 위해서 환자나 검사자의 왼쪽과 오른쪽 손을 올바르게 변별하는지를 검사한다. 끝으로, 손가락실인증이 있는지를 알아보기 위해서 환자나 검사자의 손가락들을 올바르게 변별하는지를 검사한다. 게르스트만증후군은 좌측 모이랑(angular gyrus)의 손상을 시사한다. 손가락실인증에서 실인증(agnosia)이라는 단어는 원래의 '실인증' 의미와는 거리가 있는 경우에 해당된다. 실인증의 원래 의미는 어떤 감각에 국한된 재인장애(modality-specific recognition deficit)이다. 실인증은 시각, 청각, 또는 촉각의 고위기능에 결손이 있는 점에서 고위감각기능(higher sensory function)의 장애이다. 실인증은 제7장에서 집중적으로 논의할 것이다.

2.2.4 시공간기능

시공간기능(visuospatial function)은 큰 범주인데 시각 자극에 주의를 기울이고, 분석하며, 기억하고, 운동기능과 협응이 되도록 표상하는 능력을 포함한다. 우반구가 이러한 기능들에서 중요한 역할을 한다는 가설을 지지하는 많은 증거가 있다(Mesulam, 2000; Cummings and Mega, 2003). 그러므로 시공간능력의 검사는 우반구의 신경행동적 기능이 온전한가를 평가하는 가장 편리한 방법 중 하나이다. 4개의 엽 중에서는 두정엽이 시공간 과제의 수행에서 특히 중요하다.

시공간기능을 평가하는 가장 잘 알려진 검사는 **그리기**(drawing)이다. 그리기를 통하여 피검자의 구성력(constructive ability)을 평가할 수 있다(Strub and Black,

1993). 첫째, 검사자가 지시한 대로 어떤 형태를 그리게 하여 평가한다. 예를 들어 간단한 이차원 도형(정사각형, 삼각형, 십자가), 삼차원 도형(정육면체, 집), 꽃, 시계를 그리도록 지시한다. 그다음에는 검사자가 어떤 형태를 그려준 후 피검자가 보고 그리게 하여 평가한다. 모사하기(copying)에서는 앞서 피검자가 잘못 그린 형태를 사용하거나 새로운 형태를 사용한다. 특발성(idiopathic) 정신질환에서는 구성력이 보존되는 것이 일반적이므로, 그리기의 결손은 신경학적 질환을 시사한다(Cummings and Mega, 2003). 일반적으로 우측 전두엽의 손상은 모사하기(copying)보다 그리기(drawing)에 더 큰 효과를 끼치는 반면에, 우측 두정엽의 손상은 그리기보다 모사하기에 더 큰 효과를 끼친다(Cummings and Mega, 2003). 11시 10분을 가리키는 시계를 그리게 하는 것은 시공간기능의 결손뿐 아니라 편측무시증과 자극-종속행동(stimulus-bound behavior)도 탐지할 수 있는 점에서 특히 유용한 검사이다(Cummings and Mega, 2003). 우반구 손상 환자들은 그리기에서 좌측 무시증, 전체 구도(perspective)의 붕괴, 우측에서 좌측으로 그리기의 특징을 보일 수 있다. 반면에 좌반구 손상 환자들은 구성력의 손상은 덜하지만 단순화, 빠뜨리고 그리기, 세부사항 생략의 특징을 보일 수 있다(Cummings and Mega, 2003). 최근 연구에 따르면 시계그리기에서 시공간적 오류는 우측 두정엽 손상과 가장 관련되고, 시간표시 오류는 좌측 전두-두정 손상과 가장 관련된다(Tranel et al., 2008).

　시공간기능의 평가에서 그리기 못지않게 중요한 것은 **방향적 주의**(directed attention)의 검사이다. 방향적 주의는 뇌반구에 편재화된 기능으로 우반구는 좌측 반공간(hemispace) 좌반구는 우측 반공간에 주의를 기울인다. 편측주의장애에서 가장 중요한 것은 **편측무시증**(hemineglect; 무시증이라고도 함)인데 이중동시자극(double simultaneous stimulation)을 시각이나 청각에서 실시하여 평가한다. 이 증상을 보이는 환자들은 단일자극에 대한 반응에는 결손이 없지만 이중동시자극에서는 영향을 받은 쪽에 제시된 자극을 탐지하지 못한다. 무시증은 우측 신체보다는 좌측 신체에서 훨씬 더 많이 나타난다. 좌측 무시증이 있는 경우 우반구 손상의 다른 증거는 없는지 면밀하게 점검할 필요가 있다. 무시증을 평가하는 다른 유용한 방법은 선지우기(line cancellation, 선분들이 무선적으로 그려진 종이에서 선분마다 가로

선 긋기)와 선나누기(line bisection, 여러 길이로 된 선분들에서 각 선분마다 중간지점 표시하기)이다.

공간지남력(spatial orientation)은 자기가 지금 어디에 있는지 알거나 지도를 이해하는 능력 등을 지칭한다. 이러한 능력은 구성력을 지지하는 일련의 기술들과도 밀접히 관련된다(Strub and Black, 1993). 이러한 능력의 결손은 환자가 익숙한 장소에서 집으로 운전해 오는 데 혼란을 겪었다는 일화에서 시사될 수 있다. 또는 앞서 논의한 그리기 과제에서의 오류가 단서를 제시할 수도 있다. 보다 정식적인 평가를 위해서는 잘 아는 나라를 윤곽선으로 그린 그림에서 주요 도시나 유명한 장소를 표시하도록 지시할 수 있다. 다른 평가 방식은 병원에서 어떤 장소까지 가는 길을 묻거나, 진료실에서 간호사실이나 접수데스크로 가는 길을 묻는 것이다.

옷입기(dressing)는 일상생활에서 매우 중요한 기능인데 우반구 손상에 의해서 심하게 손상될 수 있다. 옷입기가 성공적으로 수행되려면 자기 신체 및 입으려는 옷의 구조와 차원에 대한 이해가 뒷받침되어야 한다. 신체스키마(body schema) 장애는 우반구 두정엽 손상에서 자주 나타나는 증상이다(Cummings and Mega, 2003). 옷입기에 결손이 있는지는 환자에게 재킷, 셔츠, 신발을 신도록 지시해서 평가할 수 있다. 과제를 좀 더 어렵게 하려면 재킷이나 셔츠의 한쪽 팔을 안으로 뒤집어서 제시하거나, 왼쪽 발에 오른쪽 신발을 제시한다. 만약 옷입기 실행증(dressing apraxia)이 탐지된다면 우반구 손상을 제시하는 다른 단서는 없는지 면밀히 살펴볼 필요가 있다.

마지막으로, **인식기능**(gnosis)도 이 시점에서 평가되는 것이 적절하다. 인식기능의 기본은 감각자극을 보고 무엇인지 재인(recognition)하는 것이며 시각, 청각, 촉각에서 평가될 수 있다. 인식기능의 장애는 다른 감각 혹은 인지장애와 혼재하는 경우가 많기 때문에 순수한 형태는 드물며 진단도 단순하지 않다. 그러나 면밀한 평가를 시행한다면 관련 증상을 확인할 수 있다. 핵심 사항 중 하나는 실인증(agnosia)이 각 감각에 특이하기 때문에 인식기능의 결손도 한 감각에서만 발견된다는 것이다. 예를 들어, 실인증 중 가장 중요한 **시각실인증**(visual agnosia)의 경우 시각적으로 제시된 물체는 무엇인지 재인하지 못하지만 동일한 물체를 다른 감각에 제시하는 경우 성공적으로 재인한다. 예를 들어 열쇠 꾸러미를 보여주는 경우 무엇인지 모르지만 열쇠

꾸러미를 흔들어 소리를 내거나 손으로 만져서 느낄 수 있게 하면 무엇인지 즉시 안다. **청각실인증**(auditory agnosia)은 실어증과 밀접히 관련된다. **촉각실인증**(tactile agnosia)은 두정엽의 손상을 시사하는 징후(sign) 중 하나이다. 실인증에 대해서는 제7장에서 자세히 논의할 것이다.

2.2.5 관리기능

최근 연구들은 **관리기능**(executive function)이 인간행동의 가장 핵심적인 요소이며 특별히 큰 주목을 받을 만하다는 점에서 폭넓은 합의를 보인다(Stuss and Benson, 1986; Miller and Cummings, 1999; Cummings and Mega, 2003; Filley, 2009). 관리기능은 주의, 기억, 언어, 행위기능(praxis), 인식기능, 시공간력과는 차별화되는 기능이다. 관리기능이라는 용어는 뇌의 가장 고위기능을 지칭하며 인간의 의식에서 감독기능의 역할에 해당한다. 그러나 관리기능은 정량화(quantification)가 곤란한 여러 인지적 작동을 포함하는 개념이기 때문에 신경행동적으로 가장 측정이 어려운 기능이기도 하다. 전두엽이 관리기능에서 핵심적인 역할을 한다는 증거는 확고하기 때문에 관리기능 결손의 탐지는 뇌손상 위치에 관해 많은 시사점을 준다(Stuss and Benson, 1986; Miller and Cummings, 1999; Cummings and Mega, 2003; Filley, 2009). 관리기능검사가 지향하는 것은 인지적 활동을 계획하고, 유지하고, 감독하는 능력 및 방해자극에 저항하고 새로운 상황에 적응적으로 대처하는 능력을 평가하는 것이다. 이러한 기능들은 전두엽과 긴밀히 관련되며 전두엽과 연결된 피질밑 부위 및 후측 대뇌 부위와도 관련된다.

관리기능의 평가에는 추상적 사고(abstraction)를 포함하는 과제들이 많이 사용된다. 관용적 표현(idioms; '마음이 무겁다', '새 발의 피')과 속담(proverbs; '산이 높으면 골이 깊다', '소문난 잔치에 먹을 게 없다')의 해석 및 공통성(similarities) 말하기('사과와 바나나', '코와 입')는 모두 이러한 추론능력과 관련된다. **단어목록생성**(word list generation)은 어떤 범주(동물, 과일, 채소)에 속하는 단어들을 1분간 많이 말하도록 지시하거나(정상치는 18개 이상), 어떤 철자(F, A, S)로 시작하는 단어들을 1분간 많이 말하도록 지시하여 평가한다(정상치는 12개 이상; Strub and Black,

1993). **운동프로그래밍**(motor programming) 과제는 러시아의 신경심리학자 A. R. Luria가 처음 창안하였으며 피검자가 세 가지의 손동작(주먹 쥐기, 옆으로 세우기, 손바닥 펴기)을 연속적으로 수행하도록 지시하여 평가한다(Cummings and Mega, 2003). **교대연속**(alternating sequence) 과제는 'm'과 'n'을 교대로 쓴 것을 보고서 똑같이 쓰게 지시하거나, 사각형과 삼각형을 교대로 그린 것을 보고서 똑같이 그리도록 지시하여 평가한다. 처음 부분은 보면서 하지만 나머지는 피검자 스스로 페이지의 끝까지 연속해서 쓰거나 그린다. 연속적으로 바꾸지 못하고 하나만 계속해서 쓰거나 그리는 것은 반복증(perseverance)을 시사한다(Cummings and Mega, 2003). 자신의 병에 관한 **통찰력**(insight)을 요하는 간단한 질문을 통해서 환자가 병에 대해 정서적으로 얼마나 잘 적응하고 있는지를 평가할 수 있다. 예를 들어 환자의 병이 자신, 가족 혹은 다른 보호자에게 어떤 영향을 미치고 있는지를 질문할 수 있다. 또한 **판단력**(judgment)을 요하는 간단한 질문("극장에서 타는 냄새를 맡았다면 어떻게 행동해야 합니까?")을 통하여 환자의 사회적 혹은 윤리적 행동에 결손이 있는지를 평가할 수 있다.

　마지막으로, 인간의 행동 목록 중 최상위 부분인 창조성, 이타주의, 사랑 같은 것은 주관적인 평가조차 한계가 있고 객관적인 정량평가는 더욱 불가능하다. 그러므로 이런 영역에서의 결손은 구체화하기가 매우 어렵다. 최근에 신경심리학자들은 기능신경영상(functional neuroimaging)을 사용하여 이러한 주관적 심리기능의 신경생물학적 기반을 밝히는 작업을 진행하고 있다. 이러한 연구는 20~30년 전만 해도 상상조차 할 수 없었던 것으로 매우 주목할 만한 발전이다. 현재 창조성(Austin, 2003; Heilman, 2005), 사회적 협동(Rilling et al., 2002), 사랑(Zeki, 2007)의 뇌 표상에 상당한 시사점을 주는 연구 자료가 발표되어 있다. 그러나 임상 현장에서 이러한 능력에 변화가 있는지를 대강이라도 살펴보기 위해서는 환자와 시간을 같이 보내는 것이 유일한 현실적 방법이다. 경우에 따라서는 직업 수행이나 사회적 능력의 저하가 환자가 보여주는 유일한 결손일 수 있다. 이런 경우 동료, 감독자, 배우자의 인터뷰가 환자가 병전에 비해 어떤 특이한 행동 변화가 있는지를 알아보는 데 도움을 줄 수 있다. 반면에 환자 자신의 인터뷰는 별 도움이 안 될 수도 있는데, 증상을 일으킨 손상이 통찰력

저하도 가져오는 경우가 많기 때문이다. 이러한 점들의 고려는 우리가 마지막으로 고려할 영역인 '정서와 성격'과도 연관된다.

2.2.6 정서와 성격

정서와 성격은 대부분의 사람에게 친숙한 개념이면서도 정확히 정의하기란 매우 어려우며, 인간 특유의 정서와 행동에 대해 많은 논쟁이 있어 왔다. 그러나 이 장의 목적을 위해서는 **정서**(emotion)는 개인의 내적 느낌으로 정의할 수 있으며, **성격**(personality)은 타인과의 일상적 상호작용에 결정적 영향을 주는 일련의 행동 특성들로 정의할 수 있다. 본 섹션에서 우리의 주목적은 앞서 논의한 '인지적' 기능들에 비해 정서와 성격이 어떤 차별점이 있는가를 명확히 하는 것이다. 인지(cognition)라는 용어의 어원은 '알다'('to know')를 뜻하는 라틴어 cognoscere이다. 이 책에서 인지는 사고(thinking)와 유사한 의미로 사용되며, 주의, 기억, 언어, 행위기능, 시공간 기술, 관리기능을 포함한다. 인지기능이 뇌에 어떻게 표상되어 있는가는 비교적 잘 밝혀져 있으며 우리의 주된 주제이기도 하다. 반면에 정서기능이 뇌에 어떻게 표상되어 있는가는 별로 밝혀져 있지 않다. 그러나 둘레계가 정서에서 핵심적인 기능을 한다는 것은 분명하다. 둘레계는 정서와 본능을 작동시켜 생물학적 결핍으로 발생한 욕구를 충족시키는 역할을 한다. 둘레계 구조들, 특히 편도체와 띠이랑은 정서의 내적 경험에 중요하다. 시상하부는 정서와 관련된 자율신경과 내분비계 효과기를 작동시키는데 중요한 역할을 한다. 둘레계의 활동은 신피질 영역, 그중에서도 특히 전두엽에 의해 조절된다. 전두엽은 기초적 본능이 사회적으로 용인된 형태로 표현되도록 통제하는 것에 중요하다. 정서에 중요한 다른 뇌구조는 우반구이다. 우반구는 아직 잘 이해되지 않은 방식으로 우리의 행동에 대인관계 능력, 운율과 음악적 기술, 유머의 요소를 첨가한다. 그러므로 정서장애는 뇌의 다양한 부위들의 손상과 관련된다.

정서까지 포함한 모든 고위기능이 본질적으로 '인지적'이라는 주장이 제기될 수 있다. 실제로 최근에는 **사회적 인지**(social cognition)라는 주제를 다루는 연구 문헌들이 등장하였다(Frith, 2008; Adolphs, 2009). 이러한 분야의 등장은 공감(empathy), 동정심(compassion), 도덕심(morality)과 같은 인간행동의 사회적 측면에서도 뇌 이해가 중요하다는 것이 실감되고 있음을 반영한다. 이러한 사회적 자질들은 주로 전두엽과 측두엽 구조에 의하여 매개된다. 사회적 기능은 기억이나 언어와 같은 인지기능과 마찬가지로 신경생물적 과정으로 이해되는 것이 마땅하다. 그러나 실용적인 목적을 위해서는 인지기능과 정서기능을 구분하는 것이 편리하다. 임상적으로 신경학과 정신의학의 구분은 점차 희미해지며 융합하는 추세이다. 그러나 아직도 인지적 문제를 가진 사람들은 신경과에 의뢰되고 정서적 문제를 가진 사람은 정신과에 의뢰되는 것이 현실이다. 그러므로 우리는 인지와 정서를 편의상 구분할 것이다. 그러나 이러한 구분에도 불구하고 두 범주 안에 있는 모든 영역들은 분산신경망(distributed neural networks)이 매개하는 신경행동적 과정으로 이해하는 것이 적절하다.

정신상태검사에서 정서와 성격에 관한 부분이 정신과적 장애를 가지고 있는 사람이 신경행동학자에게 의뢰되는 경우에 대비해서 중요한 것만은 아니다. 이 부분은 정서와 성격도 뇌기능이며 신경행동적 용어로 해석되어야 함을 상기시켜 주는 점에서도 중요하다(Cummings and Mega, 2003). 기분(mood)과 정동(affect)이 평가할 중요 영역이며 처신(comportment)의 변화도 주목할 영역이다. 일부 사람들은 기분, 정동, 처신의 평가를 정신과 의사나 심리학자의 영역으로 보는 경향이 있다. 그러나 이러한 기능들은 신경행동적으로 중요하며, 이 기능들의 결손은 진단에서 중요한 역할을 한다. 이러한 기능들의 임상적 측정은 불가피하게 주관적(subjective)이며, 미묘한 변화를 탐지하기 위해서는 고도의 임상기술이 요구된다.

기분(mood)이란 개인의 내적 정서적 경험의 내용을 지칭한다. 그러므로 기분은 본인이 말로 표현하는 것 외에 다른 사람이 직접 관찰할 수 있는 방법이 없다(Cummings and Mega, 2003). 반면에 **정동**(affect)은 정서가 외적으로 표출된 것으로 보다 객관적 관찰이 가능하다. 예를 들어 얼굴 표정, 어조(tone of voice), 반응의 지연시간, 제스처나 신체 자세와 같은 준언어적 의사소통을 통해 관찰할 수 있다(Cummings and Mega, 2003). 기분의 평가에서 환자 자신의 보고가 가족이나 친지가 관찰한 것과 일치하는 경우도 있지만 불일치하는 경우도 있다. 그러므로 본인 이외의 사람들을 인터뷰하는 것도 중요하다. 우울증과 관련된 신체적 기능부전의 징후(vegetative sign), 예를 들어 체중감소, 불면증, 무쾌감증(anhedonia)이 있는지를 살펴보는 것도 필요하다. 기억을 돕기 위한 줄인 말인 'SIGECAPS'에 따라 순서적인 질문을 하는 것도 중요하다. 이 질문에는 수면(sleep), 관심(interest), 죄책감(guilt), 활력(energy), 집중력(concentration), 식욕(appetite), 정신운동기능(psychomotor function), 자살 충동(suicidality)이 포함된다(Weissberg, 2004). 이 중 마지막 항목인 자살 충동은 자해와 자살의 가능성 때문에 특히 신경을 써서 살펴보아야 할 사항이며, 문제가 탐지되는 경우 즉각적인 조치가 필요하다. 정동과 기분은 많은 경우 상호일치한다. 예를 들어 슬픈 정동을 보이는 환자는 내적으로 우울한 상태이며, 들뜨고(elated) 이상행복적(euphoric) 정동을 보이는 환자는 내적으로 흥분된(manic) 상태이다. 그러나 뇌질환 환자 중에는 정동과 기분이 일치하지 않는 경우도 많이 있음을 유의해야 한다. 예를 들어 양측 전두엽 손상으로 인한 **거짓숨뇌정동**(pseudobulbar affect)의 경우 내적 기분과 상관없이 병적 울음이나 웃음을 보일 수 있다. 또한 우반구 손상 환자의 경우 외적으로는 무관심한(indifferent) 정동을 보이지만 내적으로는 우울할 수 있다(Cummings and Mega, 2003). 마지막으로, 운동장애를 정동장애로 오인하지 않도록 유의해야 한다. 예를 들어 파킨슨병(Parkinson's disease)에서 표정이 없는 '가면 얼굴(masked face)'은 감정 둔화가 아니라 운동장애에 의한 것이다.

마지막으로, **처신**(comportment)에 관해 논의할 필요가 있다. 처신은 성격의 변화를 보여주는 가장 유용한 징후일 수 있다(Mesulam, 2000). 처신은 보통 아동기와 청소년기에 형성되어 고착된다. 그러므로 성인에서 처신의 변화가 일어나는 것은 신경학적 질환의 신호이며 전두엽과 측두엽 쪽에 생긴 문제를 반영할 수 있다. 환자가 어떻게 처신하는가는 뇌가 얼마나 잘 작동하고 있는가에 관해 많은 것을 말해 준다. 환자의 병력에서 정서적 행동의 변화가 명백히 드러날 수 있다. 특히 환자는 부적절한 성행동, 무감동증(apathy), 무의지증(abulia), 부적절한 쾌활성(facetiousness), 과민성(irritability)을 보여줄 수 있는데, 이러한 행동들은 보통 양측이나 일측 전두엽 손상과 연관된다. 전두엽 손상과 연관된 특히 현저한 증상 중 하나는 **억제못함증**(disinhibition)이다. 이는 처신장애의 극단적 형태로 둘레계가 매개하는 본능적 충동을 통제하는 시스템에 문제가 생긴 것이다. 이 증상은 모든 신경행동적 증후군들 중에서도 가장 심각한 것일 수 있다(제10장 참조). 이러한 종류의 문제는 다른 종류의 신경행동적 문제(실어증, 기억장애, 관리기능장애)에 비해 양적 측정이 어렵다. 그러나 환자의 주변 사람들에게는 아주 명백한 것이며 사려 깊은 병력 채취를 통해 밝혀낼 수 있다. 이런 증상을 보이는 많은 환자들은 병원에 의뢰되기에 훨씬 앞서서 경찰서로 불려 가는 경우가 많다.

2.3 표준화된 정신상태검사

앞서 논의한 정신상태평가 절차들은 신경행동적 증상들을 실용적으로 검진할 수 있는 체제를 제공한다. 이 절차는 모든 주요 신경행동적 영역들을 포함할 만큼 종합적이며 필요한 경우 특정 영역에 초점을 맞출 수 있을 만큼 유연하다. 검진 결과는 단일한 숫자가 아니라 피검자의 강점과 약점에 대한 풍부한 기술로 핵심적 특징들을 포착한다.

그러나 이러한 유연하지만 주관적인 접근이 보다 객관적인 평가로 보완될 필요도 있다. 표준화된(standardized) 검사는 표준 점수의 산출로 이러한 필요성을 충족시킨다(Weintraub, 2000; Lezak et al., 2004). 많이 사용되는 표준화된 검사의 하나는 간이형정신상태검사(Mini-Mental State Exam, MMSE; Folstein, Folstein, and McHugh, 1975)이다. MMSE의 최저점은 0점, 최고점은 30점이며, 시행 시간은 5~10분이다(표 2.2 참조). MMSE는 인지장애에 대한 선별검사로 매우 많이 사용되고 있기 때문에 그에 대한 지식을 갖추는 것이 중요하다. MMSE는 알츠하이머병(Alzheimer's disease) 같은 인지장애에 대해 약물 효과를 검증하는 연구에서는 거의 보편적으로 사용된다.

MMSE는 짧은 것이 장점이며 일반적으로 정신과 환자에 비해 신경과 환자들의 점수가 낮다(Lezak et al., 2004). 그러나 모든 신경행동적 영역을 충분히 평가하는 검사는 아니므로 앞서 기술한 보다 종합적인 정신상태평가(표 2.1 참조)를 완전히 대치할 수는 없다. 예를 들어 MMSE에는 언어와 기억에 관련된 문항들이 많음에 비해 시공간기술에 대한 문항은 하나밖에 없다. 그러므로 심한 우반구 손상이 있는 환자가 29/30이라는 만점에 가까운 점수를 받아서 '정상'으로 진단될 수 있다. 치매 환자에

표 2.2 MMSE-K1

영역	문항		반응	득점
시간지남력	년 (1)			
	월 (1)			
	일 (1)			
	요일 (1)			
	계절 (1)			
장소지남력	무엇하는 곳 (1)			
	현재 장소명 (1)			
	몇 층 (1)			
	시 도 (1)			
	나라 이름 (1)			
기억등록	나무 (1)			
	자동차 (1)			
	신발 (1)			
주의집중 및 계산	100 - 7 (1)			
	-7 (1)			
	-7 (1)			
	-7 (1)			
	-7 (1)			
기억회상	나무 (1)			
	자동차 (1)			
	신발 (1)			
언어기능	이름대기	시계 (1)		
		볼펜 (1) (*연필도 맞음)		
	따라 말하기	사람을 찾습니다 (1)		
	명령수행하기	왼손으로 받아서 (1)		
		반으로 접은 다음 (1)		
		저에게 주세요 (1)		
	읽기	눈을 감으시오 (1)		
	쓰기	'태극기'가 무엇인지 글로 써 보세요 (1)		
구성력	오각형 그리기 (1)			

* 역주 : 이해를 돕기 위해 영문본(Folstein, Folstein, and McHugh, 1975) 대신 번역본을 수록함.

출전 : 김홍근, 김태유. 2007. 노인용 인지검사. 대구 : 도서출판 신경심리.

대한 종단적 검사는 MMSE 혹은 그와 유사한 검사들이 유용하게 사용되는 대표적 예이다. 일반적으로 알츠하이머 환자는 MMSE 점수가 1년에 3점 정도 하강하는 것으로 알려져 있다(Salmon et al., 1990).

전두엽계 손상에 대한 선별검사로는 '전두엽평가배터리'(Frontal Assessment Battery, FAB; Dubois et al., 2000)가 있다. 이 배터리는 관리기능 및 관련된 영역들을 검사한다. FAB는 시행이 편리하며 점수 범위가 0~18인데, 16점 이하는 비정상으로 분류된다. 이 검사는 전두엽의 구조적 손상뿐 아니라 대사적 기능저하, 그리고 전두엽계 기능을 방해하는 정신과 질환들(예 : 우울증)에 이르기까지 폭넓은 민감성을 보인다. 보다 최근에는 몬트리올인지평가(Montreal Cognitive Assessment, MoCA)가 출시되었는데 MMSE와 FAB의 장점을 만점이 30점인 측정체계에 하나로 잘 융합하였다는 평가를 받는다(Nasreddine et al., 2005).

표준화된 검사들을 보다 자세히 실시하려면 신경심리학자에게 의뢰하는 것이 적절하다(Weintraub, 2000; Lezak et al., 2004). 신경심리학은 심리학의 한 분야로 러시아의 신경심리학자인 A. R. Luria의 연구 업적이 탄생에 큰 영향을 미쳤다. Luria(1980)는 전쟁에서 부상당한 러시아 군인들의 행동적 변화를 체계적으로 연구하면서 20세기 중반에 큰 업적을 남겼다. 신경심리검사는 정신상태평가를 확장하고 정교화한 것이라고 볼 수 있다. 이 검사는 다양한 객관적 자료를 제공하며 환자의 인지기능과 정신기능에 대한 요약적 결론을 제시한다. 신경심리검사는 환자가 신경과적 질환 혹은 정신과적 질환을 앓고 있는지가 불분명할 때 특히 유용할 수 있다. 또한 구조적 뇌손상이 확인된 환자에서 기능적으로 어떤 결손이 어느 정도로 심하게 있는지를 확정하는데도 유용하다. 그러므로 신경심리검사에서 얻어진 자료들은 진단, 치료, 재활, 상담 및 법률적 문제 전반에 걸쳐 가치가 있다(Lezak et al., 2004).

신경심리검사에 관한 자세한 논의는 이 책의 범위를 벗어나지만 방법의 간단한 소개는 필요하다. 신경심리검사는 보통 4~8시간이 걸리기 때문에 거의 하루 전체가 소요된다. 그러므로 검사 중간에 휴식 시간을 가져서 장시간의 검사에 따른 스트레스를 최소화하는 것이 필요하다. 매우 다양한 종류의 검사들이 인지장애나 정서장애를 측정하기 위해 시행될 수 있다. 신경심리검사의 방법론 및 철학은 두 가지로 대별

표 2.3 많이 사용되는 신경심리검사

검사명	출전
일반지능	
Wechsler Adult Intelligence Scale-Four (WAIS-4)	Wechsler, Coalson, and Railford, 1981
Dementia Rating Scale (DRS)	Mattis, 1988
Mini-Mental Status Examination (MMSE)	Folstein et al., 1975
Repeatable Battery for Assessment of Neuropsychological stats (RBANS)	Randolph et al., 1998
The Montreal Cognitive Assessment (MoCA)	Nasreddine et al., 2005
주의	
Digit Span	Cummings and Mega, 2003
Digit Vigilance Test	Lewis and Rennick, 1979
Trail-Making Test	Reitan and Davison, 1974
Paced Auditory Serial Addition Test (PASAT)	Gronwall, 1977
기억	
Wechsler Memory Scale-Four	Wechsler, Holdnack, and Drozdick, 2009
California Verbal Learning Test (CVLT)	Delis et al., 1987
Rey Auditory Verbal Learning Test	Lezak et al., 2004
언어	
Boston Diagnostic Aphasia Examination (BDAE)	Goodglass and Kaplan, 1983
Boston Naming Test	Kaplan, Goodglass, and Weintraub, 1983
Verbal Associative Fluency Test	Benton, 1968
Aphasia Screening Test	Reitan, 1984
시공간기능	
Rey-Osterrieth Complex Figure Test	Lezak et al., 2004
Boston Parietal Drawings	Goodglass and Kaplan, 1983
Hooper Visual Organization Test	Hooper, 1958
Judgment of Line Orientation Test	Benton, Varney, and Hamsher, 1978
관리기능	
Wisconsin Card Sorting Test (WCST)	Grant and Berg, 1948
Category Test	Reitan and Davison, 1974
Stroop Test	Stroop, 1935
Raven's Progressive Matrices	Raven, 1960
Frontal Assessment Battery (FAB)	Dubois et al., 2000
정서와 성격	
Beck Depression Inventory	Beck et al., 1961
Minnesota Multiphasic Personality Inventory-2 (MMPI-2)	Butcher, 2000
Behavioral Dyscontrol Scale	Grigsby, Kaye, and Robbins, 1992

할 수 있다. 하나는 모든 피검자들에게 고정된 일련의 검사를 실시하는 방식이다. 이 방식의 예로는 홀스테드-레이탄 배터리(Halstead-Reitan Battery; Russell, Neuringer, and Goldstein, 1970)와 루리아-네브라스카 배터리(Luria-Nebraska Battery; Golden, 1981)를 들 수 있다. 이 방식은 검사 결과로 수많은 점수들을 산출한다. 다른 방식은 '과정적 접근(process approach)'으로 환자가 과제를 어떻게 수행하는가에 초점을 맞춘다(Kaplan, 1983). 첫째 방식은 양적 평가를 중요시하는 반면에 둘째 방식은 질적 평가를 우선시한다. 실제적으로는 대부분의 신경심리학자들이 중도적인 접근을 취한다. 즉, 규준과 비교할 수 있는 양적 점수와 신경심리기능의 질적 특징을 모두 고려하는 방식을 취한다(Weintraub, 2000; Lezak et al., 2004).

신경심리기능 영역별로 매우 많은 검사가 개발되어 있다(Weintraub, 2000; Lezak et al., 2004). 표 2.3은 주요 신경심리기능 영역별로 특히 많이 사용되는 검사를 열거하고 있다. 표에 수록된 검사들은 이 책에서 제시한 인지와 정서기능 평가에 잘 부합하는 검사들을 강조하였다. 이 표에 열거된 검사들 외에도 많은 검사들이 존재하며 환자의 상태에 따라서는 표에 제시되지 않은 검사들이 보다 유용한 정보를 제공할 수 있다(Lezak et al., 2004).

참고문헌

Adolphs, R. The social brain: neural basis of social knowledge. *Annu Rev Psychol* 2009; 60: 693-716.

Alexander, M. P., Stuss, D. T., and Benson, D. F. Capgras syndrome: a reduplicative phenomenon. *Neurology* 1979; 29: 334-339.

American Psychiatric Association. *Diagnostic and Statistical Manual of Mental Disorders.* 4th ed. Washington, DC: American Psychiatric Association; 1994.

Anderson, C. A., Camp, J., and Filley, C. M. Erotomania after aneurysmal subarachnoid hemorrhage: case report and literature review. *J Neuropsychiatry Clin Neurosci* 1998; 10: 330-337.

Austin, J. H. *Chase, Chance, and Creativity.* 2nd ed. Cambridge: MIT Press; 2003.

Baddeley, A. Working memory. *Science* 1992; 255: 556-559.

Beck, A. T., Ward, C. H., Mendelson, M., et al. An inventory for measuring depression. *Arch Gen Psychiat* 1961; 4: 561-571.

Benson, D. F., Gardner, H., and Meadows, J. C. Reduplicative paramnesia. *Neurology* 1976; 26: 147-151.

Benton, A. L. Differential behavioral effects in frontal lobe disease. *Neuropsychologia* 1968; 6: 53-60.

Benton, A. L., Varney, N. R., and Hamsher, K. de S. Visuospatial judgment: a clinical test. *Arch Neurol* 1978; 35: 364-367.

Berrios, G. E. Tactile hallucinations: conceptual and historical aspects. *J Neurol Neurosurg Psychiatry* 1982; 45: 285-293.

Butcher, J. N. *Basic Sources on the MMPI-2.* Minneapolis: University of Minnesota Press; 2000.

Cummings, J. L. Organic delusions: phenomenology, anatomical correlations, and review. *Br J Psychiat* 1985; 146: 184-197.

———. Psychosis in neurologic disease. *Neuropsychiatry Neuropsychol Behav Neurol* 1992; 5: 144-150.

Cummings, J. L., and Mega, M. S. *Neuropsychiatry and Behavioral Neuroscience.* New York: Oxford University Press; 2003.

Daly, D. D. Ictal clinical manifestations of complex partial seizures. *Adv Neurol* 1975; 11: 57-82.

Damas-Mora, J., Skelton-Robinson, M., and Jenner, F. A. The Charles Bonnet syndrome in perspective. *Psychol Med* 1982; 12: 251-261.

Delis, D. C., Kramer, J. H., Kaplan, E., and Ober, B. A. *California Verbal Learning Test.* San Antonio: Psychological Corporation; 1987.

Dubois, B., Slachevsky, A., Litvan, I., and Pillon, B. The FAB: a frontal assessment battery at bedside. *Neurology* 2000; 55: 1621-1626.

Dunn, D. W., Weisberg, L. A., and Nadell, J. Peduncular hallucinations caused by brain stem compression. *Neurology* 1983; 33: 1360-1361.

Feinberg, T. E., Eaton, L. A., Roane, D. M., and Giacino, J. T. Multiple Fregoli delusions after traumatic brain injury. *Cortex* 1999; 35: 373-387.

Filley, C. M. The frontal lobes. In: Boller, F., Finger, S., and Tyler, K. L., eds. *Handbook of Clinical Neurology.* Edinburgh: Elsevier; 2009: 95: 557-570.

———. The neuroanatomy of attention. *Semin Speech Lang* 2002; 23: 89-98.

Filley, C. M., and Jarvis, P. E. Delayed reduplicative paramnesia. *Neurology* 1987; 37: 701-703.

Folstein, M. F., Folstein, S. E., and Mchugh, P. R. "Mini-mental state": a practical method for grading the cognitive state of patients for the clinician. *J Psychiatr Res* 1975; 12: 189-198.

Frith, C. Social cognition. *Phil Trans R Soc B* 2008; 363: 2033-2039.

Golden, C. J. A standardized version of Luria's neuropsychological tests: a quantitative and qualitative approach to neuropsychological evaluation. In: Filskov, S. B., and Boll, T. J., eds. *Handbook of Clinical Neuropsychology.* New York: Wiley-Interscience; 1981: 608-642.

Goodglass, H., and Kaplan, E. *The Assessment of Aphasia and Related Disorders.* 2nd ed. Philadelphia: Lea and Febiger; 1983.

Grant, D. A., and Berg, E. A. A behavioral analysis of degree of reinforcement and ease of shifting to new responses in a Weigl-type cart-sorting problem. *J Exp Psychol* 1948; 38: 404-411.

Grigsby, J., Kaye, K., and Robbins, L. J. Reliabilities, norms and factor structure of the Behavioral Dyscontrol Scale. *Percept Mot Skills* 1992; 74: 883-892.

Gronwall, D.M.A. Paced auditory serial addition task: a measure of recovery from concussion. *Percep Motor Skills* 1977; 44: 367-373.

Hecaen, H., and Albert, M. L. *Human Neuropsychology.* New York: John Wiley and Sons; 1978.

Heilman, K. M. *Creativity and the Brain.* New York: Psychology Press; 2005.

Hillis, A. E. Aphasia: progress in the last quarter of a century. *Neurology* 2007; 69: 200-213.

Hooper, H. E. *The Hooper Visual Organization Test Manual.* Los Angeles: Western Psychological Services; 1958.

Jacobs, L., Feldman, M., Diamond, S. P., and Bender, M. B. Palinacousis: persistent or recurring auditory sensations. *Cortex* 1973; 9: 275-287.

James, W. *The Principles of Psychology.* New York: Henry Holt; 1890.

Kaplan, E. Process and achievement revisited. In: Wapner, S., and Kaplan, B., eds. *Toward a Holistic Developmental Psychology.* Hillsdale, NJ: Lawrence Erlbaum; 1983: 143-156.

Kaplan, E., Goodglass, H., and Weintraub, S. *Boston Naming Test.* Philadelphia: Lea and Febiger; 1983.

King, D. W., and Marsan, C. A. Clinical features and ictal patterns in epileptic patients with EEG temporal lobe foci. *Ann Neurol* 1977; 2: 138-147.

Lepore, F. E. Spontaneous visual phenomena with visual loss: 104 patients with lesions of retinal and neural afferent pathways. *Neurology* 1990; 40: 444-447.

Lessell, S. Higher disorders of visual function: positive phenomena. In: Glaser, J. S., and Smith, J. L., eds. *Neuro-ophthalmology,* vol. VIII. St Louis: C. V. Mosby; 1975: 27-44.

Lewis, R. F., and Rennick, P. M. *Manual for the Repeatable Cognitive-Perceptual-Motor Battery.* Grosse Pointe Park, MI: Axon Publishing Co.; 1979.

Lezak, M. D., Howieson, D. B., Loring, D. W., et al. *Neuropsychological Assessment.* 4th ed. New York: Oxford University Press; 2004.

Lipowski, Z. J. *Delirium: Acute Brain Failure in Man.* Springfield, IL: Charles C. Thomas; 1980.

Luria, A. R. *Higher Cortical Functions in Man.* New York: Consultants Bureau; 1980.

Mattis, S. *Dementia Rating Scale.* Odessa, FL: Psychological Assessment Resources; 1988.

Mesulam, M.-M. Behavioral neuroanatomy: large-scale networks, association cortex, frontal systems, the limbic system, and hemispheric specializations. In: Mesulam, M.-M. *Principles of Behavioral and Cognitive Neurology.* 2nd ed. New York: Oxford University Press; 2000: 1-120.

Miller, B. L., and Cummings, J. L., eds. *The Human Frontal Lobes: Functions and Disorders.* New York: Guilford Press, 1999.

Nasreddine, Z. S., Phillips, N. A., Bédirian, V., et al. The Montreal Cognitive Assessment (MoCA): a brief screening test for mild cognitive impairment. *J Am Geriatr Soc* 2005; 53: 695-699.

Posner, J. B., Saper, C. B., Schiff, N. D., and Plum, F. *Plum and Posner's Diagnosis of Stupor and Coma.* 4th ed. New York: Oxford University Press; 2007.

Randolph, C., Tierney, M. C., Mohr, M., and Chase, T. N. The Repeatable Battery for the Assessment of Neuropsychological Status (RBANS): preliminary clinical validity. *J Clin Exp Neuropsychol* 1998; 20: 310-319.

Reitan, R. M. *Aphasia and Sensory-Perceptual Deficits in Adults.* Tucson: Reitan Neuropsychology Laboratories; 1984.

Reitan, R. M., and Davison, L. A. *Clinical Neuropsychology: Current Status and Applications.* New York: Hemisphere; 1974.

Rilling, J. K., Gutman, D. A., Zeh, T. R., et al. A neural basis for social cooperation. *Neuron* 2002; 35: 395-405.

Ross, E. D. Affective prosody and the aprosodias. In: Mesulam, M.-M. *Principles of Behavioral and Cognitive Neurology.* 2nd ed. New York: Oxford University Press; 2000: 316-331.

Russell, E. W., Neuringer, C., and Goldstein, G. *Assessment of Brain Damage: A Neuropsychological Key Approach.* New York: Wiley Interscience; 1970.

Salmon, D. P., Thal, L. J., Butters, N., and Heindel, W. C. Longitudinal evaluation of dementia of the Alzheimer type: a comparison of 3 standardized mental status examinations. *Neurology* 1990; 40: 1225-1230.

Shepherd, M. Morbid jealousy: some clinical and social aspects of a psychiatric symptom. *J Ment Sci* 1961; 107: 687-753.

Siegel, R. K. Hallucinations. *Sci Am* 1977; 237: 132-140.

Stagno, S. J., and Gates, T. J. Palinopsia: a review of the literature. *Behav Neurol* 1991; 4: 67-74.

Stroop, J. R. Studies of interference in serial verbal reactions. *J Exp Psychol* 1935; 18: 643-662.

Strub, R. L., and Black, F. W. *The Mental Status Examination in Neurology.* 3rd ed. Philadelphia: F. A. Davis; 1993.

Stuss, D. T., and Benson, D. F. *The Frontal Lobes.* New York: Raven Press; 1986.

Tranel, D., Rudrauf, D., Vianna, E. P., and Damasio, H. Does the Clock Drawing Test have focal neuroanatomical correlates? *Neuropsychology* 2008; 22: 553-562.

Victor, M., and Hope, J. M. The phenomenon of auditory hallucinations in chronic alcoholism. *J Nerv Ment Dis* 1958; 126: 451-481.

Wechsler, D., Coalson, D. L., and Raiford, S. E. *Wechsler Adult Intelligence Test: Fourth Edition*

Technical and Interpretive Manual. San Antonio: Pearson; 2008.

Wechsler, D., Holdnack, J. A., and Drozdick, L. W. *Wechsler Memory Scale: Fourth Edition Technical and Interpretive Manual.* San Antonio: Pearson; 2009.

Weintraub, S. Neuropsychological assessment of mental state. In: Mesulam, M.-M. *Principles of Cognitive and Behavioral Neurology.* 2nd ed. New York: Oxford University Press; 2000: 121-173.

Weissberg, M. *The Colorado Medical Student Log of Basic Psychiatry.* 12th ed. Denver: Department of Psychiatry, University of Colorado School of Medicine; 2004.

Zeki, S. The neurobiology of love. *FEBS Letters* 2007; 581: 2575-2579.

제3장

각성 및 주의장애

각성(arousal) 및 주의(attention)장애의 범주에는 이질적인 여러 신경행동 증후군들이 포함된다(Geschwind, 1982; Mesulam, 2000; Posner et al., 2007). 예를 들어 뇌줄기(brain stem)의 경색(infarction)으로 인한 혼수(coma)가 이 범주에 포함되며, 약물 중독(drug intoxication)으로 인한 급성혼돈상태(acute confusional state)도 이 범주에 포함된다. 각성 및 주의장애는 임상에서 많이 발생할 뿐만 아니라 뇌가 인간의 정신 활동을 매개하는 방식에 관해서도 많은 통찰을 준다. 또한 "의식(consciousness)이란 무엇인가?"라는 근원적 의문에도 시사점을 준다. 이 근원적 의문은 오랜 시간 동안 철학적 난제로 남아 있었지만 이제 신경과학적 맥락에서 의미 있는 접근이 가능하다. 본 장은 각성장애와 주의장애를 모두 논의할 것이다. 이 두 장애는 정신상태평가(mental status examination)에서 서로 연관되어 있으며 임상 및 신경해부적 측면에서도 긴밀히 연관된다. 그러나 이 두 장애를 본격적으로 논의하기에 앞서 관련된 배경 지식의 소개가 필요하다.

어떤 고위정신기능(higher mental function)이든 최소한 다음 두 가지 뇌 기전이 작동해야만 시작될 수 있다. 즉, 뇌가 깨어 있는 상태를 유지하는 기전과 뇌가 행동적으로 중요한 외부 및 내부 자극에 정신 활동의 초점을 맞출 수 있는 기전이 작동해야 한다. 실제로 이러한 두 기전이 존재하며 전자는 각성계(arousal system), 후자는 주의계(attentional system)라고 칭한다. 우리 모두는 깨어는 있었지만 주의가 다른 곳으로 가 있었던 일상적 경험이 있다. 이 경험은 각성과 주의가 다른 것이라는 가정을 지지한다. 신경학적 맥락에서는 식물상태(vegetative state)가 각성과 주의를 구분하는 가정을 극적으로 지지한다. 식물상태 환자들은 양측 뇌반구에 광범위한 손상이 있는 반면에 뇌줄기(brain stem)에는 손상이 없다. 증상적인 특징은 각성이 유지되는 반면에 주의가 부재하다는 것이다(Multi-Society Task Force on PVS, 1994).

각성(arousal)은 깨어 있는 상태를 의미하며 대부분의 경우 쉽게 확인될 수 있다(Posner et al., 2007). 그러므로 각성장애란 정상적인 깨어 있음에서 이탈한 상태를 의미한다. 물론 '수면'이라는 생리적 과정은 여기서 제외된다(Hobson, 2005). **주의**(attention)는 보다 복잡한 다면적 개념이며 여러 가지 의미를 지닌다(Mesulam, 2000). 첫째, 가장 보편적으로 통용되는 의미는 선택적 주의(selective attention)이다. 이 기능은 정신 활동을 외부 공간의 특정 측면에 집중하는 동시에 그 외의 다른 측면에 관한 정보들은 걸러내는 기능이다. 둘째, 지속적 주의(sustained attention)는 선택적 주의를 일정 시간 이상 유지하는 것을 의미하며 집중력(concentration) 또는 경계(vigilance)라고도 칭한다. 마지막으로, 방향적 주의(directed attention)가 있다. 이는 각 뇌반구가 반대편(contralateral) 반공간에 기울이는 선택적 주의를 의미한다.

각성이나 주의장애는 모두 의식기능에 문제가 생겼음을 함축한다. 의식은 지난 십수년간 신경과학적 관심을 많이 받은 분야의 하나이다. 신경학자들은 **의식의 수준**(level of consciousness)과 **의식의 내용**(content of consciousness)을 구분하는 것의 유용성을 제시하였다. 의식의 수준은 각성도(degree of arousal)에 해당하는 반면에 의식의 내용은 모든 정신 활동의 총합에 해당한다(Posner et al., 2007). 이러한 구분에서 주의는 의식 내용의 한 측면에 해당한다. 비유적으로 표현한다면 각성은 의식이라는 장치에 에너지를 공급하는 전원으로 볼 수 있다. 일단 전원이 켜진 후에야 개별인지나 정서기능이 의식의 내용으로 표현될 수 있다. 뒤에서 언급하겠지만, 의식 수준의 장애와 의식 내용의 장애는 임상적으로 해리(dissociation)될 수 있다. 그리고 각각의 장애는 부분적으로 중복되는 점은 있지만 개별적인 뇌 해부와 연관된다. 가장 대표적인 각성장애인 혼수(coma)는 보통 뇌줄기나 시상(thalamus)의 손상과 가장 직접적으로 연관된다. 반면에 가장 전형적인 주의장애인 급성혼돈상태는 보통 대뇌반구의 기능장애와 관련된다. 각성장애는 반드시 주의장애를 일으키지만 그 반대는 성립하지 않는다. 예를 들어 급성혼돈상태에 있는 환자는 주의력의 문제가 심각하지만 각성의 문제는 거의 없다.

의식은 위의 각성과 주의장애의 논의에 필수적으로 전제된 존재이다. 신경학계에서 통용되는 의식의 일반적 의미는 환자가 자신 및 외부 세계를 자각(awareness)하고 있느냐 없느냐와 관련된다(Posner et al., 2007). 그러나 이러한 개념화나 임상가와 연구자들이 사용하는 의식장애의 간편한 분류에도 불구하고 인간 마음의 가장 중요한 본질인 의식에 관해서는 근원적 불가사의가 남아 있다. 물론 의식 현상도 뇌구조와 기능이 만들어낸 것임은 의심할 여지가 없다. 그러나 신경 활동이 의식이라는 주관적 경험(subjective experience)으로 변형되는 구체적 과정은 현대 과학으로도 아직 이해가 불가능한 미스터리로 남아 있다.

3.1 각성장애

각성의 뇌 해부는 불확실한 부분도 있지만 비교적 상세히 밝혀져 있다. 실험 동물을 사용한 20세기 중반의 고전적 연구들(Moruzzi and Magoun, 1949)은 뇌줄기 상층부에 있는 신경망 구조가 각성에 중요하다는 신뢰할 만한 증거를 제시하였다. 이 구조는 상행그물활성계(ascending reticular activating system, ARAS)라고 칭하게 되었다. ARAS와 다른 뇌구조 간의 경계가 분명한 것은 아니다. 그러므로 ARAS는 해부학적 존재라기보다는 생리학적인 존재이다. 그런 제한점에도 불구하고 대체로 ARAS는 뇌줄기의 중심에 있는 그물체(reticular formation)의 일부로 볼 수 있다. 그림 3.1에서

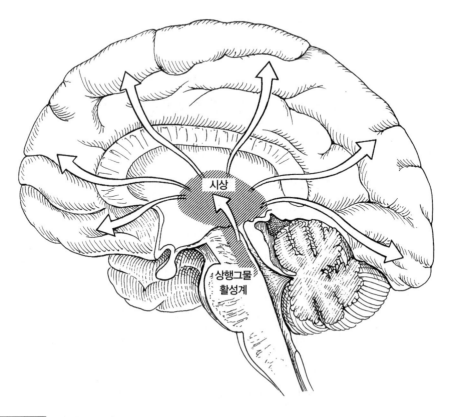

그림 3.1 각성(arousal)에 중요한 뇌 부위

보듯이 ARAS는 다리뇌(pons)에서 중뇌(midbrain)를 거쳐 시상까지 뻗어 있다. ARAS
에 들어오는 주요 입력은 외부 감각들에서 온다. 예를 들어 우리가 뜨거운 난로를 만
졌을 때 뜨거움을 느낄 뿐 아니라 정신이 번쩍 드는 것은 감각정보가 ARAS에도 전달
되기 때문이다. 그러나 ARAS에는 각성에 대한 내인성 기전(endogenous mech-
anism)도 작용한다. 이러한 내인성 기전의 한 예는 각성과 수면의 주기적인 순환이
다. 이 순환에 대한 이해는 아직 미흡하지만 ARAS와 시상하부에서 일어나는 신경화
학적 과정(neurochemical process)이 중요한 역할을 하는 것은 확실하다(Hobson,
2005). ARAS는 시상의 섬유판속핵들(intralaminar nuclei)로 연결되는데, 이 핵들 중
가장 큰 것은 중심정중핵(centromedial nucleus)과 다발곁핵(parafascicular nucleus)
이다. 이 중간선(midline) 중계핵들로부터 대뇌피질의 광범위한 부위로 신경섬유가

투사한다(Morison and Dempsey, 1942; 그림 3.1 참조). 임상에서는 흔히 뇌파를 이용하여 두뇌 활동을 기록한다. 뇌파 기록의 가장 일반적인 특징은 오르락내리락을 반복하는 진동성(oscillations)이다. 이러한 뇌파 리듬의 근원은 ARAS 및 시상피질투사계(thalamocortical projection system)의 동기적 활동(synchronized activity)이다.

각성장애는 임상에서 여러 가지 양상으로 나타난다. 크게 구분하면 과다각성(hyperarousal)과 과소각성(hypoarousal) 상태가 있는데, 이 중 후자가 더 흔하다. 과다각성된 환자들은 안절부절(restlessness), 초조증(agitation), 섬망(delirium)을 보인다. 이런 증상들은 아마도 대뇌가 하부 뇌구조들에 행사하는 억제적 통제(inhibitory control)에 결손이 생겨서 하부 뇌구조들의 활동이 정상적으로 제어되지 않는 것에 기인한다. 과소각성은 원인이 무엇인가에 따라 정도에서 다양한 양상을 보인다. 정도가 약한 경우 졸음(drowsiness, somnolence)이나 둔감(lethargy, obtundation) 정도로 표현할 수 있다. 정도가 심한 경우에는 혼미(stupor)와 혼수(coma)로 표현한다. 혼미는 강한 자극을 반복해야만 반응이 있는 상태이고, 혼수는 이런 자극으로도 반응이 없는 상태이다(Posner et al., 2007). 여러 임상적 증거들이 뇌줄기 상층부와 시상이 깨어 있는 상태의 유지에 중요하다는 가설을 지지한다(Brain, 1958; Katz, Alexander, and Mandell, 1987). 이 부위에 경색(infarcts), 출혈(hemorrhages), 종양(tumors), 농양(abscesses) 등으로 구조적 손상이 생기는 경우 혼미나 혼수를 일으킨다. 일반적으로 각성계에 작은 국소성 손상만 생겨도 혼미나 혼수가 발생한다. 반면에 대뇌반구 손상으로 혼미나 혼수가 생기려면 양측 대뇌반구에 광범위한 손상이 있어야만 한다(Posner et al., 2007). 결론적으로 각성장애는 상부 뇌줄기(upper brainstem)와 사이뇌(diencephalon)의 중간선(midline) 영역 손상과 가장 밀접한 관련이 있다.

각성장애에 대한 논의를 마치기 전에 다음 세 가지 증후군에 대한 간략한 논의가 필요하다. 이 세 가지 증후군들은 모두 사지운동과 말하기(speech)가 부재한 점에서 각성장애를 의심하게 만들지만 실제로는 무관하다. 첫째, **지속식물상태**(persistent vegetative state, PVS)라는 심각한 증후군이다. 이 상태는 외상(trauma), 무산소증(anoxia), 퇴행성 질환(degenerative disease) 등으로 양측 뇌반구에 심각한 손상이 왔을 때 발생한다. PVS 환자들은 각성은 정상이지만 의식의 내용은 부재하다(Multi-

Society Task Force on PVS, 1994). 이 환자들은 각성-수면 주기를 유지하며 깨어 있을 때 표면적으로는 정상인 것처럼 보일 수 있다. 그러나 자기자각(self-awareness)이 없으며 다른 어떤 종류의 의미 있는 정신 활동이 있다는 증거도 없다. 둘째, **무동무언증**(akinetic mutism)이다. 이 증상은 PVS와 유사한 점이 있지만 손상된 영역이 덜 광범위하고 안쪽전두엽 영역(medial frontal areas)에 집중된다. 이 증상은 무의지증(abulia)의 극단적 형태로 볼 수 있다(제10장 참조). 각성 및 각성-수면의 주기성은 정상이지만 운동과 정신 활동에 필요한 동기가 결핍된 상태이다. 마지막으로, **감금증후군**(locked-in syndrome)이다. 이 증후군 환자들의 정신 활동은 정상이다. 다만 다리뇌(pons) 부근에 발생한 손상이 ARAS는 비켜갔지만 사지마비(quadriplegia) 및 안면마비를 일으킨 상태이다(Posner et al., 2007). 이 환자들은 자신이 정상이라는 것을 외적으로 표현할 방법이 거의 없다. 그러나 중뇌(midbrain)가 매개하는 수직안구운동(vertical eye movements) 및 눈깜박임운동(eye blinking)은 유지된다. 그러므로 이러한 눈운동을 주의 깊게 검진하면 환자의 의식이 정상임을 확인할 수 있다. 이 세 가지 증후군은 모두 혼미나 혼수와의 변별 진단이 중요하다.

　　최소의식상태(minimally conscious state, MCS)는 각성장애의 일종으로 최근에 도입된 개념이다. 이 개념은 1990년대 아스펜신경행동집담회(Aspen Neurobehavioral Conference)가 지원한 일련의 합의도출모임(consensus meetings)에서 구체화되었다. MCS 증후군은 의식이 없긴 하지만, 가끔씩 의식이 있다는 분명한 행동적 증거가 있는 점에서 혼수나 PVS와 다르다(Giacino et al., 2002). MCS 개념이 도입된 동기 중 하나는 PVS가 항상 지속되는 것은 아니라는 관찰이었다. 일부 PVS 환자들은 얼마간의 시간이 흐른 후 '기적적인' 회복을 한다. 그러므로 MCS는 혼수나 PVS 상태에서 고위인지기능을 회복하는 쪽으로 진화하는 환자들을 구분하기 위한 개념으로 제안되었다(Giacino et al., 2002). MCS는 퇴행성 혹은 선천성 신경계 질환이 진행되는 동안에도 나타날 수 있다. 이런 경우 MCS는 진행성 질환이 악화된 말기 단계에 해당한다(Giacino et al., 2002). 임상적으로 호전되는 경향이 있는 MCS 환자에서 어느 정도까지 호전될 수 있을지를 개별 환자에서 예측하기란 매우 어렵다. MCS 개념이 등장하기 전에 PVS 환자는 결과가 '절망적'이라고 분류되기 십상이었다. 그러나 이제는 이런 환자들의 예후, 치료, 재활에 관해 여러 임상적 논점들이 새롭게 주목을 받고 있다. MCS 개념의 폭넓은 수용은 각성장애에 대한 이해가 심화되고 있음을 보여주는 점에서 만족스럽다(Posner et al., 2007). MCS는 의식 현상 및 관련된 장애에 대한 우리의 이해를 심화시켜 줄 것으로 기대된다. 또한 여러 새로운 방향의 연구에 자극제가 될 것으로 전망된다.

뇌심부의 각성계가 정신 활동에 필요하긴 하지만 충분하지는 않다. 반면에 대뇌반구는 인지와 정서기능의 총합인 의식 내용에 중요한 역할을 한다. 이 책의 나머지 부분은 모두 의식 내용의 장애와 관련된다.

3.2 주의장애

주의란 심리학적으로 복잡한 개념이기 때문에 주의와 뇌를 관련짓는 것은 각성과 뇌를 관련짓는 것에 비해 훨씬 복잡하고 어렵다. 모든 고위정신기능에는 주의가 필수적으로 요구된다. 그러므로 주의는 모든 의식적 정신 활동과 관련되며, 주의기능은 뇌 전체에 걸쳐 광범위하게 분포한다. 그렇지만 임상적 관찰이나 최근의 기능신경영상(functional neuroimaging) 증거들은 주의라는 기초적인 신경행동 영역에서도 특히 중요한 뇌 부위가 있음을 제시한다. 우리는 앞서 각성에서 뇌줄기와 시상이 중요한 역할을 하는 것을 보았다. 이제 주의에서는 대뇌반구의 역할이 보다 중요함을 보게 될 것이다. 우리는 급성혼돈상태라는 임상적으로 쉽게 마주칠 수 있는 증후군에 특히 주목할 것이다. 급성혼돈상태는 주의기능이 손상되었을 때 나타나는 임상증상을 생생하게 보여주며 주의의 해부적 기반에 대해서도 많은 시사점을 준다.

급성혼돈상태(acute confusional state)는 의학과 신경학 임상에서 가장 흔히 볼 수 있는 증상 중의 하나이다(Strub, 1982; Taylor and Lewis, 1993; Cummings and Mega, 2003). 가끔 이 증후군을 '변화된 정신상태(altered mental state)'라는 용어로 표현하기도 한다. 그러나 이 용어는 너무 일반적인 의미라서 적절하지 못하다. 예를 들어 이 책에서 논의하는 거의 모든 증후군들에도 이 용어가 사용될 수 있을 것이다. 건강한 사람이 갑자기 정신적 혼돈을 보이는 것은 뇌에 심각한 문제가 발생했음을 제시한다. 급성혼돈상태의 병인은 매우 다양하지만 대부분은 조기에 치료를 받으면 원상회복이 가능한 것들이다(Strub, 1982; Taylor and Lewis, 1993; Cummings and Mega, 2003). 그러므로 급성혼돈상태의 정확한 진단은 임상적으로 매우 중요하다. 급성혼돈상태의 가장 빈번한 원인은 독성물질이나 대사장애(metabolic disorders)가 뇌에 광범위한 영향을 미치는 것이다. 이러한 영향은 적어도 초기에는 뇌에 영구적 손상을 미치지 않는 경우가 대부분이기 때문에 많은 급성혼돈상태가 적절한 치료를 받거나 시간이 지나면 회복될 수 있다. 반면에 이러한 상태가 적절한 치료 없이 오래 지속되는 경우에는 뇌에 회복 불가능한 구조적 손상(structural damage)이 가해질 수 있다. 또한 드물기는 하지만 급성혼돈상태의 시작 원인이 뇌의 구조적 손상인 경우도 있다. 이 경우에는 상대적으로 예후가 좋지 못하다.

　'혼돈(confusion)'이라는 용어는 일상생활에서도 많이 사용되는 단어이기 때문에 의학적으로 엄밀한 의미를 정의하기가 쉽지 않다. 신경행동적 관점에서 혼돈(confusion)은 사고의 일관성(a coherent line of thought)을 유지하지 못하는 것으로 정의하는 수가 많다(Geschwind, 1982). 혼돈을 보이는 환자들은 중요한 외부 자극에 주의를 잘 기울이지 못할 뿐 아니라 부적절한 외부 자극에 의해서 주의가 쉽게 분산된다. 급성혼돈상태의 주요 특징은 선택적 주의기능에 급속히 장애가 발생한 것이다. 이러한 상태에서는 기억, 언어, 행위기능(praxis), 시공간기술, 인식기능, 관리기능(executive function)의 다른 신경행동적 기능들도 정상적인 작동이 불가능하다(Chedru and Geschwind, 1972a). 또한 각성기능도 어느 정도의 영향을 받는다. 그러므로 실제적으로는 각성장애와 주의장애는 임상적으로 같이 나타나는 경우가 많이 있다. 어떤 사례에서는 처음에 급속한 각성장애로 시작하여 점차적으로 만성적인 주의장애로 진화하기도 한다(Katz, Alexander, and Mandell, 1987).

　급성혼돈상태는 여러 다른 용어들로 지칭되기도 한다. 어떤 용어가 선호되느냐는 주로 임상적 전문 분야에 달려 있다. 첫째, **독성-대사뇌병증**(toxic-metabolic encephalopathy)은 내과학(internal medicine)에서 선호하는 용어이다. 이 용어의 장점은 이 증후군의 가장 빈번한 병인이 무엇인지와 뇌에 광범위한 영향을 미친다는 것을 알려주는 점이다. 둘째, **섬망**(delirium)이라는 '화려한' 용어는 정신의학에서 선호된다(American Psychiatric Association, 1994). 이 용어는 초조성 혼돈(agitated confusion)과 이와 연관된 자율신경의 과다활동을 강조한다. 그러나 행동신경학적 관점에서는 급성혼돈상태라는 용어가 보다 적절하다. 혼돈(주의장애)이라는 표현은 근원적인 신경행동적 장애가 무엇인지를 잘 알려주는 장점이 있다. 더구나 독성-대사뇌병증이라는 용어는 이 증후군이 외상, 발작(seizures), 뇌졸중 등의 다른 병인들로도 발생한다는 점을 무시한다. 섬망이라는 용어는 자율신경의 과다활동이 없는 과소활동성 혹은 기면성(lethargic) 혼돈상태도 있다는 점을 무시한다. 실제로 과소활동성 혼돈상태가 과다활동이나 초조함을 수반한 혼돈상태에 비해 더 많이 발생한다(Lipowski, 1990). 마지막으로, 급성기질성뇌증후군(acute organic brain syndrome)이라는 용어도 사용된다. 그러나 의미적으로 불명확한 점이 많아서 추천되지 않는다.

급성혼돈상태의 임상적 특징은 보통 매우 명백하게 표출된다. 가장 핵심적 결손인 **부주의**(inattention)는 집중력, 경계(vigilance), 정신통제(mental control)의 결손으로 나타나며 **지남력장애**(disorientation)와 **주의산만성**(distractibility)도 보통 존재한다. 숫자외우기(digit span test)의 수행이 저하되는데, 이는 정보처리 용량의 감소를 반영한다(Miller, 1956). 다른 특징적 증상은 의식 수준이 상승과 하락을 반복하는 변화를 보이는 점이다. 이러한 특징은 치매(dementia), 실어증(aphasia), 정신과적 장애에서는 나타나지 않으며 변별적 진단에서 중요하다(Cummings and Mega, 2003). 다른 특이한 증상으로는 이름대기(naming)에서 특정 주제와 관련된 단어로 답변하는 괴상한 오류가 나타날 수 있다(Weinstein and Keller, 1963). 또한 쓰기에서 글자모양이 공간적으로 비정상적이고 철자 오류가 나타날 수 있다(Chedru and Geschwind, 1972b). 기억기능의 측정은 현실적으로 어렵지만 검진이 가능한 한계 내에서는 결손을 보인다. 일반적인 의미의 실어증(제5장 참조)은 없지만 경미한 이름대기못함증(anomia), 언어착어증(verbal paraphasias), 마비말장애(dysarthria)가 많이 나타난다. 시공간기능의 결손도 대부분 나타난다. 급성혼돈상태 중 가장 극적인 것은 떨림섬망(delirium tremens)이다. 이 상태의 환자는 극심한 초조증이 있으며 환각, 망상, 불면증, 빈맥(tachycardia), 열(fever), 발한(diaphoresis)이 나타난다(Charness, Simon, and Greenberg, 1989). 급성혼돈상태에서 나타날 수 있는 다른 신경학적 징후로는 행위떨림증(action tremor), 자세고정못함증(asterixis), 근육간대경련(myoclonus), 근긴장도 증가, 과다반사(hyperreflexia), 발바닥폄반응(extensor plantar responses)이 있다. 급성혼돈상태는 특히 노인에서 많이 발생한다(Lipowski, 1983). 노인 환자들은 저녁 이후에 증상이 심해지는 일몰증후군(sundown syndrome)도 보이는 경우가 많아서 관리가 특히 어려울 수 있다. 또한 급성혼돈상태는 신경행동적 장애의 기왕력이 있는 환자에서 발병 확률이 높다(Lipowski, 1980). 뇌파는 급성혼돈상태의 진단에 유용한데 세타(4-7Hz)나 델타(1-3Hz)와 같은 서파(slow wave) 성분의 증가가 특징이다(Obrecht, Okhomina, and Scott, 1979). 때로는 뇌파 검사가 급성혼돈상태의 원인이 복합부분발작(complex partial seizures)이나 소발작(absence seizures)의 지속적 상태임을 알려주는 경우도 있다.

급성혼돈상태를 일으키는 병인들은 매우 긴 목록을 이룬다(표 3.1 참조). 여러 독성물질 대사장애, 감염, 염증질환, 외상, 혈관성 병변, 간질, 종양, 그리고 수술후상태(postsurgical state)가 급성혼돈상태를 유발할 수 있다(Strub, 1982; Cummings and Mega, 2003). 혈관성 병변으로 인한 급성혼돈상태는 많이 알려져 있지는 않지만 중요하다. 우측 중간대뇌동맥(right middle cerebral artery; Mesulam et al., 1976), 앞교통동맥(anterior communicating artery; Alexander and Freedman, 1984), 뒤대뇌동맥(posterior cerebral arteries; Medina, Rubino, and Ross, 1974)의 경색이 모두 급성혼돈상태를 일으킬 수 있다. 이 중 우측 두정엽의 뇌혈관 경색이 급성혼돈상태를 가져올 수 있음은 잘 확립된 사실인데, 이 부위가 방향적 주의에서 중요한 역할을 하는 것과 관련된다(Mesulam, 1990, 2000). 정신분열증(schizophrenia)이나 들뜸증(mania)과 같은 정신과적 질환은 급성혼돈상태와 부분적으로 유사한 특징을 보인다. 급작스럽게 발병한 베르니케실어증(Wernicke's aphasia)도 급성혼돈상태로 오인될 수 있는 특징을 보인다. 그러므로 이러한 질환들과 급성혼돈상태의 변별 진단에 유의할 필요가 있다. 변별 진단에는 정신상태평가(mental status evaluation)가 매우 유용하며 각종 검사실 검사(laboratory tests)나 신경방사선적 검사(neuroradiological procedures)도 유용할 수 있다.

급성혼돈상태의 치료는 병인에 따라 다르다. 그러므로 신경학적 및 의학적 검진

| 표 3.1 | 급성혼돈상태의 주요 병인 |

독성(toxic)	혈관성(vascular)
처방약(prescription drugs) 비처방약(nonprescription drugs) 알코올금단(alcohol withdrawal) 벤조다이어제핀금단(Benzodiazepine withdrawal)	뇌졸중(stroke) 거미막밑출혈(subarachnoid hemorrhage) 경막밑혈종(subdural hematoma) 고혈압뇌병증(hypertensive encephalopathy) 편두통(Migraine)
대사성(metabolic)	**간질성(epileptic)**
저산소증(hypoxia) 저혈당증(hypoglycemia) 요독증(uremia) 간질환(hepatic disease) 티아민 결핍(thiamine deficiency) 전해질장애(electrolyte disturbances) 내분비병(endocrinopathies)	발작상태(ictal state) 발작후상태(postictal state) 복합부분발작지속증(complex partial status epilepticus) 소발작지속증(absence status epilepticus)
감염성 및 염증성(infectious and inflammatory)	**신생물성(neoplastic)**
수막염(meningitis) 뇌염(encephalitis) 혈관염(vasculitis) 고름집(abscess)	종양(tumors) 뇌부기(cerebral edema) 머리속압력증가(increased intracranial pressure)
외상성(traumatic)	**수술후성(postsurgical)**
뇌진탕(concussion) 중등도 뇌외상(moderate traumatic brain injury) 고도 뇌외상(severe traumatic brain injury)	수술전아트로핀(preoperative atropine) 저산소증(hypoxia) 진통제(analgesics) 전해질불균형(electrolyte imbalance) 열(fever)

을 종합적으로 실시하여 구체적 병인을 신속히 밝혀내는 것이 중요하다. 병인이 조사되는 동안에는 지지요법(supportive care)의 실시가 중요하다(Lipowski, 1987). 대부분의 경우 환자의 증상은 완전히 혹은 부분적으로 회복될 수 있다. 특히 특정 약물의 복용을 중단하는 것만으로도 증상이 만족스럽게 회복되는 수가 많은데 노인 환자에서는 더욱 그러하다. 그러나 노인의 경우에는 회복까지 걸리는 시간이 며칠 혹은

몇 주까지도 걸릴 수 있음을 유의해야 한다. 이러한 회복 시간의 장기화는 병인이 복합적인 경우에 특히 많다. 마지막으로, 급성혼돈상태를 일으킨 병인이 심각한 경우에는 사망에도 이를 수 있다(Liston, 1982).

　　주의력결핍과잉행동장애(attention-deficit/hyperactivity disorder, ADHD)는 주의장애가 특징인 또 하나의 증후군이다. ADHD에 관해서는 여러 논란이 있다. ADHD는 원래 학령기 아동에서만 있는 것으로 생각되었지만 최근에는 성인에서도 ADHD가 있다는 점이 밝혀졌다. 성인 ADHD는 대부분 아동기 ADHD의 잔류형(residual type)이라고 생각된다(Denckla, 1991). ADHD의 주요 증상은 주의성, 과제완수, 체계적 활동(organizing activity), 미리 계획하기에서 어려움을 보이는 것이다. 또한 과다행동, 충동성, 안절부절증(restlessness)을 보이는 경우도 있다. 이에 따라 ADHD를 부주의형(inattentive subtype)과 과다행동-충동형(hyperactivity-impulsive subtype)으로 세분하기도 한다(American Psychiatric Association, 1994). ADHD의 뇌에 구조적 손상이 있다는 명백한 증거는 아직 없지만 최근 연구들의 결과는 양측 전두엽과 우반구에 기능장애가 있음을 시사한다. 먼저 전두엽 기능장애를 시사하는 연구를 보면, ADHD 아동들은 전두엽에 민감한 신경심리검사에서는 결손이 있지만 측두엽에 민감한 신경심리검사에서는 결손이 없음이 보고되었다(Shue and Douglas, 1992). 또한 과다행동증을 보이는 성인(증상 시작은 아동기)들의 기능신경영상(functional neuroimaging) 연구는 양측 전두앞피질(prefrontal cortex)과 운동앞피질(premotor cortex)의 과소대사(hypometabolism)를 보고하였다(Zametkin et al., 1990). 다음으로 우반구 기능장애를 시사하는 연구를 보면, 우반구 손상을 입은 아동들에서 주의력결핍장애의 발생 비율이 높음이 보고되었다(Voeller, 1986). 또한 ADHD 아동들에서 좌측 편측무시증(hemineglect)이 높은 비율로 나타나서 우반구 기능장애를 시사하였다(Voeller and Heilman, 1988). 마지막으로, 우측 전두엽이 손상된 성인 환자들에서 운동지속못함증(motor impersistence; Kertesz et al., 1985)의 발생 비율이 높은 점에서 ADHD가 우측 전두엽의 이상과 관련된다는 가설이 가능하다. 그러나 보다 최근 연구들은 뇌이상이 특정 영역에 한정된 것이 아니라 보다 광범위한 영역에 퍼져 있음을 제시한다. 다수의 ADHD 아동들을 대상으로 MRI를 세밀히 분석한 최근 연구는 ADHD군의 뇌 부피가 통제군보다 약 3%가 작음을 제시하였다(Castellanos et al., 2002). 작은 영역은 좌반구와 우반구의 회색질과 백색질, 꼬리핵, 소뇌를 포함하였으며, 작은 정도가 가장 심한 부위는 뇌반구의 백색질이었다.

주의기능의 신경학적 기반에 관한 연구가 많은 진전을 이루어온 것은 사실이다. 그러나 주의기능에 관한 뇌 해부가 아직 확실한 수준으로 밝혀진 것은 아니다. 앞서 언급했듯이 주의기능은 모든 고위기능에 필요하다. 그러므로 거의 모든 뇌 부위들이 주의와 어떤 형식으로든 관련이 있다고 볼 수 있다. 그러나 어떤 뇌 부위들은 다른 뇌 부위에 비해 주의와 특히 밀접히 관련되어 있다. 임상적인 관점에서 주의계는 크게 두 가지로 대별할 수 있다. 하나는 우반구에 있는 것으로 방향적 주의에서 특히 중요하다. 이에 관해서는 제8장에서 보다 자세히 살펴볼 것이다. 다른 하나는 전두엽에 있는 것으로 뇌의 후측 부분과 연결되어 선택적 주의와 지속적 주의에서 중요한 역할을 한다. 예를 들어 최근의 기능신경영상 연구는 주의 신경망이 양측 전두-두정엽의 많은 부위들을 포함함을 제시하였다(Fan et al., 2005). 여기서는 주의 관련 영역들 중 전두엽에만 한정해서 자세히 살펴보려고 한다. 전두엽은 임상에서 흔히 마주치는 전반적인 주의장애(global attentional disorders)와 가장 관련이 깊은 부위이다. 그림 3.2는 주의와 관련된 주요 영역들을 표시하고 있으며, 각성과 관련된 영역들도 함께 표시한다.

전두엽은 주의기능의 여러 측면들에서 중요한 역할을 한다(Luria, 1973; Stuss and Benson, 1984; Mesulam, 2000; Stuss and Alexander, 2007). 전두엽은 뇌줄기와 시상으로부터 많은 입력을 받는다. 또한 뒤쪽 피질(posterior cortical) 및 피질밑의 많은 영역들과 쌍방향적으로 연결되어 있는데 두정엽과의 연결이 특히 현저하다(그림 3.2 참조). 전두엽은 뇌반구의 거의 모든 영역들과 풍부히 연결된 점에서 다른 영역들의 활동을 통제하고 조직화하기에 적절한 위치에 있다(제10장 참조). 전두엽 손상이 주의기능에 심각한 결손을 가져온다는 것은 수많은 사례 보고에서 잘 입증되었다(Stuss and Benson, 1984; Mesulam, 2000; Stuss and Alexander, 2007).

전두엽 중에서도 전두앞영역(prefrontal areas)은 특히 주의기능에 중요하다(Weinberger, 1993; Rossi et al., 2009). 등가쪽전두엽(dorsolateral frontal lobe)은 관

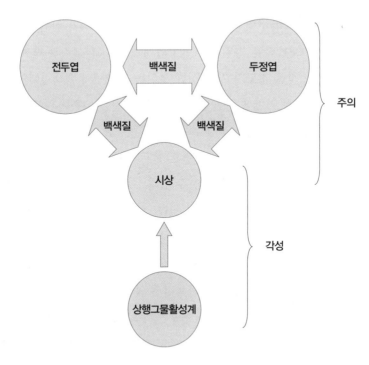

그림 3.2 주의(attention) 및 각성(arousal)에 중요한 뇌 부위의 도식적 그림

리기능(executive function)에서 핵심적 역할을 한다(제10장 참조). 전두앞영역이 주
의기능과 의도적 행동(purposeful activity)에서 중요한 것은 관리기능적 역할의 좋은
예이다(Weinberger, 1993; Rossi et al., 2009). 기능신경영상 연구들은 외부 자극에
반응하거나 혹은 정신적 작업을 수행할 때 과제의 종류에 관계없이 항상 전두엽이 활
성화된다는 점을 제시하였다. 예를 들어 외부 자극에 대한 주의는 그 자극이 시각이
든, 청각이든, 촉각이든지에 상관없이 항상 전두앞피질(prefrontal cortex)을 활성화
시킨다(Roland, 1982). 또한 전두앞영역은 언어와 비언어 청각 자극 모두에 의해서
활성화된다(Mazziotta et al., 1982).

　　좌우 전두엽 모두가 선택적 및 지속적 주의에서 중요한 역할을 한다. 그러나 상
대적으로 우측 전두엽의 역할이 보다 중요하다는 증거가 있다. 이러한 점은 지속적
주의인 경계(vigilance)에서 특히 뚜렷하다. 앞서 보았듯이 운동지속못함증은 우측
전두엽 손상 환자에서 특히 심하다(Kertesz et al., 1985). 신경심리학적 연구는 지속

적 주의기능이 우측 전두엽 손상 환자에서 특히 심하게 저하됨을 보고하였다
(Wilkins, Shallice, and McCarthy, 1987). 정상인의 양전자방출단층촬영술(PET) 연구
는 경계 과제(Cohen et al., 1988) 혹은 고도의 노력이 요구되는 과제(Bench et al.,
1983)에서 우측 전두엽의 활성화를 보고하였다. 다른 PET 연구는 유사한 조건에서
우측 전두엽과 우측 두정엽의 활성화를 보고하였다(Pardo, Fox, and Raichle, 1991).
이러한 결과를 토대로 이 연구는 우반구의 관련 신경망 구조들이 지속적 주의에서 핵
심적 역할을 한다는 가설을 제시하였다. 우반구 주의계와 전두엽 주의계가 어떻게
상호작용하는지는 불분명하지만 양쪽 주의계의 교차점인 우측 전두엽은 선택적 주
의에서 매우 중요한 것으로 보인다.

　　마지막으로, 대뇌의 백색질(white matter)도 주의의 통제에 중요한 기여를 한다
(그림 3.2 참조; Filley, 1998, 2001). 전두엽은 두정엽을 포함한 대뇌의 여러 부위들과
말이집(myelinated) 신경섬유로 풍부히 연결되어 있다(제12장 참조). 전두엽이 이러
한 신경섬유들을 통하여 다른 뇌 부위들을 통제함으로써 적절한 인지 및 정서기능이
가능해진다. 그러므로 신경섬유는 전두엽의 통제기능에서 없어서는 안 될 중요한 부
분이다. 피질성 기능장애인 실어증, 실행증, 실인증에서 급성혼돈상태는 별로 나타나
지 않는다(Chedru and Geschwind, 1972a). 이러한 점은 주의장애에서 피질밑 구조
들의 손상이 피질 구조들의 손상보다 중요함을 간접적으로 시사한다. 다양한 종류의
대뇌백색질장애가 주의의 심각한 역기능을 초래하여서 백색질이 주의의 대뇌신경망
에 중요하게 기여함을 제시한다(Filley, 1998, 2001). 예를 들어 다발성경화증(multiple
sclerosis)에서 뇌들보(corpus callosum) 크기가 작을수록 지속적 주의의 장애가 심하
다(Rao et al., 1989). 뇌들보 위축은 ADHD에서도 보고된 바 있다(Giedd et al.,
1994). 이러한 결과들은 좌우 전두엽의 신호교류가 지속적 주의에 중요하게 기여함
을 제시한다. 우리는 대뇌백색질이 주의 및 다른 신경행동 영역에 기여하는 중요성에
대해 제12장에서 자세히 살펴볼 것이다.

　　위 논의가 전두엽이 단독으로 모든 주의기능을 관장하는 '센터'라는 식으로 해석
되어서는 안 된다. 실제로 모든 전두엽 손상이 주의장애를 일으키지는 않는다. 주의
는 매우 광범위하게 분산된 뇌기능이며(Posner and Dehaene, 1994; Mesulam, 2000;

Fan et al., 2005), 앞서 보았듯이 전두엽 이외의 다양한 뇌 부위 손상도 주의장애를 발생시킬 수 있다. 다만 위 논의는 선택적 주의기능과 전두엽이 어떻게 이론적으로 관련될 수 있는지를 최근의 임상 및 실험 자료를 토대로 제시한 것이다. 주의기능이 뇌의 어떤 한 영역하고만 배타적으로 결부될 가능성은 없지만 전두엽과 특히 밀접하게 관련된다는 증거는 많다. 이는 전두엽의 역할이 뇌의 다른 영역들을 통제하는 것이라는 개념과도 잘 일치한다.

참고문헌

Alexander, M. P., and Freedman, M. Amnesia after anterior communicating artery aneurysm rupture. *Neurology* 1984; 34: 752-757.

American Psychiatric Association. *Diagnostic and Statistical Manual of Mental Disorders.* 4th ed. Washington, DC: American Psychiatric Association; 1994.

Bench, C. J., Frith, C. D., Grasby, P. M., et al. Investigation of the functional anatomy of attention using the Stroop test. *Neuropsychologia* 1993; 31: 907-922.

Brain, R. The physiological basis of consciousness. *Brain* 1958; 81: 426-455.

Castellanos, F. X., Lee, P. P., Sharp, W., et al. Developmental trajectories of brain volume abnormalities in children and adolescents with attention-deficit/hyperactivity disorder. *J Am Med Assoc* 2002; 288: 1740-1748.

Charness, M. E., Simon, R. P., and Greenberg, D. A. Ethanol and the nervous system. *N Engl J Med* 1989; 321: 442-454.

Chedru, F., and Geschwind, N. Disorders of higher cortical functions in acute confusional states. *Cortex* 1972a; 8: 395-411.

_____. Writing disturbances in acute confusional states. *Neuropsychologia* 1972b; 10: 343-354.

Cohen, R. M., Semple, W. E., Gross, M., et al. Functional localization of sustained attention: comparison to sensory stimulation in the absence of instruction. *Neuropsychiatry Neuropsychol Behav Neurol* 1988; 1: 3-20.

Cummings, J. L., and Mega, M. S. *Neuropsychiatry and Behavioral Neuroscience.* New York: Oxford University Press; 2003.

Denckla, M. B. Attention deficit hyperactivity disorder—residual type. *J Child Neurol* 1991; 6: S44-S48.

Fan, J., McCandliss, B. D., Fossella, J., et al. The activation of attentional networks. *Neuroimage* 2005;

26: 471-479.

Filley, C. M. The behavioral neurology of cerebral white matter. *Neurology* 1998; 50: 1535-1540.

_____ . *The Behavioral Neurology of White Matter.* New York: Oxford University Press; 2001.

Geschwind, N. Disorders of attention: a frontier in neuropsychology. *Phil Trans R Soc Lond* 1982; 298: 173-185.

Giacino, J. T., Ashwal, S., Childs, N., et al. The minimally conscious state: definition and diagnostic criteria. *Neurology* 2002; 58: 349-353.

Giedd, J. N., Castellanos, F. X., Casey, B. J., et al. Quantitative morphology of the corpus callosum in attention deficit hyperactivity disorder. *Am J Psychiatry* 1994; 151: 665-669.

Hobson, J. A. Sleep is of the brain, by the brain, and for the brain. *Nature* 2005; 437: 1254-1256.

Katz, D. I., Alexander, M. P., and Mandell, A. M. Dementia following strokes in the mesencephalon and diencephalon. *Arch Neurol* 1987; 44: 1127-1133.

Kertesz, A., Nicholson, I., Cancilliere, A., et al. Motor impersistence: a right hemisphere syndrome. *Neurology* 1985; 35: 662-666.

Lipowski, Z. J. Delirium (acute confusional states). *J Am Med Assoc* 1987; 258: 1789-1792.

_____ . *Delirium: Acute Confusional States.* New York: Oxford University Press; 1990.

Liston, E. H. Delirium in the aged. *Psychiat Clin N Am* 1982; 5: 49-66.

Luria, A. R. *The Working Brain.* New York: Basic Books; 1973.

Mazziotta, J. C., Phelps, M. E., Carson, R. E., and Kuhl, D. E. Tomographic mapping of human cerebral metabolism: auditory stimulation. *Neurology* 1982; 32: 921-937.

Medina, J. L., Rubino, F. A., and Ross, E. Agitated delirium caused by infarction of the hippocampal formation and fusiform and lingual gyri: a case report. *Neurology* 1974; 24: 1181-1183.

Mesulam, M.-M. Attentional networks, confusional states, and neglect syndromes. In: Mesulam, M.-M. *Principles of Behavioral and Cognitive Neurology.* 2nd ed. New York: Oxford University Press; 2000: 174-256.

_____ . Large-scale neurocognitive networks and distributed processing for attention, language, and memory. *Ann Neurol* 1990; 28: 597-613.

Mesulam, M.-M., Waxman, S. G., Geschwind, N., and Sabin, T. D. Acute confusional states with right middle cerebral artery infarctions. *J Neurol Neurosurg Psychiatry* 1976; 39: 84-89.

Miller, G. A. The magical number seven, plus or minus two: some limits on our capacity for processing information. *Psychol Bull* 1956; 63: 81-97.

Morison, R. S., and Dempsey, E. W. A study of thalamo-cortical relations. *Am J Physiol* 1942; 135: 281-292.

Moruzzi, G., and Magoun, H. W. Brainstem reticular formation and activation of the EEG. *Electroencephalogr Clin Neurophysiol* 1949; 1: 455-473.

Multi-Society Task Force on PVS. Medical aspects of the persistent vegetative state. *N Engl J Med* 1994; 330: 1499-1508, 1572-1579.

Obrecht, R., Okhomina, F.O.A., and Scott, D. F. Value of EEG in acute confusional states. *J Neurol Neurosurg Psychiatry* 1979; 42: 75-77.

Pardo, J. V., Fox, P. T., and Raichle, M. E. Localization of a human system for sustained attention by positron emission tomography. *Nature* 1991; 349: 61-64.

Posner, J. B., Saper, C. B., Schiff, N. D., and Plum, F. *Plum and Posner's Diagnosis of Stupor and Coma.* 4th ed. Oxford: Oxford University Press; 2007.

Posner, M. I., and Dehaene, S. Attentional networks. *Trends Neurosci* 1994; 17: 75-79.

Rao, S. M., Leo, G. J., Haughton, V. M., et al. Correlation of magnetic resonance imaging with neuropsychological testing in multiple sclerosis. *Neurology* 1989; 39: 161-166.

Roland, P. E. Cortical regulation of selective attention in man: a regional cerebral blood flow study. *J Neurophysiol* 1982; 48: 1059-1078.

Rossi, A. F., Pessoa, L., Desimone, R., and Ungerleider, L. G. The prefrontal cortex and the executive control of attention. *Exp Brain Res* 2009; 192: 489-497.

Shue, K. L., and Douglas, V. I. Attention deficit hyperactivity disorder and the frontal lobe syndrome. *Brain Cogn* 1992; 20: 104-124.

Strub, R. L. Acute confusional state. In: Benson, D. F., and Blumer, D., eds. *Psychiatric Aspects of Neurologic Disease,* vol. 2. New York: Grune and Stratton; 1982: 1-23.

Stuss, D. T., and Alexander, M. P. Is there a dysexecutive syndrome? *Philos Trans R Soc Lond B Biol Sci* 2007; 362: 901-915.

Stuss, D. T., and Benson, D. F. Neuropsychological studies of the frontal lobes. *Psychol Bull* 1984; 95: 3-28.

Taylor, D., and Lewis, S. Delirium. *J Neurol Neurosurg Psychiatry* 1993; 56: 742-751.

Voeller, K.K.S. Right-hemisphere deficit syndrome in children. *Am J Psychiatry* 1986; 143: 1004-1009.

Voeller, K.K.S., and Heilman, K. M. Attention deficit disorder in children: a neglect syndrome? *Neurology* 1988; 38: 806-808.

Weinberger, D. R. A connectionist approach to the prefrontal cortex. *J Neuropsychiatry* 1993; 5: 241-253.

Weinstein, E. A., and Keller, N.J.A. Linguistic patterns of misnaming in brain injury. *Neuropsychologia* 1963; 1: 79-90.

Wilkins, A. J., Shallice, T., and McCarthy, R. Frontal lesions and sustained attention. *Neuropsychologia* 1987; 25: 359-365.

Zametkin, A. J., Nordahl, T. E., Gross, M., et al. Cerebral glucose metabolism in adults with hyperactivity of childhood onset. *N Engl J Med* 1990; 323: 1361-1366.

제4장

기억장애

기억은 극히 중요한 신경행동적 기능으로 연구자들은 오랜 시간 기억 현상을 이해하려고 노력해 왔다. 기억이 인간 존재에 엄청나게 중요한 존재라는 것은 논쟁의 대상이 아니다. 만약 기억계(memory system)가 작동하지 않는다면 과거의 경험이 현재의 문제 해결이나 미래의 계획을 세우는 데 어떠한 도움도 되지 못할 것이다. 여러 학문들이 기억 연구에 기여해 왔다. 여기에는 연체동물과 같은 하등동물의 연구(Kandel, 2006)부터 유인원과 같은 고등동물의 연구(Zola-Morgan and Squire, 1993; Budson and Price, 2005)까지 포함된다. 이 장에서는 기억 현상 중에서도 신경행동적으로 중요한 측면에 초점을 맞출 것이다. 기억 현상 중에는 아직 신경해부적인 측면이 잘 밝혀지지 않은 것도 있지만 임상적으로 중요한 기억장애의 신경해부는 상당 부분이 밝혀져 있다. 엄밀히 말해 기억(memory)은 정보의 유지를 지칭하며 학습(learning)은 정보의 획득을 지칭한다. 여기서는 편의상 기억장애라는 용어를 학습

능력의 결손과 기억능력의 결손 모두를 포괄하는 의미로 사용한다.

기억력 약화는 노인들에서 흔한 호소이며 간혹 젊은 사람들에서도 호소된다. 기억력에 대해 사람들이 예민한 주요 이유 중 하나는 알츠하이머병(Alzheimer's disease, AD)에 대한 공포이다. AD는 치매의 가장 중요한 원인인데 점차 모든 인지기능과 정서기능을 황폐화시키며 현재로서는 어떤 치료 방법도 나와 있지 않다. AD의 거의 모든 사례에서 기억장애가 나타난다(제12장 참조). 그러나 임상적으로 기억장애는 다른 여러 신경학적, 정신의학적, 의학적 장애들에서도 나타난다. 또한 정상적인 인지기능의 노화에서도 나타난다. 임상적으로 주의할 점은 환자가 '기억력이 나쁘다'라고 표현한 것이 사실은 다른 기능의 장애인 경우도 많다는 점이다. 이는 일반인들이 그러한 표현을 부주의, 언어장애, 시공간기능장애, 관리기능장애(executive dysfunction), 우울증, 불안 및 다른 인지적 혹은 정서적 문제의 의미로 사용하는 수가 많기 때문이다. 자세한 정신상태검사를 통해서 진짜 기억기능 혹은 다른 기능에 문제가 있는지를 감별할 수 있다.

인간의 기억 연구는 지난 몇십 년간 장족의 발전을 하였다. 그동안 기억을 분류하는 용어들이 매우 많이 만들어졌으며, 이로 인해 혼란스러운 측면도 있다. 현재 기억 문헌에서 많이 쓰이고 이해가 중요한 대표적 용어에는 **선언기억**(declarative memory), **절차기억**(procedural memory), **작업기억**(working memory)이 있다(Budson and Price, 2005). 선언기억을 세분하는 용어인 **일화기억**(episodic memory)과 **의미기억**(semantic memory)도 중요하다. 이 기억들은 각각 신경해부적으로 다른 부위들과 연관된다. 각 기억이 무엇을 의미하는지는 아래 섹션들의 적절한 위치에서 논의할 것이다. 우리의 기억장애 논의는 다음 세 가지 기억 유형을 중심으로 진행될 것이다. 이 세 가지 유형은 지연시간을 기준으로 한 것으로 아주 엄밀한 분류는 아니지만 임상적으로 상당히 유용하다. 첫째는 **즉시기억**(immediate memory)으로 수초 전에 등록된 일의 기억이다. 둘째는 **최근기억**(recent memory)으로 수분에서 수일 정도 전에 등록된 일의 기억이다. 셋째는 **옛날기억**(remote memory)으로 수개월에서 수년 전에 등록된 일의 기억이다. 이 세 가지 기억은 각각 일차적(primary), 이차적(secondary), 삼차적(tertiary) 기억이라고도 불리며 정신상태검사에서 각각 간편한 방식으로 측정할 수 있다. 각 기억은 임상적으로 함축하는 바가 다르며 신경해부적 측면도 다르다(Strub and Black, 1993; Cummings and Mega, 2003). 이러한 세 유형의 기억 분류가 다른 분류 체계의 부적절함을 의미하지는 않지만 임상적으로 유용한 정보를 수집하는 관점에서는 가장 유용하다.

4.1 즉시기억장애

기억장애의 가장 명백한 형태는 방금 제시된 정보도 기억하지 못하는 것, 즉 즉시기억의 실패이다. 즉시기억의 장애는 정보의 등록이 안 되는 상태이며 주의력 결손을 주원인으로 볼 수 있다. 급성혼돈상태(acute confusional state)의 환자들은 이러한 점을 잘 보여준다(제3장 참조). 근원적 문제가 **부주의**(inattention)에 있는 것이지 새로운 정보의 획득에 있는 것이 아니라는 점에서 즉시기억의 장애를 기억장애라고 부르는 것은 다소의 문제가 있다. 어쨌든 제3장에서 제시한 주의와 관련한 신경해부가 즉시기억의 장애에도 적용될 수 있다.

　　작업기억(working memory)은 즉시기억과 밀접히 관련된 개념으로 최근에 많은 주목을 받았다. 이 개념은 정보를 단기적으로 유지할 뿐 아니라 유지된 정보에 인지적 작업을 수행한다는 의미를 갖는다. 예를 들어 암산을 할 때 우리는 숫자들을 잠시 기억하는 동시에 계산이라는 인지적 작업을 수행한다(Baddeley, 1992, 2000). 우리는 제2장에서 작업기억을 주의기능의 한 부분으로 논의하였다. 작업기억은 즉시기억과 비슷하지만 정보의 단순한 유지가 아니라 다른 인지과정들에 의한 정보의 조작(manipulation)을 강조하는 점에서 다르다. 이론적 모형에 따르면 작업기억은 중앙집행기(central executive)와 2개의 종속체계(subsystems)로 구성된다. 종속체계 중 하나는 언어적 정보를 잠시 유지하는 장치인 음운단기저장기(phonological loop)이고 다른 하나는 시공간적 정보를 잠시 유지하는 장치인 시공간단기저장기(visuospatial sketch pad)이다(Baddeley, 1992, 2000). 기능신경영상(functional neuroimaging) 연구들은 음운단기저장기는 좌반구, 시공간단기저장기는 우반구에 각각 편재화되어 있음을 제시하였다(Frackowiak, 1994). 또한 작업기억은 전두앞피질(prefrontal cortex)과 밀접한 관련성을 보이며(Goldman-Rakic, 1992), 그중에서도 브로드만영역 46번, 9번과의 관련성이 특히 높다(Petrides et al., 1993). 이는 작업기억에서 주의가 핵심적인 요소인 점과 일맥상통하는 결과이다. 기능신경영상 연구들은 전두앞피질이 주의기능을 많이 요구하는 신경심리검사를 수행할 시에 활성화됨을 보여주었다(Rezai et al., 1993).

4.2 최근기억장애

새로운 정보를 학습하는 능력은 인간 생존에 극히 중요하다. 최근기억의 장애는 **기억상실증**(amnesia)이라고 지칭되는데 새로운 정보를 학습하는 능력의 상실이 극심한 장애를 가져옴을 생생하게 보여준다. 기억상실증은 행동신경학에서 가장 중요한 장애 중 하나이며 일반 임상의학에서도 매우 중요하다.

기억상실증은 단일한 현상이 아니며 여러 임상적 기준들에 따른 구분이 가능하다. 중요한 구분의 하나는 새로운 정보를 학습하지 못하는 증상과 최근에 등록된 정보를 공고화하지(consolidate) 못하는 증상을 구분하는 것이다. 전자는 **전향기억상실증**(anterograde amnesia), 후자는 **후향기억상실증**(retrograde amnesia)이라고 부른다. 예를 들어 뇌외상(traumatic brain injury) 환자들은 두 형태의 기억상실증을 모두 보일 수 있다. 환자들은 사고 시점으로부터 일정 시간 전까지 기억이 안 나는 시간대가 있고(후향기억상실증), 사고 시점으로부터 일정 시간 후까지 기억이 안 나는 시간대가 있다(전향기억상실증). 일반적으로 전향기억상실증의 시간대가 더 길다(Levin, Benton, and Grossman, 1982). 전향기억상실증과 후향기억상실증은 모두 나타날 수 있지만 일반적으로 전자가 보다 심하며 생활에 주는 장애도 보다 심각하다. 전향기억상실증을 가진 환자들 중 일부는 **말짓기증**(confabulation)이라는 흥미로운 증상도 보인다. 이 증상은 기억 질문에 대해 실제로 있지 않은 일을 꾸며내어 답변을 하는 것이다. 이는 반복증(perseveration), 자기감시(self-monitoring)의 결손, 오류반응억제의 결손과 연관되어 나타나는 수가 많다(Shapiro et al., 1981).

최근기억을 보다 자세히 설명하기 위해서는 선언기억의 개념을 이해해야 한다.

기억연구에서 지난 몇십 년간 달성한 가장 값진 성과의 하나는 선언기억(declarative memory)과 절차기억(procedural memory)의 구분이다(Squire, 1987; Zola-Morgan and Squire, 1993; Budson and Price, 2005). 선언기억은 우리가 경험한 사건(events)이나 사실(facts)의 기억인 반면에 절차기억은 우리가 획득한 기술(skill)이나 습관(habit)의 기억이다. 다른 말로 표현하면 선언기억이 "무엇이 일어났는가?(what)"에 관한 기억이라면 절차기억은 "어떻게 하는가?(how)"에 관한 기억이다. 선언기억과 절차기억은 각각 외현기억(explicit memory)과 암묵기억(implicit memory)이라는 용어로도 지칭된다. 이 용어들은 선언기억에서 사건이나 사실을 회상하는 과정이 의식적(의도적)인 반면에 절차기억에서 학습된 기술을 회상하는 과정이 무의식적(자동적)임을 대조시킨 표현이다(Schacter, Chiu, and Ochsner, 1993). 일반적으로 임상에서 기억상실증의 평가는 선언기억에 국한되고 절차기억에 대한 평가는 드물다. 선언기억은 절차기억에 비해 신경행동적 측면도 보다 풍부히 밝혀져 있다. 그러나 절차기억 역시 인간의 생존에 중요한 역할을 한다. 그러므로 이와 관련된 신경적 기반이 무엇인지를 밝히는 것은 매우 의미 있는 일이다.

기억상실증은 안쪽측두엽(medial temporal lobe), 사이뇌(diencephalon)의 관련 핵들, 바닥앞뇌(basal forebrain)의 손상과 관련된다(Zola-Morgan and Squire, 1993). 이 세 부위들은 서로 긴밀히 연결되어 있다. 그림 4.1은 각 부위가 뇌 전체에서 어떤 위치에 있는가를 보여준다. 이제 각 부위에 관해 살펴보자.

안쪽측두엽에서 기억에 가장 중심적인 구조는 해마체(hippocampal formation)이다. 해마체는 해마(hippocampus), 치아이랑(dentate gyrus), 해마이행부(subiculum)로 구성된다. 여기서는 편의상 해마체를 해마라고 언급하겠다. 기억상실증에 관한 우리의 현재 지식은 1950년대에 보고된 H.M.이라는 남성의 사례 연구에 힘입은 바가 크다. 그의 기억상실증에 관한 연구는 어떤 다른 연구보다도 기억에 대한 이해를 크게 증진시켰다. H.M.은 27세 되던 해에 약물로 잘 제어되지 않는 외상후간질(posttraumatic epilepsy)을 치료하기 위해서 양측 앞쪽측두엽절제술(anterior temporal lobectomies)을 받았다. 이 수술은 좌우측의 앞쪽측두엽에 있는 간질유발 피질(epileptogenic cortex)뿐 아니라 해마 및 편도체(amygdala)도 제거하였다

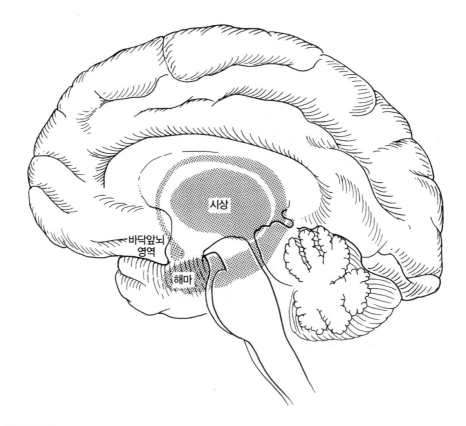

그림 4.1 손상시 기억상실증(amnesia)을 일으키는 뇌 부위

(Scoville and Milner, 1957). 수술 후 H.M.의 발작증상은 많이 완화되었지만 극심한 기억상실증이라는 예기치 않은 부작용이 나타났다. 기억상실증으로 인해 그는 수술 후부터 오늘날까지 자신이 경험했던 어떤 일에 대해서도 언어적 혹은 비언어적인 선언기억이 없다(Corkin, 1984). 흥미롭게도 절차기억, 즉 새로운 기술을 학습하는 능력에서는 별다른 손상이 없었다(Milner, Corkin, and Teuber, 1968; Corkin, 1984). 이러한 관찰은 선언기억과 절차기억을 구분하는 이론에 결정적인 영향을 주었다. H.M. 사례는 안쪽측두엽이 최근기억에서 하는 역할에 관해 수많은 연구가 행해지는 계기가 되었다. 이러한 연구들은 해마가 기억의 형성에 핵심적인 구조라는 이론을 점차 확립하였다(Scoville and Milner, 1957; Squire and Zola-Morgan, 1991; Budson and

Price, 2005). H.M.은 최근 사망하였으며 그의 뇌는 부검이 예정되어 있다. 그러므로 손상 부위에 관해 보다 정교한 정보를 알 수 있을 것으로 예상된다.

'해마 가설(hippocampal hypothesis)'에 대해 두 번의 중대한 문제 제기가 있었지만 모두 기각되었다. 하나는 Horel(1978)이 제기한 것으로 해마가 아니라 측두엽줄기(temporal stem)의 손상이 기억상실증을 가져온다고 주장하였다. 측두엽줄기는 들신경섬유(afferent fibers)와 날신경섬유(efferent fibers)로 구성된 백색질(white matter)이다. 다른 하나는 Mishkin(1978)이 같은 해에 제안한 것으로 해마뿐 아니라 편도체의 손상도 기억상실증에 기여한다는 것이다. 그러나 후속 연구들은 해마에 국한된 손상만으로도 기억상실증이 발생함을 보여주었다. 즉, 해마는 손상되었지만 측두엽줄기(Cummings et al., 1984)나 편도체의 손상이 없는 사례들(Zola-Morgan, Squire, and Amaral, 1986)에서도 기억상실증이 보고되었다.

최근기억은 언어성 또는 비언어성에 따라 좌우반구에 편재되어 있다는 증거가 있다. 즉, 언어기억은 좌측 해마 및 그와 연결된 구조에 편재화되어 있는 반면에 비언어 기억은 우측 해마 및 그와 연결된 구조에 편재화되어 있다(Milner, 1971; Helmstaedter et al., 1991). 이러한 편재화는 다른 신경행동적 영역들의 뇌반구 편재화에 관한 증거들과 잘 일치한다(제5장, 제8장 참조). 약물로 잘 제어되지 않는 측두엽간질(temporal lobe epilepsy)을 치료하기 위하여 좌측과 우측의 안쪽측두엽 중 어느 하나를 절제하는 수술이 시행될 수 있다. 절제되지 않은 안쪽측두엽이 상당한 정보로 기억을 보상하기(compensate) 때문에 일측성(unilateral) 안쪽측두엽절제술은 기억에 비교적 경미한 효과만 미친다(Glaser, 1980). 그러나 좌우 중 어느 쪽의 안쪽측두엽을 절제했느냐에 따라 언어기억과 비언어기억에 미치는 효과가 다르다. 즉, 좌측 안쪽측두엽을 절제한 경우 언어기억의 저하가 보다 심하며 우측 안쪽측두엽을 절제한 경우 비언어기억의 저하가 보다 심하다.

최근기억에 관한 다른 임상 연구들도 오늘날 우리가 알고 있는 기억의 뇌 해부에 크게 기여하였다. 대표적으로 두 가지를 들 수 있는데, 하나는 코르샤코프정신병증(Korsakoff's psychosis)에 관한 연구이다. 이 병은 알코올 중독 환자에서 많이 볼 수 있는데 안쪽측두엽과 연관된 시상 및 둘레계 구조들의 손상으로 기억장애가 발생한다. 다른 하나는 알츠하이머병(AD)이라는 치매 질환에 관한 연구이다. AD에서 기억 및 다른 인지기능이 손상된 정도는 바닥앞뇌(basal forebrain)의 세포들이 소실된 정도와 비례한다.

코르샤코프정신병증이라는 용어는 많이 사용되지만 사실 잘못된 명칭이다. 이 증상의 핵심은 티아민(thiamine; vitamin B$_1$)의 섭취부족으로 발생하는 기억상실증이다. 이 증후군은 만성 알코올 중독 환자들이 티아민이 결핍된 식사를 하는 것에서 가장 많이 발생한다. 환자들은 급성기에는 **베르니케뇌병증**(Wernicke's encephalopathy)을 보이다가 코르샤코프정신병증으로 진화하게 된다. 급성기인 베르니케뇌병증에서는 기면성(lethargic) 급성혼돈상태, 눈근육마비(ophthalmoplegia), 걸음실조증(gait ataxia)의 증상이 나타난다. 급성기와 만성기의 증상을 합쳐서 **베르니케-코르샤코프 증후군**(Wernicke-Korsakoff syndrome)이라고도 부른다(Victor, Adams, and Collins, 1989). 이 환자들은 모두 심한 전향기억상실증을 보이며 후향기억상실증의 정도는 환자에 따라 다르다. 또한 어떤 환자들은 말짓기증(confabulation)도 보인다. 이런 환자들은 검사자의 질문에 대해 꾸며낸 이야기로 답변한다. 이 꾸며낸 이야기는 많은 경우 황당하고 괴상한 내용이어서 정신병(psychotic illness)을 의심케 한다. 그러나 말짓기증은 일부 환자에서만 나타나는 특징이므로(Victor, Adams, and Collins, 1989) 코르샤코프정신병증이란 명칭보다는 **코르샤코프기억상실증**(Korsakoff's amnesia)이란 명칭이 더 적절하다. 이 질환에서 신경병리적 손상이 주로 보고되는 곳은 시상과 유두체(mammillary bodies)이다. 이 병의 자세한 부검 연구에 따르면 등쪽안쪽(dorsal medial) 시상핵의 손상이 기억상실증을 일으키는 결정적 부위이다 (Victor, Adams, and Collins, 1989). 사이뇌손상이 기억상실증을 일으킬 수 있다는 다른 증거는 N.A.의 사례이다. 이 환자는 모형 미니 펜싱칼에 찔리는 사고를 당하여 좌측 등쪽안쪽 시상핵에 관통상을 입었는데 언어기억에 한정된 심한 전향기억상실증이 발생하였다(Squire and Moore, 1979). 또 다른 증거는 A.B의 사례이다. 이 환자는 양측 등쪽안쪽 시상핵에 경색으로 인한 손상을 입었는데 언어기억과 비언어기억 모두에서 심한 전향기억상실증이 발생하였다(Markowitsch, von Cramon, and Schuri, 1993). 뇌경색으로 인한 사이뇌성 기억상실증(diencephalic amnesia)은 일반

적으로 시상의 앞부분 경색에서 발생하며 뒷부분 경색에서는 발생하지 않는다. 혈관
적으로는 뒤대뇌동맥(posterior cerebral artery) 혹은 뒤교통동맥(posterior
communicating artery) 분지들의 경색으로 발생한다. 또한 정교한 신경해부학적 연
구들에 따르면 사이뇌성 기억상실증에서 결정적으로 중요한 역할을 하는 것은 등쪽
안쪽 및 앞쪽시상핵과 안쪽측두엽을 연결하는 신경섬유가 손상되는 것이다(Graff-
Radford et al., 1990).

　　AD는 치매의 가장 중요한 병인이다(제12장 참조). AD 환자에서 기억장애는 가
장 현저한 증상이다. AD 환자들 중 거의 모두에서 기억장애는 주증상의 하나이며,
정식 기억검사에서 매우 뚜렷이 확인될 정도로 심하다. AD의 기억장애는 바닥앞뇌
(basal forebrain)의 손상이 중심적 역할을 한다(Mesulam, 1990). 바닥앞뇌는 바닥핵
(basal ganglia)의 아래에 위치하며 서로 인접한 여러 신경핵들로 구성된다. 이 신경
핵들에는 안쪽사이막핵(medial septal nucleus), 브로카대각섬유질(diagonal band of
Broca)의 수직다리핵과 수평다리핵(vertical and horizontal limb nuclei), 메이너트바
닥핵(nucleus basalis of Meynert)이 포함된다. AD 환자들은 바닥앞뇌의 아세틸콜린
성 세포들(cholinergic cells)에서 매우 심한 퇴행을 보이는데(Whitehouse et al.,
1982), 이 세포들의 손상은 기억장애와 연관성을 보인다(Perry et al., 1978). 바닥앞
뇌의 아세틸콜린 신경핵들이 해마와 신피질 쪽으로 투사하는 것은 해부학적으로 잘
입증되었다(Mesulam and Geula, 1988). 이러한 투사는 바닥앞뇌의 손상이 기억장애
및 다른 인지장애를 일으키는 데 중요하게 기여함을 시사한다. 바닥앞뇌가 최근기억
에 중요하다는 다른 증거는 이 부위에 파괴적 손상을 입고서 기억상실증을 보이는
사례들이다(Damasio et al., 1985; Morris et al., 1992).

　　요약하면 최근기억은 안쪽측두엽, 사이뇌, 바닥앞뇌의 세 구조로 구성된 신경망
이 매개한다. 기억상실증 환자들의 양전자방출단층촬영술(PET) 연구는 이러한 구조
들, 즉 해마, 시상, 띠이랑(cingulate gyrus), 전두바닥영역(frontal basal areas)에서 대
사감소를 보고하였다(Fazio et al., 1992). 그러므로 기능적 뇌영상의 결과도 임상 연
구에서 밝혀진 기억 관련 신경망의 존재를 지지한다. 그림 4.2는 선언기억 기능에 중
요한 역할을 하는 뇌구조들을 자세히 보여준다. 이 뇌구조들은 파페즈 회로(Papez

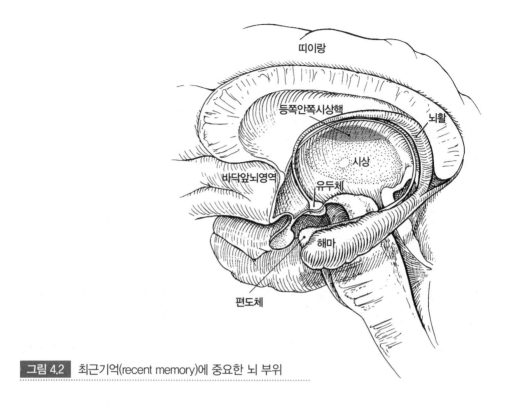

그림 4.2 최근기억(recent memory)에 중요한 뇌 부위

circuit; Papez, 1937)를 구성하는 뇌구조들과 많은 부분이 중첩된다. 파페즈 회로는 상호연결된 일련의 피질과 피질밑 구조들로 구성되며 기억기능뿐 아니라 정서행동 (emotional behavior)에도 중요한 역할을 한다. 파페즈 회로에 대해서는 제9장에서 보다 자세히 논의할 것이다.

해마와 편도체 간의 상호작용도 언급이 필요한 사항이다. 안쪽측두엽 구조들 중 해마가 새로운 정보의 학습에 가장 중요한 구조이다. 반면에 편도체는 어떤 정보를 기억으로 남길지를 결정하는 것에 가장 중요한 구조로 보인다. 해부학적 연구들은 해마와 편도체가 시각, 청각, 촉각의 감각정보가 전달되는 주요 구조의 하나임을 제시하였다. 이 구조들은 전달된 감각입력이 생물학적으로 중요한 정보인지 아닌지를 평가하여 기억저장 여부를 결정한다(Mesulam, 1990). 간단히 요약하면 편도체는 해마에 도착하는 정보의 정서가(emotional valence)를 평가하며 해마는 그에 따라 기억에 등록시킬 필요가 있는지 없는지를 결정한다(제9장 참조). 다시 말해 해마가 둘

표 4.1	기억상실증(amnesia)의 병인

코르샤코프정신병증(Korsakoff's psychosis)
뇌외상(traumatic brain injury)
단순포진성 뇌염(herpes simplex encephalitis)
무산소성 뇌병증(anoxic encephalopathy)
사이뇌 종양(diencephalic tumors)
뒤대뇌동맥 영역 경색(posterior cerebral artery territory infarction)
일과성완전기억상실증(transient global amnesia)
초기 알츠하이머병(early Alzheimer's disease)
경도인지장애(mild cognitive impairment)

레계에 도착하는 정보를 기억으로 등록시킬 것인가 말 것인가를 결정하는 것은 편도체가 그 정보에 부여하는 정서적 중요성에 달려 있다.

표 4.1에는 임상에서 기억상실증을 유발하는 병과 손상들이 열거되어 있다. 이 질환들은 모두 기억에 중요한 뇌 부위들(그림 4.1 참조)을 파괴시킨다. 만약 환자가 기억상실증을 보인다면 병인이 무엇인지를 속히 밝혀서 치료에 임해야만 최대한의 회복을 기대할 수 있다. 유념할 점은 정상적인 노화나 여러 정신과적 질환들도 신경학적 기억상실증과 유사한 증상을 보일 수 있다는 점이다. 노화는 경미한 인출장애를 일으키는데(제12장 참조) 특히 사물의 명칭을 생각해내는 데 심한 어려움을 보일 수 있다. 그러나 이는 우리 모두가 경험하는 건망증(forgetfulness)의 과장된 형태 정도에 그친다(Devinsky, 1992). 정신성기억상실증(psychogenic amnesia)은 보통 젊은 성인에서 발병하는데 전형적인 양상은 정서적으로 충격적인 사건과 관련된 개인사를 돌연히 망각하는 것이다. 일반적으로 환자가 자신의 정체성(personal identity)에 대한 망각을 보이는 것은 신경학적 기억상실증이 아니라 정신성기억상실증을 시사한다(Devinsky, 1992). 이 질환은 대부분의 경우 정신상태검사 혹은 신경심리검사를 통하여 신경학적 기억상실증과의 변별이 가능하다.

기억이 저장된다는 것은 미시적 관점에서는 시냅스(synapse)에서 일어나는 변화와 관련된다(Kandel, 2006). 학습과 기억은 근본적으로 시냅스의 가소성(plasticity)에 근거한 현상으로 생각되고 있다. 기억과 관련된 시냅스 가소성에서 중요한 개념

중 하나는 장기증강(long-term potentiation, LTP)이다. LTP는 Bliss와 Lømo(1973)가 토끼의 해마를 대상으로 한 연구에서 가장 먼저 관찰하였으며, 이후 LTP는 학습과 기억에 관한 가장 중요한 신경생리적 모형으로 자리 잡았다. LTP가 무엇인지 간단히 요약하면 입력 자극에 대한 시냅스후 반응(postsynaptic response)이 장기간에 걸쳐 증강되는 현상을 말한다. 이러한 장기 증강 현상은 시냅스 연결의 장기적 강화를 반영하는 것으로 보인다. LTP에 핵심적인 신경전달물질은 글루타메이트(glutamate)이다. 글루타메이트는 뇌에서 가장 많이 사용되는 흥분성 신경전달물질이며 NMDA(N-methyl-D-aspartate)의 효능제(agonist)이다. NMDA 수용기가 활성화되어 칼슘이온이 세포 내로 유입되는 것이 LTP에서 핵심적으로 중요하다(Kandel, 2006). LTP는 인간의 해마에서도 일어난다는 것이 입증되었다. 그러나 정상인의 뇌조직을 연구에 사용할 수 있는 기회는 제한적이기 때문에 관련 연구들에서는 측두엽간질의 수술 치료에서 떼어낸 조직을 사용하였다(Cooke and Bliss, 2006). LTP는 해마뿐 아니라 신피질에서도 일어난다는 것이 확인되었다. 그러므로 LTP는 기억의 등록뿐 아니라 보다 장기적인 저장에도 관여할 가능성이 있다. 우리 각자는 과거의 경험들을 뇌에 기억으로 저장하고 있는데 이러한 저장에는 뇌 연결성의 물질적 변화가 요구된다. LTP는 이러한 물질적 변화의 신경생리적 기반일 수 있다(Kandel, 2006).

4.3 옛날기억장애

옛날기억은 우리가 유지하고 있는 기억 중 시간적으로 가장 오래된 부분을 지칭한다. 옛날기억은 지식(knowledge)이나 정보모음(fund of information)이라고도 불린다. 안쪽측두엽에 의해 저장되도록 선택된 정보는 미래의 인출을 위하여 뇌에 유지된다. 이렇게 유지되는 정보가 뇌의 어디에 표상(representation)되어 있는지는 확실하게 밝혀져 있지 않다. 그러나 신피질이 정보의 장기적 저장에 어떤 형식으로든 관여한다는 것은 분명하다. 특정 정보가 특정 신피질 부위와 일대일로 대응되는 방식으로 기억이 저장되는 것은 아니다(Squire, 1987). 그러나 신경외과의사인 Wilder Penfield가 행한 고전적 연구들은 신피질이 옛날기억의 저장에 매우 중요하다는 증거를 제시하였다. 그는 간질수술을 앞두고 뇌가 노출되어 있지만 깨어 있는 상태에 있는 환자들의 신피질 여러 곳을 전기적으로 자극하였다. 신피질 자극 중 일부는 옛 날기억의 회상 반응을 이끌어냈다(Penfield and Jasper, 1954). 동물 대상의 연구들은 단일한 기억의 저장에도 수백만 개의 매우 널리 분산된 신경세포들(distributed neurons)이 관여함을 제시하였다(John et al., 1986).

옛날기억 혹은 지식은 신경행동적 장애에서 보통 잘 보존되는 편이다. 이런 점은 **일과성완전기억상실증**(transient global amnesia, TGA)에서도 잘 예시된다. 이 질환 은 가역적인 해마성 기억장애인데 허혈성(ischemic)이 원인으로 추정된다 (Gonzalez-Martinez et al., 2010). TGA의 한 흥미로운 사례 보고에서 환자는 음악교 수였는데 TGA 상태에서 오르간과 하프시코드 연주회를 성공적으로 수행하였다. 이 는 선언기억계의 결손으로 새로운 학습이 불가능한 상태에서도 옛날에 등록된 음악 적 기억은 잘 인출되고 있었음을 보여준다(Byer and Crowley, 1980). 보다 많이 접할 수 있는 예로는 AD 환자가 있다. 이 환자들은 기억상실증으로 인해 극히 간단한 정 보의 등록조차 불가능한 시기에도 옛날기억은 비교적 잘 유지하고 있는 경우가 많 다. AD가 상당히 진행된 경우에도 태어난 장소, 출신 고등학교, 첫 번째 직업, 결혼 기념일 등의 옛날 사건에 대한 기억은 회상 가능할 수 있다. 이러한 현상은 리봇의 법 칙(Ribot's Rule)에 잘 맞는다. 이 법칙은 오래된 기억일수록 신경학적 질환에 대한 저 항력이 크다는 것이다(Budson and Price, 2005). 이런 예 및 다른 관련 현상들은 일 생을 통해 반복적으로 재학습되는 기억일수록 뇌의 광범위한 부위에 중복적으로 표 상됨을 시사한다. 그러나 피질의 퇴행이 광범위하게 진행됨에 따라 AD에서도 결국 은 옛날기억의 장애가 나타난다. 이 시기 정도가 되면 치매의 마지막 단계 징후들, 예 를 들어 말없음증(mutism), 대소변못가림(incontinence), 식물상태(vegetative state) 도 나타난다.

참고문헌

Baddeley, A. The episodic buffer: a new component of working memory? *Trends Cogn Sci* 2000; 4: 417-423.

_____. Working memory. *Science* 1992; 255: 556-559.

Bliss, T. V., and Lømo, T. Long-lasting potentiation of synaptic transmission in the dentate area of the anaesthetized rabbit following stimulation of the perforant path. *J Physiol* 1973; 232: 331-356.

Budson, A., and Price, B. H. Memory dysfunction. *N Engl J Med* 2005; 352: 692-699.

Byer, J. A., and Crowley, W. J. Musical performance during transient global amnesia. *Neurology* 1980; 30: 80-82.

Cooke, S. F., and Bliss, T.V.P. Plasticity in the human central nervous system. *Brain* 2006; 129: 1659-1673.

Corkin, S. Lasting consequences of bilateral medial temporal lobectomy: clinical course and experimental findings in H.M. *Semin Neurol* 1984; 4: 249-259.

Cummings, J. L., and Mega, M. S. *Neuropsychiatry and Behavioral Neuroscience.* New York: Oxford University Press; 2003.

Cummings, J. L., Tomiyasu, U., Reed, S., and Benson, D. F. Amnesia with hippocampal lesions after cardiopulmonary arrest. *Neurology* 1984; 34: 679-681.

Damasio, A. R., Graff-Radford, N. R., Eslinger, P. J., et al. Amnesia following basal forebrain lesions. *Arch Neurol* 1985; 42: 263-271.

Devinsky, O. *Behavioral Neurology: 100 Maxims.* St. Louis: Mosby Year Book; 1992.

Fazio, F., Perani, D., Gilardi, M. C., et al. Metabolic impairment in human amnesia: a PET study of memory networks. *J Cereb Blood Flow Metab* 1992; 12: 353-358.

Frackowiak, R.S.J. Functional mapping of verbal memory and language. *Trends Neurosci* 1994; 17: 109-115.

Glaser, G. H. Treatment of intractable temporal lobe-limbic epilepsy (complex partial seizures) by temporal lobectomy. *Ann Neurol* 1980; 8: 455-459.

Goldman-Rakic, P. S. Working memory and the mind. *Sci Am* 1992; 267: 111-117.

Gonzalez-Martinez, V., Comte, F., de Verbisier, D., and Carlander, B. Transient global amnesia: concordant hippocampal abnormalities on positron emission tomography and magnetic resonance imaging. *Arch Neurol* 2010; 67: 510-511.

Graff-Radford, N. R., Tranel, D., Van Hoesen, G. W., and Brandt, J. P. Diencephalic amnesia. *Brain* 1990; 113: 1-25.

Helmstaedter, C., Pohl, C., Hufnagel, A., and Elger, C. E. Visual learning deficits in non-resected patients with right temporal lobe epilepsy. *Cortex* 1991; 27: 547-555.

Horel, J. A. The neuroanatomy of memory: a critique of the hippocampal memory hypothesis. *Brain* 1978; 101: 403-445.

John, E. R., Tang, Y., Brill, A. B., et al. Double-labeled metabolic maps of memory. *Science* 1986; 233: 1167-1175.

Kandel, E. R. *In Search of Memory.* New York: W. W. Norton; 2006.

Levin, H. S., Benton, A. L., and Grossman, R. G. *Neurobehavioral Consequences of Closed Head Injury.* New York: Oxford University Press; 1982.

Markowitsch, H. J., von Cramon, D. Y., and Schuri, U. Mnestic performance profile of a bilateral diencephalic infarct patient with preserved intelligence and severe amnestic disturbances. *J Clin Exp Neuropsychol* 1993; 15: 627-652.

Mesulam, M.-M. Large-scale neurocognitive networks and distributed processing for attention, language, and memory. *Ann Neurol* 1990; 28: 597-613.

Mesulam, M.-M., and Geula, C. Nucleus basalis (Ch4) and cortical cholinergic innervation of the human brain: observations based on the distribution of acetylcholinesterase and choline acetyltransferase. *J Comp Neurol* 1988; 275: 216-240.

Milner, B. Interhemispheric differences in the localization of psychological processes in man. *Br Med Bull* 1971; 27: 272-277.

Milner, B., Corkin, S., and Teuber, H. L. Further analysis of the hippocampal amnesic syndrome: 14-year follow-up study of H.M. *Neuropsychologia* 1968; 6: 215-234.

Mishkin, M. Memory in monkeys severely impaired by combined but not by separate removal of amygdala and hippocampus. *Nature* 1978; 273: 297-298.

Morris, M. K., Bowers, D., Chatterjee, A., and Heilman, K. M. Amnesia following a discrete basal forebrain lesion. *Brain* 1992; 115: 1827-1847.

Papez, J. W. A proposed mechanism of emotion. *Arch Neurol Psychiatry* 1937; 38: 725-743.

Penfield, W., and Jasper, H. *Epilepsy and the Functional Anatomy of the Human Brain.* Boston: Little, Brown; 1954.

Perry, E. K., Tomlinson, B. E., Blessed, G., et al. Correlation of cholinergic abnormalities with senile plaques and mental test scores in senile dementia. *Br Med J* 1978; 2: 1457-1459.

Petrides, M., Alivisatos, B., Meyer, E., and Evans, A. C. Functional activation of the human frontal cortex during the performance of verbal working memory tasks. *Proc Natl Acad Sci* 1993; 90: 878-882.

Rezai, K., Andreasen, N. C., Alliger, R., et al. The neuropsychology of the prefrontal cortex. *Arch Neurol* 1993; 50: 636-642.

Schacter, D. L., Chiu, C.-Y.P., and Ochsner, K. N. Implicit memory: a selective review. *Ann Rev Neurosci* 1993; 16: 159-182.

Scoville, W. B., and Milner, B. Loss of recent memory after bilateral hippocampal lesions. *J Neurol Neurosurg Psychiatry* 1957; 20: 11-21.

Shapiro, B. E., Alexander, M. P., Gardner, H., and Mercer, B. Mechanisms of confabulation. *Neurology* 1981; 31: 1070-1076.

Squire, L. R. *Memory and Brain.* New York: Oxford University Press; 1987.

Squire, L. R., and Moore, R. Y. Dorsal thalamic lesion in a noted case of human memory dysfunction. *Ann Neurol* 1979; 6: 503-506.

Squire, L. R., and Zola-Morgan, S. The medial temporal lobe memory system. *Science* 1991; 253: 1380-1386.

Strub, R. L., and Black, F. W. *The Mental Status Examination in Neurology.* 3rd ed. Philadelphia: F. A. Davis; 1993.

Victor, M., Adams, R. D., and Collins, G. H. *The Wernicke-Korsakoff Syndrome.* 2nd ed. Philadelphia: F. A. Davis; 1989.

Whitehouse, P. J., Price, D. L., Struble, R. G., et al. Alzheimer disease and senile dementia: loss of neurons in the basal forebrain. *Science* 1982; 215: 1237-1239.

Zola-Morgan, S., and Squire, L. R. Neuroanatomy of memory. *Ann Rev Neurosci* 1993; 16: 547-563.

Zola-Morgan, S., Squire, L. R., and Amaral, D. G. Human amnesia and the medial temporal region: enduring memory impairment following a bilateral lesion limited to field Ca1 of the hippocampus. *J Neurosci* 1986; 6: 2950-2967.

제5장

언어장애

언어로 의사를 주고받는 능력은 아마도 인간 뇌의 모든 고위기능 중에서 외적으로 가장 명백하게 표출되는 기능이다. 언어는 상징적 사고(symbolic thinking)가 외적으로 표현된 것으로 볼 수 있다. 그러므로 언어는 인간의 의사소통에서 다양한 인지적 및 정서적 연합의 풍요한 표현을 가능하게 한다. 또한 인간의 마음이 세계를 상징적으로 해석하는 독특한 능력을 소유하고 있음을 보여준다(Deacon, 1997). 침팬지를 포함한 일부 동물들도 언어의 일부 특징을 보여주며, 찰스 다윈은 인간이 큰 뇌를 가진 원숭이일 뿐이라고 주장하였다(Darwin, 1872). 그러나 오직 인간만이 생각을 표현하기 위하여 상징 언어를 사용하는 능력을 갖추고 있다. 진화적 관점에서 이러한 인간만의 능력은 좌반구의 언어 관련 영역의 시냅스 밀도가 증가한 것과 관련된다(Premack, 2007). 인간의 언어능력은 다른 영장류에 비해 엄청난 폭으로 진화되었으며 인간이 다른 종과 달리 환경을 지배하게 된 가장 중요한 요인 중 하나이다. 언어는 모든 고위기능 중 신경행동적으로 이해가 가장 많이 이루어진 기능이기도 하다. 여기에는 실어증(aphasia)에 대한 정교한 연구들이 많은 기여를 하였으며, 실어증의 이해는 행동신경학(behavioral neurology)이 달성한 가장 큰 업적 중 하나이다. 지난 150년간 신경계에 관해 훌륭한 통찰력을 가진 여러 임상가들의 노력으로 언어와 뇌의 관계에 대해 많은 부분이 밝혀졌다. 이들이 발견한 많은 것들이 임상적 증거로 계속 지지되고 있다(Geschwind, 1970; Damasio, 1992). 최근에는 기능신경영상(functional neuroimaging)이 언어와 뇌의 관계 연구에 적용되고 있다. 이 연구들의 결과는 언어에 관한 고전적 가설들을 대부분 지지한다. 또한 구체적으로 어떤 인지기능이 고전적인 언어영역에 표상(representation)되어 있는지를 연구하는 데 많은 도움을 주고 있다(Hillis, 2007).

먼저 몇 가지 관련 용어들을 정의하는 것에서 시작해 보자. **언어**(language)는 인간 사이에 의사전달의 수단으로 사용하는 상징적인 소리와 문자체계를 일컫는다. 모든 문화는 언어를 가지고 있다. 언어는 인간이 사고를 표현하는 일차적인 수단이며, 환경에 대해 뛰어난 적응력을 갖게 된 근원이다. 인간에 있어서 언어가 없는 생활이란 상상하기조차 어렵다. 중증 실어증 환자들이 가족 및 친지와의 의사소통에서 겪는 엄청난 역경은 인간 사이의 상호작용에서 언어가 얼마나 중심적인 역할을 하는가를 새삼 일깨워준다. 뇌손상으로 발생한 언어장애는 보통 **실어증**(aphasia)이라고 칭하며 난어증(dysphasia)이라는 명칭도 가끔 사용된다. 그러나 난어증이 전혀 관계가 없는 병명인 삼킴곤란증(dysphagia)과 발음이 비슷한 점이 실어증이라는 명칭이 선호되는 이유 중 하나이다. **말하기**(speech)는 보다 기초적인(elementary) 기능으로 발성(phonation)과 조음(articulation)에 관련된 신경근육 기관들을 사용해서 단어를 발화하는 기계적인 행위(mechanical act)를 뜻한다. 말하기의 장애는 **마비말장애**(dysarthria)라고 칭하며 뇌 혹은 신경근육의 이상으로 발생할 수 있다. 마비말장애 자체만으로 언어장애를 시사하지는 않는다. **음성**(voice)도 임상적으로 유용한 용어인데 후두(larynx)를 통해 만들어지는 목소리의 질을 뜻한다. 음성장애는 후두염(laryngitis)과 같은 후두질환으로 발생한다. 음성장애가 경미하면 **발성장애**(dysphonia), 심하면 **발성불능**(aphonia)이라고 칭한다. 마지막으로, **운율**(prosody)은 준언어적인 요소로 언어에 감정적 색을 입히는 역할을 한다. 이에 관해서는 제8장에서 살펴볼 것이다.

사고(thought)는 보다 개념화가 어려운 기능이다. 우리 대부분은 사고가 일반적으로 무엇을 의미하는가는 알고 있다. 그러나 우리는 사고를 거의 항상 언어를 사용해서 표현하기 때문에 사고가 언어로부터 분리될 수 있는 독립적인 존재인가에 관해 의문이 남는다. 실제로 이는 매우 오래된 철학적 이슈이며, 사고가 언어를 통해서만 표현될 수 있다는 주장도 있다(Arendt, 1978). 사고와 언어의 관계는 쉽게 결론을 내릴 수 있는 사안은 아니다. 그러나 임상적 관찰은 사고와 언어가 독립적이라는 가설을 지지한다. 예를 들어 고도의 실어증 환자가 복잡한 시공간적 사고를 요하는 문제들을 잘 푸는 경우가 있다. 반대로 정신분열증(schizophrenia) 환자들은 사고에서 심각한 이상을 보이지만 언어는 완전히 정상이다(Damasio, 1992). 해부적인 관점에서도 사고와 언어가 독립적임이 시사된다. 즉, 뇌에서 언어기능을 매개하는 부위는 한정적이며 나머지 광대한 뇌 부위들은 비언어적 기능과 관련된다. 결론적으로 사고는 매우 복잡하고 다면적인 활동이며 언어의 상징체계(symbol system)를 통하여 작동하는 경우가 가장 많다. 그러나 사고는 언어 이외의 다른 매체를 통해서도 작동할 수 있기 때문에 사고와 언어가 동일한 것은 아니다.

앞서 고려한 개념들을 토대로 언어의 신경해부적 측면을 고려해 보자. 동물 모형(animal model)을 사용한 접근은 통제된 실험환경에서 현상을 연구할 수 있다는 장점이 있지만 다른 고위기능과 마찬가지로 언어에도 적절한 동물 모형이 없다. 그러므로 언어의 신경해부적 연구는 인간에서 실어증 및 다른 관련 장애가 어느 뇌 부위의 손상으로 발생하는가를 살펴볼 수밖에 없다. 언어장애를 일으키는 가장 빈번한 임상질환은 뇌졸중(stroke)이며 실어증 연구의 주류는 국소성 뇌혈관질환(focal cerebrovascular disease)으로 발생한 언어장애에 관한 것이다. 실어증은 다른 국소성 병리, 예를 들어, 뇌종양, 뇌고름집(abscesses), 뇌염, 뇌외상성 타박상, 간질유발 초점으로 발생할 수도 있다. 그러나 뇌졸중성 실어증에 대한 자세한 사례 연구가 언어의 대뇌 기반에 관한 우리의 이해를 증진시키는 데 가장 크게 공헌하였다(Damasio, 1992). 그러나 최근의 흥미로운 발전은 다양한 신경퇴행 질환들에서도 실어증이 나타난다는 것에 주목하게 되었다는 것이다. 뇌졸중의 실어증은 그대로이거나 점차 개선되는 것에 비해 신경퇴행 질환의 실어증은 점차 악화된다는 점에서 대조적이며 새로운 접근을 요구한다(Hillis, 2007). 실어증을 유발하는 신경퇴행 질환은 아래에서 언급되며 제12장에서 보다 자세히 논의될 것이다.

실어증에 관한 기술은 고대 문헌에도 흔적이 남아 있다. 그러나 근대적 의미의 실어증학(aphasiology)은 19세기 후반에 발표된 두 편의 중요한 논문에서 시작되었다(Broca, 1861; Wernicke, 1874). 1861년 프랑스의 의사 겸 인류학자인 Paul Broca는 LeBorgne라는 51세의 남자 환자가 죽은 후에 뇌를 부검한 결과를 보고하였다. 이 환자는 생전에 '탄-탄'(tan-tan)이라는 소리 외에는 어떤 말소리도 낼 수 없어서 'Tan'이라는 애칭으로 불렸다. 이 환자의 사후 부검은 좌측 아래전두엽(inferior frontal lobe) 및 인접 부위에 집중적인 손상이 있음을 제시하였다(Broca, 1861). 이후 브로카는 다른 사례들에서도 말소리 산출(speech production)이 좌측 전두엽과 관련된다는 증거를 제시하였다(Broca, 1865). 브로카가 첫 사례를 발표한 후 13년이 지난 뒤 독일의 신경학자 Carl Wernicke는 자신의 박사학위 논문을 발표하였다. 이 논문의 결론은 언어이해(language comprehension)의 장애가 좌측 위측두엽(superior temporal lobe)의 손상과 관련된다는 것이었다(Wernicke, 1874). 브로카와 베르니케의 가설은 이후 많은 사례 연구들에 의해서 긍정되었으며, 이에 따라 언어가 좌반구에 편재화되어 있다는 개념이 자리 잡게 되었다. 브로카와 베르니케의 연구는 언어에 중요한 뇌 부위를 최초로 밝혀낸 점에서 중요하다. 또한 적절히 사용된 손상법(lesion method)이 고위기능의 국소화(localization)에 크게 기여할 수 있음을 보여주는 좋은 예이다. 브로카와 베르니케의 연구 이후 실어증학은 많은 발전을 했고 실어증 증후군의 자세한 측면에 대해서도 열띤 논쟁이 있었다. 그러나 여러 도전에도 불구하고 브로카와 베르니케의 핵심 발견은 오늘날까지도 타당한 것으로 인정된다. 최근 뇌기능 연구에는 기능신경영상이라는 편리한 방법이 도입되었다(Naeser and Hayward 1978; D'Esposito, 2000; Hillis, 2007). 그러나 임상증상과 손상위치의 상관관계를 살피는 전통적 접근은 오늘날에도 뇌기능을 이해하는 가장 강력한 방법으로 남아 있다.

실어증에 관한 문헌들은 매우 광대하며 일관된 해석이 어려운 경우가 자주 있다. 실어증 분류만 하더라도 서로 상이한 여러 체계들이 발표되어서 혼란스럽다. 실어증의 모든 증후군들을 면밀히 논의하는 것은 이 책의 범위를 벗어나며 다른 책들 (Benson, 1979; Albert et al., 1981; Damasio, 1992; Hillis, 2007)을 참고하기 바란다. 이 책의 목표는 실어증에 관한 임상적 문헌들을 토대로 언어의 뇌 해부에 관한 보다 일반적인 결론들을 도출해내는 것이다. 그러나 이에 앞서 언어편재화(language lateralization)와 관련된 몇 가지 이슈들을 논의할 필요가 있다.

5.1 대뇌우세성과 손잡이

브로카가 1861년에 한 관찰 중 가장 중요한 것은 언어장애가 좌반구의 손상에서는 발생하지만 우반구의 손상에서는 발생하지 않는다는 것이었다. 그의 연구 및 다른 후속 연구들은 대부분의 심각한 실어증이 좌반구 손상과 관련되며 우반구의 비슷한 위치에 비슷한 크기의 손상이 발생하더라도 실어증이 발생하는 일은 극히 드물다는 점을 명백히 하였다. 관련 연구들에 따르면 언어기능은 오른손잡이의 거의 대부분 (99%) 그리고 왼손잡이의 다수(67%)에서 좌반구에 편재화되어 있다(Damasio and Damasio, 1992). 언어기능의 좌반구 편재화는 좌우 뇌반구의 외면적인 대칭성에도 불구하고 고위기능이 한쪽 뇌에 편재화되어 있음을 보여주는 가장 분명한 예이다. 뇌반구의 기능적 비대칭성이 진화하게 된 근원적 이유는 분명치 않다. 인체에서 좌우 짝으로 구성된 다른 기관인 폐나 신장에서는 기능의 편재화를 발견할 수 없다. 어쨌든 언어의 좌반구 편재화는 임상가나 신경과학자가 뇌병변의 위치를 추정함에 있어서 중요한 지식이다.

브로카 및 후속 연구자들의 언어에 관한 발견은 **대뇌우세성**(cerebral dominance)의 개념을 발전시켰다. 그 당시 언어는 인간 존재에 절대적으로 중요한 기능이라고 생각되었다. 이에 따라 좌반구는 '우성(dominant)' 반구라고 명명되었다. 우세성의 개념은 오늘날에도 자주 언급되지만 주의할 필요가 있다. 언어가 매우 중요한 기능인 것은 의심할 바 없지만 다른 고위기능들도 인간 존재에 똑같이 중요하다. 이 책의 여러 곳에서 보게 되겠지만 우반구는 주의, 정서, 시공간능력, 음악 및 다른 기능들에서 좌반구보다 더 중요한 역할을 한다. 만약 이런 기능들이 없다면 인간의 삶은 상상하기 어려울 정도로 빈약해질 것이다. 또한 극히 중요한 고위기능들, 예를 들어 기억과 복잡한 인지능력은 좌우반구에 같은 정도로 분포한다. 좌반구가 언어에 우세한 뇌반구라고 말하는 것 자체는 틀리지 않다. 그러나 다른 많은 중요한 기능들이 우반구에 편재화되거나 좌우 뇌반구에 고루 분포하고 있음을 간과해서는 안 된다.

앞서 언급했듯이 일부 개인들은 언어에 우세한 반구가 좌반구가 아니다. 이런 예는 오른손잡이가 아닌 사람들에서 특히 많이 발견된다. 대체로 인구의 약 10% 정도가 왼손잡이이며(Tommasi, 2009) 이들 중 약 3분의 1 정도에서 우반구가 언어에서 우세하다(Damasio, 1992). 그러나 이 문제 역시 간단하지 않다. 다른 연구에 따르면 인구의 70%는 오른손잡이, 10%는 왼손잡이, 나머지 20%는 양손잡이이며, 오른손잡이는 좌반구가 언어에 우세한 반면에 왼손잡이와 양손잡이는 좌우뇌반구에 언어가 고루 분포한다(Geschwind and Behan, 1984). 후자는 **이상우세성**(anomalous dominance)이라고 칭한다. 이상우세성인 경우 좌반구나 우반구 손상 모두가 실어증을 일으킬 수 있다. 그러나 좌반구에 손상을 입은 오른손잡이 환자에 비해 실어증세가 경미하고 예후도 나은 경향이 있다. 어쨌든 임상적으로 강조할 점은 강한 오른손잡이가 아닌 경우 언어가 우반구에 편재하거나 좌우반구에 고루 분포할 확률이 상대적으로 높다는 것이다. **교차실어증**(crossed aphasia)은 오른손잡이인 사람이 우반구 손상 후에 실어증을 보이는 것을 의미한다. 교차실어증은 존재는 하지만 극히 드물다(Alexander, Fischette, and Fisher, 1989).

앞서 이상우세성(anomalous dominance)이 인구의 30% 정도에서 나타난다는 추산을 언급하였다. 이는 편평측두(planum temporale)에서 보고되는 좌우 뇌반구의 구조적 비대칭성 자료와 비교할 때 특히 흥미롭다. 편평측두는 측두엽의 윗면에 있는 삼각형 모양의 피질로 대체로 베르니케영역에 해당한다(그림 5.1 참조). Geschwind와 Levitsky(1968)는 100명의 뇌를 부검하여 좌우 편평측두의 크기를 비교하였는데 65%는 좌측 편평측두가 더 컸고, 11%는 우측 편평측두가 더 컸으며, 나머지에서는 좌우 크기가 유사하였다. 이러한 위측두엽(superior temporal lobe)의 좌

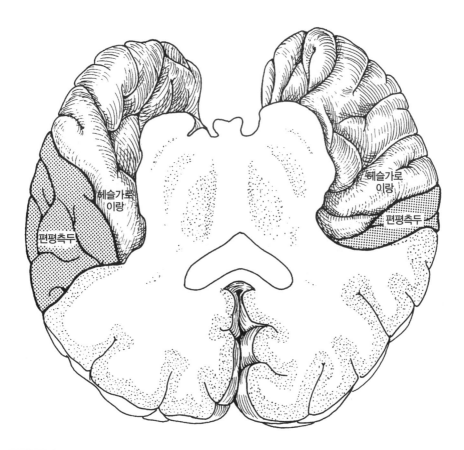

그림 5.1 위측두엽의 좌-우 비대칭을 보여주는 그림. 편평측두(planum temporale)의 면적은 일반적으로 좌측이 우측보다 넓다.

우 비대칭성은 신생아에서도 보고되었고(Witelson and Pallie, 1973) 심지어는 자궁 내 태아에서도 보고되었다(Chi, Dooling, and Gilles, 1977). 이는 언어의 대뇌편재화가 매우 어린 시기부터 시작되는 것임을 제시한다.

언어의 좌반구 우세성에 대한 다른 예외로 아동을 들 수 있다. 앞서 유아의 뇌반구에서도 구조적 비대칭성이 발견됨을 언급하였지만 언어의 완전한 편재화는 아동기가 지나야 완성된다. 언어 편재화가 완성되는 시기는 정확히 알려져 있지 않으며 아마도 여러 요인들에 의해 영향을 받는다. 그러나 10세 이하의 아동은 언어의 편재화가 성인에 비해 완전하지 않은 것으로 보인다. 아동의 경우도 좌반구에 손상을 입으면 성인과 유사한 실어증을 보일 수 있다(Cranberg et al., 1987). 그러나 성인과는 달리 심한 실어증에서도 놀라울 정도의 회복을 보인다(Smith and Sugar, 1975). 이러한 회복은 아동 뇌가 성인 뇌보다 가소성(plasticity)이 우수한 것이 가장 주요한 원인으로 보인다.

5.2 실어증

실어증은 다른 신경행동 증후군과 마찬가지로 임상가에게 난해한 증상이다. 언어기능 및 그것이 손상된 정도를 평가하는 것은 상당한 전문성이 요구되는 일이다. 우리는 아래에서 실어증을 특징에 따라 여러 유형으로 구분하여 살펴보게 될 것이다. 그러나 실제 환자들의 증상은 어떤 유형으로 분류할지가 불확실한 경우가 상당수이다. 또한 많은 교과서들과 교수들이 각 실어증 유형을 특정 부위의 손상과 연관시키지만, 실제 임상 경험을 해보면 이러한 연관성이 기대만큼 믿을 만하지 못함을 느낄 수 있다. 실어증 환자들이 임상적으로 매우 다양한 양상을 보인다는 점은 겸손하게 수용되어야 한다. 또한 다음 몇 가지 원리를 항상 유념할 필요가 있다. 첫째, 언어기능의 평가는 상당한 주관성을 내포한다는 점이다. 그러므로 예를 들어 언어 유창성(fluency)은 손상이 있느냐 없느냐의 이분법으로 평가되기보다 연속선상의 한 지점으로 평가되어야 한다(Hillis, 2007). 둘째, 뇌 해부의 자세한 측면 및 신피질의 세포구조학(cytoarchitectonics)에는 상당한 개인차가 있다. 그러므로 특정 언어기능과 특정 뇌 부위의 연관성은 대략적인 것이며 확고 불변한 것은 아니다(Hillis, 2007). 마지막으로, 적어도 뇌졸중으로 발생한 실어증의 경우에는 환자가 처음 보여주는 증상 유형과 나중에 영속적으로 보여주는 증상 유형 간에는 큰 차이가 있을 수 있다. 이는 뇌졸중으로 인한 대뇌 효과 중 일부는 급성기에는 심하지만 장기적으로는 완화되기 때문이다. 이런 효과에는 병소주위 허혈(perilesional ischemia)이나 부종, 기능해리(diaschisis), 연관된 의학적 문제, 투약(medication) 효과, 정서적 스트레스가 포함된다. 이러한 한계가 있긴 하지만 실어증의 종합적인 평가에 근거한 뇌손상 위치의 예측은 적절한 구조적 뇌영상 및 추적검사에서 지지되는 경우가 많다. 그러므로 실어

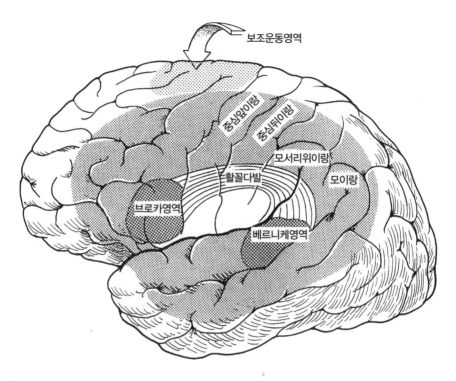

중심앞이랑
중심뒤이랑
보조운동영역
모서리위이랑
모이랑
활꼴다발
브로카영역
베르니케영역

그림 5.2 언어에 중요한 뇌 부위

증 유형에 대한 진단은 임상적으로 유용하다.

좌반구의 실비우스틈새(Sylvian fissure) 주위의 회색질과 백색질은 행동신경학에서 기능이 가장 많이 밝혀진 뇌 부위일 것이다. 실비우스틈새 주위 및 인접한 위피질과 뒤피질은 명제언어(Geschwind, 1965; Damasio, 1992; Hillis, 2007; propositional language)의 신경적 기반이다(그림 5.2 참조). 뒤에서 보겠지만 이 영역들은 시각에 관련된 부위와 더불어 읽기와 쓰기기능에도 중요한 역할을 한다. 최근에는 철자법(spelling)과 관련된 분산신경망(distributed neural network)이 제시된 바 있는데 역시 이 영역들이 중요하다(Cloutman et al., 2009). 언어기능의 다양한 측면들을 종합적으로 평가하기 위해서는 잘 알려진 임상검사인 '보스톤실어증진단검사'(Boston Diagnostic Aphasia Examination, BDAE; Googlass and Kaplan, 1983)가 유용하다. 이 검사의 결과는 앞으로 논의할 여러 실어증 유형들을 구분하는 근거이기도 하다.

운율(prosody)은 언어의 정동적(affective) 요소를 칭하는 것으로 언어의 명제적
(propositional) 요소와는 대조를 이룬다. 운율에는 좌반구의 언어영역들과 대칭을
이루는 우반구의 영역들이 중요한 역할을 한다(Ross, 1981; Ross and Monnot, 2008).
운율에 관해서는 제8장에서 논의할 것이다.

언어산출(language production)에 중요한 뇌 부위는 브로카영역(Broca's area)
이다. 이 영역은 좌측 아래전두이랑(inferior frontal gyrus)의 뒷부분에 위치하며 브로
드만영역(Brodmann areas)의 44번과 45번에 해당한다(그림 5.2 참조). 브로카영역
은 구절과 문장의 의미적 요소들을 문법적 어순에 맞도록 조합하고 정확한 조음이
되도록 발음을 프로그래밍한다. 그러므로 이 영역의 손상은 언어산출에서 매우 심각
한 장애를 초래하는데 비유창성 말하기(nonfluent speech)라고 지칭된다. 증세가 심
하고 지속적인 **브로카실어증**(Broca's aphasia)은 브로카영역뿐 아니라 인접한 피질
및 피질밑 영역들이 함께 손상될 때 발생한다(Alexander, Naeser, and Palumbo,
1990). 반면에 브로카영역에만 손상이 한정된 경우는 증상이 훨씬 경미하며 브로카
영역실어증(Broca's area aphasia)이라고 언급되기도 한다(Mohr et al., 1978). **눌어
증**(aphemia)은 일시적인 말없음증(mutism)이나 마비말장애가 특징인 증상으로 실
어증과 다르다. 이 증상은 중심앞이랑(precentral gyrus)의 하부에 작은 손상이 있지
만 브로카영역에는 손상이 없는 경우에 발생한다(Schiff et al., 1983). 앞에 열거한 언
어적 증상들은 보통 좌측 중간대뇌동맥(left cerebral artery)과 관련된 뇌졸중에서 발
생한다. 그러나 퇴행성 질환(degenerative disease)에서도 비유창실어증(nonfluent
aphasia)이 발생할 수 있으며 **원발성진행성실어증**(primary progressive aphasia)이라
고 칭한다(Mesulam, 1982; Weintraub, Rubin, and Mesulam, 1990). 브로카실어증
혹은 다른 유형의 비유창실어증 환자들이 겪는 어려움은 보통 사람들이 외국어를 말
할 때 겪는 어려움과 흡사하다. 즉, 말이 드물고, 힘겹게 말하며, 문법적으로 틀린 말
을 한다. 브로카실어증은 보통 반대편(contralateral) 오른쪽 팔과 얼굴에 근무력
(weakness)이나 불완전마비(paresis)를 수반한다. 이는 브로카영역이 중심앞이랑
(precentral gyrus)의 하부영역에 근접한 것과 관련된다. 중심뒤이랑(postcentral
gyrus)에도 손상이 있는 사례에서는 오른쪽 팔과 얼굴에 감각 상실(sensory loss)도

나타날 수 있다. 브로카실어증에서는 말소리를 듣고 이해하는 기능은 비교적 보존된다. 그러므로 언어산출이 브로카실어증에서 핵심적으로 손상된 기능이다.

　　언어이해와 가장 관련된 뇌 부위는 좌측 위측두이랑(superior temporal gyrus)의 뒷부분이다(그림 5.2 참조). 이곳은 베르니케영역이라고 칭하며 브로드만영역 22번의 뒷부분에 해당한다. 베르니케영역은 입력되는 말소리를 처리하여 언어적으로 의미 있는 정보를 추출한다. 이 부위의 손상은 청각적 이해기능은 손상시키지만 말하기의 유창성은 손상시키지 않는다. 이러한 실어증을 **베르니케실어증**(Wernicke's aphasia)이라고 칭한다(Geschwind, 1967). 베르니케실어증은 브로카실어증과 마찬가지로 좌측 중간대뇌동맥과 관련된 뇌졸중에서 가장 많이 발생한다. 그러나 베르니케실어증과 유사한 증상은 알츠하이머병의 한 요소로도 나타난다(Weintraub, Rubin, and Mesulam, 1990; 제12장 참조). 베르니케실어증 환자가 말소리의 청각적 이해에 어려움을 보이는 것은 타인의 말소리뿐 아니라 자신의 말소리도 포함된다. 언어산출은 유창하긴 하지만 과도하게 빠르고 착어증(paraphasia)이 심하다. 사례에 따라서는 **다변증**(logorrhea) 혹은 **수다증**(press of speech)이라는 표현도 사용되는데, 청각적 이해가 없는 상태에서 음소나 의미착어증이 심한 말을 끊임없이 계속하는 특징을 비유한 것이다. 착어증은 신어증(neologism)의 형태를 보이는 수도 있다. 신어증이 심할 경우에는 **횡설수설실어증**(jargon aphasia)이라고 칭한다. 일반적으로 베르니케실어증에는 근육마비나 감각 상실 증상은 수반되지 않는다. 베르니케실어증의 특징은 언어입력 기능이 손상된 반면 언어출력 기능은 비교적 보존된 것이다. 그러므로 베르니케실어증은 개념적으로 브로카실어증의 반대이다.

　　브로카영역과 베르니케영역은 활꼴다발(arcuate fasciculus)이라는 백색질로 연결된다(그림 5.2 참조). 이 신경길은 반복하기(repetition), 즉 따라 말하기에서 중요한 역할을 하는 것으로 가정되어 왔다. 일찍이 Werncike(1874)는 활꼴다발의 손상이 반복하기의 선택적 장애를 일으킬 것으로 예언하였다. 이러한 예언은 나중에 Geschwind(1965)에 의해 재발견되고 긍정되었다. 활꼴다발의 손상은 보통 인접한 피질의 손상과 함께 발생한다. 이런 손상이 있는 환자들에서는 베르니케영역에서 처리된 말소리가 브로카영역의 출력 장치로 전달될 수 없다. 그러므로 문장, 구절, 심지어는 단어의 반복하기에서 장애를 보이며, 다른 단어나 철자로 대치하여 반복하는 착어증이 많이 관찰된다. 이러한 증후군을 **전도실어증**(conduction aphasia)이라고 칭한다(Damasio and Damasio, 1980). 전도실어증 환자들이 반복하기에서 보이는 결손은 그들의 청각적 이해나 말하기 유창성이 정상인 점에서 평가자에게 특히 의외일 수 있다. 활꼴다발의 손상이 전도실어증을 일으키는 데 중요하다는 견해에 많은 신경학자들이 동의한다. 그러나 전도실어증은 활꼴다발의 상부에 있는 두정 피질이 손상된 사례나 활꼴다발의 하부에 있는 두정 백색질이 손상된 사례에서도 보고된 바 있다(Hillis, 2007). 그러므로 활꼴다발의 손상이 중요하다는 견해에 동의하지 않는 신경학자들도 있다.

이제까지 우리는 언어영역(language zone)의 일부에 국소성 손상을 입은 사례들의 증상을 논의하였다. 그러나 불행하게도 실비우스주위영역(perisylvian zones)이 전체적으로 손상되는 사례도 있다. 사실 커다란 뇌경색이 발생하여 앞서 말한 언어 부위들 모두가 손상되는 '비극적인' 사례가 임상에서는 드물지 않다. 이 경우의 실어증은 앞서 논한 실어증 증상들을 모두 합한 것과 같다. 즉, 언어산출, 언어이해, 반복하기 모두에서 장애가 있다. 이런 증후군을 **완전실어증**(global aphasia)이라고 칭한다. 완전실어증은 우측 반신마비(hemiplegia)를 수반하며, 중추신경계 질환들의 후유증에서도 특히 비극적인 경우에 해당한다. 그러므로 뇌혈관성 질환을 예방하려는 노력은 완전실어증의 예방을 위해서도 반드시 필요하다. 예상할 수 있는 일이지만 완전실어증의 예후는 일반적으로 나쁘다. 완전실어증이 브로카영역과 베르니케영역 각각에 발생한 개별적인 국소 색전 손상(focal embolic lesions)으로 발생하는 경우도 있다. 이러한 사례는 반신불완전마비 없는 완전실어증(global aphasia without hemiparesis)이라고 부르며 상대적으로 예후가 좋다(Tranel et al., 1987).

마지막으로, 이름대기(naming)도 음성언어(spoken language)의 중요한 요소이다. 이름대기란 지각한 대상에 언어적 상징을 할당하는 능력이다. 예를 들어, 여러분이 지금 들고 있는 물체를 보고서 '책'이라고 말하는 능력이다. 이러한 능력은 언어기능을 구성하는 근본적 요소들 중 하나이다. 이름대기의 발달을 통하여 어휘 수가 늘어나고 상징적 표상(symbolic representation)이 풍부해진다. 언어의 막강한 전달력은 산문, 시, 학술적인 글, 일반적 담론 등에서 쉽게 찾아볼 수 있다. 이러한 전달력의 근원은 단어들의 상징적 표상에 있으며, 언어는 상징적 표상을 통해서 명시적 (denotative) 의미의 한계를 넘어 함축적(connotative) 의미까지도 전달할 수 있다. 좌측 모이랑(angular gyrus; 브로드만영역 39번)은 청각, 시각, 체감각정보를 모두 수용하며 감각과 감각의 연합(cross-modal association)에 중요하다. 이러한 점에 기초하여 모이랑이 이름대기에 중요한 부위라는 가설이 제기되었다(Geschwind, 1965). 실제로 이 부위의 손상은 심한 이름대기못함증(anomia)을 유발한다. 또한 이름대기의 선택적 실어증인 **명칭실어증**(anomic aphasia)은 좌측 모이랑의 손상과 밀접한 관련성을 보인다. 그러나 이름대기못함증은 모든 실어증에서 보편적으로 나타나는 증상이라는 점에 유의해야 한다. 따라서 실어증을 일으키는 모든 뇌손상이 이름대기못함증을 일으킬 수 있다. 더구나 이름대기못함증은 광범위성(diffuse) 뇌손상, 예를 들어 급성혼돈상태나 알츠하이머병에서도 흔히 나타난다. 이 경우 이름대기못함증은 환자가 보여주는 여러 인지적 장애들의 일부로 나타난다. 그러므로 이름대기못함증은 뇌손상 위치에 관해서 구체적인 시사점을 주지는 못한다. 그러나 보다 세밀한 연구에 의해 이름대기못함증의 아형들(subtypes)이 밝혀진다면 각 아형은 특정 부위와 연관될 가능성이 있다.

　우리는 지금까지 좌반구 실비우스주위영역(perisylvian zones)의 언어기능에 관해 논의했다. 이 영역의 바깥에는 보다 넓은 피질과 하부 백색질이 자리하고 있다(그림 5.2 참조). 이러한 실비우스외곽영역(extrasylvian zones)도 실비우스주위영역만큼은 아니지만 언어기능에 중요하게 기여한다. 그러므로 실비우스외곽영역이 손상된 환자들의 증후군도 살펴볼 필요가 있다. 실비우스외곽영역의 손상과 관련된 실어증에는 네 가지의 유형이 있다(표 5.1 참조). 이 실어증들은 모두 **피질경유실어증** (transcortical aphasia)의 한 형태로 분류된다. 피질경유실어증이라는 용어는 오래 사용되어 왔지만 현재로서는 의미가 애매하다. 이 용어가 계속 사용될 가능성이 높긴 하지만 아마도 보다 적절한 용어는 **실비우스외곽실어증**(extrasylvian aphasia)이다.

　실비우스외곽실어증들의 공통된 특징은 반복하기(repetition)가 정상이라는 점이다. 이는 언어산출영역, 언어이해영역 및 양 영역 간의 연결에 손상이 없는 점에서

표 5.1 실어증 유형과 관련 증상 및 손상 위치

실어증 유형	자발적 말하기	듣고 이해하기	따라 말하기	이름 대기	손상 위치 (좌반구)
브로카실어증 (Broca's aphasia)	비유창	좋음	나쁨	나쁨	브로카영역 (Broca's area)
베르니케실어증 (Wernicke's aphasia)	유창	나쁨	나쁨	나쁨	베르니케영역 (Wernicke's area)
전도실어증 (conduction aphasia)	유창	좋음	나쁨	나쁨	활꼴다발 (arcuate fasciculus)
완전실어증 (global aphasia)	비유창	나쁨	나쁨	나쁨	실비우스주위영역 (perisylvian region)
피질경유운동실어증 (transcortical motor aphasia)	비유창	좋음	좋음	나쁨	앞쪽 경계선영역 (anterior borderzone)
피질경유감각실어증 (transcortical sensory aphasia)	유창	나쁨	좋음	나쁨	뒤쪽 경계선영역 (posterior borderzone)
명칭실어증 (anomic aphasia)	유창	좋음	좋음	나쁨	모이랑 (angular gyrus)
혼합피질경유실어증 (mixed transcortical aphasia)	비유창	나쁨	좋음	나쁨	앞쪽 및 뒤쪽 경계선영역 (anterior and posterior borderzone)

놀라운 일은 아니다. 실비우스외곽실어증들의 전형적 원인은 저혈압(hypotension)이나 저산소증(hypoxia)으로 동맥간 경계선영역(border zone)에 발생한 손상이다. 동맥간 경계선영역에는 중간대뇌동맥(middle cerebral artery)과 앞대뇌동맥(anterior cerebral artery) 사이, 그리고 중간대뇌동맥(middle cerebral artery)과 뒤대뇌동맥(posterior cerebral artery) 사이에 동맥간연결(anastomoses)이 발달하여 양쪽 동맥으로부터 혈류 공급이 가능하다. 그러므로 경계선영역은 일반적인 뇌경색에서는 잘 손상되지 않는다. 저혈압이나 저산소증이 원인인 점은 실비우스주위영역에 손상이

없는 이유이기도 하다. 실비우스외곽실어증의 첫째 유형은 앞서 논의한 명칭실어증 (anomic aphasia)이다. 이 실어증은 실비우스틈새의 뒤쪽에 있는 모이랑(angular gyrus)의 손상에서 발생한다. 둘째 유형은 **피질경유운동실어증**(transcortical motor aphasia)으로 자발적 말하기(initiation of speech)의 어려움이 특징적 증상이다 (Alexander and Schmitt, 1980; Freedman, Alexander, and Naeser, 1984). 이 실어증은 보조운동영역(supplementary motor area; 브로드만영역 6번)을 포함한 앞쪽 실비우스외곽영역(anterior extrasylvian area)의 손상으로 발생한다. 셋째 유형은 **피질경유감각실어증**(transcortical sensory aphasia)으로 언어이해의 장애가 특징적 증상이다(Kertesz, Sheppard, and MacKenzie, 1982; Alexander, Hiltbrunner, and Fischer, 1989). 이 실어증은 뒤쪽 실비우스외곽영역(브로드만영역 37번, 39번과 19번의 일부)과 하부 백색질의 손상으로 발생한다. 피질경유운동실어증과 피질경유감각실어증은 각각 브로카실어증과 베르니케실어증과 유사하지만 따라 말하기가 정상인 점이 다르다. 마지막 유형은 **혼합피질경유실어증**(mixed transcortical aphasia)이라는 흥미로운 증상으로 따라 말하기만 선택적으로 보존된다(Geschwind, Quadfasel, and Segarra, 1968). 이 환자들은 **메아리증**(echolalia), 즉 검사자의 말이나 질문을 자동적으로 따라 말하는 증상을 보여줄 수 있다. 이 실어증은 실비우스외곽영역(C 형태)의 광범위한 손상으로 말하기영역이 '고립'되었을 때 발생한다. 표 5.1에는 지금까지 논의한 여덟 가지 실어증의 특징적 증상 및 손상 위치가 요약되어 있다.

음성언어에 대한 논의를 마치기 전에 **피질밑실어증**(subcortical aphasia)을 논할 필요가 있다. 전통적으로 언어기능은 피질에 의해서만 매개된다고 생각되어 왔다. 그러므로 피질밑 손상(주로 허혈성)만으로 과연 실어증이 발생할 수 있는가는 논쟁거리였다. 그러나 좌측 시상(thalamus), 바닥핵(basal ganglia), 백색질(white matter)에 국한된 손상에서 실어증이 발생한 분명한 사례들이 보고되었다(Filley and Kelly, 1990). 일반적으로 피질밑실어증은 증상이 경미한 편이고 따라 말하기가 보존되는 점에서 피질경유실어증과 유사하다. 일반적으로 예후도 좋은 편이다. 일부 연구자들은 피질밑 부위에 언어기능이 있는 것은 아니라고 본다. 이러한 견해에 따르면 피질밑실어증은 상부 피질의 일시적인 대사교란(transient metabolic alterations)을 반영할 뿐이다(Olsen, Bruhn, and Oberg, 1986). 그러나 피질밑 영역에 언어기능의 일부 요소가 실제로 존재하며, 상부 피질의 언어기능을 활성화시키는 데 기여할 가능성도 있다. 아직 피질밑 영역이 언어에 어떤 기여를 하는지는 확실한 결론이 어렵다. 관련 사례 연구가 축적됨에 따라 더 구체적인 결론이 가능할 것으로 기대된다.

5.3 실독증

문맹인 사람에게 읽기와 쓰기는 원래 매우 낮은 수준이거나 전혀 불가능하다. 그러나 원래 문자어를 익숙하게 구사하였지만 뇌손상으로 문맹이 된 사례들이 있다. 이러한 사례들의 연구는 문자어를 매개하는 뇌 부위에 대해 많은 정보를 주었다. 읽기에 관한 우리의 신경해부학적 지식의 대부분은 다음 두 가지 임상 증상의 연구에서 얻어진 것이다. 첫째는 실독증(alexia), 즉 후천성 읽기장애의 연구이다. 둘째는 발달성난독증(developmental dyslexia), 즉 선천성 읽기장애의 연구이다. 이러한 아동들은 인지능력이 정상이고 충분한 학습 기회가 있었음에도 불구하고 읽기의 습득이 또래에 비해 지지부진하다.

실독증(alexia)은 전통적으로 두 유형으로 구분된다. 하나는 실서증 있는 실독증(alexia with agraphia)이고, 다른 하나는 실서증 없는 실독증(alexia without agraphia)이다. 후자는 순수실독증(pure alexia)이라고도 칭한다. 두 실독증은 모두 19세기 후반에 처음으로 보고되었다. 당시에 처음으로 보고된 다른 여러 신경행동 증후군들과 마찬가지로 두 실독증 유형의 존재는 오늘날에도 인정된다. 우리는 이두 가지 실독증과 최근에 덧붙여진 세 번째 실독증 유형에 관해 논의할 것이다.

프랑스의 신경학자인 Jules Dejerine은 1년의 시차를 두고 발표한 두 편의 논문에서 실서증 있는 실독증과 실서증 없는 실독증을 각각 처음으로 기술하였다(Dejerine, 1891, 1892). **실서증 있는 실독증**(alexia with agraphia)은 읽기와 쓰기 모두에서 문제를 보인다. 그러므로 간단히 표현하면 뇌손상으로 발생한 문맹이다. 이러한 장애는 좌측 아래두정엽(inferior parietal lobe)과 뒤가쪽측두엽(posterolateral temporal lobe) 부근의 손상과 관련되며, 특히 모이랑(angular gyrus)의 손상과 관련된다(Dejerine, 1891). 이 실독증에 자주 동반되는 다른 증상에는 우측 같은쪽시야결손(homonymous visual field defects), 경미한 유창실어증(fluent aphasia), 게르스트만증후군(Gerstmann's syndrome)의 일부 증상이 있다. 실서증 있는 실독증이 모이랑의 손상과 연관되는 것은 그 부위의 언어기능에 비추어 볼 때 흥미롭다. 앞서 모이랑이 감각과 감각간 연합(cross-modal association)을 통하여 이름대기에 기여함을 논의하였다. 모이랑은 시각계(visual system)와 청각계(auditory system)의 연합을 통하여 읽기와 쓰기의 학습에 기여할 수 있다(Geschwind, 1965).

실서증 없는 실독증(alexia without agraphia; Dejerine, 1892)은 실서증 있는 실독증과는 달리 읽기기능만 손상을 보이며, 모이랑의 손상도 없다. 실서증 없는 실독증(순수실독증)은 **분리증후군**(disconnection syndrome)의 좋은 예이다(Geschwind, 1965).

증상을 보이는 환자들은 전형적으로 두 곳에 동시적 손상을 보이는데, 하나는 좌측 후두엽이고 다른 하나는 뇌들보팽대(splenium of the corpus callosum)이다. 이러한 뇌손상은 문자어의 시각정보가 언어적 처리에 중요한 부위인 모이랑에 도달하지 못하게 한다(그림 5.3 참조). 그러므로 순수실독증 환자들은 자신이 방금 쓴 글자도 읽지 못하는 '역설적인' 증상을 보인다. 이 실독증에는 우측 같은쪽반맹(homonymous hemianopia)이 항상 수반되며 색채이름대기못함증(color anomia)이나 물체실인증(object agnosia)도 가끔 수반된다.

마지막으로 논의할 실독증은 **전두실독증**(frontal alexia)이라고 칭한다. 브로카실어증과 연관되기 때문에 앞쪽실독증(anterior alexia)이라고도 칭하며 제3실독증(third alexia)이라고도 칭한다(Benson, 1977). 전두실독증에는 심한 비유창실어증(nonfluent aphasia)과 우측 반신불완전마비(hemiparesis)가 수반된다. 이 환자들의 읽기 특성은 익숙한 단어들(familiar word)을 읽을 수 있음에도 불구하고 철자들(letters)을 읽을 수 없다는 점이다. 이를 철자실독증(literal alexia)이라고 칭한다. 다른 특징은 의미가 높은 내용어들(예 : 자동차, 개)에 비해 의미가 낮은 문법어들(예 : 그, -가)을 읽는 것을 더욱 어려워한다. 내용어를 문법어보다 잘 읽는 특성은 브로카실어증이 말하기에서 보여주는 특성과 흡사하다.

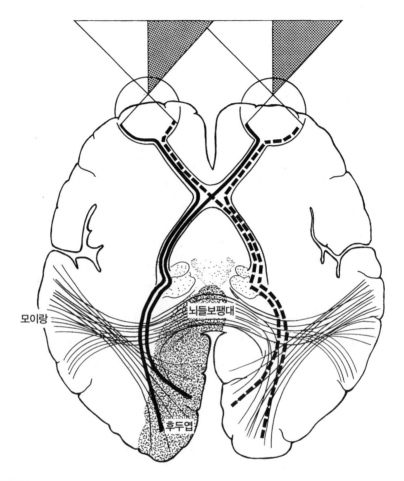

모이랑

뇌들보팽대

후두엽

그림 5.3 실서증 없는 실독증(alexia without agraphia)은 좌측 후두엽과 뇌들보팽대의 손상으로 발생한다.

실독증은 읽기라는 복잡한 인지과정에 대해 많은 통찰을 주는 증후군이다. 임상 적으로 특히 유의할 점은 읽기장애가 의도적으로 평가되지 않는 한 매우 간과되기 쉬 운 증상이라는 점이다. 신경해부학적 관점에서 읽기장애의 세 유형인 실서증 없는 실 독증, 실서증 있는 실독증, 전두실독증은 각각 좌반구의 뒤쪽, 중간, 앞쪽의 병리와 관련된다고 개념화하는 것이 편리하다. 이 세 부위들이 읽기의 여러 단계에 구체적으 로 기여하는 바에 대해서는 차후 더 많은 연구가 필요하다.

발달성난독증(developmental dyslexia)은 오래전부터 논의되어 온 읽기장애이다. 이 증상은 많은 아동들이 해당되는 점에서도 상당한 관심의 대상이 되어 왔다. 이 증상은 지능과 동기가 정상 수준이고 교육 기회가 충분했음에도 불구하고 읽기 학습이 지지부진한 상태를 지칭한다. 학령기 아동의 5~10% 정도로 추산될 만큼 발생률이 높으며(Shaywitz and Shaywitz, 2008) 여아보다 남아에서 더 많이 발생한다. 이 증상은 유전적 요인과 환경적 요인이 결합하여 발생한 좌반구의 발달이상이 원인인 것으로 추정된다(Pennington, 1991). 구체적 뇌이상에 관해서는 현재 많은 연구들이 진행 중이다. 예비적 증거에 의하면 일반 아동들은 보통 편평측두의 크기가 좌측이 더 큰 반면에 발달성난독증 아동들은 좌우의 크기가 같다(Galaburda et al., 1985). 좌측 편평측두(planum temporale; 그림 5.1 참조)는 읽기기능의 정상적인 발달에 중요한 신경망의 일부로 추정된다. 난독증 성인들의 뇌를 양전자방출단층촬영술(PET)로 측정한 연구에서는 좌측 측두두정영역(temporoparietal region)의 대사 저하가 보고되었다(Rumsey et al., 1994). 난독증 환자들의 뇌를 사후에 현미경으로 세밀히 조사한 연구에서는 좌측 실비우스주위영역에서 다양한 비정상성, 예를 들어 신경세포 딴곳증(neuronal ectopias)과 세포구조적 형성이상증(architectonic dysplasias)을 보고하였다(Galaburda et al., 1985). 보다 최근에는 구조신경영상(structural neuroimaging) 연구가 좌측 두정측두영역의 백색질 이상을 보고하였고(Klingberg et al., 2000), 기능신경영상 연구가 좌측 두정측두영역과 후두측두영역에서 이상을 보고하였다(Shaywitz and Shaywitz, 2008). 이러한 부위들은 Dejerine가 고전적 연구에서 읽기에 중요하다고 가정했던 부위들과 대체로 일치한다(Dejerine, 1891, 1892). 이는 19세기에 활동했던 고전적 임상가들의 혜안을 보여주는 좋은 예들 중 하나이다. 최근의 연구는 난독증이 문자어의 언어적 정보처리와 관련된 증상일 뿐 시각적 혹은 공간적 정보처리와는 무관하다는 증거도 제시하였다(Pennington, 1991). 점차 많은 지지를 얻고 있는 난독증의 음운모형(phonological model)에 따르면 읽기에서 핵심적인 것은 철자를 소리와 연합시키는 것이다. 좌반구 후측에 발달적인 문제가 있게 되면 이러한 연합을 하는 능력이 손상된다(Shaywitz and Shaywitz, 2008).

5.4 실서증

쓰기는 읽기와 마찬가지로 음성어(spoken language)가 가능한 모든 사람들이 가지고 있는 능력은 아니다. 쓰기능력을 갖춘 사람들도 실제의 의사전달은 주로 음성어를 사용하며 문자어를 사용하는 경우는 드물다. 그러므로 쓰기는 말하기에 비해 뇌에 덜 확실하게 표상된 기능이다. 그러므로 **실서증**(agraphia), 즉 뇌손상의 결과로 발생한 쓰기장애는 사실상 대뇌 어느 곳의 손상으로도 발생할 수 있다. 쓰기가 뇌손상에 매우 취약한 기능인 점은 광범위한(diffuse) 뇌손상, 예를 들어 급성혼돈상태 (Chedru and Geschwind, 1972)나 치매(Appell, Kertesz, and Fishman, 1982)에서 흔히 나타나는 것에서도 제시된다. 여기서는 쓰기장애의 여러 유형들을 논의할 것이다. 과다쓰기증(hypergraphia)이라는 특이한 증상에 관해서는 제9장에서 논의한다.

실서증은 다양한 뇌손상에 의해 다양한 형태로 나타난다. 그러므로 많은 실서증 분류 체계가 제안되었지만(Roeltgen, 2003) 아직 만족스러운 체계는 없는 편이다. 그러나 실서증 증후군들 중 상당수는 운동장애 심지어는 비신경학적 장애에서 비롯한다는 사실로부터 출발해 보자(Benson, 1994). 이 범주에 속하는 쓰기장애에는 기계적 실서증(mechanical agraphia)이라는 명칭이 매우 적절하다(Benson, 1994). 이 범주에는 피질척수길(corticospinal) 기능이상, 바닥핵(basal ganglia) 질환, 소뇌 손상, 말초신경병(peripheral neuropathy), 근육병(myopathy), 뼈나 관절의 병에서 비롯하는 쓰기장애가 포함된다. 신경학자들은 불완전마비(paresis) 환자의 서투른 필체, 파킨슨병 환자의 작은글씨증(micrographia), 혹은 소뇌 종양 환자의 떨리는 필체에 익숙하다. 기계적 실서증은 기초적인 신경학적 검사에서 탐지될 수 있으며 그 자체로 인지적 장애를 시사하지는 않는다. 그러나 신경행동적 증후군과 같이 나타나는 경우가 많아서 임상적 진단이 애매할 수도 있다.

쓰기와 관련된 뇌 부위는 아직 확실히 밝혀지지 않았다. 예상할 수 있듯이 좌반구 손상으로 발생하는 실어증, 특히 실비우스주위영역의 손상으로 발생하는 실어증 대부분에서 실서증도 동반된다(Roeltgen, 2003). 실어증에 동반되어 나타나는 실서증은 해당 실어증과 질적으로 유사한 특징을 보이는 경우가 많다. 예를 들어 비유창실어증(nonfluent aphasia)과 함께 나타나는 실서증은 쓰는 양이 적고, 힘겹게 쓰며, 비문법적인 것이 특징이다. 반면에 유창실어증(fluent aphasia)과 함께 나타나는 실서증은 쉽게 많이 쓰지만, 의미가 불명확하며, 쓰기착어증(paragraphias)이 많은 특징을 보인다. 공간실서증(spatial agraphia)은 우반구 손상 환자에서 나타날 수 있는데 편측무시증(hemineglect)이나 구성장애(constructional impairments)에서 비롯하는 쓰기 오류이다(Ardila and Rosselli, 1993). 왼손에만 국한된 실서증도 있는데, 뇌들보의 앞부분에 손상이 있는 환자에서 나타날 수 있다(Geschwind, 1965).

　　실서증은 보통 단독으로 나타나지 않고 다른 장애와 함께 나타난다. 그러므로 실서증만 단독으로 나타난 사례들은 연구적으로 매우 중요하다. 순수실서증(pure agraphia)은 매우 드물기는 하지만 좌측 위전두영역(superior frontal region)이 손상된 사례(Dubois, Hecaen, and Marcie, 1969) 및 좌측 위두정엽(superior parietal lobe)이 손상된 사례(Auerbach and Alexander, 1981)에서 보고된 바 있다. 또한 엑스너영역(Exner's area), 즉 중심앞이랑(precentral gyrus)의 손(hand) 부위 바로 앞에 있는 운동앞영역(premotor area)이 손상된 사례에서도 보고된 바 있다(Exner, 1881). 그러나 실제적으로 실서증은 다른 신경행동 증후군들과 함께 나타나는 경우가 대부분이다(Roeltgen, 2003).

　　실서증은 **게르스트만증후군**(Gerstmann's syndrome)의 네 증상 중 하나이기도 하다. 이 증후군의 다른 세 증상은 계산못함증(acalculia), 손가락실인증(finger agnosia), 좌우혼동증(right-left disorientation)이다(Gerstmann, 1940). 이 네 가지 증상의 동시적 출현은 좌측 모이랑의 손상을 반영한다고 제안된 바 있다(Gerstmann, 1940). 게르스트만증후군이 좌측 모이랑의 손상과 정말 관련되는지에 관해서는 의문이 제기된 바 있지만(Benton, 1961), 후속 연구는 연관성이 있음을 긍정하였다(Strub and Geschwind, 1974). 게르스트만증후군의 네 증상이 모두 나타나는 경우는 모이랑이 손상 위치로 상당한 가능성이 있다. 그러나 임상적으로 보다 흔한 것은 네 증상 중 일부만 있는 부분게르스트만증후군(partial Gerstmann syndrome)이다. 이런 부분적 증후군은 모이랑 손상과의 연관성이 높지 않다. 게르스트만증후군을 구성하는 네 가지 증상은 각각 독특하며 별 연계성이 없는 것처럼 보인다. 그러나 흥미로운 연계성이 있을 가능성도 있다. 먼저, **계산못함증**(acalculia)에 관해 논의할 필요가 있다. 계산하기는 읽거나 쓰기와 마찬가지로 어느 정도 교육을 받은 사람만이 가능한 기술이다. 계산하기의 장애는 여러 발달성, 혈관성, 퇴행성 질환에서 발생할 수 있다(Grafman and Rickard, 1997). 다른 인지기능의 손상 없이 계산하기 자체에만 문제가 있을 경우에는 **산수못함증**(anarithmetria)이라는 명칭이 적절하다. 이 증상은 좌측 두정부위의 손상과 연관된다(Takayama et al., 1994; Grafman and Rickard, 1997). 계산하기를 학습하는 초기 과정에서 우리는 양손의 손가락을 자주 이용한다. 이런 점에서 계산못함증과 게르스트만증후군의 다른 두 증상인 손가락실인증과 좌우혼동증 사이에 연관성을 찾을 수 있다. 그러므로 게르스트만증후군의 네 가지 증상이 좌측 모이랑과 연관되는 것은 기능적 연관성을 반영할 수 있다. 게르스트만증후군 개념의 임상적 중요성에 대한 논란은 계속될 전망이지만 좌측 모이랑이 행동신경학에서 갖는 중요성은 확고하다. 이 영역의 큰 손상은 **모이랑증후군**(angular gyrus syndrome)을 일으킨다. 모이랑증후군은 명칭실어증, 실서증 있는 실독증, 게르스트만증후군으로 구성되며 알츠하이머병에서 관찰되는 결손과 유사하게 보일 수 있다(Benson, Cummings, and Tsai, 1982).

참고문헌

Albert, M. L., Goodglass, H., Helm, N. A., et al. *Clinical Aspects of Dysphasia.* Vienna: Springer-Verlag; 1981.

Alexander, M. P., Fischette, M. R., and Fisher, R. S. Crossed aphasia can be mirror image or anomalous: case reports, review and hypothesis. *Brain* 1989; 112: 953-973.

Alexander, M. P., Hiltbrunner, B., and Fischer, R. S. Distributed anatomy of transcortical sensory aphasia. *Arch Neurol* 1989; 46: 885-892.

Alexander, M. P., Naeser, M. A., and Palumbo, C. Broca's area aphasias: aphasia after lesions including the frontal operculum. *Neurology* 1990; 40: 353-362.

Alexander, M. P., and Schmitt, M. A. The aphasia syndrome of stroke in the left anterior cerebral artery territory. *Arch Neurol* 1980; 37: 97-100.

Appell, J., Kertesz, A., and Fisman, M. A study of language functioning in Alzheimer's disease. *Brain Lang* 1982; 17: 73-91.

Ardila, A., and Rosselli, M. Spatial agraphia. *Brain Cognition* 1993; 22: 137-147.

Arendt, H. *The Life of the Mind.* New York: Harcourt Brace Jovanovich; 1978.

Auerbach, S. H., and Alexander, M. P. Pure agraphia and unilateral optic ataxia associated with a left superior parietal lobule lesion. *J Neurol Neurosurg Psychiatry* 1981; 44: 430-432.

Benson, D. F. *Aphasia, Alexia, and Agraphia.* New York: Churchill Livingstone; 1979.

_____. *The Neurology of Thinking.* New York: Oxford University Press; 1994.

_____. The third alexia. *Arch Neurol* 1977; 34: 327-331.

Benson, D. F., Cummings, J. L., and Tsai, S. I. Angular gyrus syndrome simulating Alzheimer's disease. *Arch Neurol* 1982; 39: 616-620.

Benton, A. L. The fiction of the "Gerstmann" syndrome. *J Neurol Neurosurg Psychiatry* 1961; 24: 176-181.

Broca, P. Remarques sur le siège de la faculté du langage articulé, suives d'une observation d'aphémie. *Bull Soc Anat* 1861; 36: 333-357.

_____. Sur la faculté du langage articulé. *Bull Soc Anthrop (Paris)* 1865; 6: 337-393.

Chedru, F., and Geschwind, N. Writing disturbances in acute confusional states. *Neuropsychologia* 1972; 10: 343-354.

Chi, J. G., Dooling, E. C., and Gilles, F. H. Gyral development of the human brain. *Ann Neurol* 1977; 1: 86-93.

Cloutman, L., Gingis, L., Newhart, M., et al. A neural network critical for spelling. *Ann Neurol* 2009; 66: 249-253.

Cranberg, L. D., Filley, C. M., Alexander, M. P., and Hart, E. J. Acquired aphasia in childhood: clinical and CT investigations. *Neurology* 1987; 37: 1165-1172.

Damasio, A. R. Aphasia. *N Engl J Med* 1992; 326: 531-539.

Damasio, A. R., and Damasio, H. Brain and language. *Sci Am* 1992; 267: 89-95.

Damasio, H., and Damasio, A. R. The anatomical basis of conduction aphasia. *Brain* 1980; 103: 337-350.

Darwin, C. *The Expression of Emotion in Animals and Man.* New York: Philosophical Library; 1872.

Deacon, T. W. *The Symbolic Species: The Co-evolution of Language and the Brain.* New York: W. W. Norton and Company; 1997.

Dejerine, J. Contribution à l'étude anatomo-pathologique et clinique des différentes variétés de cécité verbale. *Mem Soc Biol* 1892; 4: 61-90.

_____. Sur un cas de cécité verbale avec agraphie, suivi d'autopsie. *Mem Soc Biol* 1891; 3: 197-201.

D'esposito, M. Functional neuroimaging of cognition. *Semin Neurol* 2000; 20: 487-498.

Dubois, J., Hecaen, H., and Marcie, P. L'Agraphie "pure." *Neuropsychologia* 1969; 7: 271-286.

Exner, S. *Untersuchungen über die Lokalisation der Funktionen in der Grosshirnrinde des Menschen.*

Vienna: Wilhelm Braumuller; 1881.

Filley, C. M., and Kelly, J. P. Neurobehavioral effects of focal subcortical lesions. In: Cummings, J. L., ed. *Subcortical Dementia.* New York: Oxford University Press; 1990: 59-70.

Freedman, M., Alexander, M. P., and Naeser, M. A. Anatomic basis of transcortical motor aphasia. *Neurology* 1984; 34: 409-417.

Galaburda, A. M., Sherman, G. F., Rosen, G. D., et al. Developmental dyslexia: four consecutive patients with cortical anomalies. *Ann Neurol* 1985; 18: 222-233.

Gerstmann, J. Syndrome of finger agnosia, disorientation for right and left, agraphia and acalculia. *Arch Neurol Psychiatry* 1940; 44: 398-408.

Geschwind, N. Disconnexion syndromes in animals and man. *Brain* 1965; 88: 237-294, 585-644.

_____. The organization of language and the brain. *Science* 1970; 170: 940-944.

_____. Wernicke's contribution to the study of aphasia. *Cortex* 1967; 3: 449-463.

Geschwind, N., and Behan, P. O. Laterality, hormones, and immunity. In: Geschwind, N., Galaburda, A. M., eds. *Cerebral Dominance: The Biological Foundations.* Cambridge, MA: Harvard University Press; 1984: 211-224.

Geschwind, N., and Levitsky, W. Human brain: left-right asymmetry in temporal speech region. *Science* 1968; 161; 186-187.

Geschwind, N., Quadfasel, F. A., and Segarra, J. M. Isolation of the speech area. *Neuropsychologia* 1968; 6: 327-340.

Goodglass, H., and Kaplan, E. *The Assessment of Aphasia and Related Disorders.* 2nd ed. Philadelphia: Lea and Febiger; 1983.

Grafman, J., and Rickard, T. Acalculia. In: Feinberg, T. E., and Farah, M. J., eds. *Behavioral Neurology and Neuropsychology.* New York: McGraw-Hill; 1997: 219-226.

Hillis, A. E. Aphasia: progress in the last quarter of a century. *Neurology* 2007; 69: 200-213.

Kertesz, A., Sheppard, A., and MacKenzie, R. Localization in transcortical sensory aphasia. *Arch Neurol* 1982; 39: 475-478.

Klingberg, T., Hedehus, M., Temple, E., et al. Microstructure of temporo-parietal white matter as a basis for reading ability: evidence from diffusion tensor magnetic resonance imaging. *Neuron* 2000; 25: 493-500.

Mesulam, M.-M. Slowly progressive aphasia without generalized dementia. *Ann Neurol* 1982; 11: 592-598.

Mohr, J. P., Pessin, M. S., Finkelstein, S., et al. Broca aphasia: pathologic and clinical. *Neurology* 1978; 28: 311-324.

Naeser, M. A., and Hayward, R. W. Lesion localization in aphasia with cranial computed tomography and the Boston Diagnostic Aphasia Exam. *Neurology* 1978; 28: 545-551.

Olsen, T., Bruhn, T., and Oberg, G. E. Cortical hypoperfusion as a possible cause of "subcortical aphasia." *Brain* 1986; 109: 393-410.

Pennington, B. F. *Diagnosing Learning Disorders: A Neuropsychological Framework.* New York: Guilford; 1991.

Premack, D. Human and animal cognition: continuity and discontinuity. *Proc Nat Acad Sci* 2007; 104: 13861-13867.

Roeltgen, D. P. Agraphia. In: Heilman, K. M., and Valenstein, E., eds. *Clinical Neuropsychology.* 4th ed. New York: Oxford University Press; 2003: 126-145.

Ross, E. D. The aprosodias: functional-anatomic organization of the affective components of language in the right hemisphere. *Arch Neurol* 1981; 38: 561-569.

Ross, E. D., and Monnot, M. Neurology of affective prosody and its functionalanatomic organization in right hemisphere. *Brain Lang* 2008; 104: 51-74.

Rumsey, J. M., Zametkin, A. J., Andreason, P., et al. Normal activation of frontotemporal language cortex in dyslexia, as measured with oxygen 15 positron emission tomography. *Arch Neurol* 1994; 51: 27-38.

Schiff, H. B., Alexander, M. P., Naeser, M. A., and Galaburda, A. M. Aphemia: clinical-anatomic correlations. *Arch Neurol* 1983; 40: 720-727.

Shaywitz, S. E., and Shaywitz, B. A. Paying attention to reading: the neurobiology of reading and dyslexia. *Dev Psychopathol* 2008; 20: 1329-1349.

Smith, A., and Sugar, O. Development of above-normal language and intelligence 21 years after left hemispherectomy. *Neurology* 1975; 25: 813-818.

Strub, R., and Geschwind, N. Gerstmann's syndrome without aphasia. *Cortex* 1974; 10: 378-387.

Takayama, Y., Sugishita, M., Akiguchi, I., and Kimura, J. Isolated acalculia due to left parietal lesion. *Arch Neurol* 1994; 51: 286-291.

Tommasi, L. Mechanisms and functions of brain and behavioural asymmetries. *Philos Trans R Soc Lond B Biol Sci* 2009; 364: 855-859.

Tranel, D., Biller, J., Damasio, H., et al. Global aphasia without hemiparesis. *Arch Neurol* 1987; 44: 304-308.

Weintraub, S., Rubin, N. P., and Mesulam, M.-M. Primary progressive aphasia: longitudinal course, neuropsychological profile, and language features. *Arch Neurol* 1990; 47: 1329-1335.

Wernicke, C. *Der aphasiche Symptomencomplex.* Breslau: Cohn and Weigert; 1874.

Witelson, S. F., and Pallie, W. Left hemisphere specialization for language in the newborn: neuroanatomical evidence of asymmetry. *Brain* 1973; 96: 641-646.

제6장

실행증

실행증(apraxia)이란 숙련된 운동(skilled movement)의 의도적(purposeful) 수행에 발생하는 후천적 장애이다(Heilman and Rothi, 2003; Greene, 2005). 경한 실어증을 난어증이라고 칭하는 것처럼, 경한 실행증을 난행증(dyspraxia)이라고 칭하기도 한다. 그러나 증상의 심도에 관계없이 실행증이 가장 보편적으로 쓰이는 용어이다. 실행증의 이론적 중요성은 도구 사용(tool use)과의 관련성에 있다. 도구 사용은 인류가 다양한 환경에 적응할 수 있도록 진화하는 데 가장 크게 기여한 요소 중 하나이다(Lewis, 2006). 실행증의 임상적 중요성은 뇌졸중이나 다른 뇌손상을 입은 환자들이 정상적 생활을 회복하는 데 큰 지장을 초래할 수 있다는 데 있다(Hanna-Pladdy, Heilman, and Foundas, 2003). 실행증 환자들은 일상생활에서 연필, 포크, 칫솔과 같은 도구들을 적절히 사용하는 능력에서 결손을 보일 수 있다. 이러한 결손은 재활에 불리하게 작용하며 영구적인 운동계 장애로 남을 수도 있다. 실행증이란 용어는 가장 많이 발생하고 임상적으로 중요한 유형인 관념운동실행증(ideomotor apraxia)의 줄인 말로 사용되기도 한다. 그러나 이 용어는 인지적 운동장애(cognitive motor impairment)의 총칭으로 사용하는 것이 더 적절하다. 실행증에서 나타나는 운동기술의 상실은 불완전마비(paresis)와 질적으로 다르다. 이러한 차이는 실어증(aphasia)과 마비말장애(dysarthria)가 다른 것과 유사하다. 실행증의 임상적 진단에는 숙련된 운동의 장애가 불완전마비, 무운동증(akinesia), 조화운동못함증(ataxia), 감각상실, 부주의, 집중력 부족, 혹은 다른 인지장애에 의하지 않음이 밝혀져야 한다. 실행증은 실어증에 흔히 동반되긴 하지만 언어적 문제와는 직접 관련이 없다. 두 증상이 같이 나타나는 경향은 기능적으로 공통점이 있어서가 아니라 뇌에서 언어를 관장하는 영역과 고위운동기능을 관장하는 영역이 인접해 있어서 함께 손상되기 쉽기 때문인 것으로 보인다. 그러나 병인에 있어서는 실어증과 마찬가지로 실행증에서도 허혈성 뇌혈관질환이 가장 많다. 핵심적으로 표현하면, 실행증은 고위운동기능의 결손을 반영하는 증후군이다. 이는 마치 실인증이 고위감각기능의 결손을 반영하는 증후군인 것과 유사하다(제7장 참조).

먼저 실행증이라는 용어의 사용에서 짚고 넘어갈 점이 있다. 실행증의 용어는 운동적인 요소가 있는 여러 신경행동적 증후군들에 적용되어 왔다. 그러나 이러한 증후군들 중 일부는 본래의 실행증 의미와는 다른 증상이기 때문에 실행증이라는 이름이 적절하지 못하다. **구성실행증**(constructional apraxia)은 시공간장애의 다른 명칭이며, **옷입기실행증**(dressing apraxia)은 옷입기를 어려워하는 증상이다. 이 두 장애 모두 우반구 증후군에 속한다(제8장 참조). 눈실행증(ocular apraxia)은 **눈돌림실행증**(oculomotor apraxia) 혹은 정신성시선마비(psychic paralysis of gaze)라고도 칭한다. 이 증상은 바린트증후군(Balint's syndrome)을 구성하는 요소들 중 하나이며 실인증과의 관련성이 더 깊다(제7장 참조). **걸음실행증**(gait apraxia)은 걸음장애의 한 유형인데 자석걸음(magnetic gait)이라고도 칭한다. 이 증후군은 전두엽 백색질이 영향을 받는 질환들, 예를 들어 정상압물뇌증(normal pressure hydrocephalus)에서 많이 발생한다(제12장 참조). **말실행증**(verbal apraxia)은 말하기실행증(apraxia of speech)이라고도 칭하는데, 마비말장애(dysarthria)와 실어증의 중간 정도에 속하는 말하기장애를 지칭하는 용어이다(Kirshner, 2002). 이 장의 실행증 논의는 용어의 전통적인 의미에 부합하는 증상에 한정될 것이다.

실행증은 행동신경학에서 가장 난해한 증후군 중 하나이다. 실행증의 개념이 19세기에 처음 기술된 이후 여러 이론적 문제점들이 제기되어 왔다(Heilman and Rothi, 2003). Hugo Liepmann이 1900년대 초에 발표한 중요한 논문들은(Liepmann, 1900, 1906, 1908, 1920; Liepmann and Maas, 1907) 실행증에 관한 임상적 접근의 초석이 되었다. 그러나 이후 해결하기 어려운 여러 쟁점들이 부상하였다. 이러한 쟁점들 중 하나는 실행증에 대한 여러 상이한 정의가 제시되면서 진짜 의미가 무엇인지 혼란이 야기된 점이다. 실행증의 개념화가 어려운 점은 이 장의 앞에서 실행증이 무엇이라고 기술하기보다 무엇이 아니라는 기술에 치중한 점에서도 드러난다(Heilman and Rothi, 2003). 더구나 실행증 환자들이 관련 증상을 호소하는 경우는 드물다(Geschwind, 1975). 이는 실어증이나 다른 신경행동 증후군 환자들이 증상을 호소하는 것과는 대조적이다. 그러므로 실행증 검사는 정신상태검사에서 생략되는 수가 많으며, 이로 인해 증상의 이해와 진단에 유용한 정보들이 잘 수집되지 않는다. 이 장의 실행증 논의는 Liepmann이 제안한 분류 체계에 근거해서 전개할 것이다. 이 분류 체계는 광범위하게 사용되어 왔으며 실행증에 대한 오늘날의 생각에도 큰 영향을 주고 있다. 앞으로 신경영상 및 다른 연구법을 통하여 실행증에 대한 이해가 보다 심화된다면, 더 나은 분류법이 등장할 수도 있을 것이다. 그러나 현재로서는 Liepmann의 분류 체계가 가장 근거가 있다. 표 6.1에는 실행증의 유형 및 관련 손상 위치가 수록되어 있다.

6.1 사지운동실행증

사지운동실행증(limb kinetic apraxia)은 수족실행증(melokinetic apraxia) 또는 신경지배실행증(innvervatory apraxia)이라고도 칭한다. 이 실행증은 진단적 범주로 사용되는 경우가 드문 편인데, 이 증상과 경도의 불완전마비가 실제로 다른 범주인지에 대한 의문이 있기 때문이다. 사지운동실행증은 운동앞영역(premotor area; 브로드만영역 6번의 가쪽 부분)이나 하부 백색질의 제한된 손상(limited lesions)으로 발생한

| 표 6.1 | 실행증 유형과 손상 위치 |

실행증 유형	손상 위치
사지운동실행증(limb-kinetic apraxia)	반대쪽 운동앞영역(contralateral premotor area)
관념운동실행증(ideomotor apraxia) 　　구강안면(buccofacial) 　　사지(limb) 　　몸통(axial)	좌측 전두덮개(left frontal operculum) 좌측 실비우스주위영역(left perisylvian area) 또는 　　앞쪽 뇌들보(anterior corpus callosum) 좌측 측두엽(left temporal lobe)
관념실행증(ideational apraxia)	좌측 두정엽(left parietal lobe) 또는 　　광범위 손상(diffuse involvement)

다. 이 실행증은 손상된 뇌반구의 반대편 사지에만 나타나는 편측성 운동장애이다 (Hier, Gorelick, and Shindler, 1987). 주요 증상은 반대편 사지의 민첩성, 효율성, 정확성이 상실되는 것인데, 손가락운동에서 가장 현저하다. 그러므로 예를 들어 탁자 위에 놓인 동전을 집어 올리거나, 와이셔츠의 단추를 잠그는 동작에 어려움을 보일 수 있다. 대근육운동(gross movements)은 정상적이며 조화롭게 일어난다. 그러나 팬터마임 동작이나 물체 조작(object manipulation)을 위한 동작에는 결손이 있다. 팬터마임을 위한 제스처는 서툴고 카드놀이(playing cards)를 위한 손놀림에서도 어려움을 보인다. 이 실행증은 고도의 정교함이 요구되는 행위, 즉 고도의 조직화된 피질 활동이 요구되는 행위만 영향을 받는 점이 특징이다. 사지운동실행증은 다른 운동장애들에 비해서 매우 미묘한 증상이다. 또한 전두엽 손상(frontal insult)에서 회복된 환자의 잔류적 증상과도 임상적인 변별이 어려울 수 있다.

　　사지운동실행증은 존재 여부 자체가 논란이 되기도 한다. 일부 학자들은 이 증후군이 피질척수길(corticospinal tract)의 손상과 관련된 운동장애(motor dysfunction)일 뿐이라고 해석한다(Strub and Black, 1993). 이러한 해석을 완전히 배제하기는 힘들다. 그러나 속섬유막(internal capsule)에 있는 피라미드길(pyramidal tract)의 손상이 이 증상을 유발하지 않는 점은 주목할 만하다(Hier, Gorelick, and Shindler, 1987). 그러므로 운동앞피질(premotor cortex)의 손상에서 발생하는 운동장애는 피질척수길의 손상에서 발생하는 운동장애와 질적으로 다를 수 있다.

6.2 관념운동실행증

관념운동실행증(ideomotor apraxia)은 가장 많이 발생하는 실행증이며 가장 상세한 분석이 행해져 왔다. 이 실행증의 정의적 특징은 어떤 동작을 하라는 언어적 지시를 듣고서 그 동작을 수행하지 못하는 것이다. 단, 이러한 결손이 언어적 지시를 이해하지 못하거나, 일차적 운동계의 문제 때문이라는 것이 배제될 수 있어야 한다 (Heilman and Rothi, 2003). 관념운동실행증의 용어는 행위에 대한 관념(idea)과 수행(performance) 사이에 분리가 있다는 가설을 반영한다. 이 증상은 구강(뺨), 사지, 또는 몸통 근육과 관련하여 나타날 수 있다. 환자들은 팬터마임 과제에서 가장 심한 결손을 보인다. 반면에 검사자의 팬터마임 동작을 따라서 하거나, 실제 물체를 사용하는 경우에는 상대적으로 결손이 덜하다. 사지운동실행증이 편측성인 반면에 관념운동실행증은 양측성이다(단, 우측 신체마비가 심한 경우에는 우측 실행증은 확인될 수 없다.). 뒤에 논의할 관념실행증(ideational apraxia)은 일련의 동작들과 관련되는 반면에 관념운동실행증은 단일한 동작과 관련된다.

관념운동실행증은 구강, 사지, 몸통을 사용하는 숙련된 동작을 하도록 언어적으로 지시하여 평가한다. 예를 들어 "성냥불을 불어서 꺼 보세요.", "동전을 던져 보세요.", "야구방망이를 휘둘러 보세요.", "머리카락을 빗어 보세요."라고 지시한다. 자동형 제스처(intransitive gesture)도 평가할 수 있는데, 예를 들어 "기침해 보세요.", "손을 흔들어 인사해 보세요.", "일어서 보세요."라고 지시한다. 먼저 환자가 스스로 동작을 하도록 지시한다. 만약 환자가 실패하는 경우에는 검사자의 시범을 보고 따라서 하도록 지시한다. 만약 타동형 과제에서 그래도 실패하는 경우는 실제 물체를 가지고서 동작을 하도록 지시한다(예 : 실제 성냥불을 불어서 끄기). 만약 실제 물체를 가지고서도 실패한다면 가장 심한 수준의 실행증이라고 볼 수 있다. 이러한 세 단계 검사를 통하여 평가자는 환자의 실행증이 얼마나 심하며, 왜 수행이 어려운지에 관해 자세한 정보를 수집할 수 있다.

관념운동실행증에서 관찰되는 오류에는 여러 유형이 있다(Heilman and Rothi, 2003). 가장 명백한 오류 유형은 지시에 대해 어떤 동작도 만들어내지 못하는 것이다. 반복증(perseveration), 즉 전에 했던 과제에서 했던 동작을 되풀이하는 오류 유형도 많이 관찰된다. 예를 들어, 성냥불을 불어서 끄는 제스처를 한 다음에 빨대를 빼는 제스처를 하라고 했을 때 성냥불을 불어서 끄는 제스처를 반복한다. 동작 대신에 발성(vocalization)을 만들어내는 오류 유형도 있다. 예를 들어 기침을 해보라고 하면 제스처를 하는 대신 '기침'이라고 말한다. 마지막으로, 신체 부위를 물체처럼 사용하는 오류 유형도 빈번히 관찰된다. 예를 들어 빗질하는 제스처를 하라고 하면, 빗을 쥐고 사용하는 동작을 취하는 대신에 손 자체를 빗처럼 사용하는 동작을 한다.

관념운동실행증의 국소화(localization)는 많은 중요성을 갖는다. 이 증후군을 보이는 환자들에 대한 자세한 메타분석 연구에 따르면, 대부분의 사례들에서 좌반구의 신피질과 백색질로 구성된 신경망에 손상이 있는 반면에 바닥핵(basal ganglia)에는 손상이 없었다(Pramstaller and Marsden, 1996). 행위기능이 분산신경망(distributed neural network)으로 구성된 점은 관념운동실행증을 대뇌 분리증후군(cerebral disconnection syndrome)의 한 유형으로 이해하는 관점과 일치한다. 이러한 관점은 Liepmann이 처음으로 주창하였고 후에 Geschwind(1965)에 의해 계승되었다. 그러므로 Liepmann-Geschwind의 관념운동실행증 모형은 손상 위치를 중요한 대뇌영역들 간의 분리에서 찾는다(그림 6.1 참조).

Liepmann-Geschwind의 모형은 관념운동실행증을 다음 세 부위 중 하나 이상의 손상과 연결시킨다(Absher and Benson, 1993). 첫째, 좌측 두정엽의 손상으로 인해 활꼴다발(arcuate fasciculus)이 절단되는 것이다. 이러한 절단은 행위를 하라는 지시가 언어적으로 해석은 되지만 앞쪽 운동계에 전달되지 못하게 한다(Benson et al., 1973). 이러한 관념운동실행증에는 전도실어증(conduction aphasia)도 함께 나타나는 경우가 많다. 둘째, 좌측 운동앞영역(premotor area)의 대규모 손상으로 발생하는 관념운동실행증이다. 이러한 손상은 행위를 실행하는 것을 방해한다. 이러한 유형에는 비유창실어증(nonfluent aphasia)과 우측 반신불완전마비(hemiparesis)가 자주 수반된다(Geschwind, 1975). 우측 반신불완전마비가 심한 경우 왼손에 나타난

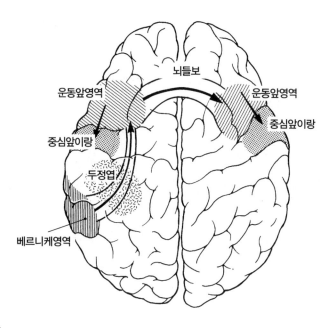

그림 6.1 관념운동행위기능(ideomotor praxis)에 중요한 뇌 부위

실행증을 **교감실행증**(sympathetic apraxia)이라고 칭한다. 마지막으로, 앞쪽뇌들보 (anterior corpus callosum)의 손상으로 발생하는 관념운동실행증이 있다. 실행증이 왼손에만 나타나고 오른손에는 나타나지 않으며 **뇌들보실행증**(callosal apraxia)이라 고도 칭한다(Geschwind and Kaplan, 1962).

관념운동실행증에 대한 분리 모형은 많은 도전을 받아 왔다. 하나는 동작의 기억 이 좌반구 피질에 저장된다는 가설에 대한 논쟁이다. Liepmann은 좌반구가 숙련된 동작의 기억흔적(engram)을 저장한다는 가설을 처음으로 제안하였다. 전두엽은 운 동 수행을 위한 프로그래밍이 일어나는 곳이라고 추정되는 점에서 행위기억흔적 (engrams for praxis)은 전두엽에 존재할 수 있다(Devinsky, 1992). 반면에 시각-운동 기억흔적(visuo-kinetic engrams) 혹은 프랙시콘(praxicon)이 두정엽(inferior parietal lobe)에 존재한다는 제안도 있었다(Heilman, Rothi, and Valenstein, 1982; Heilman and Rothi, 2003). 이러한 제안을 지지하는 학자들은 실행증 환자들 중 일부 는 동작을 수행하지 못할 뿐 아니라 다른 사람이 동작을 하는 것을 보고서 무슨 의미

인지 이해하지 못한다는 점을 지적하였다. 이러한 점은 동작의 시각적인 내적 표상 (representation)이 상실되었음을 시사한다. 분리 이론과 프랙시콘 이론 중 어느 것이 맞는지에 대한 논쟁은 아직 해결되지 않았다. 그러나 환자와 손상 위치에 따라 두 이론 모두가 타당할 가능성도 있다.

위의 논의는 관념운동실행증이 좌반구 실비우스주위영역(perisylvian areas) 내 어느 곳의 손상에 의해서도 발생할 수 있음을 시사한다. 실제로 임상적 경험은 이와 같은 점을 뒷받침한다(Alexander et al., 1992). 우반구 손상에서 실행증이 드문 점은 학습된 운동의 좌반구 편재화를 제시한다(DeRenzi, Motti, and Nichelli, 1980; Alexander et al., 1992). 행위기능(praxis)의 좌반구 편재화는 뇌들보실행증에서 증상이 왼손에 국한된 것에서도 지지된다(Graff-Radford, Welsh, and Godersky, 1987). 구강실행증(oral apraxia)은 실비우스주위영역 중에서도 좌측 전두덮개(frontal operculum)와 뇌실곁 백색질(paraventricular white matter)의 손상과 특히 관련성을 보인다(Tognola and Vignolo, 1980; Alexander et al., 1992). 반면에 사지실행증 (limb apraxia)이 실비우스주위영역 중 어떤 특정 부위의 손상과 더 관련된다는 증거는 없다(Alexander et al., 1992; Basso, Luzzatti, and Spinnler, 1980; Kertesz and Ferro, 1984; Basso et al., 1987). 마지막으로, 몸통실행증(axial apraxia)은 실비우스주위영역의 손상과는 무관한 것으로 보인다. 그러나 다른 어떤 부위와의 연관성도 아직 밝혀지지 않았다. Geschwind(1975)는 몸통실행증이 좌측 측두엽에서 다리뇌 (pons)와 소뇌로 가는 하행신경길(descending pathways)의 손상과 연관이 있을 가능성을 제기하였다.

개념실행증(conceptual apraxia)은 보다 최근에 제안된 증후군이다. 이 실행증은 관념운동실행증과 유사하지만 환자들이 보여주는 오류가 행위의 산출과는 무관하고 행위의 개념과 관련된다는 점이 대조적이다(Heilman and Rothi, 2003). 즉, 관념운동 실행증이 산출 오류(production errors)와 연관되는 반면에 개념실행증은 내용 오류 (content errors)와 연관된다. 예를 들어 개념실행증 환자는 도구의 기능을 이해하지 못해서 도구 사용에 실패한다. 반면에 관념운동실행증 환자는 도구의 기능은 이해하지만 동작 산출을 못해서 도구 사용에 실패한다. 개념실행증과 연관된 뇌손상 부위는 잘 밝혀져 있지 않다. 그러나 알츠하이머병에서 개념실행증이 흔히 나타나는 것에 비추어 두정엽 손상이 중요할 수 있다(Ochipa, Rothi, and Heilman, 1992). 그러므로 좌측 두정엽이 개념실행증과 관념운동실행증 모두에서 중요할 수 있는데 실제로 두 증후군은 자주 같이 나타난다(Heilman and Rothi, 2003). 그러나 개념실행증을 탐지하는 임상적 유용성은 아직 분명하지 않으며, 현재 임상적 중요성이 가장 보편적으로 수용되는 실행증 유형은 관념운동실행증이다.

　실행증과 관련된 문제의 하나는 행위(praxis)와 기술(skill)의 관계이다(제4장 참조). 보통 기술은 절차기억(procedural memory)의 맥락에서 논의된다(제4장 참조). 신경학적 문헌에서 기억에 관한 논의가 실행증에 관한 논의와 조우하는 일은 거의 없다. 그러나 기술 학습(skill learning)과 행위 습득(acquisition of praxis)은 밀접하게 관련되며, 사실 동일한 현상이라고까지 말할 수 있다. 기술 학습이 안쪽측두엽(medial temporal lobe)과 무관하다는 점은 오래전부터 알려졌지만, 뇌의 어느 부위와 관련되는지는 별로 알려진 바가 없었다. 그러나 보다 최근의 연구들에서 의미 있는 진전이 이루어졌다. 이 연구들은 바닥핵(Martone et al., 1984; Lafosse et al., 2007)과 소뇌(Sanes, Dimitrov, and Hallett, 1990)를 포함한 피질밑 운동 구조들이 새로운 운동기술의 학습에 중요하다는 여러 증거를 제시하였다. 연습과 반복이 거듭됨에 따라 운동기술은 점차 대뇌피질에 표상되고 피질밑 구조의 중요성은 점점 덜 중요하게 될 수 있다. 이러한 가설과 관련하여 한 연구는 실행증이 있는 알츠하이머병 환자들에서 회전추적과제(rotary pursuit task)로 측정한 기술 학습(절차 학습)이 정상임을 보고하였다(Jacobs et al., 1999). 이 결과는 기술 학습의 초기 단계에서는 바닥핵과 소뇌가 중요하지만 나중에는 신피질에 행위기억으로 저장됨을 제시한다. 즉, 기술 학습은 피질밑 회색질 구조들을 통해서 이루어지지만, 이로 인해 형성된 운동기억은 좌반구의 신피질에 표상되는 것으로 보인다. 그러므로 옛날기억(remote memory)이 잘 학습된 선언기억(declarative memory)인 것처럼 행위기능(praxis)은 잘 학습된 절차기억(procedural memory)에 해당한다. 알츠하이머병에서 관념운동실행증은 피질퇴행으로 인하여 저장된 행위기능이 붕괴한 것을 반영할 수 있다. 반면에 이 병에서 기술 학습이 비교적 보존되는 것은 피질밑 회색질 구조들의 손상이 비교적 약한 것과 관련될 수 있다. 이러한 설명은 관념운동실행증이 바닥핵을 포함하지 않는 좌반구 손상과 연관된다는 보고와도 일치한다(Pramstaller and Marsden, 1996). 그러므로 절차 학습과 행위기능의 연관성에 대해 보다 많은 연구를 행할 필요가 있다.

관념운동실행증 탐지의 임상적 중요성은 다음 두 가지이다. 하나는 이 증상이 손상 위치에 관한 정보를 준다는 것이고, 다른 하나는 뇌질환 환자의 기능적 회복을 방해할 수 있다는 점이다. 관념운동실행증이 좌반구 손상을 시사하며, 때로는 앞쪽뇌들보의 손상과 연관된다는 점은 잘 입증되었다. 미래에는 신경영상기법들이 관념운동실행증에 관한 신경해부적 지식을 보다 정교화해 줄 것으로 기대된다. 신경학적 질환 환자들의 재활에서 관념운동실행증의 존재는 상당한 장애 요인이 될 수 있다 (Hanna-Pladdy, Heilman, and Foundas, 2003). 예를 들어 우측 편마비가 있는 환자들은 좌측 신체의 사용을 학습해야 한다. 그러나 교감실행증(sympathetic apraxia)의 존재는 왼손을 사용하는 운동기술의 학습을 심각하게 제한한다. 또한 비유창실어증 (nonfluent aphasia) 환자에서 구강실행증(oral apraxia)의 존재는 말소리(speech sounds) 만들기의 학습을 어렵게 한다. 이는 환자의 언어적 문제들을 악화시키며 재활을 보다 어렵게 한다.

6.3 관념실행증

Liepmann이 제안한 실행증 유형들 중 마지막은 **관념실행증**(ideational apraxia)이다. 그는 관념실행증이 일련의 동작으로 이루어지는 행위에서 각 동작은 할 수 있지만 전체 행위를 할 수 없는 것으로 정의하였다(Liepmann, 1920). 이러한 환자들은 복합 행위의 각 요소를 할 수 있음에도 불구하고, 전체 계획의 결함으로 인해 복합 행위의 적절한 수행에 실패한다(Lehmkuhl and Poeck, 1981). 예를 들어 편지 부치는 행위는 편지지 접기, 봉투에 넣기, 봉하기, 우표 붙이기 등의 연속 동작으로 이루어진다. 관념실행증 환자는 편지 부치기라는 복합 행위의 개별 동작은 할 수 있지만 동작을 올바른 순서로 연결하여 전체 행위를 완성하지는 못한다. 좌측 두정엽의 손상이 관념실행증을 일으킨다는 증거가 제시된 바 있다(Hier, Gorelick, and Shindler, 1987;

Devinsky, 1992). 그러나 퇴행성 질환으로 광범위성(diffuse) 뇌손상이 있는 환자에서도 관념실행증이 나타나기 때문에 좌측 두정엽과 특별히 연관된다는 증거는 불충분하다(Mendez and Cummings, 2003). 알츠하이머병 환자에서 관념실행증의 존재는 두정엽 손상을 반영할 수 있다(제12장 참조). 반면에 관념실행증이 양측 전두앞영역(prefrontal area)이 손상된 환자들이 보여주는 관리기능(executive function)장애와 유사성이 있는 점에서 전두엽 손상을 반영할 가능성도 있다.

관념실행증에 대해 Liepmann과는 다른 정의도 제안된 바 있으며 이로 인해 이 분야에는 상당한 개념적 혼란이 존재한다. 어떤 연구자들은 관념실행증을 실제 물체나 도구를 조작하는 행위의 장애로 정의하면서(DeRenzi, Pieczuro, and Vignolo, 1968), 물체나 도구를 어떻게 사용하는가에 관한 지식의 상실을 강조하였다(DeRenzi and Lucchelli, 1988). 다른 학자들은 관념실행증이 개념적 결손을 반영한다고 제안하였다(Ochipa, Rothi, and Heilman, 1989). 그러나 관념실행증에 대한 이러한 정의들 중 어떤 것도 손상 위치에 관해 구체적인 정보를 주지 못하는 점에서 실용적인 유용성은 제한적이다.

참고문헌

Absher, J. R., and Benson, D. F. Disconnection syndromes: an overview of Geschwind's contributions. *Neurology* 1993; 43: 862-867.

Alexander, M. P., Baker, E., Naeser, M. A., et al. Neuropsychological and neuroanatomical dimensions of ideomotor apraxia. *Brain* 1992; 115: 87-107.

Basso, A., Capitani, E., Della Sala, S., et al. Recovery from ideomotor apraxia: a study on acute stroke patients. *Brain* 1987; 110: 747-760.

Basso, A., Luzzatti, C., and Spinnler, H. Is ideomotor apraxia the outcome of damage to well-defined regions of the left hemisphere? Neuropsychological study of CAT correlation. *J Neurol Neurosurg Psychiatry* 1980; 43: 118-126.

Benson, D. F., Sheremata, W. A., Buchard, R., et al. Conduction aphasia. *Arch Neurol* 1973; 28: 339-346.

Denny-Brown, D. D. The nature of apraxia. *J Nerv Ment Dis* 1958; 126: 9-33.

DeRenzi, E., and Lucchelli, F. Ideational apraxia. *Brain* 1988; 111: 1173-1185.

DeRenzi, E., Motti, F., and Nichelli, P. Imitating gestures: a quantitative approach to ideomotor apraxia. *Arch Neurol* 1980; 37: 6-10.

DeRenzi, E., Pieczuro, A., and Vignolo, L. A. Ideational apraxia: a quantitative study. *Neuropsychologia* 1968; 6: 41-52.

Devinsky, O. *Behavioral Neurology: 100 Maxims.* St. Louis: Mosby Year Book; 1992.

Geschwind, N. The apraxias: neural mechanisms of disorders of learned movement. *Am Sci* 1975; 63: 188-195.

———. Disconnexion syndromes in animals and man. *Brain* 1965; 88: 237-294, 585-644.

Geschwind, N., and Kaplan, E. A human cerebral deconnection syndrome. *Neurology* 1962; 12: 675-685.

Graff-Radford, N. R., Welsh, K., and Godersky, J. Callosal apraxia. *Neurology* 1987; 37: 100-105.

Greene, J.D.W. Apraxia, agnosias, and higher visual function abnormalities. *J Neurol Neurosurg Psychiatry* 2005; 76 (Suppl V): v25-v34.

Hanna-Pladdy, B., Heilman, K. M., and Foundas, A. Ecological implications of ideomotor apraxia: evidence from physical activities of daily living. *Neurology* 2003; 60: 487-490.

Heilman, K. M., and Rothi, L.J.G. Apraxia. In: Heilman, K. M., and Valenstein, E., eds. *Clinical Neuropsychology.* 4th ed. New York: Oxford University Press; 2003: 215-235.

Heilman, K. M., Rothi, L. J., and Valenstein, E. Two forms of ideomotor apraxia. *Neurology* 1982; 32: 342-346.

Hier, D. B, Gorelick, P. B., and Shindler, A. G. *Topics in Behavioral Neurology and Neuropsychology.* Boston: Butterworths; 1987.

Jacobs, D. H., Adair, J. C., Williamson, D. J., et al. Apraxia and motor-skill acquisition in Alzheimer's disease are dissociable. *Neuropsychologia* 1999; 37: 875-880.

Kertesz, A., and Ferro, J. M. Lesion size and location in ideomotor apraxia. *Brain* 1984; 107: 921-933.

Kirshner, H. *Behavioral Neurology: Practical Science of Mind and Brain.* 2nd ed. Boston: Butterworth-Heinemann; 2002.

Lafosse, J. M., Corboy, J. R., Leehey, M. A., et al. MS vs. HD: can white matter and subcortical gray matter pathology be distinguished neuropsychologically? *J Clin Exp Neuropsychol* 2007; 29: 142-154.

Lehmkuhl, G., and Poeck, K. A disturbance in the conceptual organization of actions in patients with ideational apraxia. *Cortex* 1981; 17: 153-158.

Lewis, J. W. Cortical networks related to human use of tools. *Neuroscientist* 2006; 12: 211-231.

Liepmann, H. Apraxie. *Erbgn der Ges Med* 1920; 1: 516-543.

———. Das Krankheitsbild der Apraxie (motorischen Asymbolie auf Grund eines Falles von einseitiger Apraxie). *Monatsschrift für Psychiat Neurol* 1900; 8: 15-44, 102-132, 182-197.

_____ . Der weitere Kranksheitverlauf bei den einseitig Apraktischen und der Gehirnbefund auf Grund von Schnittserien. *Monatsschrift für Psychiat Neurol* 1906; 17: 217-243, 289-311.

_____ . *Drei Aufsätze aus dem Apraxiegebiet.* Berlin: Karger; 1908.

Liepmann, H., and Maas,O. Fall von linksseitiger Agraphie und Apraxie bei rechtsseitiger Lahmung. *J für Psychol Neurol* 1907; 10: 214-217.

Martone, M., Butters, N., Payne, M., et al. Dissociations between skill learning and verbal recognition in amnesia and dementia. *Arch Neurol* 1984; 41: 965-970.

Mendez, M. F., and Cummings, J. L. *Dementia: A Clinical Approach.* 3rd ed. Philadelphia: Butterworth-Heinemann; 2003.

Ochipa, C., Rothi, L.J.G., and Heilman, K. M. Conceptual apraxia in Alzheimer's disease. *Brain* 1992; 115: 1061-1071.

_____ . Ideational apraxia: a deficit in tool selection and use. *Ann Neurol* 1989; 25: 190-193.

Pramstaller, P. P., and Marsden, C. D. The basal ganglia and apraxia. *Brain* 1996; 119: 319-340.

Sanes, J. N., Dimitrov, B., and Hallett, M. Motor learning in patients with cerebellar dysfunction. *Brain* 1990; 113: 103-120.

Strub, R. L., and Black, F. W. *The Mental Status Examination in Neurology.* 3rd ed. Philadelphia: F. A. Davis; 1993.

Tognola, G., and Vignolo, L. A. Brain lesions associated with oral apraxia in stroke patients: a clinico-neuroradiological investigation with the CT scan. *Neuropsychologia* 1980; 18: 257-272.

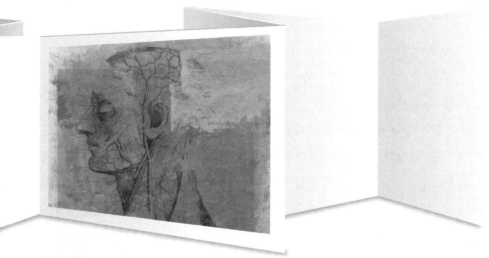

제7장

실인증

실**인증**(agnosia)은 근본적으로 재인(recognition)의 장애이다(Bauer and Demery, 2003; Greene, 2005). 실어증이나 실행증과 마찬가지로 실인증은 국소성 뇌혈관 사고(focal cerebrovascular event)에서 많이 발생하지만 퇴행성 질환에서도 볼 수 있다. 실인증 환자는 감각계에 문제가 없음에도 불구하고 감각된 물체의 재인에 실패한다. Agnosia의 어원은 희랍어로 '지식의 부재(absence of knowledge)'를 뜻하며 프로이트가 실어증에 관한 그의 초기 논문에서 처음 사용하였다(Freud, 1891). 실인증은 행동신경학의 역사에서 가장 큰 논란과 혼란을 자아낸 증후군이다. 예를 들어, 시각실인증(visual agnosia)에 관한 이론의 종류는 실인증이 보고된 사례 수와 똑같을 것이라는 논평이 나올 만큼 많다(Benson and Greenberg, 1969). 실인증에는 다양한 유형들이 있어서 그 자체가 복잡하며, 고위감각기능은 단순감각기능에 비해 개념적으로 난해하다. 그러므로 실인증의 분석은 신경행동 연구자들에게 매우 도전적인 과제이다.

　실인증의 임상적 탐지는 간단하지 않다. 실인증 환자들은 증상을 호소하지 않을 수 있으며, 실인증 검사의 소견은 애매할 수 있다. 예를 들어 시각실인증 환자들은 자신의 증상을 정확히 표현하는 데 애를 먹는다. 그들은 시각이 흐릿하다거나 시각적 집중이 잘 안 된다는 애매한 호소를 하기 십상이다. 이러한 호소는 안계측(optometric)이나 검안(ophthalmoscopic) 검사로 이어지지만 이상이 발견되지 않는다. 청각실인증 환자들 또한 잘 들리지 않는다는 애매한 호소를 한다. 이러한 호소는 청력도(audiogram) 검사로 이어지지만 역시 이상이 발견되지 않는다. 병력에서 실인증에 대한 단서를 얻기 위해서는 고차감각기능의 장애를 시사하는 증상에 유의해야 한다. 만약 이런 증상이 의심된다면 그 부분에 초점을 맞춘 정신상태검사(mental status examination)가 필요하다. 실인증은 모든 환자들에서 자세히 검사될 필요는 없다. 이 증후군은 상당히 드물기 때문에 환자가 의심되는 증상을 보여주는 경우에만 자세한 검사가 필요하다(제2장 참조). 실인증에 대한 단서가 병력 문진 과정에서 나타날 수도 있다. 예를 들어 환자가 어떤 친숙한 물체, 사람, 소리를 잘 알아보지 못했던 경험을 보고할 수 있다. 정신상태검사에서도 실인증에 대한 단서가 나타날 수 있다. 예를 들어 검사자의 말을 잘 이해하지 못하는 것은 순수말귀먹음(pure word deafness)을 시사할 수 있다. 또한 기본적인 신경학적 검사(neurological examination)에서도 고위감각기능의 결함이 시사될 수 있다. 실인증의 검진과 해석에는 상당한 시간과 창의성이 요구되지만 임상적으로 매우 유용한 정보가 수집될 수 있다(Strub and Black, 1993; Cummings and Mega, 2003).

　실인증의 표준적 정의는 '지각은 정상이지만 의미를 모르는 상태(a normal percept that has somehow been stripped of its meaning; Teuber, 1968)'이다. 즉, 외부 세계의 정보가 지각은 되지만 재인은 되지 않는 상태이다. 그러므로 학습을 통해 획득한 대상의 의미가 더 이상 그 대상에 적용되지 못한다. 실인증의 핵심적 특징 중 하나는 증상이 단일한 감각에 한정된다는 것이다. 즉, 특정 감각을 통해서는 재인되지 못하는 물체가 다른 감각을 통해서는 쉽게 재인될 수 있다. 예를 들어 시각실인증 환자는 열쇠꾸러미를 보고서 무엇인지 알지 못하지만 열쇠끼리 부딪치는 소리를 들거나 만지면 무엇인지 즉시 안다. 다른 예로 순수말귀먹음(pure word deafness) 환자는 말소리를 듣고서 이해하지 못하지만 글로 적어주면 즉시 이해한다. 그러므로 실인증은 감각특이적(modality-specific)이며 특정 감각계에서 감각과 의미를 연합시키는 기능에 생긴 결손을 반영한다. 실인증은 이름대기못함증(anomia)과는 다른 증상이다. 물체의 이름대기에 실패하는 것은 단어표상(word representation)의 상실과 연관되므로 어떤 감각으로 제시하든 표출된다. 반면에 물체의 재인에 실패하는 것은 특정 감각을 통해서는 물체의 의미 표상에 접근하지 못하는 것이다. 더구나 실인증과는 달리 이름대기못함증 환자는 이름을 못 대는 대상이더라도 의미는 알고 있다.

실인증이 임상적으로 진단되기 위해서는 일차감각상실, 급성혼돈상태, 기억상실증, 실어증이 원인으로서 배제될 수 있어야 한다. 이러한 질환들은 모두 실인증과 표면적으로 유사한 증상을 보일 수 있다. 보통 실인증은 뇌반구의 큰 손상에서 발생하는 경우가 많기 때문에 위의 배제 기준을 충족시키는 것이 쉽지 않다. 이런 점 때문에 분명한 실인증이 보고된 사례 수는 많지 않다. 또한 실인증, 특히 시각실인증의 개념은 많은 도전을 받아 왔다. 일부 학자들은 실인증이 단지 일차감각상실과 지적능력 결손의 조합을 반영할 뿐이라고 주장하였다(Bay, 1953; Bender and Feldman, 1972). 그러나 최근에는 실인증의 확인에 획기적으로 많은 발전이 있었으며, 해부학적 기반도 보다 잘 이해하게 되었다(Bauer and Demery, 2003; Greene, 2005). 실인증은 전통적으로 시각실인증, 청각실인증, 촉각실인증의 세 유형으로 대별된다(Bauer and Demery, 2003). 표 7.1에는 이 세 유형의 실인증과 관련된 손상 부위가 제시되어 있다.

7.1 시각실인증

시각실인증의 고려에 앞서 몇 가지 다른 증후군을 먼저 논의할 필요가 있다. 하나는 **피질맹**(cortical blindness)이다. 이 증상은 후두엽에 있는 양측 일차시각피질(primary visual cortex)이나 하부 백색질의 큰 손상으로 발생한 시각상실이다. 일차시각피질은 브로드만영역 17번에 해당하며 줄무늬피질(striate cortex) 또는 새발톱피

표 7.1 실인증 유형과 손상 위치

실인증 유형	손상 위치
시각	
지각못함실인증(apperceptive agnosia)	양측 후두엽(bilateral occipital lobe)
연합못함실인증(associative agnosia)	양측 후두측두 영역(bilateral occipitotemporal region)
물체실인증(object agnosia)	좌측 또는 양측 후두측두 영역(left or bilateral occipitotemporal region)
얼굴실인증(prosopagnosia)	우측 또는 양측 후두측두 영역(right or bilateral occipitotemporal region)
중추성색맹(central achromatopsia)	양측 후두측두 영역(bilateral occipitotemporal region)
동시보기실인증(simultanagnosia)	양측 후두두정 영역(bilateral occipitoparietal region)
움직임실인증(akinetopsia)	양측 후두두정 영역(bilateral occipitoparietal region)
청각	
순수말귀먹음(pure word deafness)	좌측 또는 양측 측두엽(left or bilateral temporal lobe)
청각소리실인증(auditory sound agnosia)	우측 또는 양측 측두엽(right or bilateral temporal lobe)
촉각	반대쪽 두정엽(contralateral parietal lobe)

질(calcarine cortex)이라고도 칭한다. 피질맹 환자들은 동공반응(pupillary responses)은 유지하지만 시선이동성눈떨림(optokinetic nystagmus)은 상실한다 (Symonds and Mackenzie, 1957). 피질맹은 자주 맹시의 부정증(denial of blindness)을 동반한다. 이러한 질병실인증(anosognosia)을 **안톤증후군**(Anton's syndrome)이라고 한다(Anton, 1899). 안톤증후군 환자들은 마치 자신의 시각이 정상인 것처럼 행동한다. 그래서 벽이나 가구에 자주 부딪치는데 '조명이 어둡다'거나 '안경이 안 맞는다'는 식의 말짓기증(confabulations)으로 합리화한다. 안톤증후군이 왜 발생하는지는 아직 모르지만, 환자가 제한적이지만 실제로 시각을 '경험'할 가능성이 있다. 이러한 가설은 안톤증후군을 '**맹시**(blindsight)'와 유사한 것으로 해석한다. 맹시 환자들은 일차시각피질은 손상되었지만, 손상되지 않은 위둔덕(superior colliculus), 시상베개(pulvinar), 두정엽을 통해서 시지각이 일부 가능하다(Damasio, Tranel, and Rizzo, 2000).

다른 하나는 클리버-부시(Klüver-Bucy)증후군에서 나타나는 시각실인증이다. 이 증후군은 원래 원숭이의 앞쪽측두엽(anterior temporal lobes)을 절제한 연구에서 처음으로 보고되었다(Klüver and Bucy, 1939). 그러나 인간에서도 측두엽을 손상시키는 여러 병변들이 유사한 증후군을 발생시킨다(Lilly et al., 1983). 이 증후군의 한 요소는 시각적 결손이다. 이 시각적 결손의 핵심은 제시된 물체의 쾌락적(hedonic) 혹은 보상적 가치를 인지하지 못하는 것이다. 예를 들어 이 증상을 보이는 원숭이들은 먹을 수 있는 물체와 없는 물체를 변별하지 못한다. 그러므로 이 증상은 시각실인증과는 다르며 오히려 정신성맹(psychic blindness; Klüver and Bucy, 1939)이라는 용어가 더 적절하다. 또한 고위시각기능의 결손을 반영하는 것이 아니라 시각계와 둘레계의 분리(visual-limbic disconnection)를 반영하는 증상이다. 간단히 요약하면 시각실인증은 인지적 정보처리의 장애인 반면에 클리버-부시증후군은 정서적 정보처리의 장애이다. 클리버-부시증후군에 관해서는 제9장에서 보다 자세히 논의할 것이다.

시각실인증(visual agnosia)에는 여러 유형들이 있으며 서로 일치시키기 어려운 여러 분류 체계들이 제안되어 왔다. 그러나 어느 체계도 보편적으로 수용되는 것은 없는 실정이다. 시각실인증을 어떤 유형들로 분류할 것인가는 고위시각기능에 관한 이론과도 맞물리기 때문에 매우 중요한 문제이다(Farah, 1990). 여러 분류 체계가 제안되었지만 가장 많이 사용되는 것은 Lissauer(1890)가 제안한 분류이다. 이 분류는 시각실인증을 지각못함실인증(apperceptive agnosia)과 연합못함실인증(associative agnosia)으로 구분한다. 이러한 구분은 시각 재인의 과정을 두 단계로 구분하는 이론적 입장을 반영한다. 첫째는 시각적 요소들을 통합하여 전체상을 만드는 통각(apperception)이고, 둘째는 전체상을 등록된 시각표상과 비교하는 연합(association) 단계이다. 개별 환자에 따라서는 이 두 유형 중 어디에 속하는지 애매할 수도 있다(DeRenzi and Lucchelli, 1993). 이러한 제한점이 있긴 하지만 우리는 Lissauer가 제안한 두 유형을 중심으로 논의를 전개할 것이다.

지각못함시각실인증(apperceptive visual agnosia)은 두 유형의 실인증 중 보다 흔히 발생한다. 이 시각실인증은 지각하는 단계에서 결손이 있어서 물체 재인에 실패한다. 이 유형의 실인증 환자들은 양측 후두엽에 부분적 손상이 있으며, 이로 인해 시야에서 보이지 않는 부분이 있다. 그러나 시야에서 보이는 부분에 물체를 제시하여도 재인에 실패한다. 이 실인증이 피질맹과 다른 점은 손상 부위가 작아서 시야에서 시력이 정상인 부분이 존재한다는 것이다. 그러나 환자들은 형태를 재인하지 못하며, 그림을 보고서 똑같이 그리거나 유사한 모양끼리 짝짓는 것도 불가능하다(Benson and Greenberg, 1969). 이러한 일반적인 특징 이외에 개별 환자들의 증상은 보고된 사례들에 따라 개인차가 있다.

연합못함시각실인증(associative visual agnosia)은 지각못함시각실인증보다 드물게 나타나지만 증상은 보다 명확하다. 이 시각실인증은 물체를 잘 지각하면서도 재인에는 실패한다. 시각적 재인에 문제가 있지만 보지 못하는 것은 아니다. 지각못함시각실인증 환자와는 달리 재인이나 이름대기에 실패한 물체를 보고서 똑같이 그릴 수 있다. 또한 보기와 같도록 그림이나 물체를 짝지우는 과제도 잘한다(Rubens and Benson, 1971). 이 실인증에는 색채이름대기(color naming)의 결손과 순수실독증(pure alexia)이 자주 동반된다(제5장 참조). 이러한 점에 근거해서 Geschwind는 이 실인증을 시각계와 언어계의 분리(visual-verbal disconnection)와 연관시켰다(Geschwind, 1965). 그러나 연합못함시각실인증 환자의 뇌를 부검한 사례에서 양측 후두측두 피질 및 인접한 백색질의 손상이 보고되었다(Benson, Segarra, and Albert, 1974; Albert et al., 1979). 이러한 사례는 물체의 시각적 기억을 저장하는 부위가 손상되었을 수 있음을 시사한다.

Lissauer가 지각못함실인증과 연합못함실인증을 제안한 이후 시각실인증의 보다 자세한 범주들이 제안되었다. 여기에는 물체실인증(object agnosia), 얼굴실인증(prosopagnosia), 중추성색맹(central achromatopsia), 동시보기실인증(simultanagnosia)이 포함된다. 이 범주들은 모두 시각적 재인의 특정 측면에서 결손을 보인다. 또한 일차시각피질에는 별로 손상이 없는 대신에 시각연합피질의 일부에 손상이 있는 점에서 연합못함실인증의 아형들로 볼 수 있다(표 7.1 참조). 이 실인증들과 연관된 손상 위치는 사례 연구와 신경영상기법을 통하여 보다 정밀하게 밝혀지고 있다. 현재 고위 시각기능은 연구가 매우 활발한 분야 중 하나이다.

물체실인증(object agnosia)은 물체에 한정된 시각실인증이다. 예를 들면 연필, 의자, 또는 시계를 보고서 무엇인지 재인하지 못한다. 물체 재인은 좌측 혹은 양측 후두측두 부위에서 일어난다고 추정된다. 이 부위는 혀이랑(lingual gyrus), 방추형이랑(fusiform gyrus), 해마곁이랑(parahippocampal gyrus)을 포함한다. 이 부위의 피질과 하부 백색질에 손상을 일으키는 경색은 물체실인증을 발생시킨다(Bauer and Demery, 2003). 시각실어증(optic aphasia)은 경도의 물체실인증을 지칭하는 용어이다. 시각실어증 환자는 시각적으로 제시된 물체가 무엇인지는 재인하지만 이름을 말하지 못한다. 그러나 청각과 촉각을 통해서 제시되면 쉽게 이름을 말할 수 있다(Bauer and Demery, 2003). 정상인을 대상으로 한 양전자방출단층촬영술(PET) 연구는 물체 재인이 주로 좌측 후두측두 영역에서 일어남을 제시하였다(Sergent, Ohta, and Macdonald, 1992). 물체실인증의 편재화는 아직 명백한 결론이 없지만 우측 같은쪽반맹(homonymous hemianopsia)과 실독증(alexia)이 자주 수반되는 점은 좌반구가 보다 중요할 가능성을 시사한다.

반면에 얼굴 재인은 좌반구 구조들보다 우반구 구조들과 더 많이 관련된 기능이다. 얼굴실인증(prosopagnosia)이라는 흥미로운 증상은 얼굴에 한정된 시각실인증이다. 이 환자들은 거울에 비친 자기의 얼굴도 알아보지 못할 수 있다(Bauer and Demery, 2003). 이 분야에서 논쟁이 되어 온 것 중 하나는 얼굴실인증이 발생하려면 양반구의 손상이 필수적인가의 문제이다. 일부 사례들에서는 양측 후두측두 영역 및 하부 백색질의 손상이 보고되었다(Damasio, Damasio, and Van Hoesen, 1982). 그러나 다른 사례들에서는 우측 후두측두 영역에 국한된 손상이 보고되었다(Michel, Poncet, and Signoret, 1989). 얼굴 재인에 양측 시각연합영역이 모두 기여하지만 우측 시각연합영역이 보다 중요할 수 있으며(Damasio, Tranel, and Damasio, 1990), 정상인의 PET 연구도 이러한 가설을 지지하였다(Sergent, Ohta, and Macdonald, 1992). 그러므로 얼굴 처리와 물체 처리는 해리(dissociation)를 보일 수 있으며 각각 우반구와 좌반구가 보다 전문적인 역할을 한다.

중추성색맹(central achromatopsia)은 색지각에 한정된 실인증으로 후두측두 영역의 손상으로 발생한다(Damasio et al., 1980). 양반구가 손상된 경우에는 증상이 시야의 모든 부분에 나타나지만 한쪽 반구만 손상된 경우에는 증상이 반쪽 혹은 사분쪽 시야에만 나타난다. 환자들은 세상이 회색으로 보이거나 빛깔이 바래 보인다고 호소한다. 실험 동물의 신경생리학적 연구나 정상인의 기능신경영상(functional neuroimaging) 연구는 방추이랑과 혀이랑에서 색에 민감성을 보이는 신경세포들을 발견하였다(Damasio, Tranel, and Rizzo, 2000). 이 세포들은 색채 처리에 전문화되어 있다. 색지각과 관련된 다른 증후군은 색채이름대기못함증으로 자주 순수실독증과 함께 발생한다(Geschwind and Fusillo, 1966). 색채이름대기못함증은 색채의 재인이 아니라 색채의 이름 말하기에 결함이 있는 점에서 중추성색맹과는 다르다. 두 증후군 모두 선천적 색맹과는 구별되어야 한다. 또한 일부 다발성경화증(multiple sclerosis) 환자처럼 후천적인 시각신경손상으로 색채시에 결함을 보이는 경우와도 구별되어야 한다.

동시보기실인증(simultanagnosia)은 시각 장면의 여러 요소들 중 개별적으로 하나씩은 보지만 전체를 한꺼번에 보지 못하는 특이한 증상이다(Wolpert, 1924). 동시보기실인증은 **바린트증후군**(Balint's syndrome)을 구성하는 세 증상의 하나이다(Balint, 1909). 바린트증후군은 양측 후두두정 영역의 손상으로 발생한다. 이 증후군의 다른 두 증상은 눈실행증(ocular apraxia)과 시각조화운동못함증(optic ataxia)이다(Balint, 1909). **눈실행증**(ocular apraxia)은 한 지점에서 다른 지점으로 시선 이동을 수의적으로 못하는 것으로 눈돌림실행증(oculomotor apraxia) 또는 정신성시선마비(psychic paralysis of gaze)라고도 한다. **시각조화운동못함증**(optic ataxia)은 입체시(stereopsis) 혹은 깊이지각의 결함으로 시각적으로 안내되는 동작을 적절히 수행하지 못하는 증상이다. 바린트증후군은 저혈압성 뇌졸중 사례들에서 가장 많이 보고된다(Damasio, Tranel, and Rizzo, 2000). 최근에는 동시보기실인증이 퇴행성 뇌질환의 초기 증상으로 나타난 사례들이 보고되었다. 이런 사례들 중 일부는 뇌위축이 뒤쪽에 집중되어서 알츠하이머병을 시사하였다(Graff-Radford et al., 1993). 최근 완벽한 바린트증후군이 뒤피질위축(posterior cortical atrophy) 사례들에서 보고되었는데(Benson, Davis, and Snyder, 1988), 사후 부검 시 알츠하이머병 확진이 가능할 것으로 예상된다. 동시보기실인증이 일종의 경계장애(disorder of vigilance)라는 가설이 제기된 바 있다(Rizzo and Hurtig, 1987). 이 가설에 따르면 환자들은 양반구의 뒤쪽 주의기제가 모두 손상되어서 보고 있는 물체를 의식 속에 오래 유지하지 못한다. 그러므로 바라는 보지만 실제로 보지는 못한다('looks but does not see').

마지막으로, **움직임실인증**(akinetopsia)은 운동의 지각에만 선별적인 실인증이다. 매우 드물게 발생하며 운동맹(motion blindness)이라고 칭하기도 한다. 이 질환은 신경퇴행 질환, 뇌외상, 양반구 뒤쪽 피질 손상에서 보고된 바 있다(Rizzo, Nawrot, and Zihl, 1995; Pelak and Hoyt, 2005; Tsai and Mendez, 2009). 이 질환의 발생은 후두두정 영역의 손상과 가장 밀접하게 관련된 것으로 보인다(Rizzo, Nawrot, and Zihl, 1995; Tsai and Mendez, 2009).

고위시각기능의 뇌 해부는 고위 영장류와 인간 대상의 연구를 통하여 최근 많은 진전을 이루었다. 이런 연구들의 성과는 시각실인증의 이해에도 기여하였다(그림 7.1 참조). 이 연구들은 시각정보의 처리가 후두피질에서 두 가지 방향으로 진행됨을 제시하였다. 하나는 후두엽에서 측두엽 쪽으로 진행하는 것으로 **배쪽**(ventral) 시각계라고 칭하며, 다른 하나는 후두엽에서 두정엽 쪽으로 진행하는 것으로 **등쪽**(dorsal) 시각계라고 칭한다(Mishkin, Ungerleider, and Macko, 1983; Haxby et al., 1991). 배쪽 시각계와 등쪽 시각계를 각각 **작은세포**(parvocellular) 시각계와 **큰세포**(magnocellular) 시각계라고 칭하기도 한다. 이는 시상의 가쪽무릎핵(lateral geniculate nucleus)의 작은세포집단은 배쪽 시각계로 투사하고 큰세포집단은 등쪽 시각계로 투사하는 것에서 비롯한 명칭이다. 배쪽 시각계는 아래측두엽(브로드만영역 37번)으로 투사하며 모양, 형태, 색채와 같은 물체 속성의 처리에 관여한다. 등쪽 시각계는 두정엽(브로드만영역 7번)으로 투사하며 위치, 움직임, 입체시와 같은 공간정보의 처리에 관여한다. 이런 점에서 배쪽 시각계와 등쪽 시각계를 각각 **무엇**(what) 시각계와 **어디**(where) 시각계라는 간단한 명칭으로 부르기도 한다.

배쪽 시각계와 등쪽 시각계의 구분은 여러 형태의 시각실인증에 대한 체계적 설명에도 기여한다. 지각못함실인증은 양측 후두엽의 손상으로 인해 시각 자극에 대한 적절한 지각적 처리가 일어나지 않는 상태이다. 연합못함실인증은 시각연합영역의 손상으로 일어나는 다양한 유형의 실인증에 대한 총칭으로 볼 수 있다. 배쪽 시각계

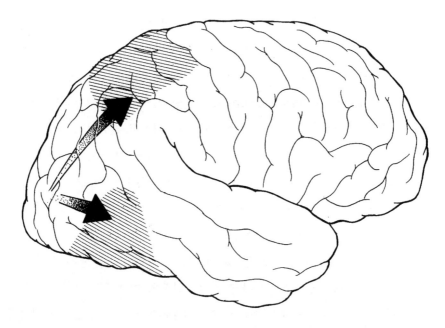

그림 7.1 두정엽과 측두엽의 시각연합영역은 각각 공간정보와 물체정보의 처리에 중요하다.

는 물체 속성의 처리에 기여하며 물체실인증, 얼굴실인증, 중추성색맹에서 손상을 보이는 시각계이다. 반면에 등쪽 시각계는 공간정보의 처리에 기여하며 동시보기실인증과 움직임실인증에서 손상을 보이는 시각계이다. 실인증 연구는 지난 세기 내내 혼란스러운 사례 보고와 난해한 이론에 시달려 왔지만 이제 두 시각계 이론이 체계적 분석을 위한 강력한 틀을 제공하고 있다. 두 시각계 이론은 실인증이라는 매력적인 주제의 연구에 앞으로도 많은 기여를 할 것으로 기대된다.

　　시각실인증의 논의를 마치기에 앞서 **시각심상**(visual imagery)장애에 관해 잠시 고려해 보자. 심상이란 '마음의 눈으로 보는 것'이다. 심상은 수의적 행위(voluntary act)인 점에서 시각적 환각이나 꿈과는 다르다. 심상에는 시각표상의 활성화가 요구되는데 시각표상은 시각연합피질에 저장된 것으로 생각된다. 그러므로 심상장애는 시각연합피질의 손상과 관련될 것으로 예상할 수 있다(Farah, 1990). 사례 연구들에 따르면 심상장애는 배쪽 시각계 및 등쪽 시각계의 손상 모두에서 나타날 수 있다. 구체적 증상은 어떤 시각계가 손상되느냐에 따라 다른데, 각 시각계의 손상에서 발생하는 실인증과 연관성을 보인다. 즉, 물체색채 심상의 장애는 측두후두 영역의 손상으로 발생하는 중추성색맹 및 얼굴실인증과 같이 나타나는 경우가 많다. 반면에 시공간 심상의 장애는 두정후두 영역의 손상으로 발생하는 시각지남력장애(visual disorientation)와 같이 나타나는 경우가 많다(Levine, Warach, and Farah, 1985). 심상기능에서 우반구가 더 우세할 것으로 예상되는 측면이 있지만 실제 연구들은 좌반구도 심상에 기여함을 제시하였다(Kosslyn, 1988; Sergent, 1990). 그러므로 현재의 임상적 및 실험적 증거는 좌우 뇌반구 모두가 시각심상에 기여한다는 가설을 지지한다.

7.2 청각실인증

청각실인증(auditory agnosia)은 정상 청력에도 불구하고 말소리나 비말소리(nonverbal sounds)를 재인하지 못하는 증상이다. 이 증후군은 보통 양반구 대뇌손상에서 발생하는 점에서 시각실인증과 유사하지만 손상 위치는 측두엽에 있다. 광범위한 양측 후두엽 손상이 피질맹(cortical blindness)을 유발하는 것처럼 광범위한 양측 측두엽 손상은 **피질농**(cortical deafness)을 유발한다. 피질농에는 일차청각피질 및 하부 백색질의 손상이 결정적 역할을 한다(Earnest, Monroe, and Yarnell, 1977). 일차청각피질은 헤슬이랑(Heschl's gyri; 브로드만영역 41번, 42번)에 위치한다. 청각실인증은 시각실인증에 비해 증상이 덜 극적이다. 청각실인증의 진단은 실인증이 청각에 한정된 것임이 입증되어야 한다. Lissauer가 제안한 지각못함실인증과 연합못함실인증을 청각실인증에 적용하려는 시도가 있었지만, 청각에서는 두 유형의 임상적 구분이 어렵고 관련 손상 위치도 불명확하다(Mesulam, 2000). 보다 유용한 구분은 청각단어실인증(auditory word agnosia)과 청각소리실인증(auditory sound agnosia)의 구분이다. 청각단어실인증은 순수말귀먹음(pure word deafness)이라고도 칭한다.

　　순수말귀먹음(pure word deafness)은 정상적 청력에도 불구하고 말소리를 재인하지 못하는 증상이다. 환자는 말소리를 듣긴 하지만 무슨 말인지는 이해하지 못한다. 귀에 이상이 없기 때문에 순수청음검사(pure tone audiometry)는 정상이다. 이러한 증상은 베르니케실어증에서도 나타나며(제5장 참조) 실제로 베르니케증상이 호전된 상태일 수도 있다. 그러나 순수말귀먹음은 자발적 말하기(spontaneous speech), 읽기, 쓰기에 문제가 없는 점에서 베르니케실어증과는 다르다(Coslett, Brashear, and Heilman, 1984). 그러나 순수말귀먹음 환자도 또한 따라 말하기를 못하고 말에 착어증도 있을 수 있는 점에서 베르니케실어증과의 변별 진단이 애매할 수도 있다. 순수말귀먹음은 좌측 및 우측 일차청각피질(헤슬이랑, 브로드만영역 41번, 42번)로부터 베르니케영역으로 투사하는 연결이 모두 분리되어 나타나는 것으로 추정된다(Geschwind, 1970). 이와 같은 분리는 양측 측두엽 손상(Auerbach et al., 1982) 혹은 좌측 측두엽 손상(Albert and Bear, 1974)에서 발생할 수 있다. 순수말귀먹음 사례는 드문 편인데 측두엽 손상이 매우 선별적이어야 하는 것과 무관하지 않다. 즉, 베르니케영역 자체는 손상시키지 않으면서 청각적 입력과 베르니케영역의 연결만 분리시키는 손상이어야 한다.

청각소리실인증(auditory sound agnosia)은 재인하지 못하는 소리가 비언어적이라는 점에서 순수말귀먹음과 대조를 이룬다. 이 실인증은 순수말귀먹음보다도 더 드물게 발생하는데 증상 자체가 분명하지 않아서 환자들이 의학적 도움을 구하는 비율이 낮은 것이 원인 중 하나인 것으로 보인다. 이 증상을 보이는 환자는 청력이 정상이고 말소리의 이해에 문제가 없음에도 불구하고 환경에서 들리는 여러 비언어적 소리들을 듣고서 재인하지 못한다. 예를 들어 종소리나 개가 짖는 소리를 듣고서 무슨 소리인지 이해하지 못한다. 이 증상과 관련된 뇌손상은 아직 불명확하지만 좌측 및 우측 일차청각피질로부터 우반구의 소리 처리계로 투사하는 연결이 모두 분리되어 나타나는 것일 수 있다. 이와 같은 분리는 우측 측두엽 손상(Spreen, Benton, and Fincham, 1965) 혹은 양측 측두엽 손상(Albert et al., 1972)에서 발생할 수 있다. 그러므로 순수말귀먹음을 일으키는 뇌손상과 대칭적인 뇌손상이 청각소리실인증을 유발한다는 것을 시사한다. 좌측 혹은 우측 측두두정 영역에 뇌졸중이 발생한 환자들의 연구는 양반구 모두가 비언어 소리의 처리에 기여함을 제시하였다(Schneider et al., 1994). 그러나 우반구는 소리 변별(sound discrimination)에 더 중요한 반면에 좌반구는 소리의 의미적 처리(semantic processing)에 더 중요하였다.

7.3 촉각실인증

촉각실인증(tactile agnosia)은 통증, 온도각, 촉각, 진동각, 고유감각(proprioception)이 정상임에도 불구하고 물체를 손으로 만져서 재인하지 못하는 증상이다. 촉각실인증은 두정엽의 손상으로 발생하는데, 반대편으로 교차하는 체감각계의 해부학적 특성으로 인해 반대편 손에만 증상이 나타난다. 다른 실인증과 마찬가지로 촉각실인증의 진단은 실인증이 촉각에 한정된 것임이 입증되어야 하고 급성혼돈상태, 기억상실증, 실어증이 원인으로서 배제될 수 있어야 한다. 촉각실인증의 평가에서는 환자가 보거나 듣지 못하도록 한 상태에서 한 손으로 만져서 동전, 열쇠, 클립과 같은 물체를 재인할 수 있는지를 검사한다.

촉각실인증은 일반적 신경학적 검사에서 피질성 감각장애로 취급하는 **입체실인증**(astereognosis)과 동일한 것이다. 입체실인증은 촉각적 재인의 장애로 전형적 손상위치는 반대편 두정엽에 있는 일차체감각피질(primary somatosensory cortex)이다. 손바닥에 쓴 글씨나 숫자를 재인하지 못하는 것은 **촉각글자실인증**(agraphesthesia)이라고 칭한다. 입체실인증과 촉각글자실인증은 반대편 두정엽의 손상을 탐지함에 있어서 상당히 유용하다.

촉각실인증이 두정엽 내에서 어떤 부분의 손상과 관련되는지는 아직 확실하게 밝혀지지 않은 부분도 있다(Caselli, 1991; Bauer and Demery, 2003). 촉각적 재인의 장애에 관한 연구는 반대편 중심뒤이랑(브로드만영역 3, 1, 2번)의 손(hand) 영역 손상과 관련됨을 제시하였다(Corkin, Milner, and Rasmussen, 1970; Roland and Larsen, 1976). 그러나 촉각실인증이 두정엽의 보다 뒤쪽인 브로드만영역 40번과 39번의 손상에서 발생한 사례도 보고되었다(Reed and Caselli, 1994). 촉각실인증이 우반구 손상으로 공간지남력(spatial orientation)이 손상된 사례에서 보고된 적이 있다는 점도 주목할 만하다(Semmes, 1965). 마지막으로, 왼손에만 국한된 촉각실인증도 가끔 발생한다. 이 증상은 뇌들보 분리에 의해서 특정 감각에 발생한 이름대기결손을 반영할 수 있다(Geschwind and Kaplan, 1962).

참고문헌

Albert, M. L., and Bear, D. Time to understand: a case study of word deafness with reference to the role of time in auditory comprehension. *Brain* 1974; 97: 373-384.

Albert, M. L., Soffer, D., Silverberg, R., and Reches, A. The anatomic basis of visual agnosia. *Neurology* 1979; 29: 876-879.

Albert, M. L., Sparks, R., von Stockert, T., and Sax, D. A case of auditory agnosia: linguistic and nonlinguistic processing. *Cortex* 1972; 8: 427-443.

Anton, G. Über die Selbstwahrnehmungen der Herderkrankungen des Gehirns durch den Kranken bei Rindenblindheit und Rindentaubheit. *Arch für Psychiatr* 1899 11: 227-229.

Auerbach, S. H., Allard, T., Naeser, M., et al. Pure word deafness: analysis of a case with bilateral lesions and a defect at the prephonemic level. *Brain* 1982; 105: 271-300.

Balint, R. Seelenlähmung des "Schauens," optische Ataxie, raumliche Störung der Aufmerksamkeit. *Monatsschrift fur Psychiat Neurol* 1909; 25: 51-81.

Bauer, R. M, and Demery, J. A. Agnosia. In: Heilman, K. M., and Valenstein, E., eds. *Clinical Neuropsychology.* 4th ed. New York: Oxford University Press; 2003: 236-295.

Bay, E. Disturbances of visual perception and their examination. *Brain* 1953; 76: 515-550.

Bender, M. B., and Feldman, M. The so-called "visual agnosias." *Brain* 1972; 95: 173-176.

Benson, D. F., Davis, R. J., and Snyder, B. D. Posterior cortical atrophy. *Arch Neurol* 1988; 45: 789-793.

Benson, D. F., and Greenberg, J. P. Visual form agnosia. *Arch Neurol* 1969; 20: 82-89.

Benson, D. F., Segarra, J., and Albert, M. L. Visual agnosia-prosopagnosia: a clinicopathologic correlation. *Arch Neurol* 1974; 30: 307-310.

Caselli, R. J. Rediscovering tactile agnosia. *Mayo Clin Proc* 1991; 66: 129-142.

Corkin, S., Milner, B., and Rasmussen, T. Somatosensory thresholds: contrasting effects of postcentral-gyrus and posterior parietal lobe excision. *Arch Neurol* 1970; 23: 41-58.

Coslett, H. B., Brashear, H. R., and Heilman, K. M. Pure word deafness after bilateral primary auditory cortex infarcts. *Neurology* 1984; 34: 347-352.

Cummings, J. L., and Mega, M. S. *Neuropsychiatry and Behavioral Neuroscience.* New York: Oxford University Press; 2003.

Damasio, A. R., Damasio, H., and Van Hoesen, G. W. Prosopagnosia: anatomic basis and behavioral mechanisms. *Neurology* 1982; 32: 331-341.

Damasio, A. R., Tranel, D., and Damasio, H. Face agnosia and the neural substrates of memory. *Ann Rev Neurosci* 1990; 13: 89-109.

Damasio, A. R., Tranel, D., and Rizzo, M. Disorders of complex visual processing. In: Mesulam, M.-M., ed. *Principles of Behavioral and Cognitive Neurology.* 2nd ed. New York: Oxford University Press;

2000: 332-372.

Damasio, A. R., Yamada, T., Damasio, H., et al. Central achromatopsia: behavioral, anatomic, and physiologic aspects. *Neurology* 1980; 30: 1064-1071.

DeRenzi, E., and Lucchelli, F. The fuzzy boundaries of apperceptive agnosia. *Cortex* 1993; 29: 187-225.

Earnest, M. P., Monroe, P. A., and Yarnell, P. R. Cortical deafness: demonstration of the pathologic anatomy by CT scan. *Neurology* 1977; 27: 1172-1175.

Farah, M. J. *Visual Agnosia.* Cambridge: MIT Press; 1990.

Freud, S. *On Aphasia.* New York: International Universities Press; 1891.

Geschwind, N. Disconnexion syndromes in animals and man. *Brain* 1965; 88: 237-294, 585-644.

——. The organization of language and the brain. *Science* 1970; 170: 940-944.

Geschwind, N., and Fusillo, M. Color-naming deficits in association with alexia. *Arch Neurol* 1966; 15: 137-146.

Geschwind, N., and Kaplan, E. A human cerebral deconnection syndrome. *Neurology* 1962; 12: 675-685.

Graff-Radford, N. R., Bolling, J. P., Earnest, F., et al. Simultanagnosia as the initial sign of degenerative dementia. *Mayo Clin Proc* 1993; 68: 955-964.

Greene, J.D.W. Apraxia, agnosias, and higher visual function abnormalities. *J Neurol Neurosurg Psychiatry* 2005; 76 (Suppl V): v25-v34.

Haxby, J. V., Grady, C. L., Horwitz, B., et al. Dissociation of object and spatial visual processing pathways in human extrastriate cortex. *Proc Natl Acad Sci* 1991; 88: 1621-1625.

Klüver, H., and Bucy, P. C. Preliminary analysis of functions of the temporal lobes in monkeys. *Arch Neurol Psychiat* 1939; 42: 979-1000.

Kosslyn, S. M. Aspects of a cognitive neuroscience of mental imagery. *Science* 1988; 240: 1621-1626.

Levine, D. N., Warach, J., and Farah, M. Two visual systems in visual imagery: dissociation of "what" and "where" in imagery disorders due to bilateral posterior cerebral lesions. *Neurology* 1985; 35: 1010-1018.

Lilly, R., Cummings, J. L., Benson, D. F., and Frankel, M. The human Klüver-Bucy syndrome. *Neurology* 1983; 33: 1141-1145.

Lissauer, H. Ein Fall von Seelenblindheit nebst einen Beitrage zur Theorie derselben. *Arch für Psychiat* 1890; 21: 222-270.

Mesulam, M.-M. Behavioral neuroanatomy: large-scale networks, association cortex, frontal systems, the limbic system, and hemispheric specializations. In: Mesulam, M.-M. *Principles of Behavioral and Cognitive Neurology.* 2nd ed. New York: Oxford University Press; 2000: 1-120.

Michel, F., Poncet, M., and Signoret, J. L. Les Lésions responsables de la prosapagnosie sont-elles toujours bilatérales? *Rev Neurol* 1989; 146: 764-770.

Mishkin, M., Ungerleider, L. G., and Macko, K. A. Object vision and spatial vision: two cortical pathways. *Trends Neurosci* 1983; 6: 414-417.

Pelak, V. S., and Hoyt, W. F. Symptoms of akinetopsia associated with traumatic brain injury and Alzheimer's disease. *Neuro-Ophthalmology* 2005; 29: 137-142.

Reed, C. L., and Caselli, R. J. The nature of tactile agnosia: a case study. *Neuropsychologia* 1994; 32: 527-539.

Rizzo, M., and Hurtig, R. Looking but not seeing: attention, perception, and eye movements in simultanagnosia. *Neurology* 1987; 37: 1642-1648.

Rizzo, M., Nawrot, M., and Zihl, J. Motion and shape perception in cerebral akinetopsia. *Brain* 1995; 118: 1105-1127.

Roland, P. E., and Larsen, B. Focal increases of cerebral blood flow during stereognostic testing in man. *Arch Neurol* 1976; 33: 551-558.

Rubens, A. B., and Benson, D. F. Associative visual agnosia. *Arch Neurol* 1971; 24: 305-316.

Schnider, A., Benson, D. F., Alexander, D. N., and Schnider-Klaus, A. Non-verbal environmental sound recognition after unilateral hemispheric stroke. *Brain* 1994; 117: 281-287.

Semmes, J. A non-tactual factor in astereognosis. *Neuropsychologia* 1965; 3: 295-314.

Sergent, J. The neuropsychology of visual image generation: data, method, and theory. *Brain Cogn* 1990; 13: 98-129.

Sergent, J., Ohta, S., and Macdonald, B. Functional neuroanatomy of face and object processing. *Brain* 1992; 115: 15-36.

Spreen, O., Benton, A. L., and Fincham, R. W. Auditory agnosia without aphasia. *Arch Neurol* 1965; 13: 84-92.

Strub, R. L., and Black, F. W. *The Mental Status Examination in Neurology.* 3rd ed. Philadelphia: F. A. Davis; 1993.

Symonds, C., and Mackenzie, I. Bilateral loss of vision from cerebral infarction. *Brain* 1957; 80: 415-455.

Teuber, H. L. Alteration of perception and memory in man. In: Weiskrantz, L., ed. *Analysis of Behavioral Change.* New York: Harper and Row; 1968: 274-328.

Tsai, P.-H., and Mendez, M. F. Akinetopsia in the posterior cortical variant of Alzheimer disease. *Neurology* 2009; 73: 731-732.

Wolpert, I. Die Simultanagnosie: Störung der Gesamtauffassung. *Z Ges Neurol Psychiatr* 1924; 93: 397-415.

제8장

우반구 증후군

반구 손상은 행동신경학에서 가장 흥미로우면서도 난해한 증후군을 만들어낸다. 우반구 증후군에 관한 정보는 점점 증가해 왔지만 언어로 매개되는 증상이 아니기 때문에 이해하기에 어려운 부분들이 많다. 우반구 증후군은 현실 생활에서 상당한 장애를 초래할 수 있지만 본인, 가족, 혹은 친지가 증상을 말로 표현하기가 매우 어렵다. 그러므로 검사자가 의도적으로 평가하지 않는 한 정신상태검사에서 간과되기 쉽다. 증상이 탐지되더라도 직관적이고 비언어적인 인지계와 관련된 것이므로 본질이 무엇인지 이해하거나 언어적으로 충분히 기술하기가 어렵다. 이러한 증상에 적용되는 전문용어들도 근원적으로 비언어적인 현상을 만족스럽게 기술하지는 못하며 이해하기도 어렵다. 언어적 증상은 평가자에게 훨씬 투명하며 뇌-행동 관계의 연구가 언어기능에서 가장 큰 진보를 이룬 것은 우연이 아니다(제5장 참조). 그러므로 우반구 기능과 증후군을 기술할 적절한 용어들과 분류 체계를 만들어내는 것은 현대

표 8.1 우반구 증후군(Right hemisphere syndromes)

구성실행증(constructional apraxia)
무시증(neglect)
공간지남력장애(spatial disorientation)
옷입기실행증(dressing apraxia)
실운율증(aprosody)
실음악증(amusia)
정서장애(emotional disorders)

행동신경학이 직면한 가장 도전적인 과제 중 하나이다.

우반구 증상들은 많은 경우 외부 공간에서 신체의 방향감을 유지하면서 적절히 반응하는 것의 장애와 관련된다. 우리는 삼차원 세계에 살면서 이 세계로부터 오는 모든 중요 정보에 적절히 주의를 주고, 해석하고, 재구조화하고, 중요 사항을 기억하고, 적절한 운동 반응을 해야만 생존할 수 있다. 이러한 기능들 중 어느 것도 좌반구의 언어계에 의해서는 만족스럽게 매개되지 못하며 우반구의 비언어계를 필요로 한다는 점이 많은 증거들로 제시된다. 시공간적 통합기능의 중요성 및 우반구 손상이 가져오는 심각한 장애를 고려할 때에 우반구를 '열성반구(minor hemisphere)'로 칭하는 것은 잘못된 표현이다. 우리의 문화가 언어적 능력에 많은 가치를 부여하는 것은 사실이지만 우반구가 매개하는 여러 비언어적 능력들도 적응에 중요하다. 이러한 비언어적 기능들에서는 오히려 우반구가 '우성반구(major hemisphere)'이다. 제5장의 목표는 우반구가 인간의 정신생활에 어떤 기여를 하는지를 전체적으로 조망하는 것이다. 표 8.1에는 주요 우반구 증후군들(right hemisphere syndromes)이 열거되어 있다. 이 장의 마지막 섹션은 우반구가 정서에서 하는 역할로 제9장과 제10장에서 정서와 인격에 관한 추가적 논의로 넘어가는 가교 역할을 할 것이다.

8.1 구성실행증

구성실행증(constructional apraxia)은 보통 그리기 기능의 결손을 지칭하는 용어로 사용된다. 이 증상이 있는 환자들은 이차원이나 삼차원 형태를 적절히 그리거나 모사(copy)하는 데 실패한다. 이러한 증상은 일상생활에서는 길을 잘 못 찾거나, 운전 중 길을 잃거나, 산책 후 집으로 잘 돌아오지 못하는 증상으로 나타날 수 있다. 구성실행증의 용어는 진정한 의미의 실행증이 아니라는 점에서 비판을 받았지만

(Geschwind, 1975) 가장 많이 사용되는 용어로 남아 있다. 이 증상에 대한 다른 용어로는 시공간기능장애(visuospatial dysfunction), 구성력장애(constructional disturbance), 동작실인증(apractagnosia)이 있지만 어느 것도 그다지 만족스럽지 못하다(Cummings and Mega, 2003). 우리는 여기서 이 증상이 진정한 실행증인가의 논쟁에 참여하지는 않을 것이다. 대신 구성실행증의 용어를 전통적 의미로 사용하면서 이 증상이 어떤 부위의 뇌손상과 연관되는지를 살펴볼 것이다.

먼저 강조할 점은 구성실행증은 일반적으로 신경학적 질환과 연관된다는 점이다. 특발성(idiopathic) 정신과 질환들은 보통 구성력의 장애를 초래하지 않는다(Cummings and Mega, 2003). 이차원이나 삼차원 그리기의 심한 장애가 주로 우반구 손상과 관련됨은 임상적으로 매우 오래전부터 알려져 왔던 사실이다. 우반구 중에서는 두정엽과 전두엽의 손상이 특히 관련된다. 전두엽 손상은 모사하기보다 그리기에 더 영향을 주는 반면에, 두정엽 손상은 그리기보다 모사하기에 더 영향을 준다(Cummings and Mega, 2003). 그러나 심한 구성실행증과 특히 연관된 것은 우반구 두정엽의 손상이다(Piercy, Hecaen, and de Ajuriaguerra, 1960; Mesulam, 1981). 우반구 두정엽이 손상된 환자들의 그리기 특징으로는 편측무시증(아래 참조), 전체구도의 왜곡, 오른편에서 왼편으로 그리기가 있다(Hecaen and Albert, 1978; Kaplan, 1983). 또한 이 환자들은 접근(closing-in) 현상, 즉 모사하기(copying)에서 모델에 너무 바짝 붙여서 그리거나 심지어 중첩해서 그리는 오류를 보일 수 있다(Hecaen and Albert, 1978; Kaplan, 1983; Cummings and Mega, 2003). 좌측 두정엽에 손상이 있는 환자들도 구성실행증이 나타날 수 있지만 보통 경증이고 회복도 더 빠르다. 이 환자들의 그리기 특징으로는 단순화, 누락, 내부 요소의 생략이 있다(Hecaen and Albert, 1978; Kaplan, 1983; Cummings and Mega, 2003).

8.2 무시증

무시증(neglect)은 우반구가 시공간능력에서 극히 중요한 역할을 한다는 것을 다른 어떤 증상보다도 잘 보여준다(Mesulam, 1981; Heilman, Watson, and Valenstein,

2003). 무시증은 자극을 인지하고, 보고하고, 반응하는 능력에서 결손을 보이는 것이다. 이러한 증상이 손상된 뇌의 반대편 공간에 제시된 자극에 집중될 때는 **편측무시증**(hemineglect)이 보다 적절한 명칭이다(Mesulam, 1981; Heilman, Watson, and Valenstein, 2003; Greene, 2005). 편측무시증은 좌반구 손상 환자에서도 가끔 나타나지만 우반구 손상 환자에서 훨씬 더 자주 나타나며 증상도 더 심하다(Mesulam, 1981; Denes et al., 1982). 편측무시증 환자들은 다양한 이상행동을 보이는데 예를 들어 신체의 한편만 옷을 입거나, 얼굴의 한편만 면도하거나, 음식의 한편만 먹는 행동이 나타날 수 있다. 이러한 결손은 이중동시자극(double simultaneous stimulation), 선나누기(line bisection), 선지우기(line cancellation), 11시 10분을 가리키는 시계그리기 과제 등에서 보다 체계적으로 관찰될 수 있다(Cummings and Mega, 2003). 편측무시증 환자들은 일차적 감각이 정상임에도 불구하고 마치 세계의 반쪽이 없는 것처럼 행동한다.

우반구 손상으로 편측무시증을 보이는 환자들은 예후가 좋지 않은 경우가 많다(Denes et al., 1982; Heilman, Watson, and Valenstein, 2003). 이는 우반구가 전반적 적응에서 매우 중요함을 잘 입증한다. 외부 공간의 반쪽이나 신체의 반쪽이 무시될 경우 일상생활에서 많은 장애가 초래됨은 충분히 예상할 수 있는 일이다. 이러한 결손은 반쪽에 감각 상실이 있는 것보다도 훨씬 위험한 상태를 초래한다. 예를 들어 반맹(hemianopia) 환자들은 시야의 반쪽에서 시각을 상실한다. 그러나 대부분의 반맹 환자들은 결손을 보상하기 위하여 자신의 머리를 돌리는 것을 재빨리 학습함으로써 잘 적응한다. 반면에 편측무시증 환자들은 반대편 반공간에 주의를 주는 능력을 상실한다. 그러므로 반대편 시야가 '보이긴' 하지만 기능적으로는 무용하다. 예를 들어 자동차 운전의 위험성은 편측무시증 환자가 반맹 환자보다 훨씬 높다.

무시증에는 다른 증상들도 수반될 수 있다. 하나는 **질병무관심증**(anosodiaphoria; Critchley, 1953)이다. 이는 환자가 자신의 좌측 반신불완전마비(hemiparesis)나 반신마비(hemiplegia)를 인식은 하지만 무관심을 보이는 증상이다. 이런 증상이 심해서 아예 좌측 반신마비에 대한 자각 자체가 없는 경우 **질병실인증**(anosognosia)이라고 칭한다(Babinski, 1914). 일부 환자들은 편마비의 부정증(denial)이 극단적이어서 마비된 팔이나 다리가 자기 것이 아니라고 주장한다(Cummings and Mega, 2003). 무시증에 수반될 수 있는 다른 증상은 **운동지속못함증**(motor impersistence)이다. 이 증상은 수의적 동작을 오래 유지하지 못하는 것으로 예를 들어 눈감기, 팔올리기, 혀내밀기의 동작을 할 수는 있지만 오래 유지하지 못한다. 운동지속못함증은 전형적으로 무시증이 있는 좌측 불완전마비 환자에서 나타난다(Hier, Mondlock, and Caplan, 1983; Kertesz et al., 1985). 이 증상은 우반구 전두엽 손상으로 인해 지속적 주의기능이 감퇴한 것과 관련된 것으로 추정된다. 운동지속못함증은 그 자체가 회복의 장애요인이란 점에서 우반구 손상의 예후가 나쁜 점을 잘 예시한다.

무시증의 뇌해부는 상당히 자세한 사항들이 밝혀진 편이다(그림 8.1 참조). 먼저 우반구가 좌반구보다 시공간적 감시(visuospatial surveillance)에서 더 중요한 역할을 한다는 것은 분명하다(Heilman and Van Den Abell, 1980). 이러한 연구 결과들을 기초로 주의기능에서 우반구가 좌반구보다 우세하다는 가설이 제기되었다(Weintraub and Mesulam, 1987). 무시증은 우반구 중에서도 두정엽의 손상과 가장 긴밀히 연관된다(Mesulam, 1981; Cummings and Mega, 2003). 좌반구는 우측 반공간에 주의를 주는 역할을 하는 것으로 보이며, 급성 좌반구 손상은 우측 편측무시증을 유발할 수 있다. 그러나 우반구가 좌측과 우측 반공간 모두에 주의를 주므로 이러한 편측무시증은 상당 부분 완화된다. 그러나 우반구 손상이 있을 시에는 남아 있는 좌반구가 좌측 편측무시증을 보상하지 못한다. 그러므로 우반구 손상에서 나타나는 좌측 편측무시증은 훨씬 더 현저하다(그림 8.1 참조).

무시증은 주의기능과 밀접히 연관된 증상이다. 그러므로 위의 논의들을 기초로 주의기능의 뇌 기반을 다시 조명해 볼 수 있다. 우리는 제2장에서 주의를 선택적 주의, 지속적 주의, 방향적 주의로 구분하였다. 선택적 부주의(selective inattention)와 지속적 부주의(sustained inattention)는 일종의 양측 무시증으로 개념화할 수 있다. 반면에 방향적 부주의(directed inattention)는 편측무시증과 사실상 동의어이다. 급성혼돈상태는 보통 분산 주의계의 광범위한 문제로 발생하지만 우반구 두정엽의 손상과 연관되는 경우도 있다(Mesulam et al., 1976). 우반구 전두엽, 두정엽, 둘레계로 구성된 분산신경망(distributed neural network)이 좌측 반공간에 대한 주의를 매개한다

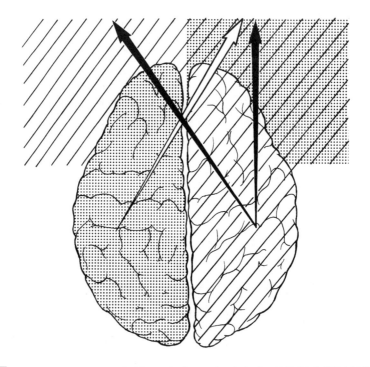

그림 8.1 주의기능의 우반구 우세성을 보여주는 그림. 좌반구는 우측 공간에만 주의를 주는 반면에 우반구는 좌우측 공간 모두에 주의를 준다.

는 모형이 제시된 바 있다(Mesulam, 1981). 이 모형은 각 부위들의 손상이 모두 무시증을 유발할 수 있다는 관찰에 근거하였으며, 각 부위는 방향적 주의에서 각기 다른 역할을 하는 것으로 가정된다. 첫째, 전두엽 요소는 전두앞피질(prefrontal cortex)과 전두엽안구운동부위(frontal eye field; 브로드만영역 8번)를 포함하며 운동적 탐색(motor exploration)과 시각적 스캐닝(visual scanning)에 기여한다. 둘째, 두정엽 요소는 뒤쪽과 아래쪽 두정피질(posterior and inferior parietal cortex)을 포함하며 감각적 자각(sensory awareness)에 기여한다. 셋째, 둘레계 요소는 띠이랑(cingulate gyrus)이 중심이며 주의의 동기적 측면에 기여한다(Mesulam, 1981). 최근의 실험 및 임상 연구는 우반구에 있는 백색질들도 방향적 주의를 매개하는 분산신경망에 기여함을 제시하였다(Bartolomeo, Thiebaut de Schotten, and Doricchi, 2007). 이는 각 피질 영역 간의 연결이 영역 자체 못지않게 방향적 주의에 중요함을 제시한다.

8.3 공간지남력장애

우반구 뒤쪽에 손상이 있는 환자들은 외부 환경에 대해 친숙감을 상실하는 증상을 보이는 수가 많이 있다. 이러한 **공간지남력장애**(spatial disorientation)가 있는 환자들은 집에서 병원까지 오는 길을 설명하지 못하며, 간호사실을 찾지 못해서 길을 잃기도 한다. 지도 완성 과제(map completion task)의 결손은 우반구 손상, 특히 두정후두 영역의 급성 손상과 연관되는 수가 많다(Fisher, 1982). 기능신경영상(functional neuroimaging) 연구들은 두정엽이 시각 자극의 공간적 속성을 분석하는 것에 중요함을 제시하였다(제7장 참조). 이 결과는 공간지남력장애 사례들의 손상 위치와 잘 일치한다. 등쪽(dorsal) 시각계의 우반구 두정엽 요소는 장소에 대한 지남력의 유지에 극히 중요한 것으로 보인다. 공간지남력장애에서 우반구 두정엽 손상뿐 아니라 양반구 전두엽 손상도 함께 있는 경우 장소복제기억착오증(reduplicative paramnesia)이라는 특이한 망상이 발생할 수 있다. 이 망상은 어떤 장소가 복제되어 2개의 다른 장소에 동시에 존재한다는 믿음이다(Benson, Gardner, and Meadows, 1976; Filley and Jarvis, 1987). 유사한 병리가 캅그라스증후군(Capgras syndrome)이라는 또 다른 종류의 복제망상증을 발생시킬 수 있다. 이 망상은 자기의 친구나 친지가 당사자가 아니라 똑같이 보이는 다른 사람이라는 믿음이다(Alexander, Stuss, and Benson, 1979).

장소에 대한 지남력장애는 **환경실인증**(environmental agnosia)이라고 칭하기도 한다(Landis et al., 1986). 잘 아는 장소에 대한 지식이 상실되는 것은 이러한 정보가 저장된 피질 영역에 대한 접근을 방해받거나(장소의 지각과 그 장소에 대한 기억흔적 간의 분리) 혹은 저장된 정보 자체가 파괴된 것일 수 있다. 만약 분리가 맞는다면 환경실인증은 실인증의 한 유형으로 이해할 수 있다. 반면에 기억흔적이 파괴된 것이라면 기억상실증의 한 유형으로 보는 것이 더 적절하다. 분리로 인한 환경실인증의 경우 어떤 장소를 기억해내서 그림으로 표현해낼 수 있지만 실제로 그 장소에 가서는 재인에 실패한다(Landis et al., 1986).

8.4 옷입기실행증

옷입기실행증(dressing apraxia)이라는 용어 역시 실행증이란 표현이 적절한지는 논쟁이 된다(Cummings and Mega, 2003). 그러나 이 용어는 옷입기를 못하는 증상에 대한 명칭으로 가장 많이 사용되고 있다. 이 증상을 보이는 환자들은 옷을 입을 때 위와 아래, 앞과 뒤 등을 잘 재인하지 못한다. 특히 옷소매 하나를 뒤집는 등 조금 어렵게 만들면 옷입기의 어려움이 매우 현저하게 관찰된다. 이러한 결손은 무시증과 공간지남력장애의 요소를 모두 포함한다(Brain, 1941). 옷입기실행증을 반신불완전마비(hemiparesis), 파킨슨증(parkinsonism), 조화운동못함증(ataxia)에서 나타나는 운동장애와 착각하는 일이 없도록 주의를 요한다. 옷입기실행증을 유발하는 손상 위치는 보통 우측 두정엽으로(Cummings and Mega, 2003), 이 부위가 공간지남력에 중요하다는 가설과 잘 일치한다. 옷입기실행증은 일상생활에 상당한 지장을 초래한다.

8.5 실운율증

운율(prosody)이란 준언어적(paralinguistic) 요소의 하나로 말의 어조를 통하여 정서와 정동을 명제언어(propositional language)에 가미하는 것을 말한다(Ross, 1981, 2000; Ross and Monnot, 2008). 예를 들어, '극장에 갔었다'라는 간단한 문장은 화자가 기쁨, 낙담, 혹은 놀람 중 어느 어조로 말하느냐에 따라 매우 다른 의미를 가질 수 있다. 운율은 언어의 문법과 의미적 요소에 멜로디, 쉼표, 높낮이(intonation), 강세(stresses), 액센트 등으로 정동의 색채를 입힌다. 혼란을 일으킬 수 있는 점은 명제어의 높낮이, 강세, 쉼표에 대한 지칭으로 **언어적 운율**(linguistic prosody)이라는 용어가 사용되는 것이다. 이러한 운율은 문자어의 쉼표, 콜론, 세미콜론, 마침표, 물음표에 해당하는 것으로, 예를 들어 화자가 서술문과 의문문을 다르게 말하는 데 사용된다. 이런 점에서 이 섹션에서 언급하는 현상은 보다 정확히 표현하면 **정동적 운율**(affective prosody)이다. 그러나 관례적 표현에서는 운율이라는 용어가 정동적 운율의 의미로 많이 사용된다. 우반구 손상 환자들에 대한 연구는 실어증은 없지만 운율산출(Ross and Mesulam, 1979) 및 운율이해에는(Heilman, Scholes, and Watson, 1975) 장애가 많이 발생함을 제시하였다. 이러한 증상들은 실운율증(aprosody, aprosodia)이라고 지칭된다. 이러한 점은 명제언어(propositional language)에서는 좌반구가 우세한 반면에 언어의 정서적 요소에서는 우반구가 우세하다는 개념을 탄생시켰다(Ross and Mesulam, 1979; Ross, 2000; Ross and Monnot, 2008).

운율과 관련된 현상 중 하나는 **제스처**(gesture) 혹은 '바디랭귀지(body language)'이다. 제스처는 화자가 명제언어의 한계를 넘어 의미를 전달할 수 있는 또 하나의 매체이다. 제스처와 팬터마임(pantomime)은 다른 개념이므로 구분이 중요하다. 팬터마임은 상징적 표현을 위한 수의적 동작으로 실어증 및 좌반구 손상과 연관된다. 반면에 제스처는 실운율증 및 우반구 손상과 연관된다(Ross, 2000). 운율과 제스처는 정서적 색채로 명제언어를 보완하여 화자의 소통력을 크게 확대한다(Ross, 2000). 그림 8.2에는 운율과 제스처를 매개하는 것으로 가정되는 우반구 신경망이 그려져 있다.

운율과 제스처에 관해 상세한 임상적 연구가 행해진 바 있다(Ross, 1981, 2000; Ross and Monnot, 2008). 이러한 연구들은 우반구에 운율을 매개하는 신경망이 있음을 시사하였다(그림 8.2 참조). 이 우반구 모형은 제5장에서 검토한 명제언어를 매개하는 좌반구 모형과 대칭을 이룬다(그림 5.2 참조). 이 우반구 모형의 어느 부위에 손상이 있느냐에 따라 상이한 유형의 실운율증이 올 수 있다(표 8.2 참조). 대체로 우반구 특정 부위의 손상에 의한 실운율증은 좌반구 유사한 부위의 손상에 의한 실어증과 질적으로 흡사한 특징을 보인다. 실운율증은 보통 뇌졸중이나 기타 뇌병변에 의해서 우반구에 손상이 있는 사례에서 발생한다. 사례들은 특징에 따라 운동성, 감각성, 전도성, 완전성, 피질경유성 등으로 구분할 수 있다(Ross, 1981, 2000; Ross and Monnot, 2008). '실운율증배터리'(Aprosodia Battery; Ross and Monnot, 2008)는 이러한 구분에 도움을 주는 평가 도구이다. 실운율증 증후군들의 탐지는 임상적으로 도전적 과제이지만 우반구 질환에 대한 유용한 신경행동적 징후를 제공한다. 실운율증의 연구는 이론적인 면에서 정서적 내용이 명제언어를 보다 풍요롭게 하는 방식에 관해 많은 통찰력을 주었다(Ross, 2000; Ross and Monnot, 2008).

실운율증을 일으키는 정확한 손상 위치는 아직 불확실한 측면이 많다. 우반구

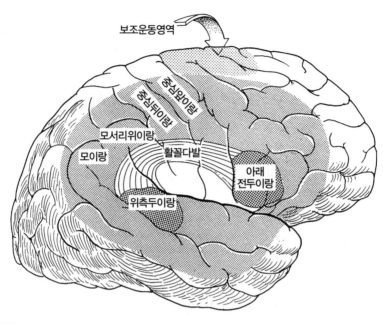

보조운동영역

중심앞이랑

중심뒤이랑

모서리위이랑

모이랑

활꼴다발

아래
전두이랑

위측두이랑

그림 8.2 운율(prosody)에 중요한 뇌 부위

손상이 실운율증을 일으킨다는 점은 반복적으로 긍정되었지만, 좌반구 손상에 따른 실어증 유형과 우반구 손상에 따른 실운율증 유형이 손상 위치별로 대응된다는 가설은 잘 입증되지 않았다. 그러나 운동성 실운율증을 발생시키는 손상은 주로 우반구 앞쪽 전두덮개(frontal operculum) 부근에 위치하며, 감각성 실운율증을 발생시키는 손상은 주로 우반구 뒤쪽 측두두정 영역에 위치한다(Ross, 2000). 그러므로 감각성과 운동성 실운율증의 변별은 우반구 손상 위치에 대한 단서가 되며 후속 평가와 치료에도 도움을 줄 수 있다. 그러나 다른 유형의 실운율증들과 연관된 손상 위치는 우반구에 있다는 것만 제외하고는 분명하지 않다. 그러므로 그림 8.2에 제시된 것은 정동적 정서를 매개하는 우반구 신경망의 예비적 모형으로 보는 것이 적당하다. 앞으로 더 많은 연구 결과가 축적됨에 따라 그림 8.2에 제시된 모형에도 변화가 있을 것이 거의 분명하다.

| 표 8.2 | 실운율증 유형과 관련 증상 |

실운율증 유형	정서적 운율			제스처	
	자발적	따라하기	이해	자발적	이해
운동실운율증(motor aprosody)	나쁨	나쁨	좋음	나쁨	좋음
감각실운율증(sensory aprosody)	좋음	나쁨	나쁨	좋음	나쁨
전도성실운율증(conduction aprosody)	좋음	나쁨	좋음	좋음	좋음
완전실운율증(global aprosody)	나쁨	나쁨	나쁨	나쁨	나쁨
피질경유운동실운율증(transcortical motor aprosody)	나쁨	좋음	좋음	나쁨	좋음
피질경유감각실운율증(transcortical sensory aprosody)	좋음	좋음	나쁨	좋음	나쁨
제스처불능증후군(agestic syndrome)	좋음	좋음	좋음	좋음	나쁨
혼합피질경유실운율증(mixed transcortical aprosody)	나쁨	좋음	나쁨	나쁨	나쁨

출전 : Ross, 2000, p.320

8.6 실음악증

음악은 모든 문화에서 관찰되는 인간능력이며, 음악이 전달하는 힘은 연주자와 청자 모두에게 심대한 효과를 미칠 수 있다. 신경과학자들에게 있어서 음악은 뇌와의 관련성이 특별한 궁금증을 자아내는 현상 중 하나이다(Levitin, 2006; Sacks, 2007). 그러나 음악이 뇌에 어떻게 표상(representation)되어 있는가는 극히 복잡한 주제이며 **실음악증**(amusia)을 우반구 증후군 목록에 포함시키는 것은 지나친 단순화일 수 있다. 음악의 성공적 연주나 감상에는 음고, 음길이, 음색, 음량, 템포, 멜로디, 하모니, 리듬과 같은 수많은 요소들이 관여한다. 이러한 수많은 요소들이 각각 뇌의 어디에 표상되어 있는지는 잘 밝혀지지 않았다. 더구나 음악적 숙달은 일부 사람들에서만 개발되는 능력이므로 실음악증의 사례 보고는 매우 드문 편이다. 그렇지만 음악이 주로 우반구 기능이라는 전통적 견해는(Milner, 1962; Damasio and Damasio, 1977) 이 장에서의 논의를 정당화할 수 있을 만큼의 타당성이 있다.

우반구가 음악에 기여한다는 가장 현저한 증거 하나는 좌반구 손상으로 비유창 실어증(nonfluent aphasia)을 보이는 환자들이 예기치 않게 노래를 잘 부를 수 있는 경우이다. 이런 사례에서 노래 부르기가 가능한 점은 검사자뿐 아니라 환자에게도 놀라운 경험일 수 있으며, 우반구의 음악적 능력을 강력히 시사한다. 또한 멜로디가 없이 실운율적인 말을 하는 증상(실운율증)이 주로 우반구 손상에서 발생하는 점도 음악이 우반구 기능이라는 점을 시사하는 주요 증거의 하나이다. 아모바르비탈 절차 (intracarotid amobarbital procedure) 혹은 와다검사(Wada test)를 사용한 연구들은 우반구의 마취가 좌반구의 마취에 비해 노래하기를 더 심하게 방해하는 점에서 우반 구의 음악기능 우세를 제시하였다(Gordon and Bogen, 1974). 우반구의 이러한 음악 능력은 언어병리학자들이 비유창실어증 환자들에게 율동적인 어조를 가미하여 말하 도록 유도하는 재활치료에도 응용되었다(Albert, Sparks, and Helm, 1973; Norton et al., 2009).

음악기능의 모든 면에서 우반구가 우세한 것은 아니다. 사실 음악이라는 복잡한 활동에는 양반구가 모두 관여하며 어떤 음악적 요소이냐에 따라 뇌반구 우세성이 다 를 수 있다(Gates and Bradshaw, 1977). 예를 들어 리듬은 언어와 연관되어 있으며 좌반구가 더 우세한 기능인 반면에 멜로디는 우반구가 더 우세한 기능이라는 증거가 있다(Polk and Kertesz, 1993). 양반구 모두가 음악에 기여한다는 것은 분명한 사실 이다. 기능신경영상 연구들은 음악기능이 양반구에 매우 널리 분산된 신경망에 의해 매개됨을 제시하였다(Sergent, 1993). 전문음악인과 일반인을 비교한 연구에 따르면 일반인이 주로 우반구로 음악자극을 처리함에 비해서 전문음악인은 주로 좌반구로 음악자극을 처리한다는 흥미로운 결과를 제시하였다(Bever and Chiarello, 1974). 보 다 최근의 연구는 절대음감(absolute pitch)이 좌반구 위측두이랑(superior temporal gyrus)의 편평측두(planum temporale)와 연관됨을 제시하였다(Goldberger, 2001).

실음악증에서 유용한 아형 분류는 음악수행에 장애를 보이는 **표현성실음악증** (expressive amusia)과 음악지각에 장애를 보이는 **수용성실음악증**(receptive amusia)

이다. 음악수행은 우반구에 의존하는 반면에 음악지각은 일반인은 우반구에 의존하고, 전문음악인은 좌반구에 의존한다는 가설이 제기된 바 있다(Damasio and Damasio, 1977). 이 가설에 따르면 음악능력이 세련화될수록 음악에 대한 기여가 우반구에서 좌반구로 이동한다(Damasio and Damasio, 1977).

실음악증은 임상적으로 드물게 발생하지만, 분명한 실음악증이 우반구 측두두정 뇌경색(McFarland and Fortin, 1982), 우반구 전두측두 위축(Confavreux et al., 1992) 및 간질치료를 위해 우반구 전두엽을 절제한 사례들에서(McChesney-Atkins et al., 2003) 보고된 바 있다. 이런 사례들의 존재는 우반구가 음악에서 핵심적인 역할을 함을 시사한다. 그러나 실음악증은 실어증이 없는 사례뿐 아니라 실어증이 있는 사례에서도 보고된 바 있으며, 우반구 손상 사례뿐 아니라 좌반구 손상 사례에서도 보고된 적이 있으므로 주의를 요한다(Brust, 1980). 음악의 다양한 요소들이 뇌의 어디에 표상되어 있느냐는 현재로서는 확실하게 알려진 것이 많지 않다. 좀 더 확실한 사항들이 밝혀지기 위해서는 앞으로 많은 연구가 요구된다.

8.7 정서장애

정서(emotion)라는 주제는 인지라는 주제에 비해 행동신경학자들의 관심이 덜했던 분야이다. 최근까지도 정서라는 거대한 주제는 주로 정신의학이나 심리학을 중심으로 연구되어 왔다. 불과 얼마 전까지만 해도 뇌구조와 기능을 연구하는 것이 정서이해에 공헌할 바가 거의 없다는 생각이 주류를 이루었다. 이는 20세기 초에 많은 영향력을 행사한 프로이트 학파의 조류에 영향을 받은 바가 크다. 그러나 이러한 생각은 시간이 지나면서 점차 재고되었으며, 뇌기능장애와 정서장애를 연관 짓는 많은 증거들이 제시되었다. 예를 들어 정신분열증이 뇌기능장애를 반영한다는 많은 정보가 등장하였다. 새롭게 등장한 신경정신의학이라는 분야는 이러한 정보를 기초로 활발한 연구 활동을 진행하였다. 또한 구조적 뇌손상 환자에서 나타나는 여러 정서장애들의 손상법(lesion method) 연구가 수행되어 정서의 뇌 표상에 관해 많은 흥미로운 통찰을 주었다. 이러한 연구 결과들 중 일부는 둘레계(limbic system)가 매개하는 일차정서(제9장 참조) 및 정서에 관한 전두엽의 감독 역할(제10장)의 맥락에서 살펴볼 것이다. 이 장에서는 우반구 손상에서 발생하는 정서적 적응(emotional adjustment)의 결손을 살펴볼 것이다. 이러한 결손은 주위 사람들을 당혹스럽게 하며 적응에 심각한 지장을 초래할 수 있다(Price and Mesulam, 1985; Cummings, 1997).

앞서 언급하였지만 우반구 증후군은 본질적으로 비언어적 현상이기 때문에 언어적으로 충분히 기술되기가 어렵다. 우반구 손상 환자들이 보여주는 정서 및 성격의 변화도 임상적으로는 매우 심각할 수 있지만 충분한 언어적 기술이 어렵다(Price and Mesulam, 1985; Cummings, 1997). 이러한 변화는 기분, 정동, 운율, 대인관계의 영역들에서 특히 현저한데, 이러한 영역들에 대한 우리의 이해는 아직도 매우 제한적이다. 이러한 변화를 전체적 맥락에서 조망하기 위해서는 먼저 정서의 신경학을 잠시 살펴볼 필요가 있다.

대부분의 신경과학자들은 둘레계(limbic system, 제9장 참조)가 유기체의 일차적 정서(primary emotions)에서 핵심적인 부위라는 것에 동의한다. 일차적 정서는 섭식 행동, 공격성, 도주, 생식(reproduction)과 같은 생존에 필수적인 행동들이 일어나는 데 중요하다. 본능적 추동은 둘레계의 활동에서 비롯하는데, 인간의 둘레계는 다른 고위 영장류에 비해 약간만 확장되었다(Eccles, 1989). 그러나 신피질 및 신피질 부위들을 연결하는 백색질은 인간에서 비약적으로 확장되었다. 이로 인해 인간은 인지행동뿐 아니라 정서행동에서도 동물과는 비교할 수 없는 다양성을 가지게 되었다(Eccles, 1989). 인간은 하등동물과 정서행동에서 여러 특징을 공유하지만, 둘레계와 그것을 통제하는 신피질의 상호작용이 매개하는 인간 특유의 다양한 정서행동도 보여준다. 그러므로 인간에 특유한 정서들의 표상에는 신피질이 매우 중요한 역할을 한다.

신피질의 어느 부위가 정서와 관련되는지는 아직 많은 점이 불확실하다. 그러나 인간의 경우 신피질이 둘레계에 미치는 통제 효과가 정서행동을 보다 복잡하고 풍요롭게 만든다는 것은 분명하다. 신피질의 통제 효과가 없이 둘레계가 작동하는 하등동물에서는 자극에 대한 정서반응이 대부분 기계적이고 단순하다. 전두엽, 특히 눈확전두(orbitofrontal) 영역은 둘레계의 통제에 가장 중요한 역할을 하며 본능적 충동의 제어에서 극히 중요하다(제10장 참조). 우반구도 둘레계의 활동에 보완적이고 미묘한 효과를 미친다. 이러한 효과는 운율, 기분, 정동, 사회화(socialization)의 매체를 통하여 우리의 사회적 삶을 보다 풍요하고 다양하게 만든다. 우리는 제2장에서 캅그라스증후군(Capgras syndrome; Alexander, Stuss, and Benson, 1979), 프레고리증후군(Fregoli syndrome; Feinberg et al., 1999), 장소복제기억착오증(reduplicative paramnesia; Benson, Gardner, and Meadows, 1976; Filley and Jarvis, 1987)을 망상적인 착오(misidentification) 증후군들의 예로 소개하였다. 이 증후군들 모두가 양반구 전두엽과 우반구의 동시 손상과 연관된다는 점은 우연이 아닐 수 있다. 현상학적으로 이 증후군들 모두는 자아와 외부 세계에 존재하는 중요한 사람, 얼굴, 물체와의 관계에 결손이 있다는 공통점이 있다. 이러한 통찰에 근거해서 우반구, 특히 우반구 전두엽이 자기인식(self-awareness)에 우세하다는 가설이 제안되었다(Feinberg and Keenan, 2005). 이런 점에서 우반구는 최근에 제안된 '마음 이론(theory of mind)'이라는 개념과도 관련성이 시사된다(제10장 참조). 이 개념은 자신의 믿음, 태도, 경험에 기초하여 타인의 마음 상태를 이해하는 능력을 의미한다. 간단히 표현하면 타인의 마음을 인식하는 능력이다(Stuss and Anderson, 2004). 이러한 고려들은 프로이트가 제안한 개념인 에고(ego)를 상기시키지만 우반구 전두엽이 에고의 표상에 중심적이라는 어떤 가설도 현재로서는 추측에 불과하다(Feinberg and Keenan, 2005). 그러나 우반구 전두엽이 자아의 표상에 핵심적이라는 생각은 흥미로운 가설로 남아 있으며 정서의 뇌 기반뿐 아니라 의식의 본질에 관해서도 시사하는 바가 크다.

우반구가 정서생활에 중요하다는 많은 증거가 있지만, 좌반구도 기여한다는 증거가 존재한다. 이에 따라 정서의 편재화에 관한 많은 논쟁이 있어 왔다. 고위기능의 편재화는 지난 수십 년간 많은 관심을 받아 왔으며, 좌반구와 우반구의 차이에 관한 많은 학설들이 발표되었다(Springer and Deutsch, 2001). 예를 들어 분석적-종합적, 논리적-직관적, 합리적-정서적 등의 이분법이 좌우반구의 본질적 차이를 반영하는 것으로 제안되었다. 그러나 이러한 제안들의 대부분은 충분한 증거 자료가 없는 것이었다. 정서의 편재화에 관해서도 매우 뜨거운 논쟁이 진행되었지만 특히 주목을 받은 것은 다음 2개의 이론이다(그림 8.3 참조).

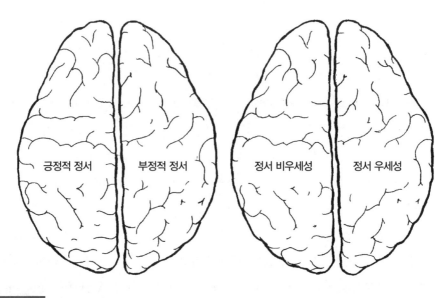

그림 8.3 정서의 뇌반구 편재화에 관한 두 가설

하나는 **정서가 가설**(valence hypothesis)이다. 이 가설에 따르면 좌반구는 긍정적 정서에 관여하는 반면에 우반구는 부정적 정서에 관여한다(Sackheim et al., 1982). 그러므로 예를 들어 행복감은 좌반구가 매개하며, 슬픔은 우반구가 매개한다. 다른 하나는 **우반구 가설**(right hemisphere hypothesis)이다. 이 가설에 따르면 모든 고위정서가 우반구에 의해 매개된다(Bear, 1983). 그러므로 우반구가 정서에 우세한 뇌반구라고 가정한다. 각 이론을 주창하는 학자들은 좌반구와 우반구 손상 환자들의 연구 결과가 자기들의 가설을 지지하는 것으로 해석하였으며 논쟁은 아직도 진행 중이다. 논쟁의 핵심이 무엇인지 이해하기 위해 임상적으로 중요한 몇 가지 연구를 살펴보기로 하자.

먼저 정서가 가설을 지지하는 증거를 살펴보자. 좌측 전두엽이 손상된 실어증 환자들이 **파국적 반응**(catastrophic reaction), 즉 심한 우울감과 초조증(agitation)을 보인다는 것은 오래전부터 알려져 왔다(Goldstein, 1948). 이 극적인 반응은 긍정적 정서를 매개하는 좌반구계가 손상되고, 부정적 정서를 매개하는 우반구계가 홀로 남아서 정서가 우울한 쪽으로 심하게 경도된 결과일 수 있다. 그러나 비유창실어증이라는 언어기능의 심각한 상실에서 오는 정상적 반응에 불과하다는 해석도 가능하다. 최근의 연구들은 손상 위치가 매우 앞쪽이어서 실어증이 없는 사례들에서도 좌측 전두엽 손상과 우울증 간의 연관성을 제시함으로써 이러한 대안적 해석을 약화시켰다 (Robinson et al., 1984; Narushima, Kosier, and Robinson, 2003). 뇌졸중 후 우울증은 손상 위치가 피질성인 경우도 있지만 피질하성인 경우도 있는 점과 삼환계항우울제(tricyclic antidepressants)로 잘 치료되는 점에서(Starkstein and Robinson, 1990) 상행카테콜아민길(ascending catecholaminergic tracts)의 손상과의 연관성이 시사되었다. Sackheim과 동료들은 정서가 가설을 지지하는 다른 증거로 다음 세 가지 선행 연구들의 결과를 지적하였다. 첫째, 병적 웃음(pathological laughter)은 우반구 손상과 연관되는 반면에 병적 울음(pathological crying)은 좌반구 손상과 연관되었다. 둘째, 우반구 절제술(right hemispherectomy)은 수술 후에 이상행복감(euphoric mood)을 유발하였다. 셋째, 웃음간질(gelastic epilepsy)의 초점부위는 주로 좌반구에 있었다(Sackheim et al., 1982).

우반구 가설을 지지하는 증거도 많이 발표되었다. 한 초기 연구는 좌반구 손상 환자들이 Goldstein이 말한 파국적 반응을 보이는 반면에 우반구 손상 환자들은 전형적인 '무관심(indifference)' 반응을 보고하였다(Gainotti, 1972). 이 결과는 우반구가 정서에서 중심적인 역할을 하기 때문이라고 해석되었다. 실제로 많은 우반구 손상 환자들이 반신마비나 다른 심각한 장애에도 불구하고 놀라울 정도의 수동적(passive) 반응을 보인다. 우반구가 정서에서 중심적인 역할을 한다는 다른 증거는 측두엽간질(temporal lobe epilepsy) 환자들의 연구에서 제시된다. '감성적(emotive)' 성격의 특성, 예를 들어 감동성, 들뜸, 슬픔은 우반구 측두엽에 있는 간질초점과 연관된다. 반면에 '관념적(ideative)' 성격의 특성, 예를 들어 운명적 사고, 철학적 관심, 유머감각 결여는 좌측 측두엽에 있는 간질초점과 연관된다(Bear and Fedio, 1977, 제9장 참조). 또 다른 증거는 좌반구 또는 우반구에 관통상을 입은 군인들의 대규모 표집을 분석한 연구에서 제시된다(Lishman, 1968). 이 연구는 우반구 손상이 정동장애와 연관되는 반면에 좌반구 손상은 지적장애와 연관됨을 보고하였다. 또한 여러 연구들이 일측성 전환장애(unilateral conversion disorder)의 증상이나 징후가 좌측 신체 부위에 더 많이 발생한다고 보고하였다(Galin, Diamond, and Braff, 1977; Stern, 1977; Ley, 1980). 이 결과는 전환증상을 일으킨 심리적 갈등이 우반구와 관련됨을 시사한다. 뇌졸중 환자들에 대한 연구는 망상이 우반구 손상과 연관됨을 제시하였으며(Levine and Grek, 1984), 이러한 연관은 뇌졸중에 앞서 뇌위축이 진행 중이었던 사례들에서 특히 뚜렷하였다. 뇌외상 환자들에 대한 연구는 들뜸증(mania)이 우반구 앞쪽측두엽의 손상과 연관됨을 제시하였다(Starkstein et al., 1990). Wittling과 Roschmann(1993)은 정상 성인들의 연구에서 긍정적 정서와 부정적 정서를 유발하는 동영상 모두가 우시야(좌반구)보다 좌시야(우반구)에 제시될 때 더 강렬한 정서를 불러일으킴을 제시하였다. 마지막으로, 전두측두치매(frontotemporal dementia) 환자들의 최근 연구들도 우반구 가설을 지지하는 증거를 제공하였다(제12장 참조). 한 연구는 공격성, 가족과 친지들로부터의 고립, 성도착(sexual deviancy)과 같은 사회적으로 바람직하지 못한 행동들이 좌측에 비해 우측 전두측두치매에서 더 많이 발생한다고 보고하였다(Mychack et al., 2001). 다른 연구는 행동장애(behavioral disorders)가 우측두엽위축이 있는 전두측두치매와 더 많이 연관되는 반면에, 의미치매(semantic dementia)는 좌측두엽위축이 있는 전두측두치매와 더 많이 연관됨을 보고하였다(Chan et al., 2009). 그러므로 우측 전두엽과 측두엽의 신경퇴행이 좌측 전두엽과 측두엽의 신경퇴행에 비해 정상적 사회생활을 더 많이 방해한다.

다른 연구들은 인간의 사회적 의사소통에서 정서적 능력이 요구되는 측면들을 연구하였다. 유머는 이러한 측면 중의 하나로 우반구 손상 환자들은 유머 자극에 대한 적절한 반응에서 장애를 보인다(Gardner et al., 1975). 우반구 중에서도 전두엽 부위가 유머에 특히 중요하다는 증거가 있다. 우반구 전두엽의 손상은 다른 부위 손상에 비해 유머 이해를 가장 방해하며, 관련된 행동 반응인 웃음과 미소도 가장 감소시킨다(Shammi and Stuss, 1999). 은유(metaphor) 표현을 이해하는 능력, 즉 외적으로 다른 표현들 간의 공통점을 재인하는 능력도 우반구 손상 환자에서 감퇴를 보인다. 우반구 손상 환자들은 은유 표현을 비유적으로 해석하지 못하고 문자 그대로 해석하는 경향이 있음이 보고되었다(Winner and Gardner, 1977). 우반구 손상 환자가 은유적 표현을 잘 이해하지 못하는 것은 말의 외현적(denotative) 의미, 즉 문자 그대로의 의미는 이해하는 반면에 말에 내포된(connotative) 의미, 즉 암시(allusions)나 함축(implications)은 이해하지 못하는 것을 반영한다(Brownell, Potter, and Michelow, 1984; Brownell et al., 1990). 이러한 장애들은 우반구가 사회적 관계에서 미묘한 의미의 소통에 중요하게 기여함을 제시한다. 우반구 손상 환자들은 대화에서 유머, 은유, 암시에 의해 전달되는 의미의 미묘한 차이를 포착하지 못할 수 있다.

　마지막으로, 우반구 뒤쪽 영역의 손상 후에 꿈꾸기가 사라졌다는 보고가 있어서 (Humphrey and Zangwill, 1951) 여러 추측을 자아냈다. 만약 이 보고가 타당하고 '꿈이 무의식에 이르는 왕도'라면(Freud, 1900, p.647), 정신분석학에서 말하는 무의식이나 일차과정사고(primary process thinking)가 우반구 기능이라는 가설이 가능하다(Galin, 1974). 그러나 꿈은 전적으로 우반구만의 현상은 아닌 것으로 보인다. 다른 연구자들은 꿈꾸기의 시각적인 측면은 우반구 기능인 반면에 이야기적인 측면은 좌반구 기능임을 제안하였다(Kerr and Foulkes, 1981). 더구나 꿈꾸기의 이야기적인 측면은 시각적 심상이 없이도 진행될 수 있는 것으로 보인다. 그러므로 꿈꾸기는 양반구에 널리 분포한 신경행동망(neurobehavioral networks)의 활성화와 관련된 것으로 보인다. 이러한 가설은 심상(visual imagery)에 좌우 뇌반구가 모두 기여한다는 증거와도 잘 일치한다(제7장 참조).

　프로이트의 원래 관심 분야는 신경학과 신경해부학이었다. 그러나 일반적으로 프로이트 이론이 행동신경학에 갖는 함축성은 매우 제한적이다. 프로이트 이론이 신경과학적으로 매력적인 부분도 있지만(Kandel, 1999), 정신분석학 개념을 뇌구조나 기능에 관한 기존 지식과 연관시키는 것은 거의 불가능에 가깝다. 우반구는 사회적 및 정서적 작동에서 매우 중요한 역할을 하며, 이러한 역할 중 일부는 무의식적으로 진행될 수 있다. 우반구의 이러한 역할들을 보다 잘 이해하기 위해서는 정서질환의 관찰, 분석, 치료에 경험을 쌓은 정신의학자, 심리학자, 혹은 다른 정서장애 전문인들의 통찰이 많은 도움이 될 것이다(Schore, 1997). 임상신경과학자와 정신건강전문인 간의 협력적 연구는 아직도 빈약한 수준에 머물고 있는 우반구 기능의 이해에서 특히 많은 결실을 거둘 수 있을 것으로 기대된다.

참고문헌

Albert, M. L., Sparks, R., and Helm, N. Melodic intonation therapy for aphasia. *Arch Neurol* 1973; 29: 130-131.

Alexander, M. P., Stuss, D. T., and Benson, D. F. Capgras syndrome: a reduplicative phenomenon. *Neurology* 1979; 29: 334-339.

Babinski, J. Contribution a l'étude des troubles mentaux dans l'hémiplégie organique cérébrale (anosognosie). *Rev Neurol* 1914; 27: 845-847.

Bartolomeo, P., Thiebaut de Schotten, M., and Doricchi, F. Left unilateral neglect as a disconnection syndrome. *Cereb Cortex* 2007; 17: 2479-2490.

Bear, D. M. Hemispheric specialization and the neurology of emotion. *Arch Neurol* 1983; 40: 195-202.

Bear, D. M., and Fedio, P. Quantitative analysis of interictal behavior in temporal lobe epilepsy. *Arch Neurol* 1977; 34: 454-467.

Benson, D. F., Gardner, H., and Meadows, J. C. Reduplicative paramnesia. *Neurology* 1976; 26: 147-151.

Bever, T. G., and Chiarello, R. J. Cerebral dominance in musicians and non-musicians. *Science* 1974; 185: 537-539.

Brain, W. R. Visual disorientation with special reference to lesions of the right cerebral hemisphere. *Brain* 1941; 64: 244-272.

Brownell, H. H., Potter, H. H., and Michelow, D. Sensitivity to denotation and connotation in brain-damaged patients: a double dissociation? *Brain Lang* 1984; 22: 253-265.

Brownell, H. H., Simpson, T. L., and Bihrle, A. M., et al. Appreciation of metaphoric alternative word meanings by left and right brain-damaged patients. *Neuropsychologia* 1990; 28: 375-383.

Brust, J. C. M. Music and language: musical alexia and agraphia. *Brain* 1980; 103: 367-392.

Chan, D., Anderson, V., Pijnenburg, Y, et al. The clinical profile of right temporal lobe atrophy. *Brain* 2009; 132: 1287-1298.

Confavreux, C., Croisile, B., Garassus, P., et al. Progressive amusia and aprosody. *Arch Neurol* 1992; 49: 971-976.

Critchley, M. *The Parietal Lobes*. London: Edward Arnold; 1953.

Cummings, J. L. Neuropsychiatric manifestations of right hemisphere lesions. *Brain Lang* 1997; 57: 22-37.

Cummings, J. L., and Mega, M. S. *Neuropsychiatry and Behavioral Neuroscience*. New York: Oxford University Press; 2003.

Damasio, A. R., and Damasio, H. Musical faculty and cerebral dominance. In: Critchley, M., and Henson, R. A., eds. *Music and the Brain*. London: William Heinemann; 1977: 141-155.

Denes, G., Semenza, C., Stoppa, E., and Lis, A. Unilateral spatial neglect and recovery from Hemiplegia. *Brain* 1982; 105: 543-552.

Eccles, J. C. *Evolution of the Brain: Creation of the Self.* London: Routledge; 1989.

Feinberg, T. E., Eaton, L. A., Roane, D. M., and Giacino, J. T. Multiple Fregoli delusions after traumatic brain injury. *Cortex* 1999; 35: 373-387.

Feinberg, T. E., and Keenan, J. P. Where in the brain is the self? *Conscious Cogn* 2005; 14: 661-678.

Filley, C. M., and Jarvis, P. E. Delayed reduplicative paramnesia. *Neurology* 1987; 37: 701-703.

Fisher, C. M. Disorientation for place. *Arch Neurol* 1982; 39: 33-36.

Freud, S. *The Interpretation of Dreams.* Trans. and ed. Strachey, J. New York: Avon; 1900.

Gainotti, G. Emotional behavior and hemispheric side of lesion. *Cortex* 1972; 8: 41-55.

Galin, D. Implications for psychiatry of left and right cerebral specialization: a neurophysiological context for unconscious processes. *Arch Gen Psychiatry* 1974; 31: 572-583.

Galin, D., Diamond, R., and Braff, D. Lateralization of conversion symptoms: more frequent on the left. *Am J Psychiatry* 1977; 134: 578-580.

Gardner, H., Ling, P. K., Flamm, L., and Silverman, J. Comprehension and appreciation of humorous material following brain damage. *Brain* 1975; 98: 399-412.

Gates, A., and Bradshaw, J. L. The role of the cerebral hemispheres in music. *Brain Lang* 1977; 4: 403-431.

Geschwind, N. The apraxias: neural mechanisms of disorders of learned movement. *Am Sci* 1975; 63: 188-195.

Goldberger, Z. D. Music of the left hemisphere: exploring the neurobiology of absolute pitch. *Yale J Biol Med* 2001; 74: 323-327.

Goldstein, K. *Language and Language Disturbances.* New York: Grune and Stratton; 1948.

Gordon, H. W., and Bogen, J. E. Hemispheric lateralization of singing after intracarotid sodium amylobarbitone. *J Neurol Neurosurg Psychiatry* 1974; 37: 727-738.

Greene, J.D.W. Apraxia, agnosias, and higher visual function abnormalities. *J Neurol Neurosurg Psychiatry* 2005; 76 (Suppl V): v25-v34.

Hecaen, H., and Albert, M. L. *Human Neuropsychology.* New York: John Wiley and Sons; 1978.

Heilman, K. M., Scholes, R., and Watson, R. T. Auditory Affective agnosia: disturbed comprehension of affective speech. *J Neurol Neurosurg Psychiatry* 1975; 38: 69-72.

Heilman, K. M., and Van Den Abell, T. Right hemisphere dominance for attention: the mechanism underlying hemispheric asymmetries of inattention (neglect). *Neurology* 1980; 30: 327-330.

Heilman, K. M., Watson, R. T., and Valenstein, E. Neglect and related disorders. In: Heilman, K. M., and Valenstein, E., eds. *Clinical Neuropsychology.* 4th ed. New York: Oxford University Press; 2003: 296-346.

Hier, D. B., Mondlock, J., and Caplan, L. R. Behavioral abnormalities after right hemisphere stroke. *Neurology* 1983; 33: 337–344.

Humphrey, M. E., and Zangwill, O. E. Cessation of dreaming after brain injury. *J Neurol Neurosurg Psychiatry* 1951; 14: 322–325.

Kandel, E. R. Biology and the future of psychoanalysis: a new intellectual framework for psychiatry revisited. *Am J Psychiatry* 1999; 156: 505–524.

Kaplan, E. Process and achievement revisited. In: Wapner, S., and Kaplan, B., eds. *Toward a Holistic Developmental Psychology.* Hillsdale, NJ: Lawrence Erlbaum; 1983: 143–156.

Kerr, N. H., and Foulkes, D. Right hemisphere mediation of dream visualization: a case study. *Cortex* 1981; 17: 603–610.

Kertesz, A., Nicholson, I., Cancilliere, A., et al. Motor impersistence: a right hemisphere syndrome. *Neurology* 1985; 35: 662–666.

Landis, T., Cummings, J. L., Benson, D. F., and Palmer, E. P. Loss of topographic familiarity: an environmental agnosia. *Arch Neurol* 1986; 43: 132–136.

Levine, D. N., and Grek, A. The anatomic basis of delusions after right cerebral infarction. *Neurology* 1984: 34: 577–582.

Levitin, D. J. *This Is Your Brain on Music: The Science of a Human Obsession.* New York: Dutton; 2006.

Ley, R. G. An archival examination of an asymmetry of hysterical conversion symptoms. *J Clin Neuropsychol* 1980; 2: 61–70.

Lishman, W. A. Brain damage in relation of psychiatric disability after head injury. *Br J Psychiatry* 1968; 114: 373–410.

McChesney-Atkins, S., Davies, K. G., Montouris, G. D., et al. Amusia after right frontal resection for epilepsy with singing seizures: case report and review of the literature. *Epilepsy Behav* 2003; 4: 343–347.

McFarland, H. R., and Fortin, D. Amusia due to right temporoparietal infarct. *Arch Neurol* 1982; 39: 725–727.

Mesulam, M.-M. A cortical network for directed attention and unilateral neglect. *Ann Neurol* 1981; 10: 309–325.

Mesulam, M.-M., Waxman, S. G., Geschwind, N., and Sabin, T. D. Acute confusional states with right middle cerebral artery infarctions. *J Neurol Neurosurg Psychiatry* 1976; 39: 84–89.

Milner, B. Laterality effects in audition. In: Mountcastle, V. B., ed. *Interhemispheric Relations and Cerebral Dominance.* Baltimore: Johns Hopkins University Press; 1962: 177–195.

Mychack, P., Kramer, J. H., Boone, K. B., and Miller, B. L. The influence of right frontotemporal dysfunction on social behavior in frontotemporal dementia. *Neurology* 2001; 56 (11 Suppl 4): S11–S15.

Narushima, K., Kosier, J. T., and Robinson, R. G. A reappraisal of poststroke depression, intra- and inter-hemispheric lesion location using meta-analysis. *J Neuropsychiatry Clin Neurosci* 2003; 15: 422-430.

Norton, A., Zipse, L., Marchina, S., and Schlaug, G. Melodic intonation therapy: shared insights on how it is done and how it might help. *Ann NY Acad Sci* 2009; 1169: 431-436.

Piercy, M., Hecaen, H., and de Ajuriaguerra, J. Constructional apraxia associated with unilateral cerebral lesions: left and right sided cases compared. *Brain* 1960; 83: 225-242.

Polk, M., and Kertesz, A. Music and language in degenerative disease of the brain. *Brain Cogn* 1993; 22: 98-117.

Price, B. H., and Mesulam, M. Psychiatric manifestations of right hemisphere infarctions. *J Nerv Ment Dis* 1985; 173: 610-614.

Robinson, R. G., Kubos, K. L., Starr, L. B., et al. Mood disorders in stroke patients: importance of location of lesion. *Brain* 1984; 107: 81-93.

Ross, E. D. Affective prosody and the aprosodias. In: Mesulam, M.-M., ed. *Principles of Behavioral and Cognitive Neurology.* 2nd ed. New York: Oxford University Press; 2000: 316-331.

————. The aprosodias: functional-anatomic organization of the affective components of language in the right hemisphere. *Arch Neurol* 1981; 38: 561-569.

Ross, E. D., and Mesulam, M.-M. Dominant language functions of the right hemisphere? Prosody and emotional gesturing. *Arch Neurol* 1979; 36: 144-148.

Ross, E. D., and Monnot, M. Neurology of affective prosody and its functional-anatomic organization in right hemisphere. *Brain Lang* 2008; 104: 51-74.

Sackheim, H. A., Greenberg, M. S., Weiman, A. L., et al. Hemispheric asymmetry in the expression of positive and negative emotions: neurologic evidence. *Arch Neurol* 1982; 39: 210-218.

Sacks, O. *Musicophilia: Tales of Music and the Brain.* New York: Alfred A. Knopf; 2007.

Schore, A. N. A century after Freud's project: is a rapprochement between psychoanalysis and neurobiology at hand? *J Am Psychoanal Assoc* 1997; 45: 807-840.

Sergent, J. Music, the brain and Ravel. *Trends Neurosci* 1993; 16: 168-172.

Shammi, P., and Stuss, D. T. Humour appreciation: a role of the right frontal lobe. *Brain* 1999; 122: 657-666.

Springer, S. P., and Deutsch, G. *Left Brain, Right Brain: Perspectives from Cognitive Science.* 5th ed. New York: W. H. Freeman; 2001.

Starkstein, S. E., Mayberg, H. S., Berthier, M. L., et al. Mania after brain injury: neuroradiological and metabolic findings. *Ann Neurol* 1990; 27: 652-659.

Starkstein, S. E., and Robinson, R. G. Depression following cerebrovascular lesions. *Semin Neurol* 1990; 10: 247-253.

Stern, D. Handedness and the lateral distribution of conversion reactions. *J Nerv Ment Dis* 1977; 164: 122–128.

Stuss, D. T., and Anderson, V. The frontal lobes and theory of mind: developmental concepts from adult focal lesion research. *Brain Cogn* 2004; 55: 69–83.

Weintraub, S., and Mesulam, M.-M. Right cerebral dominance in spatial attention. *Arch Neurol* 1987; 44: 621–625.

Winner, E., and Gardner, H. The comprehension of metaphor in brain–damaged patients. *Brain* 1977; 100: 717–729.

Wittling, W., and Roschmann, R. Emotion–related hemisphere asymmetry: subjective emotional responses to laterally presented films. *Cortex* 1993; 29: 431–448.

제9장

측두엽 증후군

측두엽은 실비우스틈새(Sylvian fissure) 밑에 있는데 정서기능에서 매우 중요하다. 이런 점 때문에 실비우스틈새 아래는 정신의학 분야이고 실비우스틈새 위는 신경학의 분야라는 말이 있을 정도이다. 필자의 입장은 신경학과 정신의학의 어떤 구분도 결국은 인위적이라는 것이다(제1장 참조). 그러나 다양한 종류의 정상 및 비정상 정서상태가 측두엽 및 그와 밀접하게 관련된 둘레계(limbic system)의 활동과 연관되는 것은 사실이다. 그러므로 이 부위들은 뇌가 정서 현상을 어떻게 매개하는지를 들여다볼 수 있는 독특한 '창구'이다. 앞서 우리는 측두엽이 기억기능(제4장 참조)과 언어기능(제5장 참조)에 기여하는 바를 논의하였다. 이 장에서는 **측두엽간질**(temporal lobe epilepsy, TLE)을 중심으로 측두엽기능을 살펴볼 것이다. TLE는 매우 흔히 볼 수 있는 발작장애(seizure disorder) 유형이다. 이 질환은 신경학 및 정신의학적으로 시사하는 바가 많을 뿐 아니라 뇌-행동 관계를 살펴보는 데 큰 도움을 준다.

TLE가 여러 정서적 변화와 연관됨은 오래전부터 논의되어 왔지만 오늘날에도 많은 논쟁이 되고 있다. TLE에 대한 논의는 뇌손상 환자에서 정서기능을 평가하는 것이 매우 어려운 과제인 동시에 매우 유용할 수 있다는 점을 보여줄 것이다.

이 책의 내용 대부분은 인지기능에 관한 것이다. 인지기능의 작동은 정서기능의 작동에 비해 정의와 측정이 단순하다. 또한 인지기능의 신경해부는 정서기능의 신경해부에 비해 덜 복잡하다. 제8장에서는 정서기능을 우반구 증후군의 맥락에서 논의하였고 뇌반구 편재화의 이론들을 검토하였다. 제10장에서는 정서(및 인지)를 전두엽 증후군의 맥락에서 논의할 것이다. 이 장에서는 '일차적 정서(primary emotions)'라고 칭하는 강력하고 원초적인 내적 경험(feelings)을 논의할 것이다. 이러한 정서의 예로는 쾌락, 고통, 욕망, 분노, 황홀, 공포 등이 있으며(Ross, Homan, and Buck, 1994; Dalgleish, 2004) 측두엽과 연관된 둘레계가 근본적인 역할을 한다.

9.1 둘레계

Limbic(둘레)의 어원은 경계(border)를 뜻하는 라틴어 limbus이다. Paul Broca는 둘레엽(limbic lobe)이라는 개념을 처음으로 도입하였다(Broca, 1878). 오늘날 **둘레계**(limbic system)라는 용어는 측두엽과 사이뇌(diencephalon)에 있는 일련의 연결된 뇌구조들을 지칭한다. 이 구조들은 정서 및 기억기능과 매우 밀접하게 연관된다. 둘레계를 구성하는 요소들과 경계에 대해서는 아직도 완전한 합의가 이루어지지 않았다(Brodal, 1981; Nolte, 2002). 그러나 둘레계의 개념은 신경생물학적으로 매우 유용한 역할을 해왔다. 둘레계는 모든 척추동물에서 유사하게 발달되어 있으며(Nolte, 2002), 다양한 종과 문화에서 원초적 정서를 매개하는 점에서(Dalgleish, 2004) 핵심적인 진화적 구조의 하나이다. 찰스 다윈(1872)이 동물과 인간이 표현하는 정서에서 중요한 공통성이 있음을 지적한 것은 매우 잘 알려진 사실이다. 이러한 공통된 정서에 특별히 중요한 것이 둘레계이다. 물론 인간에서는 대뇌구조의 발달로 동물에서는 찾아볼 수 없는 보다 미묘하고 정교한 정서도 발달되어 있다.

Broca(1878)는 뇌줄기의 윗부분에 링(ring) 모양의 둘레를 형성하는 띠이랑

(cingulate gyrus), 해마곁이랑(parahippocampal gyrus), 해마(hippocampus)가 계통발생적으로 원시적임을 지적하였다. 다른 척추동물에서 이 부위들의 기능은 주로 후각이지만 인간에서는 후각기능이 덜 중요하며 주로 정서와 기억기능에 관여한다. 둘레계에만 한정된 손상을 입은 사례들은 임상적으로 드물다. 그러나 단순포진성뇌염(herpes simplex encephalitis)으로 양측 둘레계가 손상된 사례의 연구는 둘레계가 정서와 기억영역에서 중요하다는 가설을 지지하였다(Feinstein et al., 2010). 이 사례는 성격과 정동에서의 극심한 변화 및 고도의 기억상실증(dense amnesia)을 보여주었다.

James Papez는 1937년에 정서의 뇌 기반에 관한 매우 영향력 있는 논문을 발표하였다. Papez(1937)는 해마, 뇌활(fornix), 유두체(mammillary body), 유두시상길(mammillothalamic tract), 앞쪽시상핵(anterior thalamic nucleus), 띠이랑, 해마곁이랑으로 연결되는 회로가 정서의 경험과 표현을 매개한다고 제안하였다(그림 9.1 참조). 이후 파페즈 회로(Papez circuit)는 섭식행동, 공격성, 도주, 성행동과 같은 본능이나 추동(drive)의 기초가 되는 정서에 중요하다고 알려지게 되었다. 이러한 정서를 일차적 정서(primary emotions)라고 칭한다. 파페즈 회로 중 띠이랑은 정서의 내적 경험을 매개하는 반면에 시상하부는 정서의 외적 표현을 매개한다고 가정되었다. 지난 70년간의 연구는 대체로 파페즈의 생각이 옳았음을 보여주었다. 오늘날 파페즈 회로는 정서와 기억의 뇌 기반을 살펴보는 연구들에서 근간이 되는 개념들 중 하나이다.

Paul MacLean은 1949년 파페즈 회로에 정서 현상에 관련된 다른 구조들을 추가하여 확장시켰다. 추가된 구조는 편도체(amygdala), 중격(septum) 및 인접한 바닥전뇌(basal forebrain), 줄무늬체(striatum)의 의지핵(nucleus accumbens), 눈확전두피질(orbitofrontal cortex)이었다(MacLean, 1949). MacLean은 둘레계가 정서기능을 매개한다는 가설을 확장시켰으며 추가된 구조들이 정서에서 어떤 역할을 하는가에 대한 여러 연구들을 촉발시켰다. 제9장의 논의는 둘레계의 다섯 가지 핵심적 구조와 그들 간의 연결을 중심으로 전개할 것이다. 이 구조들은 해마, 중격, 편도체, 띠이랑, 시상하부이다. 이 중 해마와 중격은 기억에서 중심적인 역할을 하며(제4장 참조), 편도체, 띠이랑, 시상하부는 정서에서 중심적인 역할을 한다. 이 장의 논의에 가장 중요한 것은 편도체와 해마로 각각 정서와 기억을 매개하는 핵심 요소이다. 이 두 구조는 상

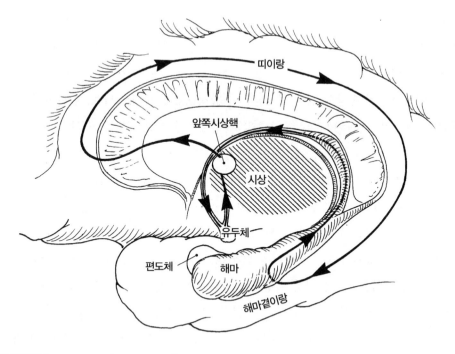

그림 9.1 파페즈 회로(Papez circuit)

호 간에 해부학적 및 기능적으로 밀접히 연결되어 있다.

편도체는 해마의 바로 앞쪽에 위치한 신경핵이다. 편도체의 기능에 대한 최근의 견해는 뇌에 입력되는 자극들의 정서적 중요성을 평가한다는 것이다(LeDoux, 1987, 1994, 2007). 편도체에는 내수용(interoceptive) 정보(예 : 배고픔, 목마름) 및 외수용(exteroceptive) 정보(예 : 시각, 청각, 체감각)가 모두 입력되며 편도체는 이러한 자극들의 정서적 중요성을 평가한다. 편도체는 자극 정보의 도착과 다음 단계의 대뇌처리 사이의 중간에 위치한다. 편도체에 의한 정서적 중요성의 평가는 무의식적인 과정이므로 우리가 정서적 기억(emotional memories)이라고 부르는 것은 무의식적으로 일어난 과정을 의식화한 산물이다(LeDoux, 1994). 이러한 무의식적 학습과정이 시사하는 바는 매우 크다. 예를 들어 정신의학에서 치료가 가장 까다로운 증상 중 하나는 '학습된 공포'인데, 이는 무의식적 과정을 통해 일어나며 되돌리기가 매우 어렵다(LeDoux, 1994). 편도체에 대한 연구가 진화함에 따라서 공포가 편도체 기능과 가장 밀접하게 연관된 정서라는 점이 점차 분명해졌다. 공포의 경험이 증상의 핵심인 정신질환들에는 불안증(anxiety), 공황장애(panic disorder), 외상후스트레스장애 (post-traumatic stress disorder)가 있다. 최근 연구들은 이러한 질환들에 편도체의 기능장애가 있음을 시사하는 여러 증거들을 제시하였다(LeDoux, 2007).

해마와 편도체가 인접해 위치한 것은 단순한 해부학적 우연이 아닐 수 있다. 편도체에 도착하는 정보는 동시에 해마에도 도착해서 정보가 미래 사용을 위해 저장될 필요가 있는지 없는지가 결정된다. 해마와 편도체는 협력적 작용을 통해서 정서적으로 중요한 사건을 기억으로 남긴다(Richter-Levin and Akirav, 2000). 그러므로 정서적으로 강렬한 경험이 평범한 경험에 비해 기억이 잘 형성되고 쉽게 잊혀지지 않는 것은 놀라운 일이 아니다. 주요 감각정보들(특히 시각정보)이 둘레계로 수렴하는 것은 입력정보의 빠른 처리와 신속하고 적절한 반응을 촉진한다.

편도체 기능이 행동에 미치는 효과를 좀 더 자세히 살펴보자. 유기체의 생존은 환경의 변화에 적절한 반응을 가능하게 하는 적응 기제에 달려 있다. 그러므로 감각 정보의 정서적 중요성을 평가하는 것은 생존에 필수불가결하다. 시각 자극의 예를 들면 정보가 정서적으로 중립적이거나(예 : 지나가는 행인), 긍정적이거나(예 : 아름다운 자연 풍경), 부정적일 수 있다(예 : 빠르게 돌진하는 트럭). 편도체는 이런 가능성들의 평가에 따라 다양한 방식으로 작동한다. 첫째, 중립적 자극이라서 반응이 필요하지 않은 경우에는 자극이 더 이상 처리되지 않을 수 있다. 둘째, 자극이 우리의 의식 내로 들어와서 정서의 경험으로 이어질 수 있다. Papez가 생각했듯이 띠이랑이 정서의 내적 경험에 중요할 수 있지만, 편도체도 중요한 기여를 함이 분명하다(Gloor et al., 1982; Richter-Levin and Akirav, 2000; Dalgleish, 2004; LeDoux, 2007). 셋째, 정서가 바깥으로 표현될 수 있는데, 정보에 대한 즉시적 반응의 형태일 수 있다. 예를 들어 전원적인 풍경을 보고 즐거워하거나, 돌진하는 트럭을 보고 황급히 피할 수 있다. 이러한 행동에는 운동계(Damasio and Van Hoesen, 1983) 및 시상하부의 영향하에 있는 자율신경계(Bard, 1928)와 내분비계(Herman et al., 2005) 효과기들과의 연결이 중요하다(Dalgleish, 2004). 또한 시상하부의 면역조절기능에도 영향을 미친다는 증거가 있으며(Brooks et al., 1982), 이는 다양한 정신신체질환(psychosomatic diseases)의 설명에 도움을 준다(MacLean, 1949). 마지막으로, 편도체가 평가한 정보는 해마로 옮겨져서 기억으로 저장될 수 있다. 예를 들어 어떤 장소에 가면 좋은 경치를 볼 수 있다거나 혹은 위험하다는 정보가 학습될 수 있다. 해마가 정보를 뇌에 저장시키는 데 결정적 역할을 하는 것과 마찬가지로, 편도체는 처음으로 마주친 정보가 기억으로 남길 필요가 있는가를 결정하는 데 결정적 역할을 한다(Richter-Levin and Akirav, 2000). 오랜 시간의 학대, 고문, 전투와 같은 무서운 경험을 하게 되면 공포가 편도체에 과하게 각인될 수 있다. 이러한 기억은 시간이 지나면서 외상후스트레스장애, 불안증, 공황장애와 같은 임상적 문제를 가져올 수 있다(LeDoux, 2007).

둘레계가 해부학적으로 매우 복잡하지만, 현재로서는 둘레계 전체를 하나의 기능 단위로 고려하는 접근이 유용할 수 있다. 둘레계가 본능, 추동, 고통, 쾌락, 분노와 같은 일차적인 정서에 중요한 기여를 한다는 가설은 임상적 및 이론적 측면 모두에서 유용하다. 그러므로 인간을 신경행동적으로 완전히 이해하려는 어떤 시도에서도 둘레계는 빼놓을 수 없는 존재이다. 특히 둘레계가 어떻게 원초적 정서기능을 만들어내는지, 그리고 보다 미묘한 정서와 인지기능들을 담당하는 대뇌영역들과 어떻게 교류하는지에 대한 이해가 요구된다.

9.2 측두엽간질

측두엽은 둘레계와 해부적으로 긴밀히 연결되어 있으며 정서적 행동에 중요한 기여를 한다. 측두엽과 둘레계가 거의 한몸처럼 결합된 점은 왜 측두엽 손상 환자들이 신경과 전문의가 아니라 정신과 전문의의 관심을 끌 만한 증상들을 자주 보이는지의 설명에 도움을 준다. 앞서 언급하였듯이 시각, 청각, 체감각을 포함한 모든 주요 감각 정보가 앞쪽측두엽으로 투사된 다음 편도체와 해마로 전달된다. 모든 감각입력이 정서적으로 중요한 뇌 부위에 수렴하는 점은 TLE에 중요한 함의를 갖는다. TLE는 이런 수렴과 관련된 연구가 수행된 가장 중요한 질환의 하나이다. TLE는 흔한 발작장애 유형의 하나로 대규모 표집이 가능한 점 및 손상 부위가 국소성인 점에서 뇌-행동 관계의 연구에 유리하다(Waxman and Geschwind, 1975).

간질(epilepsy)의 주제는 우리가 지금까지 논의한 뇌-행동 관계의 접근법과는 다른 개념을 내포한다. 행동신경학에서 고려하는 대부분의 증후군은 어떤 뇌 부위(혹은 일련의 뇌 부위)의 파괴적 손상이나 병리로 발생한 결손, 즉 '음성(negative)' 징후나 증상을 반영한다. 예를 들어 뇌졸중은 반신불완전마비, 반맹, 실어증, 무시증과 같은 음성 증상을 발생시킬 수 있다. 그러나 간질과 관련된 뇌조직의 과민성(irritability)은 '양성(positive)' 징후나 증상, 예를 들어 근육경련이나 환시를 촉발한다. 그러므로 간질은 뇌-행동 관계의 연구에 완전히 새로운 종류의 임상적 현상을 관찰할 수 있게 한다. 요약하면 신경행동적 증후군은 뇌조직의 파괴적 손상뿐 아니라 뇌조직의 비정상적 흥분성과 연관될 수 있다.

발작(seizures)은 대뇌 신경세포들의 갑작스럽고 과도한 흥분으로 발생하는 임상적 사건(event)이다. **간질**(epilepsy) 혹은 **발작질환**(seizure disorder)은 자발적 발작이 반복적으로 발생하는 질환들을 지칭하는 용어이다. 반면에 촉발 요인이 있는 발작에는 발작질환이라는 용어를 적용하지 않는다. 예를 들어 알코올 금단에서 오는 발작은 알코올 중독이 없으면 발생하지 않기 때문에 발작질환에 포함시키지 않는다. 발작질환에 대한 여러 표준적 분류들 중 가장 유용한 것은 간질퇴치국제연맹 (International League Against Epilepsy, ILAE)의 관련 위원회에서 1989년에 제정한 것이다. 이 분류에서는 발작질환을 크게 전신발작과 부분발작으로 대별한다. **전신발작**(generalized seizures)은 광범위한 뇌 부위가 동시에 개입하여 시작되는 발작이며, **부분발작**(partial seizures)은 특정 위치에 있는 과민성 부위에서 시작되는 발작이다. 부분발작은 다시 **단순부분발작**(simple partial seizures)과 **복합부분발작**(complex partial seizures)으로 대별한다. 단순부분발작은 의식(consciousness)의 변화가 없는 부분발작이고, 복합부분발작은 의식이 혼탁해지거나 사라지는 부분발작이다 (Commission of ILAE, 1989). 복합부분발작에서 가장 많은 유형은 과민성 부위가 좌우 측두엽 중 어느 하나에 있는 것이다. 그러나 측두엽 외의 다른 부위, 예를 들어 전두엽에 과민성 부위가 있는 경우도 있으므로 TLE와 복합부분발작은 동의어는 아니다. 정신운동간질(psychomotor epilepsy)은 현재는 많이 쓰지 않는 용어인데 역시 복합부분발작과 동의어로 볼 수 없다.

행동신경학적 관점에서, TLE 증상은 측두엽과 둘레계가 해부학적으로 밀접하게 연관된 구조라는 것에 주목하게 만드는 중요성이 있다. 이러한 두 구조의 연관성은 신경행동적으로 많은 것을 시사한다(Schomer et al., 2000). 실제로 연구자들에 따라서는 측두엽간질이라는 용어보다 측두둘레간질(temporolimbic epilepsy)이라는 용어를 선호한다. 그러나 필자는 보다 친숙한 용어인 측두엽간질을 사용할 것이다. TLE는 이론적인 측면뿐 아니라 임상적인 측면에서도 매우 중요한 신경학적 질환이다. TLE는 가장 흔한 유형의 부분발작으로 미국에서만도 약 1백만 명 정도가 이 질환을 앓고 있다(Schomer et al., 2000). 아마도 실제 환자 수는 공식적으로 보고된 것보다 더 많을 것으로 예상되는 점에서 임상적 중요성을 더한다. TLE는 임상적으로 까다롭지만 동시에 여러 통찰을 가져다주는 질환이다(Schomer et al., 2000).

TLE의 현상학을 여기서 잠깐 살펴보는 것이 후속 논의에 유용할 것이다. 꼭 기억해 둬야 할 점은 TLE 환자들이 세 가지 다른 범주의 행동적 변화를 보일 수 있다는 점이다. 이 세 가지는 발작 동안에 일어나는 발작기 현상, 발작이 끝난 직후에 나타나는 발작후기 현상, 발작과 발작 사이(평상시)에 일어나는 발작간기 현상이다. **발작기**(ictal) 현상에는 운동, 감각, 자율신경, 인지, 정서영역에서 발생하는 여러 변화들이 포함된다. 이러한 변화에 대한 자세한 논의는 이 책의 범위를 벗어난다. 주요한 몇 가지만 짚어 보면 사지 일부의 경련(jerking), 복합성 자동증(complex automatisms), 신체 일부의 무감각 혹은 불쾌감, 속에서 치밀어 올라오는 불쾌한 감각이 있다. 인지적 경험에는 착시 및 환각이 있다. 착시의 예로는 작게보임증(micropsia), 크게보임증(macropsia), 변형보임증(metamorphopsia)이 있고, 환각은 후각과 미각에서 많이 발생한다(Currie et al., 1971). 다른 인지적 경험으로는 Hughling Jackson(1888~1889)이 약 1세기 전에 처음 기술한 것으로 '몽환적 상태(dreamy state)', 예를 들어 이미 본 느낌(déjà vu)과 본 적 없는 느낌(jamais vu)이 있다(Bancaud et al., 1994). 마지막으로, 정서적 변화도 많이 보고되었는데 가장 많은 것은 공포감과 우울감이다(Williams, 1956). 현재의 지식에 비추어 볼 때(LeDoux, 2007), TLE 발작에서 공포감이 현저한 점은 이상전기활동이 편도체를 포함함을 시사한다. 드물지만 이상행복감(euphoria)을 느끼는 사례도 보고되었다. 러시아 작가 도스토옙스키가 '백치(The

Idiot)'의 등장인물인 Prince Myshkin의 이상황홀감을 서술한 것은 자신의 발작 경험에 근거했다고 추정된다(Alajouanine, 1963). **발작후기**(postictal) 변화는 전형적으로 기면성 급성혼돈상태(acute confusional state, 제3장 참조)이며 일시적이다. 최근에는 **발작후기정신병증**(postictal psychosis) 증후군에 대한 관심이 증가하였다 (Kanner, 2000). **발작간기**(interictal) 변화는 환자가 발작하지 않고 있을 때, 즉 일상생활을 영위하고 있을 때 관찰되는 변화이다. 발작간기 변화는 성격과 행동적 측면에서 발생하는데 흥미롭지만 많은 논쟁이 있었다.

TLE를 신경행동적으로 고찰하기에 앞서 간질에 동반되는 정신과적 합병증에 대해서 잠시 논의할 필요가 있다. 간질의 역사는 이 병에 대한 잘못된 편견으로 점철되어 있으며 심지어 악마가 씌운 병이라는 설이 유포된 적도 있었다. 현재도 간질은 다른 질환들에 비해 훨씬 심한 부정적 인식이 따라다니며, 이러한 편견이 주는 영향은 TLE 환자의 행동적 변화에서 반드시 고려되어야 할 사항이다. 많은 임상가들이 TLE 특유의 정신과적 혹은 행동적 변화가 있다는 사실을 간과하거나 잘 믿지 못하는 경향이 있다. TLE 환자들이 심각한 질환으로 너무나도 어려운 처지에 있기 때문에 성격이나 행동적 변화를 논하는 것이 무의미하게 느껴질 수 있는 것도 이러한 경향에 기여한다. TLE 환자들에 대한 어떤 이름의 낙인찍기도 있을 수 없는 일이지만 간질, 특히 TLE가 정신과적 증상을 유발하는 경향이 높다는 것은 부정하기 어려운 사실이다.

정신질환의 유병률이 간질환자들에서 일반인들에 비해 더 높다는 것은 널리 인정된다(Garciá-Morales, de la Peña Mayor, and Kanner, 2008). TLE 환자들은 특히 정신질환에 취약하다. 예를 들어 우울증, 불안증, 정신병증이 발병할 확률이 다른 유형의 간질 환자들에 비해 더 높다(Garciá-Morales, de la Peña Mayor, and Kanner, 2008). TLE에서 정신질환의 유병률이 높은 것이 여러 요인들을 반영한다는 것은 의심할 바 없다. 이러한 요인들에는 정신사회적 요인들과 투약 효과뿐 아니라 구체적인 뇌병리, 간질유발(epileptogenesis), 병소 위치가 포함된다(Devinsky and Najjar, 1999). 또한 공중보건의 향상과 의술의 발달로 인구가 고령화되고 평균수명이 연장됨에 따라 노령화가 간질뇌에 미치는 효과도 고려 대상이다. 이러한 효과는 간질의 결과에 이제까지 예상하지 못했던 부정적 효과를 끼칠 것으로 평가되고 있다

(Hermann, Seidenberg, and Jones, 2008). TLE 환자에서 나타나는 정신질환은 사례에 따라 국소성 손상, 반복적 발작, 삶의 질을 저해하는 여러 연관된 문제들이 원인으로 작용할 수 있다. 임상적으로 가장 중요한 점은 정신질환의 원인이 무엇으로 설명되든 간에 절대로 간과되어서는 안 된다는 점이다.

행동신경학자의 관점에서, 측두둘레계의 만성과민부위로 인한 성격과 행동의 변화는 이론적으로 매우 중요한 이슈이다. 보통은 파괴적 손상이 행동신경학에서 뇌-행동 관계를 접근하는 근간이 된다. 그러나 과민성 손상에서는 특정 영역의 과다전기활동의 만성적 효과라는 새로운 '창'을 통해서 뇌-행동 관계를 접근한다. 만성화된 피질과민이 가져오는 후유증은 뇌와 정서의 조직화에 관해 많은 통찰을 줄 수 있는 점에서 연구할 만한 가치가 충분하다. TLE의 행동변화 연구는 위치가 확인된 만성과민 부위가 유발하는 임상적 현상들에 기초하는 점에서 가장 유망한 정신의학 분야라는 주장이 제기된 바 있다(Geschwind, 1977). 그러므로 TLE의 발작간기 변화가 정신분열증과 공통되는 점이 무엇인지를 성찰하기보다 정신분열증이 TLE의 발작간기 변화와 공통된 점이 무엇인지를 성찰하는 것이 더 의미 있을 수 있다(Geschwind, 1977). 모든 행동은 뇌가 매개한다는 가정이 매우 생산적임에 비추어, TLE의 행동 변화 연구가 정신의학에 매우 중요하다는 주장은 관심을 받을 만한 가치가 있다.

이 장의 나머지에서는 TLE에서 나타나는 두 가지 행동증후군을 살펴볼 것이다. 이 증후군들은 모두 TLE와 연관된 과민성 피질 손상이 직접적 원인으로 생각되는 점에서 주목을 받아왔다. 이 증후군들은 모두 많은 논쟁을 낳아 왔고 현재도 논쟁이 진행 중이다. 그럼에도 이 증후군을 여기서 소개하는 것은 TLE에 대한 우리의 사고가 어떻게 진화해 왔나를 잘 예시하기 때문이다. 이러한 진화에는 측두엽과 둘레계가 인간행동에 어떤 기여를 하는가에 대한 연구성과들이 발판이 되었다.

9.3 측두엽간질 정신병증

정신병증(psychosis)은 발작질환의 여러 유형들에서 나타날 수 있지만 TLE에서 가장 많이 나타난다(Kanner, 2000; Nadkarni, Arnedo, and Devinsky, 2007). 정신병증은

TLE와 관련된 여러 임상적 맥락에서 나타날 수 있다. 즉, 발작기 현상으로 점차 발전하거나, 발작후기에 나타나거나, 발작간기 증후군으로 점차 발전할 수 있다. 우리는 다음에서 이 세 유형을 각각 논의할 것이다.

발작기정신병증(ictal psychosis)은 비경련성 간질지속증(nonconvulsive status epilepticus)에서 나타나는 정신병증 삽화를 의미한다(Kanner, 2000). 이러한 간질지속증은 측두엽성 복합부분발작일 경우가 가장 많다. 그러나 단순부분발작지속증이나 소발작지속증(absence status epilepticus)도 간질성 방전(epileptic discharges) 동안에 정신병증을 유발할 수 있다. 이러한 간질지속증에서는 운동이나 혹은 다른 전형적인 지표들은 잘 표출되지 않을 수 있지만 뇌파 검사에서 진단이 가능할 수 있다. 약물요법으로 발작이 통제되면 정신병증도 함께 호전된다.

발작후기정신병증(postictal psychosis)은 상당한 빈도로 나타남이 밝혀짐에 따라 최근에 많은 주목을 받았다(Kanner, 2000). TLE는 이러한 정신병증과 가장 밀접히 연관된 발작장애 유형이다. 발작후기정신병증은 보통 복합부분발작이 있은 후 3일 이내에 출현한다. 망상성 혹은 들뜸성 정신병증이 많고 평균 15시간 정도 지속된다(Kammer, 2000). 발작후기정신병증이 나타나는 기전은 아직 분명히 밝혀져 있지 않다. 그러나 양반구에 독립적으로 존재하는 간질초점은 발작후기정신병증의 위험요인이다(Kanner, 2000). 이러한 점은 양측 둘레피질의 지속적 과민손상이 측두둘레회로에 상당한 변화를 가져오고 인지기능에까지 영향을 미침을 시사한다. 이러한 인지기능의 변화가 발작이라는 추가적 스트레스를 받은 후에 사고장애(thought disorder)의 형태로 표출되는 것일 수 있다. 발작을 예방하는 것이 효과적인 치료 전략일 수 있지만 발작이 약물로 잘 제어되지 않는 경우가 많다는 제한점이 있다. 그러므로 발작이 잘 제어되기까지는 환자가 정신병증 삽화 때문에 정신과에 의뢰되거나 심지어 입원하는 경우가 자주 발생한다. 정신병증 자체의 관리에는 신경이완제(neuroleptic drugs)의 투약이 고려될 수 있지만 발작 역치를 낮출 가능성이 작은 약제를 선택해야 한다(Kanner, 2000).

마지막으로, TLE에서 나타나는 **발작간기정신병증**(interictal psychosis)을 고려해보자. 이 증상은 정신분열증과 유사한 정신병이라는 뜻에서 **정신분열형정신병증**

(schizophreniform psychosis)이라고도 칭한다(Slater and Beard, 1963). 이러한 정신병증이 단지 간질이라는 만성적이고 예측 불가능한 질환을 오래 앓은 결과일 뿐이라는 반론이 있을 수 있다. 그러나 발작간기정신병증의 높은 발생률은 TLE에 한정될 뿐 다른 간질 유형에서는 보고되지 않는다(Perez and Trimble, 1980; Ramani and Gumnit, 1982; Mendez et al., 1993). 이 주제에 관한 첫 연구는 TLE에서 발작개시 후 평균 약 14년 후부터 발작간기에 편집망상과 환청을 동반한 정신병증이 나타날 수 있음을 보고하였다(Slater and Beard, 1963). 이 증상은 정신분열증(schizophrenia)과는 다르다고 생각되었는데 왜냐하면 (1) 정동(affect)이 보존되어 있고, (2) 정신분열증의 가족력이 없고, (3) 병전 분열성 특질(premorbid schizoid traits)이 없었기 때문이다. 그러므로 정신분열증과 유사할 뿐 다른 범주라는 의미에서 '정신분열형(schizophreniform)'이라는 수식어가 붙게 되었다. 후속 연구들은 이 증상이 TLE 환자 전체의 약 7~15%에서 관찰되며(Trimble, 1983; Schomer et al., 2000), 병의 결과(outcome)에서는 정신분열증보다는 좋은 편으로 보고하였다(Kanner, 2000; Schomer et al., 2000). 발생기전에 관해서는 측두엽에 있는 비정상적 과민피질에 의해 **감각-둘레이상연결**(sensory-limbic misconnection)이 형성되기 때문이라는 가설이 제기되었다(Schomer et al., 2000). 이러한 이상연결은 중립적 감각경험이 부적절한 감정상태와 연합되도록 만들 수 있다. 예를 들어, 길을 걷는 어떤 사람과 마주친 단순한 시각적 경험이 위협받는 감정과 잘못 연합될 수 있으며, 이러한 연합의 반복은 임상적으로 중요한 편집증(paranoia)으로 이어질 수 있다. 불행하게도 발작 증상이 제어되어도 정신분열형정신병증은 유지된다. 이는 만성화된 준발작성 과민활동(chronic subictal irritability)만으로도 정신병증이 유지됨을 제시한다. 사실 발작 증상을 제어하는 것이 정신분열형정신병증을 더 악화시킬 수도 있는데, 이러한 현상은 이미 반세기 전에 **강제정상화**(forced normalization; Landolt, 1953) 혹은 **대체정신병증**(alternative psychosis; Kanner, 2000)으로 명명되었다. 이 흥미로운 현상은 발작과 정신병증이 역상관관계, 즉 발작 제어를 통해 뇌파를 정상화시키는 것이 오히려 정신병증의 출현을 촉발시킴을 제시한다.

여기서 정신분열증(schizophrenia)에 관해서도 잠시 고려해 보자. 정신분열증은 아직도 원인이 확실히 밝혀지지 않았으며 대개 성인 초기에 발병하며 매우 극심하고 만성적인 정신장애로 발전한다(Carlsson, 1988; Rapoport et al., 2005; van Os and Kapur, 2009). 정신분열증은 전통적으로는 신경학적 질환으로 여겨지지 않지만, Alzheimer와 Kraepelin 이후 뇌의 병이라는 관점에서의 연구가 계속되어 왔다. 실제로 이 병이 뇌의 기능장애를 반영한다는 증거가 계속 축적되고 있다. 정신분열증이 도파민(dopamine) 수용기를 차단하는 약물에 잘 반응한다는 사실은(Carlsson, 1988; van Os and Kapur, 2009) 단순히 정신역동적(psychodynamic) 요인들로 유발되는 병이 아님을 수십 년간 시사하여 왔다. 정신약리학(psychopharmacology)적 접근은 정신분열증의 치료를 획기적으로 개선하였다. 만약 약물 치료가 없었다면 수많은 환자들이 정신병동에 장기 입원하는 현실에 직면했을 것이다. 최근 들어 대부분의 정신분열증 환자들이 인지장애, 특히 일화기억과 처리속도에서 결손이 있음이 밝혀졌다. 이러한 인지장애는 정신병증적 특질에 비해 기능적 장애를 결정하는 보다 중요한 요인이다(Palmer, Dawes, and Heaton, 2009). 이러한 연구 결과들로 인하여 정신분열증이 주요 인지장애를 동반하는 신경생물학적 질환임이 분명해졌지만 정신분열증의 원인과 발병기전(pathogenesis)은 아직도 불분명하다. 이러한 점에서 정신분열증 환자의 뇌에 어떤 구조적 결손이 있는지를 탐색하는 연구들이 많은 관심을 끌었다. 정신분열증이 뇌병리 때문이라는 가설의 초기 단서 중 하나는 TLE를 포함한 여러 신경학적 질환들에서 정신분열증과 유사한 정신병증이 관찰된다는 점이었다(Davison and Bagley, 1969). 즉, 신경학적 질환이 정신병증을 유발할 수 있다면 정신분열증 자체도 신경학적 요인으로 발생할 수 있다는 가설이 제기되었다. 이러한 가설이 설득력이 있긴 하지만 명확한 증거 확보에는 어려움이 많았다.

사실 정신분열증의 신경병리는 한 세기 이상의 오랜 미시적(microscopic) 연구에도 불구하고(Harrison, 1999) 구체적 병리가 무엇인지, 심지어는 실제로 병리가 존재하는지의 논쟁이 해결되지 않았다. 그러나 뇌 무게는 평균적으로 정신분열증군이 정상군에 비해 작다(Roberts, 1991). 이러한 뇌위축은 CT와 MRI에서 가쪽뇌실(lateral ventricle)과 제3뇌실(third ventricle)의 확장으로 나타난다(Hyde and Weinberger, 1990). 현재의 증거들은 주병리가 전두엽과 측두엽에 있음을 제시하며(Harrison,

1999; Iritani, 2007) 이러한 병리는 회색질과 백색질을 모두 포함한다(Kubicki, McCarley, and Shenton, 2005; Walterfang et al., 2006). 미시적 수준에서는 신경세포체, 시냅스, 신경아교세포(glial cells)의 미묘한 변화가 시냅스 및 세포간 연결성의 장애를 시사한다(Harrison and Weinberger, 2005). 정신분열증의 확실한 병인은 아직 모르지만 유전 인자에 대한 연구가 활발히 진행 중이다(Harrison and Weinberger, 2005; Walterfang et al., 2006).

정신분열증의 신경병리가 측두엽을 포함한다는 증거는 풍부하다. 사망한 정신분열증 환자들의 뇌를 용량 측정한 신경병리 연구들은 해마, 편도체, 해마곁이랑의 크기가 통제집단에 비해 작음을 제시하였다(Bogerts, Meertz, and Schonfeldt-Bausch, 1985). MRI 연구들도 측두둘레 영역에 선택적인 결손을 보고하였다. 예를 들어 Suddath와 동료들(1989)은 해마와 편도체의 크기가 작음을 보고하였다. 또한 좌측 안쪽측두엽(medial temporal lobe)에 한정된 부피감소도 보고되었으며(Shenton et al., 1992), 양전자방출단층촬영술(PET) 연구는 유사한 부위의 대사증가를 보고하였다(Friston et al., 1992). 좌측 측두엽에 선별적인 손상은 이 부위가 TLE의 정신병증에 중요하다는 Flor-Henry(1969)의 가설에 비추어 볼 때 특히 흥미롭다. 정신분열증의 신경병리가 전두엽을 포함한다는 증거도 제시되었다. 측두엽의 경우 구조적 손상의 증거가 풍부한 반면에 전두엽의 경우 기능적 손상의 증거가 풍부하다. 기능신경영상(functional neuroimaging) 연구들은 정신분열증에서 양측 전두앞피질(prefrontal cortex)의 대사감소를 일관되게 보고하였다(Carpenter and Buchanan, 1994). 이러한 대사감소는 '과소전두성(hypofrontality)'이라고 칭하는데 전두앞기능(prefrontal function)을 요구하는 과제를 수행하는 동안 특히 현저하다(Weinberger and Berman, 1988). 보다 최근에는 측두엽과 전두엽의 백색질도 관심의 대상이 되었다. 이러한 백색질에 대한 신경병리 및 신경영상 연구는 말이집길(myelinated tracts)과 희소돌기아교세포(oligodendrocytes)에서 이상을 보고하였다(Kubicki, McCarley, and Shenton, 2005; Walterfang et al., 2006). 그러므로 분리(disconnection)의 개념은 정신분열증 발병기전의 설명에서 중요할 수 있다.

위에 제시한 증거들에 비추어 측두엽 기능장애와 전두엽 기능장애의 조합이 정신분열증적 행동에서 나타나는 주요 비정상성을 설명할 수 있다는 가설이 제안되었다(Weinberger, 1986; Gold and Weinberger, 1995). 이 가설에서 중요한 측면은 '양성(positive)' 증상과 '음성(negative)' 증상[혹은 '결손(deficit)' 증상]을 구분하는 것이다. 양성 증상의 주요 예로는 망상, 환각, 사고장애(thought disorder)가 있고, 음성 증상의 주요 예로는 무감동증, 무동기, 사회적 위축이 있다(Crow, 1980). 가설에 따르면 양성 증상은 중뇌둘레 도파민계(mesolimbic dopaminergic)의 과잉활동으로 인한 둘레계의 기능이상을 반영한다. 반면에 음성 증상은 도파민의 결핍으로 인한 전두앞(prefrontal) 기능이상을 반영한다(Weinberger, 1986). 신경심리학적 증거들은 인지적 기능이상이 음성 증상이 높은 환자들에서 더 심함을 제시하였다(Palmer, Dawes, and Heaton, 2009). 양성 증상과 음성 증상은 모두 모종의 신경발달적 손상(neurodevelopmental lesion)을 반영하며 성년이 되어야 표출되는 것으로 가정된다(Weinberger, 1986; Rapoport et al., 2005). 최근의 연구 결과들은 여러 감수성 유전자들(susceptibility genes)이 정신분열증의 발병기전에서 중요함을 시사하였다(Harrison and Weinberger, 2005).

위의 논의는 TLE의 정신분열형정신병증과 정신분열증의 공통점과 차이점을 보다 분명히 볼 수 있게 해준다. 병태생리적 과정은 다르지만 두 질환 모두에서 측두둘레계의 병리가 정신과적 현상을 발생시키는 원인으로 보인다. 만약 이러한 설명이 맞는다면 두 임상적 현상은 모두 전혀 정신의학적이 아니며 오히려 신경학적이다(제1장 참조). 정신분열형정신병증에서 정동(affect)이 보존되는 것은 전두엽 병리가 없는 것을 반영할 수 있다. 반면에 정신분열증에서는 전두엽 병리가 흔히 있기 때문에 정동이 보존되지 않는다. 정신분열증 환자들과 TLE 환자들을 신경심리학적으로 비교한 연구는 정신분열증 환자들이 전두엽 기능을 강조하는 주의과제에서 TLE 환자들보다 낮음을 보고하였다(Gold et al., 1994). 실제로 정신분열증 환자들의 음성 증상은 등가쪽(dorsolateral) 전두엽의 기능이상에서 관찰되는 임상적 결손과 상당한 유사성을 보인다(제10장 참조).

9.4 측두엽간질 성격

TLE에 관한 다른 중요한 연구 주제는 'TLE 성격'이라는 개념이다. 이 개념은 지난 몇 세대 동안 신경학에서 가장 뜨거운 논쟁이 전개되어 온 주제 중 하나이다. 예를 들면 TLE 환자를 돌보는 사람들은 이 환자들과의 접촉이 길어지고, 강렬해지고, 정서적으로 되기 쉬움을 흔히 경험한다. 이러한 특징을 '끈적함'(viscosity)이라고 칭한다. TLE 에서 나타나는 성격변화는 정신분열형정신병증과 마찬가지로 발작간기 현상이다. 매우 많은 수의 성격적 특질들이 측두엽에 간질초점이 있는 발작질환의 만성적 효과로 제시되었다. 이런 성격적 변성에 관한 기술은 한 세기 이전부터 있었지만 대부분 일화적이고 주관적인 사례 보고에 그쳤다. 실제로 이런 엄밀하지 못한 기술은 관련 이론들의 주요 약점 중 하나였다. 또한 정신분열형정신병증과 마찬가지로 이러한 성격 특질들이 간질에 대한 편견으로 유발된 변화일 가능성을 배제할 수 없었다. 그러나 지난 수십 년간 보다 체계적인 연구들이 등장하여 부정확하게 알려졌던 부분들이 많이 개선되었다.

관련 논쟁에서 중요한 인물 중 하나는 Norman Geschwind였다. 그는 1974년 하버드의과대학의 강연에서 TLE에서의 성격 변화에 대한 자신의 견해를 제시하였다 (Geschwind, 1977). Geschwind는 1975년에 Waxman과의 공동 논문에서 TLE 환자의 발작간기 행동증후군을 공식으로 제안하였다(Waxman and Geschwind, 1975). 이러한 행동증후군의 특징으로는 성행동변화, 과잉신앙심(religiosity), 과다쓰기증 (hypergraphia)이 제시되었다. 그들은 대인접촉의 강렬성으로 나타나는 정서성의 심화가 이 증후군의 핵심이라고 생각하였다. 이러한 가설은 심각한 만성질환으로 고생하는 개인들을 향해 확실하지도 않은 성격적 결함을 들춰내는 부당한 행위로 비쳐질 수 있다. 그러나 Waxman과 Geschwind는 이러한 성격적 변화가 반드시 부적응적 (maladaptive)이라고 보지는 않았으며 행동장애(behavioral disorder)가 아닌 행동변화(behavioral change)로 묘사하였다(Waxman and Geschwind, 1975).

Waxman과 Geschwind의 흥미로운 논문은 여러 후속 연구들을 촉발시켰다. Bear와 Fedio(1977)는 관련 문헌들의 개관을 토대로 TLE에 특유한 총 18개의 성격적 특성을 제안하였다(표 9.1 참조). 또한 대규모 표집에 근거한 연구에서 각 성격적 특성이 정상군 혹은 다른 신경학 질환군에 비해 TLE군에서 보다 많이 발생함을 제시하였다(Bear and Fedio, 1977). 이러한 차이는 환자 자신의 보고와 관찰자의 보고 모두에서 확인되었다. Bear와 Fedio(1977)의 연구는 방법론적으로 비판을 받기도 했지만 TLE 환자들의 성격적 특질을 기술한 선구적 시도로 평가받는다. 임상적으로 표 9.1에 목록화된 성격 특질들이 한 TLE 환자에서 모두 탐지되는 경우는 매우 드물지만 몇 특질들이 탐지되는 것은 그리 드물지 않다. 이러한 증상 표현에의 개인차는 다른 의학적 증후군들에서도 거의 항상 존재한다. 요약하면 Geschwind와 동료들이 제시한 측두엽간질 성격 개념은 오늘날까지도 계속되는 여러 연구 및 논쟁을 촉발시키는 계기가 되었다. 이러한 그의 업적을 기념하기 위하여 **게쉬인드증후군**(Geschwind syndrome)이라는 용어가 제안된 바 있다(Benson, 1994).

측두엽간질 성격의 발생 기전은 분명히 밝혀지지 않았지만 **감각-둘레과다연결**(sensory-limbic hyperconnection)이 제안된 바 있다. 이 가설에 따르면 측두엽 내의 증가된 전기활동이 감각입력과 둘레계 사이의 연결을 신경해부학 및 신경생리학적으로 과도하게 증강시킨다. 이로 인해 감각경험의 과도한 정서적 처리가 초래될 수 있다(Bear, 1979). 그러므로 평범한 감각입력들이 지나치게 큰 정서적 의미를 갖게 될 수 있는데, 예를 들어 사소한 일상적 경험을 한 후에 심오한 형이상학적 해석이 가해질 수 있다. 실제로 일상사를 신이 내린 계시로 해석하며 급작스런 종교 개종을 반복하는 TLE 사례들이 보고되었다(Waxman and Geschwind, 1975). 신앙심이라는 강렬한 정서적 감정 상태는 다른 모든 인간 경험과 마찬가지로 신경기능에 의해 매개된다(Saver and Rabin, 1997). 그러므로 측두둘레계가 신앙심에 중요한 기여를 할 수 있다는 것은 놀라운 일이 아니다. 앞서 정신분열형정신병증이 발작이 제어되어도 계속됨을 기술하였다. 이와 마찬가지로 발작증상이 치료되어도 측두엽간질 성격은 유지된다. 이는 준발작성 과민활동(chronic subictal irritability)만으로도 감각-둘레과다연결이 유지됨을 제시하지만 정확히 어떤 연결이 유지되는지는 분명하지 않다. 병태생리학적 관점에서 이러한 유지가 일종의 점화현상(kindling; Goddard, 1983; Meador, 2007)이라는 가설이 제시되었지만 입증되지는 않았다.

표 9.1 측두엽간질(temporal lobe epilepsy)과 연관된 성격 특성

항목	임상 관찰
정서성(emotionality)	모든 정서 반응이 강하고 오래감
이상행복감(elation, euphoria)	과대하게 황홀한 기분; 조울중 진단
슬픔(sadness)	낙담, 눈물 어림, 자기 비하; 우울증 진단, 자살 시도
분노(anger)	성질 내기, 과민성
공격성(aggression)	노골적 적대감, 격분한 공격, 폭력 범죄, 살인
성적 관심 변화 (altered sexual interest)	성욕 상실, 과소성욕증; 물품도착증, 이성복장도착증, 노출증, 과잉성욕 삽화
죄책감(guilt)	자기비판 경향, 자기비난 경향
과다도덕증(hypermoralism)	규칙에 집착, 중대한/사소한 위반을 구분 못함, 규칙 위반자를 벌하려는 욕구
강박성(obsessionalism)	형식에 집착; 질서정연함에 집착; 세부적 사항에 대한 강박적 주의
우원증(circumstantiality)	수다스러움, 현학적임; 지나치게 자세히 말함, 지엽적인 이야기
끈적함(viscosity)	지나치게 따지고 까다로움; 반복하는 경향
숙명감(sense of personal destiny)	사소한 일에 큰 개인적 의미를 부여; 자기에게 생긴 일을 신의 계시라고 생각
과다쓰기증(hypergraphia)	과도하게 자세한 일기나 메모 쓰기; 자서전이나 소설 쓰기
과잉신앙심(religiosity)	특이하게 고양된 신앙심; 빈번한 개종, 신비적 상태
철학적 관심(philosophical interest)	근원에 대한 철학적 또는 도덕적 심사숙고, 우주론
의존성(dependence)	무력한 존재라는 생각, '운명론'; 무력감의 선언
유머감각 없음(humorlessness)	과잉일반화된 엄숙한 근심; 유머감각이 없음 또는 특이함
편집증(paranoia)	의심, 동기나 사건에 대한 과잉해석; 편집정신분열증의 진단

출전 : Schomer et al., 2000, p.385

감각-둘레과다연결의 개념은 잘 알려진 현상인 **클리버-부시증후군**(Klüver-Bucy syndrome)에서도 간접적인 지지증거가 있다(Klüver and Bucy, 1939). 클리버-부시증후군은 앞쪽측두엽(anterior temporal lobes)을 절제한 수컷 리서스 원숭이들(rhesus monkeys)에서 처음 보고되었다. 주요 증상은 과다성행동(hypersexuality), 양순함(placidity), 과다구강성(oral tendencies), 시각실인증(visual agnosia) 혹은 '정신성맹(psychic blindness)', 과다탐색증(hypermetamorphosis)의 다섯 가지이다(Klüver and Bucy, 1939). 이런 동물들의 현저한 특징은 공포심의 상실이다. 예를 들어 원숭이들은 뱀과 마주치면 소스라치게 놀라며 즉각적인 도피(혐오) 반응을 하는 것이 보통이지만, 앞쪽측두엽이 절제된 후에는 아무 거리낌 없이 접근한다. 공포심 상실은 편도체의 제거가 클리버-부시증후군의 발생에서 매우 중요함을 시사한다(LeDoux, 2007). 클리버-부시증후군은 인간에서도 보고되었다. 예를 들어 전두측두치매(frontotemporal dementia)는 앞쪽측두엽의 퇴행이 심한 질환인데, 클리버-부시증후군의 일부 혹은 전체가 나타날 수 있다(Cummings and Duchen, 1981). 클리버-부시증후군이 TLE 성격 특질의 개념적 반대인 점은 매우 흥미롭다. TLE 성격 특질이 감각계와 둘레계 사이의 과다연결을 반영함에 비해서 클리버-부시증후군은 양자의 분리(혹은 과소연결)를 반영할 수 있다(Bear, 1979). 그러므로 예를 들어 클리버-부시증후군에서는 과다성행동이 나타나는 반면에 TLE에서는 과소성행동이 나타난다. 또한 전자에서 양순함이 나타나는 반면에 후자에서는 정서적 강렬함(emotional intensity)이 나타난다. 그러나 과민성 피질초점이 뇌 영역들 간의 정보전달을 비정상화시키는 구체적인 기전은 아직 밝혀지지 않았다. 또한 왜 어떤 환자들은 정신병증이 나타나고, 다른 환자들은 성격 변성이 나타나며, 또 다른 환자들은 아무 변화도 없는지도 아직 설명할 수 없다. 이러한 미해결 문제들은 간질 부위의 국소화 기술과 간질 발생 기전의 세포수준 이해가 심화됨에 따라 점차 풀릴 것으로 기대된다.

TLE가 공격성(aggression)이나 폭력과도 연관되느냐는 특히 논쟁적인 문제이다. 타인을 해하거나 파괴할 의도를 가진 공격성은 중요한 사회적 문제이다. 공격성의 근원적 이해는 의학적으로도 의미가 있지만 인류의 복지에 획기적인 도움을 줄 것이다(Filley et al., 2001). 다른 모든 행동들과 마찬가지로 공격성이나 폭력도 뇌가 매개한다. 공격성에는 정당방위와 같이 합법적으로 분류되는 유형도 있지만 폭력 (violence)은 정당한 이유 없이 공격성을 표출하는 것으로 보다 끔찍한 행위이다 (Filley et al., 2001). 공격성과 폭력은 모든 사람들에서 나타날 수 있으며 간질 환자들도 예외는 아니다. 신경생물학적 요인들 및 환경적 요인들 모두가 공격성과 폭력에 영향을 미친다. TLE 혹은 다른 신경학적 환자군을 공격성이나 폭력과 섣불리 결부시키는 것은 그들에게 부당한 '낙인'을 찍는 일이 될 수 있다. 일반적으로 어떤 유형의 간질장애에서도 공격성은 드물다. 특히 환자가 발작 중에 특정 대상을 공격하는 예는 극히 드물다(Delgado-Escueta et al., 1981). 드물긴 하지만 TLE에서 폭력적인 자동증(violent automatisms)이 발작기에 나타나는 경우가 보고된 바 있으며 (Ashford, Schulz, and Walsh, 1980), 발작 후 공격성도 보고된 바 있다(Rodin, 1973; Gerard et al., 1998). 발작기 및 발작 직후에 환자의 의식은 분명한 감소를 보이므로 이 시기에 공격적 행동이 나타나더라도 의도적일 가능성은 없다. 그러나 발작간기에 공격성이나 폭력을 보인다면 문제가 다르며, 실제로 발작간기에 이런 행동들이 나타나는가는 많은 논란이 되어 왔다. 발작간기 공격성이 높은 TLE 사례들이 보고된 바 있으며, 동물 실험에서는 측두엽에 형성시킨 발작 초점이 공격성을 증가시키는 것으로 관찰되었다(Devinsky and Vazquez, 1993). 그러나 TLE군과 다른 간질환자군들을 비교한 여러 연구들이 공격성 혹은 폭력성에서 차이가 없음을 보고하였다 (Hermann and Whitman, 1984). 반면에 간질수술을 위해 내원한 TLE 환자들의 연구에서는 공격성이 높은 사례가 유의하게 많음이 제시되었다(Serafetinides, 1965). 또한 이러한 환자들에서 측두엽절제술(temporal lobectomy)이 폭력행동의 제어에 도움이 된다는 보고도 있었다(Falconer, 1973). 요약하면 공격성이 여러 요인들에 의해 결정된다는 것은 분명하다(Pincus and Lewis, 1991). TLE 환자들 중 일부는 발작간기에 높은 공격성과 폭력성이 있는 것으로 보이지만, 확실한 결론을 내리려면 보다 엄밀하게 통제된 임상 연구들이 필요하다(Stevens and Hermann, 1981). 또한 최근에는 공격성과 폭력성에서 측두둘레계의 역할보다는 전두엽의 역할이 더 중요한 것으로 강조되고 있다(Filley et al., 2001).

　이 장에서 논의한 TLE의 행동증후군들이 실제로 존재하는가는 많은 논쟁의 대상이 되어 왔다. 사실 '정신분열형정신병증'이나 '측두엽간질 성격'의 개념은 둘 다 정의가 충분히 명료하지 않으며 아직 증명되지 않은 병인론(pathogenetic theories)을 배경으로 한다. 특히 TLE 성격에 관해서는 존재한다는 측과 그렇지 않다는 측의 주장이 팽팽히 맞서고 있다(Devinsky and Najjar, 1999; Blumer, 1999). 일부 학자들은 만성 준발작성 피질방전(chronic subictal cortical discharges)이 정서 통제에 중요한 측두둘레회로의 변화를 점화함으로써 행동이 변화한다고 주장한다. 다른 학자들은 TLE든 다른 유형이든 간질이 있다는 것 자체가 성격과 행동의 변화를 발생시키는 충분한 배경이 되기 때문에 증명되지도 않은 병태생리(pathophysiology)를 가정할 필요가 없다고 주장한다. 설혹 TLE 환자가 바람직하지 못한 행동 특성을 갖는 것이 사실임이 판명되더라도, 이러한 지식이 환자들에 대한 부정적 태도의 원천이 되어서는 안 되며 오히려 환자를 돕는 계기가 되어야 한다. 이러한 기본 원리는 어느 의학적 연구에서나 동일할 것이다. 또한 모든 행동 변성이 반드시 나쁜 쪽은 아니며, 예술적 창조성이나 철학적 통찰을 포함한 긍정적 자질이 TLE와 연관될 수도 있다(Devinsky and Vazquez, 1993). TLE의 행동증후군에 관한 신랄한 논쟁에서 신경행동적으로 가장 흥미로운 발전은 감각-둘레 연결의 변화를 가정하는 개념이 제시된 점이다. 이러한 개념의 타당성은 엄밀한 과학적 접근을 통해서 검증될 수 있을 것이다. 뇌-행동 관계의 이해를 진보시키기 위해서는 임상적 효과를 일으킨다고 가정되는 이론적 개념들을 검증해 보려는 자세가 요구된다. TLE는 이러한 이론검증적 접근이 충실한 열매를 맺을 것으로 기대되는 분야 중 하나이다.

참고문헌

Alajouanine, T. Dostoiewski's epilepsy. *Brain* 1963; 86: 209-218.

Ashford, J. W., Schulz, S. C., and Walsh, G. O. Violent automatism in a partial complex seizure. *Arch Neurol* 1980; 37: 120-122.

Bancaud, J., Brunet-Bourgin, F., Chauvel, P., and Halgren, E. Anatomical origin of *déjàvu* and vivid "memories"in human temporal lobe epilepsy. *Brain* 1994; 117: 71-90.

Bard, P. A Diencephalic mechanism for the expression of rage with special reference to the sympathetic nervous system. *Am J Physiol* 1928; 84: 490-515.

Bear, D. M. Temporal lobe epilepsy—a syndrome of sensory-limbic hyperconnection. *Cortex* 1979; 15: 357-384.

Bear, D. M., and Fedio, P. Quantitative analysis of interictal behavior in temporal lobe epilepsy. *Arch Neurol* 1977; 34: 454-467.

Benson, D. F. *The Neurology of Thinking.* New York: Oxford University Press; 1994.

Blumer, D. Evidence supporting the temporal lobe epilepsy personality syndrome. *Neurology* 1999; 53 (Suppl 2): S9-S12.

Bogerts, B., Meertz, E., and Schonfeldt-Bausch, R. Basal ganglia and limbic system pathology in schizophrenia: a morphometric study of brain volume and shrinkage. *Arch Gen Psychiatry* 1985; 42: 784-791.

Broca, P. Anatomie comparée de circonvolutions cérébrales: le grand lobe limbique et la scissure limbique dans le série des mammifères. *Rev Anthropol* 1878; 1: 385-498.

Brodal, A. *Neurological Anatomy.* 3rd ed. New York: Oxford University Press; 1981.

Brooks, W. H., Cross, R. J., Roszman, T. L., and Markesbery, W. R. Neuroimmunomodulation: neural anatomical basis for impairment and facilitation. *Ann Neurol* 1982; 12: 56-61.

Carlsson, A. The current status of the dopamine hypothesis of schizophrenia. *Neuropsychopharmacol* 1988; 1: 79-86.

Carpenter, W. T., and Buchanan, R. W. Schizophrenia. *N Engl J Med* 1994; 330: 681-690.

Commission of ILAE, Commission on Classification and Terminology of the International League Against Epilepsy. Proposal for revised classification of epilepsies and epileptic syndromes. *Epilepsia* 1989; 30: 389-399.

Crow, T. J. Molecular Pathology of schizophrenia: more than one disease process? *Br Med J* 1980; 280: 66-68.

Cummings, J. L., and Duchen, L. W. Klüver-Bucy syndrome in Pick disease: clinical and pathologic correlations. *Neurology* 1981; 31: 1415-1422.

Currie, S., Heathfield, K.W.G., Henson, R. A., and Scott, D. F. Clinical course and prognosis of temporal lobe epilepsy. *Brain* 1971; 94: 173-190.

Dalgleish, T. The emotional brain. *Nat Rev Neurosci* 2004; 5: 582-589.

Damasio, A. R., and Van hoesen, G. W. Emotional disturbances associated with focal lesions of the limbic frontal lobe. In: Heilman, K. M., and Satz, P., eds. *Neuropsychology of Human Emotion.* New York: Guilford Press; 1983: 85-110.

Darwin, C. *The Expression of the Emotions in Man and Animals.* London: John Murray; 1872.

Davison, K., and Bagley, C. R. Schizophrenia-like psychoses associated with organic disorders of the central nervous system: a review of the literature. In: Herrington, R. N., ed. Current Problems in

Neuropsychiatry. *Br J Psychiatry* Special publication No. 4, 1969: 113-184.

Delgado-Escueta, A. V., Mattson, R. H., King, L., et al. The nature of aggression during epileptic seizures. *N Engl J Med* 1981; 305: 711-716.

Devinsky, O., and Najjar, S. Evidence against the existence of a temporal lobe epilepsy personality syndrome. *Neurology* 1999: 53 (Suppl 2): S13-S25.

Devinsky, O., and Vazquez, B. Behavioral changes associated with epilepsy. *Neurol Clin* 1993; 11: 127-149.

Falconer, M. A. Reversibility by temporal-lobe resection of the behavioral abnormalities of temporal-lobe epilepsy. *N Engl J Med* 1973; 289: 451-455.

Feinstein, J. S., Rudrauf, D., Khalsa, S. S., et al. Bilateral limbic system destruction in man. *J Clin Exp Neuropsychol* 2010; 32: 88-106.

Filley, C. M., Price, B. H., Nell, V., et al. Toward an understanding of violence: neurobehavioral aspects of unwarranted interpersonal aggression. Aspen Neurobehavioral Conference Consensus Statement. *Neuropsychiatry Neuropsychol Behav Neurol* 2001; 14: 1-14.

Flor-Henry, P. Psychosis and temporal lobe epilepsy: a controlled investigation. *Epilepsia* 1969; 10: 363-395.

Friston, K. J., Liddle, P. F., Frith, C. D., et al. The left temporal region and schizophrenia: a PET study. *Brain* 1992; 115: 367-382.

Garciá-Morales, I., de la Peña Mayor, P., and Kanner, A. M. Psychiatric comorbidities in epilepsy: identification and treatment. *Neurologist* 2008; 14: S15-S25.

Gerard, M. E., Spitz, M. C., Towbin, J. A., and Shantz, D. Subacute postictal aggression. *Neurology* 1998; 50: 384-388.

Geschwind, N. Introduction: psychiatric complications in the epilepsies. *McLean Hosp J* 1977; 10: 6-8.

Gloor, P., Olivier, A., Quesney, L. F., et al. The role of the limbic system in experiential phenomena of temporal lobe epilepsy. *Ann Neurol* 1982; 12: 129-144.

Goddard, G. V. The kindling model of epilepsy. *Trends Neurosci* 1983; 6: 275-279.

Gold, J. M., Hermann, B. P., Randolph, C., et al. Schizophrenia and temporal lobe epilepsy: a neuropsychological analysis. *Arch Gen Psychiatry* 1994; 51: 265-272.

Gold, J. M., and Weinberger, D. R. Cognitive deficits and the neurobiology of schizophrenia. *Curr Opin Neurobiol* 1995; 5: 225-230.

Harrison, P. J. The neuropathology of schizophrenia: a critical review of the data and their interpretation. *Brain* 1999; 122: 593-624.

Harrison, P. J., and Weinberger, D. R. Schizophrenia genes, gene expression, and neuropathology: on the matter of their convergence. *Mol Psychiatry* 2005; 10: 40-68.

Herman, J. P., Ostrander, M. M., Mueller, N. K., and Figueiredo, H. Limbic system mechanisms of stress regulation: hypothalamo-pituitary-adrenocortical axis. *Prog Neuropsychopharmacol Biol Psychiatry* 2005; 29: 1201-1213.

Hermann, B. P., Seidenberg, M., and Jones, J. The neurobehavioral comorbidities of epilepsy: can a natural history be developed? *Lancet Neurology* 2008; 7: 151-160.

Hermann, B. P., and Whitman, S. Behavioral and personality correlates of epilepsy: a review, methodologic critique, and conceptual model. *Psychol Bull* 1984; 95: 451-497.

Hughlings Jackson, J. On a particular variety of epilepsy ("intellectual aura"), one case with symptoms of organic brain disease. *Brain* 1888-1889; 11: 179-207.

Hyde, T. M., and Weinberger, D. R. The brain in schizophrenia. *Semin Neurol* 1990; 10: 276-286.

Iritani, S. Neuropathology of schizophrenia: a mini review. *Neuropathology* 2007; 27: 604-608.

Kanner, A. Psychosis of epilepsy: a neurologist's perspective. *Epilepsy Behav* 2000; 1: 219-227.

Klüver, H., and Bucy, P. C. Preliminary analysis of functions of the temporal lobes in monkeys. *Arch Neurol Psychiatry* 1939; 42: 979-1000.

Kubicki, M., McCarley, R. W., and Shenton, M. E. Evidence for white matter abnormalities in schizophrenia. *Curr Opinion Psychiatry* 2005: 18: 121-134.

Landolt, H. Some clinical electroencephalographic correlates in epileptic psychosis (twilight states). *Electroencephalogr Clin Neurophysiol* 1953; 5: 121.

LeDoux, J. The amygdala. *Curr Biol* 2007; 17: R868-R874.

_____ . Emotion. In: Mountcastle, V. B., Plum, F., and Geiser, S. R., eds. *Handbook of Physiology. Section 1: The Nervous System.* Bethesda, MD: American Physiological Society; 1987: 419-459.

_____ . Emotion, memory and the brain. *Sci Am* 1994; 270: 50-57.

MacLean, P. D. Psychosomatic disease and the "visceral brain": recent developments bearing on the Papez theory of emotion. *Psychosomatic Med* 1949; 11: 338-353.

Meador, K. J. The basic science of memory as it applies to epilepsy. *Epilepsia* 2007; 48 (Suppl 9): 23-25.

Mendez, M. F., Grau, R., Doss, R. C., and Taylor, J. L. Schizophrenia in epilepsy: seizure and psychosis variables. *Neurology* 1993; 43: 1073-1077.

Nadkarni, S., Arnedo, V., and Devinsky, O. Psychosis in epilepsy patients. *Epilepsia* 2007; 48 (Suppl 9): 17-19.

Nolte, J. *The Human Brain: An Introduction to Its Functional Anatomy.* 5th ed. St. Louis: Mosby Year Book; 2002.

Palmer, B. W., Dawes, S. E., and Heaton, R. K. What do we know about neuropsychological aspects of schizophrenia? *Neuropsychol Rev* 2009; 19: 365-384.

Papez, J. W. A proposed mechanism of emotion. *Arch Neurol Psychiatry* 1937; 38: 725-743.

Perez, M. M., and Trimble, M. R. Epileptic psychosis—diagnostic comparison with process schizophrenia. *Brit J Psychiatry* 1980; 137: 245-249.

Pincus, J. H., and Lewis, D. O. Episodic violence. *Semin Neurol* 1991; 11: 146-154.

Ramani, V., and Gumnit, R. J. Intensive monitoring of interictal psychosis in epilepsy. *Ann Neurol* 1982; 11: 613-622.

Rapoport, J. L., Addington, A. M., Frangou, S., and Psych, M. R. The neurodevelopmental model of schizophrenia: update 2005. *Mol Psychiatry* 2005; 10: 434-449.

Richter-Levin, G., and Akirav, I. Amygdala-hippocampus dynamic interaction in relation to memory. Mol *Neurobiol* 2000; 22: 11-20.

Roberts, G. W. Schizophrenia: a neuropathological perspective. *Br J Psychiatry* 1991; 158: 8-17.

Rodin, E. A. Psychomotor epilepsy and aggressive behavior. *Arch Gen Psychiatry* 1973; 28: 210-213.

Ross, E. D., Homan, R. W., and Buck, R. Differential hemispheric lateralization of primary and social emotions. *Neuropsychiatry Neuropsychol Behav Neurol* 1994; 7: 1-19.

Saver, J. L., and Rabin, J. The neural substrates of religious experience. *J Neuropsychiatry Clin Neurosci* 1997; 9: 498-510.

Schomer, D. L., O'Connor, M., Spiers, P., et al. Temporolimbic epilepsy and behavior. In: Mesulam, M.-M. *Principles of Behavioral and Cognitive Neurology.* 2nd ed. New York: Oxford University Press; 2000: 373-405.

Serafetinides, E. A. Aggressiveness in temporal lobe epileptics and its relation to cerebral dysfunction and environmental factors. *Epilepsia* 1965; 6: 33-42.

Shenton, M. E., Kikinis, R., Jolesz, F. A., et al. Abnormalities of the left temporal lobe and thought disorder in schizophrenia: a quantitative magnetic resonance imaging study. *N Engl J Med* 1992; 327: 604-612.

Slater, E., and Beard, A. W. The schizophrenia-like psychoses of epilepsy. *Br J Psychiatry* 1963; 109: 95-150.

Stevens, J. R., and Hermann, B. P. Temporal lobe epilepsy, psychopathology, and violence: the state of the evidence. *Neurology* 1981; 31: 1127-1132.

Suddath, R. L., Casanova, M. F., Goldberg, T. E., et al. Temporal lobe pathology in schizophrenia: a quantitative magnetic resonance imaging study. *Am J Psychiatry* 1989; 146: 464-472.

Trimble, M. R. Personality disturbances in epilepsy. *Neurology* 1983; 33: 1332-1334.

Van Os, J., and Kapur, S. Schizophrenia. *Lancet* 2009; 374: 635-645.

Walterfang, M., Wood, S. J., Velakoulis, D., and Pantelis, C. Neuropathological, neurogenetic, and neuroimaging evidence for white matter pathology in schizophrenia. *Neurosci Biobehav Rev* 2006; 30: 918-938.

Waxman, S. G., and Geschwind, N. The interictal behavior syndrome of temporal lobe epilepsy. *Arch Gen Psychiatry* 1975; 32: 1580-1586.

Weinberger, D. R. The pathogenesis of schizophrenia: a neurodevelopmental theory. In: Nasrallah, H.

A., and Weinberger, D. R., eds. *Handbook of Schizophrenia,* vol. 1: *The Neurology of Schizophrenia.* New York: Elsevier; 1986: 397-406.

Weinberger, D. R., and Berman, K. F. Speculation on the meaning of cerebral metabolic hypofrontality in schizophrenia. *Schizophr Bull* 1988; 14: 157-168.

Williams, D. The structure of emotions reflected in epileptic experiences. *Brain* 1956; 79: 29-67.

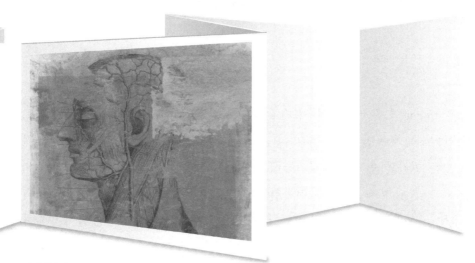

제10장

전두엽 증후군

전두엽은 오랜 시간 인간행동 연구자들을 매혹시키고 의문에 잠기게 만들어 왔다(Filley, 2009). 전두엽은 전체 뇌 표면적의 1/3 이상을 차지하는 커다란 크기만으로도 관심을 끌기에 충분하다(Damasio and Anderson, 2003). 전두엽은 계통발생적으로 가장 최근에 진화된 부위로 인간의 뇌는 모든 동물 중 전두엽 비중이 가장 크다. 그러므로 진화 이론가들은 고등 인간기능과 의식(consciousness)의 발달에서 전두엽의 역할을 강조해 왔다(Stuss and Benson, 1986; Miller and Cummings, 1999). 전두엽이 인간 종 특유의 능력에 큰 기여를 한다는 것은 분명하며, 한 학자는 인간 종의 진화 시기를 '전두엽의 시대(age of the frontal lobe)'라고 표현했을 정도이다(Tilney, 1928). 그러나 전두엽이 구체적으로 어떤 신경행동기능을 매개하는가는 많은 연구들에도 불구하고 불분명하다. 전두엽은 인지와 정서의 가장 고위적 측면과 밀접한 관련이 있으며, 성격(personality)에서 중요한 역할을 하고, 정상적인 처신

(comportment)의 유지에도 필수불가결하다(Mesulam, 1986). 전두엽은 해부적으로 다른 뇌 부위들과 광범위하게 연결되어 있어서 극히 단순한 것부터 고도로 진화된 것까지 모든 인간의 인지와 정서기능에 관여하고 있음을 알 수 있다(Luria, 1980; Damasio and Anderson, 2003). 전두엽이 나머지 뇌 부위들에 미치는 강력한 영향력은 '통제(control)'라는 개념으로 요약할 수 있으며, 마치 나머지 뇌 부분들이 연주하는 심포니를 지휘하는 것에 비유할 수 있다.

전두엽은 뇌의 맨 앞부분에 있어서 기능적 중요성에 적절한 장소에 위치한다(Damasio and Anderson, 2003). 뇌의 가쪽(lateral)에서 전두엽은 롤란드틈새(Rolandic fissure)의 앞쪽과 실비우스틈새(Sylvian fissure) 위쪽의 모든 영역을 차지한다. 안쪽(medial)에서 전두엽은 롤란드틈새의 윗부분과 뇌들보(corpus callosum) 사이에 그어진 가상선의 앞쪽 모든 영역을 차지한다(그림 1.1, 1.2 참조). 전두엽을 세분하는 다양한 제안들이 있었지만(Stuss and Benson, 1986; Miller and Cummings, 1999; Damasio and Anderson, 2003) 기능적 관점에서는 다음 네 부위로 세분하는 것이 가장 유용하다. 첫째, 일차운동영역(primary motor cortex; 브로드만영역 4번)은 신경학자들에게 피질척수길(corticospinal tract)의 시작 부위로 잘 알려져 있다. 둘째, 운동앞영역(premotor area; 브로드만영역 6번)은 일차운동영역의 바로 앞에 위치하며 운동의 개시(initiation of movement)에 중요하다. 브로드만영역 6번의 안쪽 부분은 보조운동영역(supplementary motor area)이라고 칭하며 말하기의 개시(initiation of speech)에 중요하다(제5장 참조). 셋째, 브로카영역(좌측 브로드만영역 44, 45번)은 말하기 유창성(speech fluency)에 중요하며 우측의 해당 영역은 운율(language prosody)과 정서적 제스처에 중요하다(제8장 참조). 마지막으로, 전두엽의 나머지 부분(브로드만영역 8~12번, 24, 25, 32, 33, 46, 47번)은 전두앞피질(prefrontal cortex)이라고 칭한다. 이 부위는 넓고 다양하며 전두엽의 고위기능들이 표상(representation)되어 있다. 전두앞부위의 손상으로 발생하는 다양한 신경행동적 증후군들이 이 장의 주제이다.

측두둘레 병리가 성격 변성을 가져올 수 있음을 앞서 논의하였다(제9장 참조). 그러나 임상가들은 전두엽 손상이 성격 변성을 일으킬 수 있음을 매우 오래전부터 지적하였다(Stuss and Benson, 1986; Miller and Cummings, 1999; Damasio and Anderson, 2003). **성격**(personality)의 개념은 정의하기가 쉽지 않지만 여기서는 외부 세계와 관계를 맺기 위하여 개인이 사용하는 특유의 행동반응 집합으로 규정할 것이다. 성격과 밀접하게 관련된 개념으로는 특성(character)과 기질(temperament)이 있다. 한 개인의 성격은 유전적 요인들과 환경적 학습 요인들의 조합으로 결정되며, 이러한 모든 요인들은 뇌의 구조와 기능에 영향을 주어 성격을 형성시킨다(Pinker, 2002). 성격은 주로 아동기와 청소년기에 형성되며 성인의 경우 제한적 변화는 가능하지만 보통 안정적이고 지속적으로 유지된다. 전두엽과 측두엽에 영향을 주는 많은 질환들이 심각한 성격과 행동 변화를 가져온다는 풍부한 증거가 있다(Harlow, 1868; Damasio and Anderson, 2003; Filley and Kleinschmidt-DeMasters, 1995; Sollberger et al., 2009). 이러한 증거들에 기초해서 전두엽과 측두엽이 성격이 표상된 부위라는 점이 널리 수용된다. 그러므로 성인에서 일어나는 성격의 분명한 변화는 중요한 신경학적 문제를 시사한다. 예를 들어 전두측두치매(frontotemporal dementia)의 시작, 혹은 최근에 발생한 뇌외상이 원인일 수 있다. 전두엽 질환이나 손상에서 발생하는 성격 변화는 극히 중요한 임상적 문제이며 뇌-행동 관계의 이해에도 매우 많은 기회를 제공해 왔다.

처신(comportment)의 변화는 전두엽에 문제가 있음을 알리는 첫 번째 신호일 수 있으며 전두엽 손상으로 발생하는 행동 변화의 많은 부분을 차지한다(Mesulam, 1986). 처신은 한 개인이 다른 사람들과 어떤 식으로 상호작용하는가를 가리키는 개념이다. 처신의 결손은 인지기능의 붕괴에서 올 수 있으며 정서기능의 붕괴에서 올 수도 있다. 전두엽은 인지를 관장하는 영역인 신피질과 정서를 관장하는 영역인 둘레계 모두와 연결되므로 전두엽 손상은 양 기능 모두에서 문제를 발생시킬 수 있다. 예를 들어 인지기능의 문제는 느린 사고, 빈곤한 판단력, 저하된 호기심으로 나타날 수 있고, 정서기능의 문제는 무기력(inertia), 사회적 철수(social withdrawl), 과민성(irritability)으로 나타날 수 있다. 환자의 임상적 양상은 이 두 종류 결손의 조합으로 나타난다. 전두엽 손상과 연관된 정신장애의 유형과 범위가 다양한 점은 전두엽이 다양한 정신 영역에 기여함을 보여주는 분명한 증거이다.

전두엽 손상에 따른 성격 변화에 관해 여러 훌륭한 사례 보고들이 있었지만 가장 유명한 것은 Phineas Gage에 대한 보고이다. 그는 철도 회사의 노동자였는데 1848년 25세의 나이에 양측 전두엽에 큰 손상을 입는 사고를 당하였다(Harlow, 1868). 당시 그는 버몬트 주의 러틀랜드와 벌링턴 사이에 철도를 공사하는 현장에서 작업반장 (foreman)으로 일하고 있었다. 그런데 폭약을 설치하는 중 사고가 발생하여 육중한 쇠봉(무게 29kg, 길이 109cm, 직경 3cm)이 그의 얼굴, 머리뼈와 뇌를 관통하는 사고 가 발생하였다(Macmillan, 1986; 그림 10.1 참조). 쇠봉은 그의 머리를 뚫고 30미터 정도 더 날아가서 땅에 떨어졌다. 놀랍게도 Gage는 잠시 정신을 잃었지만 곧 의식을 회복하였으며 그 후 수년 이상 생존하였다. 그는 왼쪽 눈을 잃은 것을 제외하면 신체 적 이상이 없었고 실어증이나 불완전마비(paresis)도 없었지만 생존 기간 동안 성격 과 처신에서 극적인 변화를 보였다(Harlow, 1868). 사고 전의 그는 책임감 있고, 명 석하고, 부지런하고, 장래가 촉망되는 청년이었지만, 사고 후에는 불손하고, 불경스 럽고, 믿지 못할 사람으로 바뀌었다. 그는 Gage가 아닌 딴사람이 되어 버렸으며 사 망할 때까지 결코 예전의 자기 모습을 회복하지 못하였다(Harlow, 1868, p.340). 36 세의 나이로 사망했을 당시 부검은 행해지지 않았지만 나중에 그의 무덤을 발굴하여 머리뼈가 수습되었다. 그의 머리뼈와 쇠봉은 현재 하버드대학교에 있는 워렌해부의 학박물관(Warren Anatomical Medical Museum)에 보관되어 있다. 최근 그의 머리뼈 에 남아 있는 상흔을 정밀 측정한 후 쇠봉이 뇌를 관통한 궤적을 컴퓨터 시뮬레이션 으로 추적한 논문이 발표되었다(Damasio et al., 1994; 그림 10.1 참조). 이 연구에 따 르면 뇌손상은 양측 전두엽에 있었으며 눈확전두(orbitofrontal)의 손상이 특히 심하 였다. Gage의 사례 이후 수많은 유사 사례들이 보고되어서 전두엽 손상이 성격 변화 와 연관됨을 확증하였다(Damasio et al., 1994). 브로카의 환자 Leborgne, 기억상실 증 환자 H.M.처럼 Phineas Gage의 사례는 신경행동 연구에서 손상법(lesion method)의 장점을 잘 대변한다. 잘 사용된 손상법은 단 하나의 사례로도 뇌-행동 관 계를 매우 명료하게 밝혀낼 수 있다.

Phineas Gage 이후의 임상 연구는 심각한 수준의 신경행동 변화가 일어나기 위 해서는 양쪽 전두엽이 모두 손상되어야 함을 명백히 하였다(Mesulam, 1986;

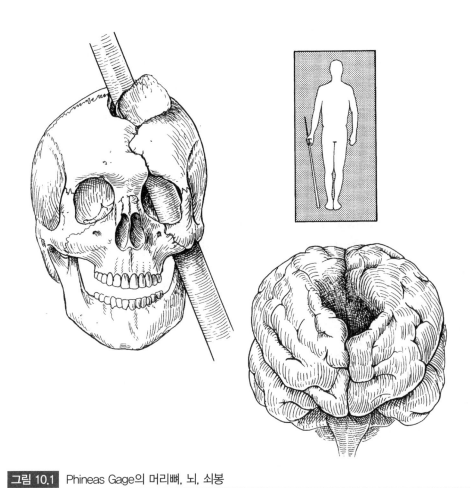

그림 10.1 Phineas Gage의 머리뼈, 뇌, 쇠봉

Damasio and Anderson, 2003). 전두엽 손상으로 인한 신경행동적 변화를 일으키는 것으로 잘 알려진 임상질환으로는 뇌외상, 뇌경색, 뇌종양(수막종, 신경아교종), 전두 측두치매, 신경매독(neurosyphilis), 다발성경화증(multiple sclerosis), 전두앞백색질 절단술(prefrontal leukotomy)이 있다. 어떤 병인이든 한쪽 전두엽에만 손상이 있는 경우 증상 탐지가 어려울 수 있는데, 아마도 손상당하지 않은 쪽이 손상당한 쪽의 기능장애를 상당히 잘 보상하기(compensate) 때문이다. 그러나 신경학적 검사 (neurological examination)에서 어떤 징후나 증상이 나타나지 않는 사례에서도 성격 과 처신의 미묘한 변화에 주목한다면 결손이 탐지될 수 있다. 전두앞영역은 큰 손상

이 있더라도 불완전마비나 실어증과 같은 명백한 신경학적 징후가 없기 때문에 증상
적으로 '침묵(silence)'하는 곳으로 표현되기도 한다. 그러나 적절한 신경행동적 접근
은 전두엽 손상의 탐지에 효과적으로 기여할 수 있으며, 증상적 침묵은 단지 증상에
대해 잘못된 접근을 하고 있음을 말해줄 뿐이다. 앞으로 전두엽 기능에 대한 이해가
보다 정밀해질수록 전두엽 증후군에 대한 보다 정확한 진단도 가능해질 것으로 기대
된다.

　　전두엽 병리와 관련된 성격 변화의 가장 핵심적 특성은 충동적인 억제못함증
(impulsive disinhibition)과 무감동적인 무관심(apathetic indifference)이다(Blumer
and Benson, 1975). 환자는 수동적이고 무의욕적인 거동을 보이다가 어느 순간 돌연
히 이상행복감(euphoria)이나 과민행동(irritable behavior)을 보일 수 있다(Blumer
and Benson, 1975). 그러나 이러한 프로파일만으로는 전두엽 손상 환자가 보여주는
여러 특이한 행동 변화들을 충분히 표현할 수 없다. 전두엽의 해부학적 복잡성 및 증
상의 다양성을 감안할 때 단일한 전두엽 증후군(a single frontal lobe syndrome)을
가정하는 것은 적절하지 못하다(Damasio and Anderson, 2003). 그러므로 우리는 전
두엽 증후군을 주된 손상 위치에 따라(그림 10.2, 표 10.1 참조) 다음 세 가지로 구분
하여 논의할 것이다. 첫째는 **눈확전두 증후군**(orbitofrontal syndrome)이며 주특징은
억제못함증(disinhibition)이다. 둘째는 **등가쪽전두 증후군**(dorsolateral frontal
syndrome)이며 주특징은 관리기능장애(executive dysfunction)이다. 셋째는 **안쪽전
두 증후군**(medial frontal syndrome)이며 주특징은 무감동증(apathy)이다(Cummings,
1993). 임상 실제에서는 위의 세 증후군을 혼합적으로 보여주는 사례들이 보다 많은
데, 이는 환자들이 병원을 찾게 되는 시점에서는 전두엽 병리가 이미 광범위하게 퍼
진 경우가 많음을 반영한다.

10.1 눈확전두 증후군

눈확전두 증후군의 현저한 특징은 **억제못함증**(disinhibition)이다. 앞에서 살펴본
Phineas Gage의 사례는 이러한 증후군을 잘 예시한다(Harlow, 1868; Damasio et al.,

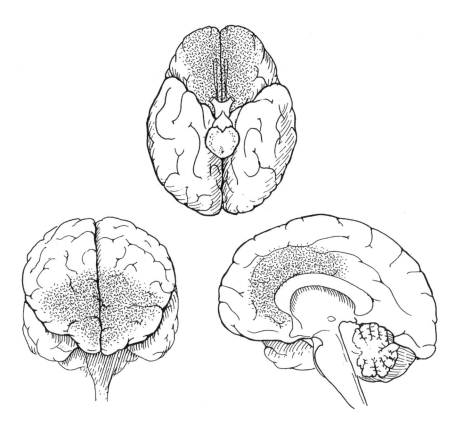

그림 10.2 눈확전두(orbitofrontal) 증후군(위 그림), 등가쪽전두(dorsolateral frontal) 증후군(아래 왼쪽 그림), 안쪽전두(medial frontal) 증후군(아래 오른쪽 그림)을 일으키는 뇌손상 부위

1994). 억제못함증은 일상적인 관찰만으로도 명백히 드러나는 경우가 많고, 병원을 찾게 되는 시점 이전에 이러한 문제로 이미 여러 번 경찰서를 드나든 사례들이 많다. 그럼에도 불구하고 이 증상을 양적으로 잘 측정할 수 있는 검사도구는 아직도 없는 편이다. 그러므로 주의 깊은 병력 청취 및 검사가 이 증상의 탐지에 매우 중요하다. 양쪽 눈확[배안쪽(ventromedial)이라고 칭하기도 함]전두가 손상된 환자들은 부적절한 사회적 행동, 부적절한 성행동, 부적절한 섭식행동을 보여주는데, 이는 성인들의 대인적 삶(interpersonal life)을 규제하는 통상적인 자제력이 붕괴되었음을 반영한다. 정서적으로는 과민성(irritability), 불안정성(lability), 이상행복감(euphoria), 과다익살(unduly jocularity)이 나타난다. 정서적 특징은 **경박증**(moria)과 **농담증**

| 표 10.1 | 전두엽 증후군의 임상적 특징 |

손상 부위	임상적 특징
눈확전두(orbitofrontal)	억제못함증(disinhibition) 부적절한 정서(inappropriate affect) 눈치 없음(tactlessness) 판단력과 통찰력 장애(impaired judgment and insight)
등가쪽전두(dorsolateral frontal)	관리기능장애(executive dysfunction) 반복증(perseveration) 자극-종속행동(stimulus-bound behavior) 단어목록 생성결손(poor word list generation)
안쪽전두(medial frontal)	무감동증(apathy) 또는 무의지증(abulia) 말없음증(mutism) 또는 피질경유운동실어증(transcortical motor aphasia) 다리 불완전마비(lower extremity paresis) 대소변지림증(incontinence)

(witzelsucht)이라는 용어로도 표현된다(Hecaen and Albert, 1975). 경박증은 덜들뜸증(hypomania)과 유사한 흥분된 정서를 뜻하며, 농담증은 신중함이 지나치게 결여되어서 혐오감을 불러일으키는 농담하기를 뜻한다. 이러한 증상들과 함께 눈치 없는 행동, 대인관계 감수성의 퇴행, 공감력(empathy) 감소가 나타난다. 이 모든 증상들이 환자가 처신에서 문제를 보이는 데 기여한다. 판단력과 통찰력의 결손도 흔히 나타나며 결과를 고려하지 않고 즉흥적으로 결정을 내린다(Jarvie, 1954; Eslinger and Damasio, 1985). 후각이상을 보이는 환자도 있는데 후신경이 전두엽 바닥면을 통과하는 것과 관련된다. 그러나 보통 기본적인 감각이나 운동기능의 이상은 거의 없으므로 신경행동적 특징에 대한 세심한 평가가 매우 중요하다. 눈확전두 증후군의 전형적인 손상 위치는 양측 브로드만영역 11, 12, 25번이다(그림 1.3, 10.2 참조).

눈확전두 증후군은 남에게 피해를 주는 행동을 많이 하는 점에서 **후천성사회병질**(acquired sociopathy)로 칭하자는 제안이 있었다(Eslinger and Damasio, 1985). 실제로 이 증후군에서 가장 문제가 되는 것은 폭력적 행동을 하기 쉬운 경향이다. 이를 반영하여 최근의 견해는 폭력적 행동의 출현에서 전두엽 손상이 측두엽 손상이나 다른 신경학적 이상에 비해 더 중요하다는 쪽으로 발전하였다(Filley et al., 2001). 자동차 사고나 전투에서 뇌외상을 입은 환자들을 포함해서 뇌손상의 후유증으로 폭력 행동이 쉽게 나타나는 사례들이 많이 있다(제11장 참조). 베트남 참전 군인들의 대규모 연구는 눈확전두에 매우 가까운 위치에 있는 배안쪽전두의 손상이 폭력 및 공격적 행동의 위험 요인임을 보고하였다(Grafman et al., 1996). 보다 최근에는 관련 문헌들의 개관 연구가 눈확전두 손상과 공격성 증가 간의 특별한 연관성을 제시하였다 (Brower and Price, 2001). 눈확전두 증후군과 반사회적인격장애(antisocial personality disorder) 혹은 사회병질(sociopathy)과의 연관성도 많은 주목을 받았다. 이러한 인격장애를 가진 사람들이 폭력 행동을 보이기 쉽다는 것은 널리 인정된다(American Psychiatric Association, 1994). 눈확전두 증후군은 간헐폭발장애(intermittent explosive disorder; American Psychiatric Association, 1994)와도 유사성이 있다. 눈확전두의 손상은 둘레계 추동(limbic drive)의 통제를 방해할 뿐 아니라 이러한 결손에 대한 통찰력도 저해한다. 그러므로 자신의 행동에 대한 책임감은 눈확전두가 정상적으로 작동하는 개인에서만 기대할 수 있다. 반사회적인격장애의 보편적 특징인 뉘우칠 줄 모르는 태도는 눈확전두의 이상을 반영할 수 있다. 이와는 대조적으로 TLE의 발작간기 증후군으로 억제못함증이 있는 개인들은 보통 자신의 일탈행동에 대해 죄책감(때로는 과다죄책감)을 느낀다(제9장 참조). 이는 일반적으로 TLE 환자에서 전두엽 손상이 없는 점과 잘 일치한다. 그러므로 적절한 행동이 일어나기 위해서는 둘레계 추동과 전두엽 통제 사이에 섬세한 균형이 유지되는 것이 필수적이다. 즉, 이러한 균형이 유지되어야만 원초적 욕구가 책임 있는 행동을 통하여 충족될 수 있다.

위에서 논의한 바들은 최근에 등장한 **사회적 인지**(social cognition; Frith, 2008; Adolphs, 2009)라는 개념과 통한다. 정서라는 주제는 과거에는 신경과학자들이 기피하는 주제였지만 최근에는 열성적인 주목을 받고 있다. 이에 따라 사회적 인지는 뇌가 중요한 대인적 자질들(interpersonal traits)을 어떻게 매개하는가를 다루는 폭넓은 연구 분야가 되었다. 예를 들어 공감력(empathy), 동정심(compassion), 이타주의(altruism) 등이 연구되고 있다. 한 흥미로운 연구는 눈확전두손상 환자들이 도박 과제에서 잘못된 선택으로 손해를 보게 되는 경우에도 후회하지 않는 경향을 보고하였다(Camille et al., 2004). 이 결과는 환자들이 책임 있는 의사 결정을 하는 능력이 감소되었음을 시사한다. 최근에 이 분야에 있었던 두 가지 연구적 발전은 모두 눈확전두의 중요성을 강조하였다. 첫째 **마음이론**(theory of mind)이라는 개념의 연구이다. 이 개념은 타인의 마음상태를 이해하기 위하여 자신의 믿음, 태도, 경험을 사용하는 능력이다(Stuss and Anderson, 2004). 다른 하나는 뇌에서 **거울뉴런**(mirror neurons)이라고 칭하는 신경세포 집단을 발견한 것이다. 이 신경세포들은 뇌섬엽(insula)을 포함한 전두두정 부위에 신경망을 이루며 타인의 행동 및 그 이면에 있는 의도(intentions)의 이해에서 중요한 역할을 한다(Rizzolatti, Fabbri-Destro, and Cattaneo, 2009). 정상인 대상의 fMRI 연구들은 눈확전두 영역이 마음이론의 신경망과 거울뉴런의 신경망 모두에 포함됨을 확인하였다(Schulte-Rüther et al., 2007). 눈확전두 영역은 충동의 통제뿐 아니라 공감과 후회와 같은 인간 경험에서도 중요한 역할을 한다. 그러므로 이 부위의 손상이 폭력적 및 범죄적 행위를 유발하는 것은 그리 놀랍지 않다(Brower and Price, 2001). 눈확전두피질의 손상은 자폐스펙트럼장애(autistic spectrum disorders)와 유사한 증상에도 중요한 역할을 함이 보고되었다(Stone, Baron-Cohen, and Knight, 1998). 보다 최근에는 좌우측 차이도 보고되었는데 우반구 전두엽이 도덕적 행동(moral behavior)에 더 중요하다는 것이다(Mendez, 2009). 국소성 손상과 신경퇴행 환자들의 연구는 우측 눈확전두피질이 사회적 행동의 통제와 정상적 처신에 특히 중요하다는 여러 증거를 제시하였다(Stuss and Anderson, 2004; Rosen et al., 2005; Sollberger et al., 2009).

10.2 등가쪽전두 증후군

등가쪽전두 증후군(dorsolateral frontal syndrome)의 현저한 특징은 **관리기능장애**(executive dysfunction)이다. 이런 환자들은 복합적 행동(complex behaviors)의 계획, 유지 및 완수에서 장애를 보인다(Stuss and Benson, 1986; Mesulam, 1986; Filley, 2000). 그러므로 미리 예상하기(foresight), 목표 선정(goal selection), 간섭 저항(resistance to interference), 피드백 활용, 계속적 노력을 요하는 과제들에서 특히 문

제를 보인다. 환자는 부주의하고 동기가 없어 보이며 경계(vigilance) 과제에서 많은 오류를 범한다. **반복증**(perseveration)이 면접이나 검사 중에 나타날 수 있다 (Sandson and Albert, 1987). 또한 **자극-종속행동**(stimulus-bound behavior)도 관찰될 수 있는데, 예를 들어 11시 10분을 가리키는 시계를 그리도록 지시하였을 때 시계 바늘이 10과 11을 가리키도록 그린다. 검사자의 제스처를 불수의적으로 따라 하는 동작모방증(echopraxia)도 나타날 수 있는데, 이는 운동행동(motor behavior)의 내적 감시가 상실되었음을 시사한다(Luria, 1973). 언어적인 문제도 나타날 수 있다. 첫째, 좌반구 등가쪽전두의 손상과 연관된 언어적 문제로는 피질경유운동실어증 (transcortical motor aphasia)과(제5장 참조) 단어목록산출(word-list generation) 과제로 측정된 언어유창성의 감소가 있다(Benton, 1968). 둘째, 우반구 등가쪽전두의 손상과 연관된 언어적 문제로는 피질경유운동실운율증(transcortical motor aprosody)이 있다(제8장 참조). 등가쪽전두 증후군의 전형적인 손상 위치는 양측 브로드만영역 8, 9, 10, 46, 47번이다(그림 1.3, 10.2 참조).

　등가쪽전두 증후군은 눈확전두 증후군에 비해 신경심리적 결손이 더 자주 발견된다. 그러나 이러한 결손은 양적이라기보다 질적일 수 있기 때문에 환자가 과제를 수행하는 방식에 대한 세심한 주의가 필요하다. 예를 들어, 지나치게 부주의하고 사려가 없는 과제 수행이 실제 검사점수보다도 전두앞 이상에 대한 더 좋은 단서가 될 수 있다(Stuss and Benson, 1986). 등가쪽전두 손상의 탐지에 특히 도움을 줄 수 있는 검사로는 위스콘신카드분류검사(Wisconsin Card Sorting Test, WCST)가 있다. 이 검사는 추상적으로 추론하는 능력 및 마음갖춤새(mental set)를 변경하는 능력을 평가하도록 만들어졌는데, 좌측 전두 손상에 더 민감하다(Robinson et al., 1980; Filley et al., 1999). 우측 전두 손상은 탐지가 더 어렵지만 도안유창성(design fluency) 과제가 유용할 수 있다(Jones-Gotman and Milner, 1977). 이 과제는 모양이 다른 도안들을 산출하는 능력을 평가한다. 전반적으로 등가쪽전두 증후군 환자들은 눈확전두 증후군 환자들에 비해 보다 분명한 인지적 장애가 있으므로 신경심리검사에서 탐지될 가능성이 더 높다. 그러나 환자들의 근원적 문제는 인지능력 자체가 아니라 인지능력을 프로그래밍하는 데 있다. 그러므로 새로운 인지적 활동을 계획하거나 순서적 과제의 수행에서 특히 어려움을 보인다(Luria, 1980). 등가쪽전두 손상 환자들은 인지능력 자체, 예를 들어 기억, 언어, 시공간기술은 정상이지만 관리적 통제의 결여로 이러한 기술들을 적절히 활용할 수 없다. Alexander Luria는 "지식과 행동이 분리되었다(knowledge is divorced from action)."라는 간명한 말로 이러한 특징을 표현하였다(Luria, 1973).

10.3 안쪽전두 증후군

안쪽전두 증후군(medial frontal syndrome)의 현저한 특징은 **무감동증**(apathy)이다. 무감동증 환자들은 자발적 동작, 제스처, 말하기가 감소하며 증상이 심한 경우는 **무의지증**(abulia)이라고 칭한다. 가장 극단적인 경우는 양측 안쪽전두의 급성 손상에서 발생하는 **무동무언증**(akinetic mutism)으로 자발적 행동이나 말소리가 전혀 없다(Cairns et al., 1941; Ross and Stewart, 1981). 무동무언증은 양측 중간뇌(midbrain)나 사이뇌(diencephalon)의 손상에서도 발생할 수 있는데, 각성(wakefulness)과 자기자각(self-awareness)은 유지되지만 행동의 개시(initiation)가 전혀 없거나 감소한다. 피질경유운동실어증(transcortical motor aphasia)은 좌측 보조운동영역(supplementary motor area)의 손상에서 발생한다(Masdeu, Schoene, and Funkenstein, 1978). 이 실어증의 특징인 말하기 개시의 어려움은 운동 개시의 어려움이라는 보다 일반적인 증상의 한 측면일 수 있다. 만약 손상 부위가 중심앞이랑(precentral gyrus)의 윗부분을 포함하는 경우 다리의 불완전마비(paresis)나 걸음장애가 올 수 있다. 조임근장애(sphincteric disturbances)도 양측 안쪽전두의 손상에서 흔히 나타난다(Andrew and Nathan, 1964). **전두엽성대소변못가림**(frontal lobe incontinence)의 특징은 오줌이나 대변을 지린 것에 대한 환자의 무관심한 태도이다. 안쪽전두 증후군의 전형적 손상 위치는 앞쪽띠이랑(anterior cingulate gyrus)이며(Neilsen and Jacobs, 1951; Barris and Schuman, 1953) 브로드만영역 24, 32, 33번에 해당한다(그림 1.3, 10.2 참조).

안쪽전두는 수의적인 행동 선택(voluntary action selection)에서 중요한 역할을 하

는 것으로 보인다(Rushworth, 2008). 안쪽전두 환자들이 보여주는 자발성(spontaneity)
과 주도성(initiative)의 결여에 기초해서 이 부위가 자유의지(free will)라는 철학적 개
념에 중요한 부위라는 가설이 제기되었다(Crick, 1994; Damasio, 1994). 이 가설은 대
담하긴 하지만 증거는 불충분하다. 인간이 정말 자유의지를 소유한 존재인지는 아직
도 철학적 논쟁의 대상이다. 그러나 임상적 관점에서 보면 자율적 행동력이 심각하게
감소한 것처럼 보이는 환자들이 존재한다. 안쪽전두 증후군 환자들은 인지와 정서를
매개하는 구조들은 정상이지만 인지와 정서적 삶을 영위할 추동이 사라진 것처럼 보
인다. 이런 점에서 안쪽전두가 행동하려는 의지에 중요한 부위일 수 있다. 물론 자유
의지와 같은 관념적인 개념을 뇌의 특정한 단일 부위와 결부시키는 것은 매우 위험한
시도이며, 뇌에 분리된 '의지 센터(center of the will)'가 존재할 가능성은 극히 의심
스럽다. 그러나 안쪽전두 손상 환자들이 보여주는 활력이 없고 수동적인 행실은 자
발적 행위(voluntary action)에 극히 중요한 요소가 손상되었음을 제시한다.

10.4 전두엽 기능

인간에 와서 전두엽, 특히 전두앞(prefrontal) 영역이 유례없이 크게 팽창한 점은 이
부위가 인간 특유의 정신 활동에 극히 중요함을 제시한다. 그러나 전두엽 기능이 무
엇인지는 아직도 구체적으로 기술하기 어려우며 '전두엽 기능의 수수께끼'(riddle of
frontal lobe function; Teuber, 1964)는 대부분 미제로 남아 있다. 전두엽이 이 책에
서 논의한 모든 고위기능에 관여한다는 것은 분명하다. 그러나 전두엽이 어떻게 다
양한 행동 목록들을 감독하는(supervise) 역할을 수행하는지는 아직 구체적으로 밝
혀지지 않았다. 인간 뇌의 최고위기능을 이해하기 위한 열쇠가 전두엽에 있음은 의심
할 바 없지만 우리의 이해는 아직 시작 단계에 머물고 있다(Filley, 2009).

　　지능(intelligence)은 고위기능인 점에서 당연히 전두엽이 핵심 역할을 할 것이라
고 기대된다. 그러나 지능의 표준적인 신경심리평가, 특히 지능지수(intelligence
quotient, IQ)는 심한 전두엽 손상이 있어도 정상인 경우가 많이 있다(Eslinger and
Damasio, 1985). 물론 지능은 정의하기가 어려운 개념이며 Gould(1981)는 IQ를 한

개인의 지적 능력에 대한 단일한 측정치로 사용하는 것을 맹렬히 비난하였다. Gardner(1983)는 대안으로 다중지능(multiple intelligences)이론을 제안하였으며 지필형 검사에서 잘 측정되지 않는 여러 능력들을 포함하여 IQ의 개념을 확장시켰다. 그러나 IQ, 특히 『웩슬러지능검사-4판(Wechsler Adult Intelligence Scale-Four, WAIS-4』(Wechsler, Coalson, and Railford, 2008)으로 측정한 IQ는 임상에서 매우 많이 사용되는 신경심리 측정치이다. 그러므로 IQ의 신경행동적 해석에 관해 논의할 필요가 있다.

일반적으로 IQ는 뇌기능을 전체적으로 반영한다. 뇌기능은 신경세포 숫자, 시냅스 밀도, 말이집의 정상성(myelin integrity), 신경아교세포(glial cell) 기능, 신경전달물질 대사에 영향을 주는 수많은 유전적 및 환경적 요인들을 반영한다. MRI 연구들은 정상인에서 신체 크기를 감안한 뇌 크기가 IQ와 유의한 상관이 있음을 제시하였다(Rushton and Ankney, 2009). 일부 증거는 지능이 전두엽 크기와 상관이 있음을 시사하였지만, 대부분의 신경영상연구들에서 어떤 특정 뇌 부위가 지능과 특별한 상관이 있다는 증거는 없었다(Rushton and Ankney, 2009). 전체 IQ의 하위척도인 언어성 IQ와 동작성 IQ가 각각 좌반구와 우반구 기능을 더 반영한다는 증거도 일부 있지만 여러 해석상의 문제점 때문에 중요한 통찰을 주지는 못하다(Iverson, Mendrek, and Adams, 2004). 그러므로 신경심리 측정치로서의 IQ는 여러 대뇌영역들을 동시에 반영하는 것으로 볼 수 있다. 임상가들이 유념할 점은 IQ 혹은 다른 어떤 단일검사의 점수도 전두엽 손상을 신뢰성 있게 탐지하지는 못한다는 것이다(Stuss and Benson, 1986; Damasio and Anderson, 2003). 이러한 점들은 전두엽이 지능과 연관성은 있지만, 지능보다 더 상위수준(superordinate)의 기능을 매개함을 제시한다. 즉, 전두엽은 지능 자체가 아니라 지능을 활용하는 능력과 더 연관된다.

앞서 논의하였듯이 전두엽이 사회적 인지, 즉 정서와 성격에 미치는 역할에 관해 최근 많은 연구성과들이 있었다(Frith 2008; Adolphs, 2009). 핵심적 발견은 전두엽이 다른 뇌 부위들을 감독하는 통제적 역할이 적절한 대인적 행동(interpersonal behavior)의 산출에도 중요하다는 것이다. 우리는 제2장에서 전두엽, 특히 눈확전두 영역이 공감(Sollberger et al., 2009), 이타주의(Rilling et al., 2002), 사랑(Zeki, 2007)과 같은 긍정적 자질에 기여함을 살펴보았다. 반면에 이 영역의 손상은 공격성과 폭력에 기여함이 점차 분명해지고 있다(Filley et al., 2001). 건강한 전두엽은 협동적 상호작용과 사회적 응집(social cohesion)에 필요한 자질들을 매개하며, 둘레계 추동을 적응적 가치를 가진 행동 목록에 통합시킨다. 예를 들어 방어성 공격(defensive aggression)은 사회적 및 도덕적으로 정당한 것으로 인정된다. 그러나 전두엽이 손상되는 경우 정서와 성격에서 극적인 변화가 일어날 수 있는데, 공감력 부재, 억제못함증, 심지어 냉정하고 뉘우침이 없는 폭력성이 나타날 수 있다. 전두엽이 의식의 내용에 기여하는 중요한 한 측면은 둘레계 추동과 사회적으로 수용될 수 있는 처신 사이에 균형을 유지하는 것이다.

폭력성과는 극히 대조적인 자질인 창조성(creativity)의 현상도 최근에 많은 신경생물학적 관심을 받았다. 놀라운 일은 아니지만 전두엽은 창조성이라는 소중한 능력에서도 매우 중요한 역할을 한다(Austin, 2003; Heilman, 2005). 창조적 마음이 다양한 신경계와 신경망으로부터 입력을 받는다는 것은 의심할 바 없다. 그러나 정상적인 전두엽이 기여하는 동기, 관리기술(executive skills), 대인관계 능력(interpersonal competence)이 창조성에 극히 중요한 요소임은 분명하다. 한 흥미로운 연구는 전두엽이 새로움의 추구(novelty-seeking)에서도 중요하다는 증거를 제시하였다(Daffner et al., 2000). 이 연구는 인간 뇌의 시냅스 수준에서 무선적인 신경 사건들(endogenous random neural events)이 일어나는 중요한 이유가 창조성의 기초인 새로움의 산출에 있다는 흥미로운 가설도 제안하였다.

위에 논의한 모든 사항들과도 연관되지만 행복의 느낌(feeling of happiness)도 전두엽 현상임이 제시되었다(Berridge and Kringelbach, 2008). 이러한 연구는 중독 현상에서 오랜 기간 주목을 받았던 뇌의 보상계(reward system)에 관한 연구로부터 진화한 것이다. 눈확전두피질, 의지핵(nucleus accumbens), 편도체 및 앞쪽띠피질(anterior cingulate cortex)로 구성된 신경망의 작동은 의식에 쾌락의 경험을 부여한다(Berridge and Kringelbach, 2008). 이러한 발견이 시사하는 바는 광대하지만 우선 지적할 점은 눈확전두피질이 매개하는 다양한 핵심적 인간 경험들은 부정적인 것과 긍정적인 것을 모두 포함한다는 것이다. 부정적인 경험의 예로는 사회병질자가 타인에 고통을 가함으로써 느끼는 무자비한 쾌락이나 마약 살 돈을 마련하기 위해 타인을 착취하는 마약중독자의 이상행복감을 들 수 있다. 긍정적인 경험의 예로는 상호 이타적인 행동에 참여했을 때 느끼는 따뜻함이나 창조적인 작업의 순간에 느끼는 환희를 들 수 있다.

　　이러한 관찰들이 매우 중요하긴 하지만 많은 사례들에서 우리는 전두엽 기능을 만족스럽게 측정할 수 있는 임상적 도구가 없는 실정이다. 대부분의 검사 상황이 구조화되고 단순한 반면에 실제생활은 여러 복잡한 정보를 능동적으로 종합하고 부적절한 행동을 억제하는 능력을 최고조로 요구한다. 그러므로 대부분의 전두엽 기능장애는 검사 상황보다는 실제생활에서 보다 뚜렷하게 표출된다(Zangwill, 1966). 전두엽 환자들은 병원의 구조화되어 있고 제한된 환경(진료실, 신경심리검사실)에서는 잘 행동하는 것처럼 보이며, 대부분의 기준들에서 매우 정상이라고 판정할 수 있다. 그러나 일상생활에 복귀해서는 심각한 결손이 드러나는 경우가 흔하다(Shallice and Burgess, 1991). 전두엽이 매개하는 내적 조직화(internal organization)의 결핍은 인지 및 정서기능의 섬세한 조절능력을 붕괴시켜서 일상생활에의 적응을 저해한다. 그러므로 전두엽 기능장애의 평가에는 검사 이외에도 세심한 병력 청취와 문진에서 수집되는 자료가 매우 중요하다.

　　전두엽 기능의 본질이 무엇인가를 설명하려는 여러 시도들이 있어 왔다. 이러한 이론들은 다양한 전두엽 기능 중 어떤 측면을 더 강조하는가에서는 차이가 있지만 본질적으로는 유사한 점들이 많이 있다. 러시아의 영향력 있는 신경심리학자인 Luria 는 뇌의 위계적 조직화를 강조하였으며, 전두엽이 최상단에 위치하여 뇌피질 활동을 전체적으로 총괄한다고 제안하였다(Luria, 1973). 그의 전두엽 이론에서 주의 과정은 중요한 요소이며 정신 활동의 조직화와 통제에 기여한다. Lhermitte와 동료들은 전두엽 손상 환자들에서 나타나는 자율성(autonomy)의 결핍을 강조하였다. 예를 들어 검사자의 행동을 자동적으로 따라 하는 '모방증(imitation)'과 주위의 눈에 띄는 물건들을 자동적으로 사용하는 '사용증(utilization)'에 주목하였다(Lhermitte, Pillon, and Serdaru, 1986). Lhermitte는 이러한 '환경의존증후군(environmental dependency syndrome)'이 내적 통제가 상실됨에 따라 외적 환경에 따라 행동이 지배되는 증상이라고 설명하였다(Lhermitte, 1986). Fuster(1989)는 전두엽의 핵심 기능이 행동의 시간적 구조화(temporal structuring), 즉 과거의 경험 및 미래의 계획을 현재의 행동과 통합시키는 것이라고 하였다. 억제적 보호(inhibitory protection)를 통한 방해 자극의 통제는 그의 이론에서 중심적인 개념이다. Stuss와 Benson (1986)은 전두엽의 중요성은 뇌의 모든 고위기능들을 통제하는 것에 있다고 하였다. 그들은 전두엽이 자기의식(self-consciousness)을 매개하며 뇌와 마음을 잇는 연결 고리라고 하였다. Mesulam(1986)은 전두엽이 부여하는 행동의 자율성을 강조하였다. 그는 전두엽이 하등동물에서 나타나는 예측 가능한 자극-행동 패러다임에서 벗어나 자유적 요소가 있는 행동을 가능하게 한다고 하였다. 유사한 관점에서, Damasio와 Anderson(2003)은 전두엽이 적절한 반응 선택(response selection)에 기여함을 강조하였다. 그들은 건강하게 기능하는 전두엽으로 인해 인간은 장기적 생존에 가장 적합한 행동을 선택할 수 있다고 하였다. 이 이론들 및 다른 이론들은 모두 고려할 만한 가치가 있고, 각각 전두엽 기능의 전체는 아닐지라도 중요한 부분을 기술한다. 미래의 연구들이 전두엽의 감독 및 통제기능을 좀 더 분명히 밝혀내리라는 것은 의심의 여지가 없다. 그 과정에서 어떤 단일한 통합적 기능이 특히 중요한 것으로 확인될 수도 있을 것이다.

　전두엽의 기능이 무엇인가를 고려하기 위한 가장 실용적인 접근의 하나는 전두엽이 감각계, 운동계 및 둘레계 모두와 해부적으로 광범위하게 연결된 구조라는 사실에서 출발하는 것이다(Nauta, 1971; Mesulam, 1986; Damasio and Anderson, 2003). 하등척추동물에서는 자극에 대한 반응이 뇌줄기(brain stem)와 둘레계에 의해 지배되지만(MacLean, 1990), 인간에서는 자극과 반응 사이에 전두엽이 존재하여 광범위하게 중재한다. 이로 인하여 인간은 보다 융통성 있고, 자율적이며, 목표-지향적인(goal-directed) 행동이 가능하며, 과거의 경험과 미래의 계획을 현재의 행동에 반영시킬 수 있다(Mesulam, 1986; Damasio and Anderson, 2003). 정상적으로 작동하는 전두엽 없이는 다른 뇌 부위의 인지와 정서기능이 아무리 잘 보존되어 있더라도 '인간적 품성'의 퇴행이 불가피하다. 전두엽 손상은 정상적인 정신 활동에 극심한 장애를 초래함에도 불구하고 객관적으로 지표화하기가 어렵다. 그러므로 전두엽 기능에 관한 이론들의 숙달이 환자들의 진단 및 치료에 중요하게 기여할 수 있다.

참고문헌

Adolphs, R. The social brain: the neural basis of social knowledge. *Annu Rev Psychol* 2009; 60: 693–716.

American Psychiatric Association. *Diagnostic and Statistical Manual of Mental Disorders.* 4th ed. Washington, DC: American psychiatric Association; 1994.

Andrew, J., and Nathan, P. W. Lesions of the anterior frontal lobes and disturbances of micturition and defecation. *Brain* 1964; 87: 233–262.

Austin, J. H. *Chase, Chance, and Creativity.* 2nd ed. Cambridge: MIT Press; 2003.

Barris, R. W., and Schuman, H. R. Bilateral anterior cingulate gyrus lesions. *Neurology* 1953; 3: 44–52.

Benton, A. L. Differential effects in frontal lobe disease. *Neuropsychologia* 1968; 6: 53–60.

Berridge, K. C., and Kringelbach, M. L. Affective neuroscience of pleasure: reward in humans and animals. *Psychopharmacology* 2008; 199: 457–480.

Blumer, D., and Benson, D. F. Personality changes with frontal and temporal lobe lesions. In: Benson D. F., and Blumer, D., eds. *Psychiatric Aspects of Neurologic Disease.* Vol. 1. New York: Grune and Stratton; 1975: 151–169.

Brower, M. C., and Price, B. H. Neuropsychiatry of frontal lobe dysfunction in violent and criminal behavior: a critical review. *J Neurol Neurosurg Psychiatry* 2001; 71: 720–726.

Cairns, J. H., Oldfield, R. C., Pennybacker, J. B., et al. Akinetic mutism with an epidermoid cyst of the 3rd ventricle. *Brain* 1941; 84: 272–290.

Camille, N., Coricelli, G., Sallet, J., et al. The involvement of the orbitofrontal cortex in the experience of regret. *Science* 2004; 304: 1167–1170.

Crick, F. *The Astonishing Hypothesis: The Scientific Search for the Soul.* New York: Charles Scribner's Sons; 1994.

Cummings, J. L. Frontal-subcortical circuits and human behavior. *Arch Neurol* 1993; 50: 873–880.

Daffner, K. R., Mesulam, M.-M., Scinto, L. F., et al. The central role of the prefrontal cortex in directing attention to novel events. *Brain* 2000; 123: 927–939.

Damasio, A. R. *Descartes' Error.* New York: Putnam; 1994.

Damasio, A. R., and Anderson, S. W. The frontal lobes. In: Heilman, K. M., and Valenstein, E., eds. *Clinical Neuropsychology.* 4th ed. New York: Oxford University Press; 2003: 404–446.

Damasio, H., Grabowski, T., Frank, R., et al. The return of Phineas Gage: clues about the brain from the skull of a famous patient. *Science* 1994; 264: 1102–1105.

Eslinger, P. J., and Damasio, A. R. Severe disturbance of higher cognition after bilateral frontal lobe ablation: Patient EVR. *Neurology* 1985; 35: 1731–1741.

Filley, C. M. Clinical neurology and executive dysfunction. *Semin Speech Lang* 2000; 21: 95–108.

_____ . The frontal lobes. In: Boller, F., Finger, S., and Tyler, K. L., eds. *Handbook of Clinical Neurology*. Edinburgh: Elsevier; 2009: 95: 557-570.

Filley, C. M., and Kleinschmidt-DeMasters, B. K. Neurobehavioral presentations of brain neoplasms. *West J Med* 1995; 163:19-25.

Filley, C. M., Price, B. H., Nell, V., et al. Toward an understanding of violence: neurobehavioral aspects of unwarranted interpersonal aggression. Aspen Neurobehavioral Conference Consensus Statement. *Neuropsychiatry Neuropsychol Behav Neurol* 2001; 14: 1-14.

Filley, C. M., Young, D. A., Reardon, M. S., and Wilkening, G. N. Frontal lobe lesions and executive dysfunction in children. *Neuropsychiatry Neuropsychol Behav Neurol* 1999; 12: 156-160.

Frith, C. D. Social cognition. *Phil Trans R Soc B* 2008; 363: 2033-2039.

Fuster, J. M. *The Prefrontal Cortex*. 2nd ed. New York: Raven Press; 1989.

Gardner, H. *Frames of Mind: The Theory of Multiple Intelligences*. New York: Basic Books; 1983.

Gould, S. J. *The Mismeasure of Man*. New York: W. W. Norton; 1981.

Grafman, J., Schwab, K., Warden, D., et al. Frontal lobe injuries, violence, and aggression: a report of the Vietnam Head Injury Study. *Neurology* 1996; 46: 1231-1238.

Harlow, J. M. Recovery from the passage of an iron bar through the head. *Mass Med Soc Publ* 1868; 2: 327-346.

Hecaen, H., and Albert, M. L. Disorders of mental functioning related to frontal lobe pathology. In: Benson, D. F., and Blumer, D., eds. *Psychiatric Aspects of Neurologic Disease*. Vol. 1. New York: Grune and Stratton; 1975: 137-149.

Heilman K. M. *Creativity and the Brain*. New York: Psychology Press; 2005.

Iverson, G. L., Mendrek, A., and Adams, R. L. The persistent belief that VIQ-PIQ splits suggest lateralized brain damage. *Appl Neuropsychol* 2004; 11: 85-90.

Jarvie, H. F. Frontal wounds causing disinhibition. *J Neurol Neurosurg Psychiatry* 1954; 17: 14-32.

Jones-Gotman, M., and Milner, B. Design fluency: the invention of nonsense drawings after focal cortical lesions. *Neuropsychologia* 1977; 15: 653-674.

Lhermitte, F. Human autonomy and the frontal lobes; Part II: Patient behavior in complex and social situations: the "environmental dependency syndrome." *Ann Neurol* 1986; 19: 335-343.

Lhermitte, F., Pillon, B., and Serdaru, M. Human autonomy and the frontal lobes; Part I: Imitation and utilization behavior: a neuropsychological study of 75 patients. *Ann Neurol* 1986; 19: 326-334.

Luria, A. R. *Higher Cortical Functions in Man*. New York: Consultants Bureau; 1980.

_____ . *The Working Brain: An Introduction to Neuropsychology*. New York: Basic Books; 1973.

MacLean, P. D. *The Triune Brain in Evolution*. New York: Plenum; 1990.

Macmillan, M. B. A wonderful journey through skull and brains: the travels of Mr. Gage's tamping iron. *Brain Cogn* 1986; 5: 67-107.

Masdeu, J. C., Schoene, W. C., and Funkenstein, H. Aphasia following infarction of the left supplementary motor area. *Neurology* 1978; 28: 1220-1223.

Mendez, M. F. The neurobiology of moral behavior: review and neuropsychiatric implications. *CNS Spectr* 2009; 14: 608-620.

Mesulam, M.-M. Frontal cortex and behavior. *Ann Neurol* 1986; 19: 320-325.

Miller, B. L., and Cummings, J. L., eds. *The Human Frontal Lobes.* New York: Guilford Press; 1999.

Nauta, W.J.H. The problem of the frontal lobe: a reinterpretation. *J Psychiat Res* 1971; 8: 167-187.

Neilsen, J. M., and Jacobs, L. L. Bilateral lesions of the anterior cingulate gyri. *Bull LA Neurol Soc* 1951; 16: 231-234.

Pinker, S. *The Blank Slate: The Modern Denial of Human Nature.* New York: Viking; 2002.

Rilling, J. K., Gutman, D. A., Zeh, T. R., et al. A neural basis for social cooperation. *Neuron* 2002; 35: 395-405.

Rizzolatti, G., Fabbri-Destro, M., and Cattaneo, L. Mirror neurons and their clinical relevance. *Nat Clin Pract Neurol* 2009; 5: 24-34.

Robinson, A. L., Heaton, R. K., Lehman, R.A.W., and Stilson, D. W. The utility of the Wisconsin Card Sorting Test in detecting and localizing frontal lobe lesions. *J Cons Clin Psychol* 1980; 48: 605-614.

Rosen, H. J., Allison, S. C., Schauer, G. F., et al. Neuroanatomical correlates of behavioural disorders in dementia. *Brain* 2005; 128: 2612-2625.

Ross, E. D., and Stewart, R. M. Akinetic mutism from hypothalamic damage: successful treatment with dopamine agonists. *Neurology* 1981; 31: 1435-1439.

Rushton, J., and Ankney, C. D. Whole brain size and general mental ability: a review. *Int J Neurosci* 2009; 119: 619-732.

Rushworth, M.F.S. Intention, choice, and the medial prefrontal cortex. *Ann NY Acad Sci* 2008; 1124: 181-207.

Sandson, J., and Albert, M. L. Perseveration in behavioral neurology. *Neurology* 1987; 37: 1736-1741.

Schulte-Rüther, M., Markowitsch, H. J., Fink, G. R., and Piefke, M. Mirror neurons and theory of mind mechanisms involved in face-to-face interactions: a functional magnetic resonance approach to empathy. *J Cogn Neurosci* 2007; 19: 1354-1372.

Shallice, T., and Burgess, P. W. Deficits in strategy application following frontal lobe damage in man. *Brain* 1991; 114: 727-741.

Sollberger, M., Stanley, C. M., Wilson, S. M., et al. Neural basis of interpersonal traits in neurodegenerative diseases. *Neuropsychologia* 2009; 47: 2812-2827.

Stone, V. F., Baron-Cohen, S., and Knight, R. T. Frontal lobe contributions to theory of mind. *J Cogn Neurosci* 1998; 10: 640-656.

Stuss, D. T., and Anderson, V. The frontal lobes and theory of mind: developmental concepts from adult focal lesion research. *Brain Cogn* 2004; 55: 69-83.

Stuss, D. T., and Benson, D. F. *The Frontal Lobes.* New York: Raven Press; 1986.

Teuber, H.-L. The riddle of frontal lobe function in man. In: Warren, J. W., and Akert, K., eds. *The Frontal Granular Cortex and Behavior.* New York: McGraw-Hill; 1964: 410-444.

Tilney, F. *The Brain: From Ape to Man.* New York: Hoeber; 1928.

Wechsler, D., Coalson, D. L., and Raiford, S. E. *Wechsler Adult Intelligence Test: Fourth Edition Technical and Interpretive Manual.* San Antonio: Pearson; 2008.

Zangwill, O. Psychological deficits associated with frontal lobe lesions. *Int J Neurol* 1966; 5: 395-402.

Zeki, S. The neurobiology of love. *FEBS Letters* 2007; 581: 2575-2579.

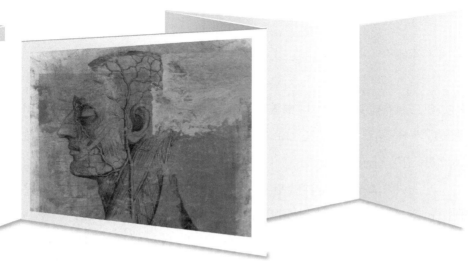

제11장

뇌외상

뇌외상(traumatic brain injury, TBI)은 신경행동적 장애의 거대한 원천임에도 불구하고 중요성이 충분히 강조되지 않는다. TBI의 발생률과 유병률은 정확한 통계 수치는 알려져 있지 않지만 미국에서의 연간 발생률은 150만 건인 것으로 추산된다(Arciniegas et al., 2005). 이 중 235,000건은 병원에 입원을 요하는데(Arciniegas et al., 2005), 이 환자들은 병세가 심하기 때문에 쉽게 인지된다. 훨씬 더 많은 수의 TBI 희생자들은 소위 경중 TBI로 분류된다. 이 환자들은 병원에 입원을 요하지는 않지만 주요 임상적 문제를 가질 수 있으며 증상이 오래 지속되는 경우도 많다. 자동차 사고, 폭력, 추락, 스포츠 부상이 TBI 사례들의 대부분을 차지한다. 자동차 사고는 안전벨트나 헬멧을 착용하지 않거나 음주와 관련된 경우가 많다. TBI의 가장 고위험집단은 15~24세의 남자이며(Arciniegas et al., 2005) 발생률이 높은 다른 집단은 65세 이상의 노인인데, 이들은 특히 추락에 취약하다(Arciniegas et al., 2005). 전쟁에서 발생하는 TBI도 많은데 복무뿐 아니라 퇴역 후의 민간인 생활에도 심각한 후유증을 끼칠 수 있다. 이는 최근 이라크 및 아프가니스탄에서 벌어진 전투에서도 비극적으로 명백하였다. 관통(penetrating) TBI는 탄환을 맞아 발생하는 것으로 잘 알려진 유형이다. 그러나 이라크 및 아프가니스탄 전쟁은 폭발손상(blast injury)이라는 새로운 유형의 TBI를 인식하는 계기가 되었다(Ling et al., 2009). 전체적으로 TBI는 가장 빈도가 높은 신경학적 장애 중 하나이며, 미국에서는 약 320~530만 명 정도가 TBI로 인한 후유장애를 가진 것으로 추산된다(Arciniegas et al., 2005; Corrigan, Selassie, and Orman, 2010).

많은 TBI 환자들이 결국 회복하지만 생존한 환자들 중 상당수는 심각하고 영속적인 장애를 갖게 된다. 아마도 가장 비극적인 경우는 어떤 기능적 독립도 불가능한 최소의식상태(minimally conscious state, MCS; Giacino et al., 2002)나 지속식물상태(persistent vegetative state, PVS; Multi-Society Task Force on PVS, 1994)로 남는 것이다. 일부 생존자들은 심각하고 되돌릴 수 없는 치매가 발생하여 사회적 및 직업적 적응에 중대한 장애를 갖는다. 보다 경한 외상으로 증세가 분명하지 않은 사례들은 정신과적 문제라고 오진되거나 아무런 문제도 없는 것으로 취급되기도 한다. TBI는 심각한 인지적 및 정서적 후유증에도 불구하고 과소 진단되는 점에서 '조용한 유행병(silent epidemic)'이라는 기술이 아직도 적절하다(Goldstein, 1990).

탄환에 맞은 총상에서는 머리뼈의 관통이 일어난다. **폐쇄성두부손상**(closed head injury)은 머리뼈의 관통이 없는 두부손상에 대해 사용하는 표준적 용어이다. 폐쇄성두부손상은 얼굴, 머리뼈, 목 및 전신성(systemic) 손상을 동반할 수 있으며, 이러한 손상이 초기 환자 관리의 대부분을 차지할 수 있다. 그러나 이 장에서는 폐쇄성두부손상을 뇌외상에 한정시켜 논의할 것이다. 뇌외상이 심한 경우 발생하는 순간 혹은 병원으로 이송 중에 사망할 수 있다. 머리뼈속압력(intracranial pressure)이 심하게 상승하여 사망하는 경우도 있는데, 젊은 성인에서 첫 외상 후 수일 내에 다시 외상을 입는 경우 특히 많이 발생한다(Kelly et al., 1991). 생존한 TBI 환자들에서 가장 문제가 되는 장기적 후유증은 행동적 장애이다(Alexander, 1982). TBI의 신경행동적 후유증은 매우 다양한데, 뇌진탕후증후군(postconcussion syndrome)부터 큰 둔기성 손상 후의 MCS(Giacino et al., 2002)나 PVS(Multi-Society Task Force on PVS, 1994)까지를 포함한다.

우리는 앞선 장들에서 국소성 뇌손상으로 발생하는 증후군들을 주로 살펴보았으며, 다음 제12장에서는 광범위 뇌손상으로 발생하는 대표적 증후군인 치매를 논의할 것이다. 그러므로 이 책의 이 지점은 국소성 및 광범위 뇌손상 모두가 관련된 TBI를 논의하기에 매우 적절하며 두 손상의 개념을 잇는 가교 역할을 할 수 있다. 우리는 TBI로 인한 손상을 국소성(focal)과 광범위성(diffuse)으로 구분하여 논의할 것이다(Auerbach, 1989). 표 11.1에는 국소성 손상과 광범위성 손상의 신경행동적 효과가 열거되어 있다.

11.1 국소성 손상

TBI에서 가장 잘 확립된 국소성 손상(focal lesion)은 머리속출혈(intracranial hemorrhage)이다. 머리속출혈은 CT에서 매우 쉽게 탐지되며 즉시 신경외과의의 소견을 필요로 한다. 머리속출혈에는 경질막밑혈종(subdural hematoma), 경질막바깥혈종(epidural hematoma), 뇌실질내혈종(intraparenchymal hematoma), 거미막밑출혈(subarachnoid hemorrhage)의 네 가지가 있으며 아래에서 논의할 것이다. 그러나 신경행동적 관점에서 가장 중요한 국소성 손상은 **타박상**(contusion), 즉 대뇌피질의 멍이다(Courville, 1937). 충격의 순간에 머리뼈가 변형되거나 파손되면 하부피질이 손상되며 백색질까지도 손상될 수 있다. 보통 국소성 출혈과 부종(edema)이 나타나며, 미시적으로는 신경원 소실(neuronal loss)과 말이집탈락(demyelination)이 발생한다. 타박상은 모든 뇌표면에서 발생할 수 있지만 눈확전두(orbitofrontal), 전두극(frontopolar) 및 앞쪽측두(anterior temporal)에서 가장 흔하다. 이 부위들은 앞머리뼈우묵(anterior cranial fossa)과 중간머리뼈우묵(middle cranial fossa)에 있는 뼈융기들(bony prominences)과 마찰되기 쉽다(Courville, 1937). 그림 11.1에는 TBI에서 타박상을 입기 쉬운 부위들이 표시되어 있다.

타박상은 충격이 발생한 장소의 바로 밑 뇌 부위와 반대편 뇌 부위에서 발견된다

표 11.1 뇌외상이 신경행동기능에 미치는 효과

구분	손상 형태	손상 부위	동반증
국소성 손상	타박상(contusion)	전두엽(frontal lobes) 측두엽(temporal lobes)	억제못함증(disinhibition) 무감동증(apathy) 기억상실증(amnesia) 실어증(aphasia)
	뇌속출혈(intracerebral hemorrhage)	시상(thalamus) 바닥핵(basal ganglia)	초기 : 혼수(coma) 전류 : 실어증(aphasia) 편측무시증(hemineglect)
	뒤대뇌동맥 폐색(posterior cerebral artery occlusion)	후두엽(occipital lobe)	편측시야결손(hemianopia) 시각상실(blindness) 실독증(alexia) 시각실인증(visual agnosia)
	뒤렛출혈(Duret hemorrhages)	뇌줄기(brain stem)	진행성 혼미와 혼수(progressive stupor and coma)
광범위성 손상	광범위축수손상(diffuse axonal injury)	뇌줄기(brain stem) 대뇌(cerebrum) 뇌들보(corpus callosum)	초기 : 혼수(coma) 기억상실증(amnesia) 전류 : 최소의식상태(minimally conscious state) 지속식물상태(persistent vegetative state) 부주의(inattention) 성격변화(personality change)
	폭발손상(blast injury)	뇌줄기(brain stem) 해마(hippocampus)	초기 : 혼수(coma) 기억상실증(amnesia)
	저산소-허혈손상(hypoxic–ischemic injury)	해마(hippocampus) 신피질(neocortex)	기억상실증(amnesia) 치매(dementia) 최소의식상태(minimally conscious state) 지속식물상태(persistent vegetative state)
	만성외상뇌병증(chronic traumatic encephalopathy)	신피질(neocortex) 해마(hippocampus) 흑색질(substantia nigra) 소뇌(cerebellum)	치매(dementia) 파킨슨증(parkinsonism) 조화운동못함증(ataxia)

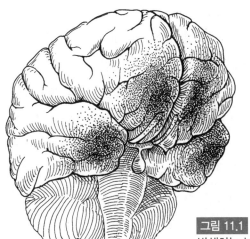

그림 11.1 뇌외상에서 타박상(contusions)이 가장 많이 발생하는 부위. 전두엽과 측두엽에 집중된다.

는 것이 정설이다. 전자를 **충격손상**(coup lesion)이라 칭하고 후자를 **맞충격손상**(contrecoup lesion)이라고 칭한다. 충격손상은 머리뼈와의 직접 접촉으로 발생하는 반면에 맞충격손상은 머리뼈가 정지된 상태에서 뇌의 수평운동이 충격의 반대편 부위에 만들어낸 공동효과(cavitation effect)에서 발생한다. 타박상은 흔히 여러 군데에 발생하며 숫자가 많을수록 예후가 나쁘다. 타박상이 전두엽과 측두엽에 흔히 생기기 때문에 처신(comportment)장애, 충동제어장애, 언어장애, 기억장애가 많이 발생한다(Blumer and Benson, 1975; Alexander, 1982). 타박상은 보통 양측적이기 때문에 (Adams et al., 1980) 단일한 신경행동 증후군이 나타나는 경우는 드물다.

보다 명백한 형태의 국소성 손상은 여러 유형의 **머리속출혈**(intracranial hemorrhage)이다. 머리속출혈 중 신경행동적으로 가장 중요한 것은 **뇌속출혈**(intracerebral hemorrhage)이다. 뇌속출혈은 엇밀림힘(shearing force)이 작은 심부혈관(small deep vessels)을 손상시켜 발생하며 뇌실질을 파괴한다. 이러한 출혈은 시상과 바닥핵(basal ganglia)에서 많이 관찰된다(Adams et al., 1986). 뇌속출혈은 예후가 나쁘며 생존하더라도 실어증, 무시증(neglect) 및 다른 증후군들을 후유증으로 남길 수 있다. 머리뼈 안에 있지만 뇌 바깥에 있는 혈관들의 손상으로 발생하는 경질막밑혈종이나 경질막바깥혈종도 흔하다. **경질막밑혈종**(subdural hematoma)은 경질막밑공간(subdural space)에 있는 연결정맥(bridging veins)의 손상으로 발생하며, **경질막바깥혈종**(epidural hematoma)은 머리뼈골절(skull fracture)로 밑에 있는 중간 뇌막동맥(middle meningeal artery)이 파열되어 발생하는 수가 많다. 이러한 뇌실질 바깥혈종(extraparenchymal hematomas)은 많이 발생하며 생명을 위협하는 수도 있다. 그러나 타박상이 없고 성공적으로 치료되는 경우 만성화된(chronic) 신경행동적 후유증을 남기는 경우는 드물다(Levin, 1992). **거미막밑출혈**(subarachnoid hemorrhage)도 TBI에서 흔하지만 적절히 치료되는 경우 후유증의 가능성은 낮다. 그러나 거미막밑출혈이 동맥자루(aneurysm)의 파열에 의해 발생한 경우는 사망률(mortality)과 이환율(morbidity)이 높다.

　　마지막으로, 뇌탈출(brain herniation)과 관련하여 발생하는 두 가지 국소성 손상이 있다. 뇌탈출은 아래뇌줄기(lower brainstem)의 생명중추(vital centers)를 손상시킬 가능성이 있으므로 그 자체로 예후가 나쁜 징후이다. 첫째, 아래방향(downward) 뇌탈출과 관련하여 **뒤대뇌동맥폐색**(posterior cerebral artery occlusion)이 발생하면 안쪽후두엽(medial occipital lobe)이 손상된다. 손상이 일측성인 경우 반맹(hemianopia)이나 실독증(alexia)을 유발하며, 양측성인 경우 피질맹(cortical blindness)이나 시각실인증(visual agnosia)을 유발할 수 있다(Alexander, 1982). 둘째, 상하방향(rostral-caudal)의 뇌탈출과 관련하여 뇌줄기 중심선 부근의 작은 동맥과 정맥들이 압박되면 뇌줄기 중심선의 여러 곳에 동시적으로 출혈이 나타난다. 이는 **뒤렛출혈**(Duret hemorrhages)이라고 칭하며 혼미(stupor)나 혼수(coma)를 유발할 수 있다(Alexander, 1982).

11.2 광범위성 손상

TBI에서 발생하는 국소성 손상이 심한 후유증을 남길 수 있음을 논의하였지만 광범위성 손상(diffuse lesions)은 더 심한 후유증을 남길 수 있다. 광범위성 손상에서 발생하는 신경행동적 후유증은 뇌진탕(concussion)으로 인한 경도 주의장애나 기분장애로부터 비가역치매(irreversible dementia), MCS 및 PVS에 이르기까지 극히 다양하다. PVS의 가장 주요한 임상적 원인이 TBI이고 그다음이 저산소-허혈손상(hypoxic-ischemic injury; 아래 논의 참조)이다(Multi-Society Task Force on PVS, 1994). PVS 하나만도 여러 어려운 의학적 및 윤리적 이슈들과 연관되지만 PVS는 TBI의 광범위성 손상과 연관된 여러 만성적 장애들 중 하나일 뿐이다.

TBI의 급성기에 임상적 혹은 신경방사선적으로 확인된 **뇌부기**(brain swelling)가 많이 발생한다. 뇌부기는 물성분의 증가로 뇌 부피가 커진 것을 지칭하는 일반적 용어이다. 이 걱정스러운 급성 효과는 역설적으로 대부분 일시적이다. 또한 동반된 뇌탈출의 위험과 함께 많은 신경행동적 장애의 원천이라고 생각될 수 있지만, 신속하고 효과적인 치료가 이루어진 경우에는 후유증을 남기는 일이 거의 없다. TBI에서 뇌부기(물성분 증가)의 발생기전은 혈관성 부종(vasogenic edema; Fishman, 1975), 저산소-허혈손상으로 인한 세포독성부종(cytotoxic edema; Fishman, 1975), 또는 뇌혈관 울혈(cerebrovascular congestion; Kelly et al., 1991)이다. 앞서 언급하였지만 뇌부기는 자체로 뇌손상을 일으키지는 않으며 뇌탈출로 이어지지만 않는다면 만성적 후유증을 남기는 경우가 거의 없다(Bruce et al., 1981; Auerbach, 1989). 반면에 뇌탈출이 발생한다면 사이뇌와 뇌줄기의 압착으로 사망에까지 이를 수 있다. 그러나 만성적 신경행동 후유증의 관점에서 보면 다른 광범위성 손상이 보다 중요하다.

TBI의 만성기에 관찰되는 광범위성 뇌손상에 관해 지난 몇십 년간 여러 논쟁이 있어 왔다. 그러나 최근에는 합의가 이루어졌는데 **광범위축삭손상**(diffuse axonal injury, DAI)이 둔기성 뇌외상(blunt TBI)에서 매우 흔하고 임상적으로 중요한 신경병리적 소견이라는 것이다. DAI는 외상성축삭손상(traumatic axonal injury)이라는 명칭으로도 불린다. 반면에 관통성(penetrating) TBI는 보통 광범위성 손상 없이 국소성 손상만 일으키기 때문에 DAI의 발생이 드물다. TBI에 따른 백색질 손상은 1956년 '대뇌백색질의 광범위한 퇴행(diffuse degeneration of the cerebral white matter)'으로 처음 보고되었다(Strich, 1956). 이후 TBI가 축삭과 말이집손상을 일으킨다는 것이 여러 임상 및 실험 연구에서 반복적으로 입증되었다(Oppenheimer, 1968; Adams et al., 1982; Gennarelli et al., 1982; Smith, Meaney, and Shull, 2003; Vannorsdall et al., 2010). 이러한 손상은 광범위하고 다중 초점적으로 나타나는데 뇌줄기, 뇌들보,

뇌반구 백색질을 포함한다. DAI에는 가속(acceleration)과 감속(deceleration)으로 인하여 백색질에 발생한 엇밀림힘(shearing force)의 생체역학(biomechanics)이 중요한 역할을 한다(Gennarelli et al., 1982). 특히 직선(linear or translational)운동에 비해 자동차 사고에서 일어나는 것과 같은 회전(rotational or angular)운동에서 더 자주 발생한다(Adams et al., 1982). 또한 가속과 감속으로 발생한 힘은 머리에 직접적 외부 충격이 없는 경우에도 DAI를 발생시킬 수 있다(Gennarelli et al., 1982). DAI의 미시적 특징으로는 세포뼈대(neuronal cytoskeleton) 손상, 이차적 축삭절단(axotomy)을 반영하는 수축공(retraction balls) 및 뇌혈관의 손상으로 인한 미세출혈(microhemorrhages)이 있다(Smith, Meaney, and Shull, 2003). 또한 손상과 관련된 세포독성(cytotoxic) 과정이 수일, 수주, 심지어는 수개월에 걸쳐 진행됨이 밝혀졌다. 이런 과정에는 세포내 나트륨과 칼슘의 과다 축적, 자유래디컬 형성(free radical formation) 및 염증성 세포질분열(inflammatory cytokines)로 인한 손상이 있다(Smith, Meaney, and Shull, 2003; Arciniegas et al., 2005). 그림 11.2는 DAI가 흔히 발생하는 부위를 개략적으로 표현한 것이다.

　　TBI의 임상적 평가의 문제 중 하나는 경한 유형의 진단이 불명확하다는 것이다. 중도 혹은 고도의 TBI는 임상적 및 신경방사선적 관찰에서 쉽게 진단되지만, 경증 TBI는 특히 외상 후 수일 내지 수주가 경과한 후에는 외적으로는 정상적으로 보이기 십상이다. 만약 TBI 발생에 대한 자세한 경과가 알려지지 않는 경우에는 증상이 심리적 혹은 다른 요인을 반영하는 것으로 생각되기 쉽다. CT와 MRI 기술이 많이 향상되었음에도 불구하고 거의 대부분의 경증 TBI는 관례적인 구조적 영상에서 어떤 비정상성도 관찰되지 않는다(Lee and Newberg, 2005). 기울기에코(gradient echo) MRI에서 가끔 DAI를 반영하는 백색질의 점출혈(petechial hemorrhages)이 나타나는 경우가 있지만 보다 많은 사례들에서는 나타나지 않는다. PET, SPECT, fMRI에 대한 관심이 높지만(Belanger et al., 2007) 이 영상들은 TBI의 진단에 잘 적용되기 어렵다. 예를 들어 SPECT 적용에 대한 철저한 분석은 매우 부적합하다는 결론을 내렸다(Wortzel et al., 2008). 보다 새로운 영상기술들 중에는 진화 중인 기법인 확산텐서영상(diffusion tensor imaging, DTI)이 TBI에 가장 유망하다. 이 기술은 백색질의 자세

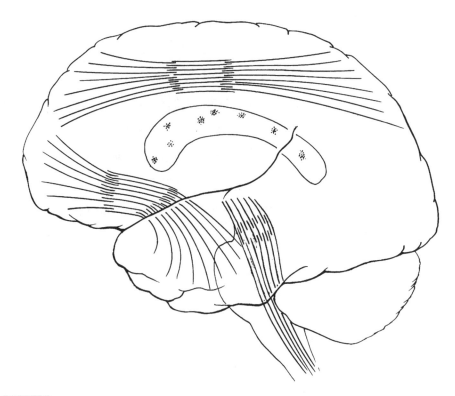

그림 11.2 광범위축삭손상(diffuse axonal injury)은 뇌줄기(brainstem), 뇌반구(cerebral hemispheres), 뇌들보(corpus callosum)의 백색질에서 많이 발생한다.

한 영상을 가능하게 한다(Kraus et al., 2007; Sidaros et al., 2008). DTI를 사용한 최근 연구는 경증 TBI에서 전두엽 백색질의 손상을 보고하였으며 이 손상은 관리기능(executive function)의 손상과 유의한 상관이 있었다(Lipton et al., 2009). 그러나 경증 TBI의 진단과 예후에는 임상적 진단이 아직도 가장 유용한 방법이다.

TBI 발생 후 의식상실기간(duration of unconsciousness)은 예후와 관련된 중요한 임상 지표이다(Gilchrist and Wilkinson, 1979). TBI로 인한 의식상실은 충격 직후에 발생하며 등가쪽 중간뇌와 다리뇌(dorsolateral midbrain and pons)의 DAI가 원인이다(Adams et al., 1982; Gennarelli et al., 1982). 중간뇌가 회전손상에 특히 취약하기 때문에 각성을 매개하는 뇌줄기의 상행그물활성계(ascending reticular activating system, ARAS)가 손상되기 쉽다(제3장 참조). 예상할 수 있겠지만, DAI로 인한 뇌줄

기 손상이 심할수록 의식상실기간이 길고 결과(outcome)가 나쁜 반면에 DAI로 인한 뇌줄기 손상이 경도일수록 결과가 좋다(Levin et al., 1988). DAI는 뇌반구 백색질도 심하게 손상시킬 수 있으며 TBI에 따른 PVS에서는 뇌줄기보다 뇌반구의 DAI가 더 심하다(Multi-Society Task Force on PVS, 1994). 그러므로 DAI는 경도에서 고도에 이르기까지 모든 TBI에서 발생하며 신경행동적 증상과 일관된 연관성을 보인다.

결과를 예언함에 있어서 다른 중요한 지표는 외상후기억상실증(post-traumatic amnesia, PTA)의 기간이다. 이 기간은 환자가 의식은 회복하였지만 새로운 정보의 학습은 불가능한 상태를 뜻한다. PTA 기간은 의식상실기간보다도 예후와의 상관성이 더 높은 임상 지표이다. 의식상실기간은 알 수 없거나 불확실한 경우가 많이 있는 반면에 PTA 기간은 환자가 병원에서 지속적으로 관찰되고 있는 상태이므로 보다 정확하게 측정될 수 있다. 그러므로 PTA 기간이 의식상실기간보다 임상적으로 더 유용한 지표일 수 있다. TBI 환자들의 연구는 PTA 기간이 길수록 인지적 후유증도 더 심함을 제시하였다(Brooks et al., 1980). PTA의 신경병리적 근원은 확실하지 않지만 기억기능에 중요한 역할을 하는 측두엽 및 둘레계(temporal and limbic systems)에 발생한 DAI가 원인일 수 있다.

고도(severe) TBI 환자의 장기적 회복기에서 특히 문제가 되는 것은 성격(personality)의 변화이다(Bleiberg, Cope, and Spector, 1989). 억제못함증(disinhibition), 무감동증(apathy) 및 처신(comportment) 퇴행이 흔히 발생하며, 의식상실기간과 유의한 상관을 보인다(Levin and Grossman, 1978). 이러한 행동장애들은 전두엽 손상에서 발생하는 결손들과 유사한 점에서(제10장 참조) 신경병리적 근원에 대한 고려가 흥미로울 수 있다. 전두엽에 가해진 타박상이 전두엽적 이상행동의 원인일 수 있지만 실제로는 DAI가 보다 중요한 역할을 하는 것으로 보인다. TBI의 만성기에서 DAI로 인한 뇌실 확장(ventricular enlargement)은 신경행동적 결과가 나쁜 것과 연관된다(Filley et al., 1987; Vannorsdall et al., 2010). DAI와 행동장애의 연관성은 전두-둘레 백색질 연결이 손상된 것을 반영할 수 있다. 우리는 제12장에서 대뇌백색질의 신경행동적 중요성에 관해 더 논의할 기회를 가질 것이다.

경도머리손상(mild head injury)이 상당한 고통과 장애의 원천일 수 있다는 점이 최근에 많은 주목을 받게 되었다(Alexander, 1995; McAllister and Arciniegas, 2002; Randolph et al., 2009). 경도머리손상(mild head injury) 혹은 경증머리손상(minor head injury)의 정확한 정의가 어려운 점은 이 분야의 발달에 상당한 저해 요인으로 작용하여 왔다. 그러나 사소하게 보이는 머리손상에서도 상당히 심각한 신경행동적 장애가 발생할 수 있는 점은 오래전부터 인지되어 왔다(Rimel et al., 1981). 보다 엄밀한 용어인 뇌진탕(concussion)은 전통적으로 머리에 가해진 충격으로 인한 의식상실로 정의되어 왔다(Geisler and Greenberg, 1990). 그러나 TBI가 반드시 의식상실을 동반하는 것은 아니며 혼돈(confusion)이나 기억상실증(amnesia)만 나타날 수도 있다(Fisher, 1966; Kelly et al., 1991; Kelly, 1999). 이는 심부 중간선(deep midline)에 있는 각성계(ARAS)의 손상 없이 뇌표면에 보다 가까운 부위들이 손상될 수 있음을 제시한다. 실제로 동물 실험의 결과는 TBI가 뇌줄기를 손상시키기에 앞서 뇌의 가장 바깥영역을 손상시킴을 입증한다(Ommaya and Gennarelli, 1974). 그러므로 **뇌진탕** (concussion)의 보다 적절한 정의는 '외상으로 유발된 정신상태의 변화(traumatically induced alteration in mental status)'이다(Kelly et al., 1991; Kelly, 1999). 이러한 뇌진탕 정의는 모든 수준의 경도두부손상을 포괄할 수 있으며 관련된 효과를 임상적 및 이론적으로 고려하기 위한 확실한 토대를 제공한다.

뇌진탕은 전통적인 관점에서는 가역적이며 장기적 후유증이 없는 것으로 개념화되었다. 그러나 최근에는 **뇌진탕후증후군**(postconcussion syndrome, PCS)으로 지속적 두통, 부주의, 기억손상, 피로, 어지럼증, 불면증, 불안 및 우울증이 발생할 수 있음이 분명히 밝혀졌다. 대부분의 PCS 환자는 빠르고 완전한 회복을 보이지만(Alexander, 1995) 일부는 손상 후 수주나 수개월 혹은 그 이상까지도 어려움을 겪는다. PCS를 단일한 존재로 보는 것은 유용한 접근이 아니다(McAllister and Arciniegas, 2002). 심인성(psychogenic) 및 법률적 문제들도 기여할 수 있으며 PCS의 기간이 매우 긴 경우에는 특히 그렇다. 그러나 고도 TBI와 마찬가지로 뇌진탕에서도 가장 일관되게 나타나는 손상은 DAI이다(Alexander, 1995; Smith, Meaney, and Shull, 2003). 뇌진탕 후 곧 사망하는 사람들은 거의 없으므로 부검 사례는 드물지만 일부 행해진 부검 결과(Oppenheimer, 1968; Bigler, 2004)와 동물 연구의 결과(Ommaya and Gennarelli, 1974; Povlishock, 1992)는 DAI가 주요 손상임을 제시한다. 뇌진탕과 고도 TBI 간에는 DAI라는 신경병리적 공통점 외에 임상적 증상에서도 질적인 공통점이 있다. 즉, 두 질환 모두에서 심부 뇌줄기와 뇌반구의 백색질 손상이 각성, 주의, 집중력, 기분에서 지속적인 문제를 일으킨다(Alexander, 1995). 그러므로 DAI는 모든 TBI의 공통분모이다. 외상의 정도는 증상의 양적 심도를 결정하지만 질적 특징을 바꾸지는 않는다(Alexander, 1995).

앞서 언급하였듯이 중동에서의 최근 전쟁은 TBI에 새로운 유형의 광범위성 손상을 첨가하였다. **폭발손상**(blast injury)은 근처에서의 폭발로 인하여 갑작스럽게 파열한 뜨거운 공기 및 섞여 있는 파편/유탄과 접촉했을 때 발생하는 TBI 유형이다(Ling et al., 2009). 갑작스러운 고압이 머리에 충격을 주며 머리뼈 내의 모든 내용물이 비교적 균등하게 손상을 입는 것으로 보인다. 이러한 가설을 지지하는 증거 중 하나는 거미막밑출혈(subarachnoid hemorrhage)이 빈번한 것으로 혈관계와 신경계가 모두 손상을 받았음을 시사한다(Ling et al., 2009). 그러나 관련된 실험 및 신경병리적 연구 결과가 아직 없기 때문에 폭발손상의 병태생리는 아직 알려져 있지 않다. 폭발손상이 표준적인 TBI와 상당히 다른 존재인지의 여부는 아직 결정되지 못했지만(Ling et al., 2009), 두 질환 모두 뇌를 광범위하게 손상시키는 점은 확실하다. 보다 많은 자료가 축적되기까지는 두 질환이 유사하다고 가정하는 것이 임상적 관점에서 적절하다.

광범위성 손상의 다른 주요 범주는 **저산소-허혈손상**(hypoxic-ischemic injury)이다(Alexander, 1982). 많은 TBI 사례들에서 전신성 손상(systemic injury)이 저산소증이나 저혈압과 같은 합병증을 일으킨다. 이러한 손상은 고도 TBI의 약 90%에서 발생하며 산소 의존적 부위들, 예를 들어 해마, 바닥핵(basal ganglia), 대뇌피질에 주요 영향을 준다(Graham, Adams, and Doyle, 1978). 피질의 집수영역(watershed area)은 저산소-허혈손상에 특히 취약한 부위이다. 일반적으로 저산소-허혈손상이 동반되는 경우 TBI의 예후가 나쁘고, 고도(severe) 치매, MCS, 혹은 PVS로 이어질 수 있다(Graham et al., 1983; Giacino et al., 2002; Multi-society Task Force on PVS, 1994).

마지막으로 고려할 광범위성 손상 범주는 **만성외상뇌병증**(chronic traumatic

encephalopathy, CTE)이다. 이 증상은 반복적으로 치사에 가까운 TBI에 노출된 운동선수들에서 발생한다(McKee et al., 2009). 스포츠 뇌진탕은 최근에 많은 주목을 받았는데 미국에서는 연간 30만 명의 TBI 사례들이 스포츠와 여가활동 중에 발생하는 것으로 추정된다(Kelly, 1999). 권투는 TBI가 가장 빈번히 발생하는 스포츠이지만 신체 접촉이 있는 다른 종목의 운동선수들에서도 CTE의 발생이 관찰된 바 있다. 권투는 목표 자체가 TBI의 산출이기 때문에 다른 어떤 종목보다도 CTE의 위험이 가장 높다. CTE는 과거 1930년대에 사용하였던 **권투선수치매**(dementia pugilistica)라는 용어를 상기시킨다(Millspaugh, 1937). 이 용어는 당시 펀치중독뇌병증(punch drunk encephalopathy)이라는 다소 조롱적인 용어의 대안으로 사용되었다(Martland, 1928). 이 증후군은 권투선수들에서 발생하는 치매 질환으로 치매, 파킨슨증(parkinsonism), 조화운동못함증(ataxia)이 특징이다(Martland, 1928; Millspaugh, 1937). 이러한 특징은 CTE에서 나타나는 치매, 파킨슨증, 말하기장애(speech disorder), 걸음장애와 매우 유사하다. 권투선수들에 대한 신경심리평가는 현역(Drew et al., 1986) 및 은퇴한 권투선수(Casson, Siegel, and Sham, 1984) 모두에서 분명한 인지기능 결손을 보고하였다. 그러므로 뇌손상은 선수 경력 초기에 이미 시작되는 것으로 보인다(Unterharnscheidt, 1970). 인지기능의 결손 정도는 권투선수로 활동한 기간 및 펀치를 맞은 회수와 관련성을 보였다(Unterharnscheidt, 1970). 권투선수들의 전산화단층촬영(CT)에서는 뇌위축(brain atrophy)이 흔히 나타나며 투명사이막공간(cavum septum pellucidum)도 가끔 발견된다(Casson et al., 1982). 투명사이막공간은 좌우 측뇌실(lateral ventricle)을 분리하는 투명사이막 안에 물이 차 있는 공간이 발생한 것을 지칭한다.

CTE와 권투선수치매의 신경병리적 연구들은 광범위성 뇌위축 및 신경섬유매듭(neurofibrillary tangles)을 보고하였다. 신경섬유매듭은 신피질, 해마, 둘레계, 흑색질, 백색질, 뇌줄기와 소뇌에 광범위하게 분포하였다. 반면에 신경판(neuritic plaques)은 거의 관찰되지 않았다(Corsellis, Bruton, and Freeman-Browne, 1973; McKee et al., 2009). 이러한 신경병리적 변화는 관찰된 인지적 및 운동적 증상들과 잘 일치한다. 신경섬유매듭이 발견되는 점은 TBI가 알츠하이머병(Alzheimer's disease, AD; 제12장 참조)의 위험 요인일 가능성을 제시하였다. 실제로 아포지질단백질 ε4(apolipoprotein ε4, APOE4) 맞섬유전자(allele)와 TBI가 AD의 발생에 상승작용을 일으킨다는 역학적 증거는 이러한 가능성을 지지한다(Mayeux et al., 1993; Mauri et al., 2006). 그러나 CTE와 권투선수치매에서 신경판이 드문 점은 AD의 신경병리와는 확연히 차별화되며, 타우병리(tau pathology)가 권투 또는 다른 장면에서 반복적으로 TBI를 입은 결과임을 제시한다(Corsellis, Bruton, and Freeman-Browne, 1973; McKee et al., 2009). CTE에는 축삭손상이 존재하며, 백색질에 타우단백질이 축적되는 것은 축삭손상에서 오는 변화라고 추정된다(McKee et al., 2009). 이는 DAI가 CTE의 발병기전에 기여하는 요인들 중 하나라는 가설과 일치한다. 종합하면 생애 초기의 TBI는 후에 두 종류의 진행성 치매에 대한 위험 요인이 된다. 하나는 CTE의 타우병리이고, 다른 하나는 APOE4 맞섬유전자를 가진 개인들에서 나타나는 전형적 AD이다.

그러므로 권투 경기 및 다른 신체접촉 경기가 영구적 뇌손상을 일으킬 수 있다는 결론은 불가피하다. 권투 경기에서 녹아웃(knockout)은 즉각적인 혼수상태를 만들기에 충분한 힘으로 타격을 받는 것이다. 그런데 의식상실을 시키지 않을 정도의 타격도 반복적으로 받으면 영구적 뇌손상을 일으킨다(Lampert and Hardman, 1984). 예방적 관점에서 보면, 권투 선수의 기술이 높거나(Casson, Siegel, and Sham, 1984) 의학적 감시나 안전 조치가 시행되어도(Drew et al., 1986) 인지기능의 저하를 예방할 수 없다는 점은 주목할 만하다. 그러므로 소위 '고품격 자기방어술(noble art of self-defense)'이라는 권투는 상대방의 뇌에 고의적으로 손상을 입히는 것을 공식적으로 허가하는 것과 같다. 권투 경기만 아니라면 우리 사회는 이러한 손상을 입히는 행위를 철저하게 금지시켰을 것이다. 다른 신체접촉 스포츠들도 TBI의 위험을 상당히 높인다. 이런 스포츠의 목적이 뇌손상을 입히는 것은 아니지만, 심한 신경행동장애, 심지어는 사망의 위험(Kelly et al., 1991)을 안고 있다는 것은 경각심을 불러일으킨다. 그러므로 신체접촉 스포츠가 대단히 파괴적인 급성 및 만성 신경학적 효과의 위험 요인임은 분명한 사실이다. 현재 신체접촉 스포츠의 안전 기준이 재고되고 있으며, 운동선수에서 TBI의 효과적 예방에 관한 관심도 증가하고 있다(Kelly, 1999).

참고문헌

Adams, J. H., Doyle, D., Graham, D. I., et al. Deep intracerebral (basal ganglia) hematomas in fatal non-missile head injury in man. *J Neurol Neurosurg Psychiatry* 1986; 49: 1039-1043.

Adams, J. H., Graham, D. I., Murray, L. S., and Scott, G. Diffuse axonal injury due to non-missile head injury: an analysis of 45 cases. *Ann Neurol* 1982; 12: 557-563.

Adams, J. H., Scott, G., Parker, L. S., et al. The contusion index: a quantitative approach to cerebral contusions in head injury. *Neuropathol Appl Neurobiol* 1980; 6: 319-324.

Alexander, M. P. Mild traumatic brain injury: pathophysiology, natural history, and clinical imanagement. *Neurology* 1995; 45: 1252-1260.

_____ . Traumatic brain injury. In: Benson D. F., and Blumer, D., eds. *Psychiatric Aspects of Neurologic Disease*. Vol. 2. New York: Grune and Stratton; 1982: 219-248.

Arciniegas, D. B., Anderson, C. A., Topkoff, J., and McAllister, T. W. Mild traumatic brain injury: a neuropsychiatric approach to diagnosis, evaluation, and treatment. *Neuropsychiatric Dis Treat* 2005; 1: 311-327.

Auerbach, S. H. The pathophysiology of traumatic brain injury. In: Horn, L. J., and Cope, D. N., eds. *Traumatic Brain Injury*. Philadelphia: Hanley and Belfus; 1989: 1-11.

Belanger, H. G., Vanderploeg, R. D., Curtiss, G., and Warden, D. L. Recent neuroimaging techniques in mild traumatic brain injury. *J Neuropsychiatry Clin Neurosci* 2007; 19: 5-20.

Bigler, E. D. Neuropsychological results and neuropathological findings at autopsy in a case of mild traumatic brain injury. *J Int Neuropsychol Soc* 2004; 10: 794-806.

Bleiberg, J., Cope, D. N., and Spector, J. Cognitive assessment and therapy in traumatic brain injury. In: Horn, L. J., and Cope, D. N., eds. *Traumatic Brain Injury*. Philadelphia: Hanley and Belfus; 1989: 95-121.

Blumer, D., and Benson, D. F. Personality changes with frontal and temporal lobe lesions. In: Benson, D. F., and Blumer, D., eds. *Psychiatric Aspects of Neurologic Disease*. Vol. 1. New York: Grune and Stratton; 1975: 151-169.

Brooks, D. N., Aughton, M. E., Bond, M. R., et al. Cognitive sequelae in relationship to early indices of severity of brain damage after severe blunt head injury. *J Neurol Neurosurg Psychiatry* 1980; 43: 529-534.

Bruce, D. A., Alavi, A., Bilaniuk, L., et al. Diffuse cerebral swelling following head injuries in children: the syndrome of "malignant brain edema." *J Neurosurg* 1981; 54: 170-178.

Casson, I. R., Sham, R., Campbell, E. A., et al. Neurological and CT evaluation of knocked-out boxers. *J Neurol Neurosurg Psychiatry* 1982; 45: 170-174.

Casson, I. R., Siegel, O., and Sham, R. Brain damage in modern boxers. *J Am Med Assoc* 1984; 251:

2663-2667.

Corrigan, J. D., Selassie, A. W., and Orman, J. A. The epidemiology of traumatic brain injury. *J Head Trauma Rehabil* 2010; 25: 72-80.

Corsellis, J.A.N., Bruton, C. J., and Freeman-Browne, D. The aftermath of boxing. *Psychol Med* 1973; 3: 270-303.

Courville, C. B. *Pathology of the Central Nervous System.* Mountain View, CA: Pacific; 1937.

Drew, R. H., Templer, D. I., Schuyler, B. A., et al. Neuropsychological deficits in active licensed professional boxers. *J Clin Psychol* 1986; 42: 520-525.

Filley, C. M., Cranberg, L. D., Alexander, M. P., and Hart, E. J. Neurobehavioral outcom after closed head injury in childhood and adolescence. *Arch Neurol* 1987; 44: 194-198.

Fisher, C. M. Concussion amnesia. *Neurology* 1966; 16: 826-830.

Fishman, R. A. Brain edema. *N Engl J Med* 1975; 293: 706-711.

Geisler, F. H., and Greenberg, J. Management of the acute head injury patient. In: Salcman, M., ed. *Neurologic Emergencies.* 2nd ed. New York: Raven Press; 1990: 135-165.

Gennarelli, T. A., Thibault, L. E., Adams, J. H., et al. Diffuse axonal injury and traumatic coma in the primate. *Ann Neurol* 1982; 12: 564-574.

Giacino, J. T., Ashwal, S., Childs, N., et al. The minimally conscious state: definition and diagnostic criteria. *Neurology* 2002; 58: 349-353.

Gilchrist, E., and Wilkinson, M. Some factors determining prognosis in young people with severe head injuries. *Arch Neurol* 1979; 36: 355-359.

Goldstein, M. Traumatic brain injury: a silent epidemic. *Ann Neurol* 1990; 27: 327.

Graham, D. I., Adams, J. H., and Doyle, D. Ischemic brain damage in fatal non-missile head injuries. *J Neurol Sci* 1978; 39: 213-234.

Graham, D. I., McClellan, D., Adams, J. H., et al. The neuropathology of severe disability after head injury. *Acta Neurochir* (Suppl) 1983; 32: 65-67.

Kelly, J. P. Traumatic brain injury and concussion in sports. *J Am Med Assoc* 1999; 282: 989-991.

Kelly, J. P., Nichols, J. S., Filley, C. M., et al. Concussion in sports: guidelines for the prevention of catastrophic outcome. *J Am Med Assoc* 1991; 266: 2867-2869.

Kraus, M. F., Susmaras, T., Caughlin, B. P., et al. White matter injury and cognition in chronic traumatic brain injury: a diffusion tensor imaging study. *Brain* 2007; 130: 2508-2519.

Lampert, P. W., and Hardman, J. M. Morphological changes in brains of boxers. *J Am Med Assoc* 1984; 251: 2676-2679.

Lee, B., and Newberg, A. Neuroimaging in traumatic brain injury. *NeuroRx* 2005; 2: 372-383.

Levin, H. S. Neurobehavioral recovery. *J Neurotrauma* 1992; 9: S359-S373.

Levin, H. S., and Grossman, R. G. Behavioral sequelae of closed head injury. *Arch Neurol* 1978; 35:

720-727.

Levin, H. S., Williams, D., Crofford, M. J., et al. Relationship of depth of brain lesions to consciousness and outcome after closed head injury. *J Neurosurg* 1988; 69: 861-866.

Ling, G., Bandak, F., Armonda, R., et al. Explosive blast neurotrauma. *J Neurotrauma* 2009; 26: 815-825.

Lipton, M. L., Gulko, E., Zimmerman, M. E., et al. Diffusion-tensor imaging implicates prefrontal axonal injury in executive function impairment following very mild traumatic brain injury. *Radiology* 2009; 252: 816-824.

Martland, H. S. Punch drunk. *J Am Med Assoc* 1928; 91: 1103-1107.

Mauri, M., Sinforian, E., Bono, G., et al. Interaction between apolipoprotein epsilon 4 and traumatic brain injury in patients with Alzheimer's disease and mild cognitive impairment. *Funct Neurol* 2006; 21: 223-228.

Mayeux, R., Ottman, R., Tang M.-X., et al. Genetic susceptibility and head injury as risk factors for Alzheimer's disease among community-dwelling elderly persons and their first-degree relatives. *Ann Neurol* 1993; 33: 494-501.

McAllister, T. W., and Arciniegas, D. Evaluation and treatment of postconcussive symptoms. *NeuroRehabilitation* 2002; 17: 265-283.

McKee, A. C., Cantu, R. C., Nowinski, C. J., et al. Chronic traumatic encephalopathy in athletes: progressive tauopathy after repetitive head injury. *J Neuropathol Exp Neurol* 2009; 68: 709-735.

Millspaugh, J. A. Dementia pugilistica (punch drunk). *US Nav Med Bull* 1937; 35: 297-303.

Multi-Society Task Force on PVS. Medical aspects of the persistent vegetative state. *N Engl J Med* 1994; 330: 1499-1508, 1572-1579.

Ommaya, A. K., and Gennarelli, T. A. Cerebral concussion and traumatic unconsciousness. *Brain* 1974; 97: 633-654.

Oppenheimer, D. R. Microscopic lesions in the brain following head injury. *J Neurol Neurosurg Psychiatry* 1968; 31: 299-306.

Povlishock, J. T. Traumatically induced axonal injury: pathogenesis and pathobiological implications. *Brain Pathol* 1992; 2: 1-12.

Randolph, C., Millis, S., Barr, W. B., et al. Concussion symptom inventory: an empirically derived scale for monitoring resolution of symptoms following sport-related concussion. *Arch Clin Neuropsychol* 2009; 24: 219-229.

Rimel, R. W., Giordani, B., Barth, J. T., et al. Disability caused by minor head injury. *Neurosurgery* 1981; 9: 221-228.

Sidaros, A., Engberg, A. W., Sidaros, K., et al. Diffusion tensor imaging during recovery from severe traumatic brain injury and relation to clinical outcome: a longitudinal study. *Brain* 2008; 131:

559-572.

Smith, D. H., Meaney, D. A., and Shull, W. H. Diffuse axonal injury in head trauma. *J Head Trauma Rehabil* 2003; 18: 307-316.

Strich, S. J. Diffuse degeneration of the cerebral white matter in severe dementia following head injury. *J Neurol Neurosurg Psychiatry* 1956; 19: 163-185.

Unterharnscheidt, F. About boxing: review of historical and medical aspects. *Texas Rep Biol Med* 1970; 28: 421-495.

Vannorsdall, T. D., Cascella, N. G., Rao, V., et al. A morphometric analysis of neuroanatomic abnormalities in traumatic brain injury. *J Neuropsychiatry Clin Neurosci* 2010; 22: 173-181.

Wortzel, H. S., Filley, C. M., Anderson, C. A., et al. Forensic applications of cerebral single photon emission computed tomography in mild traumatic brain injury. *J Am Acad Psychiatry Law* 2008; 36: 310-322.

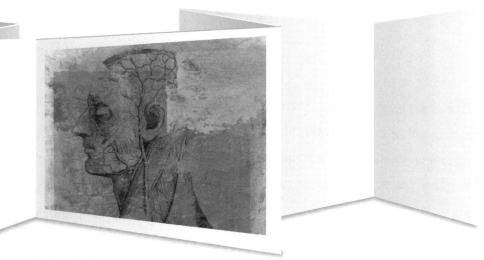

제12장

치매

이 책의 전반부에서는 인지와 정서를 표상(representation)하는 뇌 부위에 발생한 국소성(focal) 손상과 관련된 신경행동 증후군들(neurobehavioral syndromes)을 주로 살펴보았다. 바로 앞 장에서는 국소성 손상 및 광범위성(diffuse) 손상을 모두 포함하는 병변인 뇌외상과 관련된 신경행동 증후군들을 논의하였다. 이 책의 마지막인 이 장에서는 정의 자체가 광범위성 뇌손상을 의미하는 신경행동 증후군을 살펴볼 것이다. 다시 말해 점점 위협적인 질환으로 부상하고 있는 치매(dementia)에 관해 살펴볼 것이다. 각성과 주의장애와는 대조적으로 치매는 의식 수준이나 주의에서는 심각한 변화가 없다. 국소성 신경행동 증후군과는 달리, 치매는 광범위성 및 다중 초점적 뇌손상이 전형적이다. 치매증상의 한 요소로 국소성 증후군이 흔하게 나타나지만 치매 진단에는 단일한 증후군이 아니라 여러 증후군들의 복합적 출현이 요구된다. 치매는 지속적 신경행동 증후군들 중 발생률이 단연 수위이며, 연령과 관련되고,

대부분 역전 불가능한 질환이다. 산업화된 국가에서 인구의 고령화에 따라 치매의 유병률이 급격히 늘고 있는 점에서도 이 증후군은 특별한 중요성을 갖는다. 알츠하이머병(Alzheimer's disease, AD)은 치매 중 발생률이 단연 수위이고 전 세계적으로 노인의 건강을 위협하는 주요 질환이다(Katzman, 1976; Cummings, 2004).

아마도 행동신경학자들(behavioral neurologists)이 임상에서 가장 많이 접하는 환자들의 호소는 기억감퇴(memory loss)일 것이다. 경험 있는 임상가라면 이러한 불평이 사실 다양한 인지적 문제들에 대한 표현임을 알 것이다. 그러나 환자들이 보통 기억문제라고 말하기 때문에 임상가는 문제의 실제 본질이 무엇인지를 정확히 평가해서 진단 및 치료에 임해야 한다. 사실 노인들이 자신의 기억력을 걱정하는 것은 매우 흔한 일이기 때문에 기억감퇴가 어느 정도 실체가 있는 것인지는 분명하지 않다. 기억감퇴가 치매의 시작일 수 있다는 상식이 잘 알려져 있기 때문에 노인들은 자신의 기억실수(lapses in memory)에 관해 걱정하기 쉽다. 그러나 기억실수는 단지 정상적 노화에서 발생하는 기억(Cullum et al., 1990) 혹은 지속적 주의(Filley and Cullum, 1994)의 미세한 저하를 반영하는 것일 수 있다. 일반적으로 사회적 및 직업적 활동에 방해를 초래할 정도의 기억장애는 임상적으로 중요하지만, 다소 불편하더라도 보상전략으로 보완할 수 있는 건망증은 그다지 중요하지 않다. 임상적 평가와 신경심리검사가 이 두 범주의 변별에 도움을 줄 수 있다. 만약 치매의 초기임이 의심되거나 인지장애를 일으킨 원인이 역전가능해서 치료한 경우라면, 환자를 안심시키고 추적(follow-up) 조사하는 것이 바람직하다. 치매는 보통 진행적이기 때문에 시일이 지나면 보다 분명한 진단이 가능하다. 우울증과 치매의 변별도 초기 시점의 진단에서 중요하게 고려되어야 할 사항이다(아래 논의 참조).

전통적으로 정상적 노화와 치매는 이분법적으로 접근되어 왔다. 그러므로 만약 기억문제를 호소하는 노인이 있다면 정상이거나 치매이거나 둘 중의 하나로 분류하였다. **양성노인건망증**(benign senescent forgetfulness; Kral, 1962) 혹은 **연령관련기억장애**(age-associated memory impairment, AAMI; Crook et al., 1986)의 용어는 정상 노인의 인지적 변화를 치매 노인의 인지적 변화와 차별화하기 위해 제시된 개념이었다. 이 개념들은 노인에서 경중의 기억저하가 실제로 일어나고 불편을 초래하지만 뇌장애를 신호하지는 않음을 제시한다. 이 용어들은 정상 노인을 안심시키는 데 사용할 수 있는 점에서 임상적 유용성을 갖는다. 자기 연령에서 정상 수준의 인지기능을 보이는 노인들도 기억감퇴에 대한 걱정을 많이 할 수 있다. 자신의 부모가 진행성 치매로 고통받다가 사망하는 것을 지켜본 사례들에서는 이런 걱정이 더욱 심하다. 그러므로 이러한 노인들의 걱정을 덜어주는 것은 임상적으로 중요하다.

그러나 노화 및 치매 분야의 지식이 증가함에 따라 노년기의 기억 및 인지적 변화가 보다 다양한 양상을 보인다는 점이 부각되었다. **경도인지장애**(mild cognitive impairment, MCI)는 정상적 노화와 치매(특히 AD)의 중간 단계를 기술하는 개념으로 1990년대 후반에 도입되었다(Petersen et al., 1999). MCI의 정의적 특징으로는 기억문제의 호소, 정상적인 일상생활, 정상적인 일반 인지기능, 연령과 교육 수준에 비해 비정상적으로 낮은 기억, 치매 없음이 제안되었다(Petersen et al., 1999; 표 12.1 참조). 이후 MCI의 개념은 점차 보편적으로 수용되었다. 65세 이상의 노인들 중 MCI로 진단되는 경우 매년 10~15%가 AD로 이환하는 반면에 MCI로 진단되지 않는 경우는 매년 1~2%만 AD로 이환한다(Petersen and Negash, 2008). MCI로 진단되는 사람들 중 상당수가 실제로 AD 병리를 가지고 있지만, 약 반수에서는 다른 유형의 신경병리를 가진다(Schneider et al., 2009). 상황은 좀 더 복잡할 수 있는데 MCI 중 약 20%는 AD 이외의 치매로 이환하며, 일부(약 5%)는 얼마의 시간이 지난 후 다시 정상 수준의 인지를 회복한다(Petersen and Negash, 2008). 이러한 점들은 MCI를 기억상실(amnestic) MCI와 비기억상실(non-amnestic) MCI로 구분하는 접근의 근거가 되었다(Petersen and Negash, 2008). 기억상실 MCI는 AD로 이환될 가능성이 높은 유형이고 비기억상실 MCI는 다른 치매로 이환될 가능성이 높은 유형이다. 이 주제는 현재 활발한 연구가 진행 중이며 아직 많은 부분이 불확실하게 남아 있다. 그러나 일반적으로 MCI의 개념은 노년에서의 인지변화가 정상 수준에서 MCI를 거쳐 여러 유형의 치매에 이르기까지 매우 다양하다는 점을 강조하는 데 기여하였다. 그러나 현재 MCI의 효과적 치료법은 없는 상태이다. 콜린에스터레이스 억제제(cholinesterase inhibitors)는 AD 치료에 처음으로 공인된 약물이지만 효과 면에서 성공적이지 못했다(Petersen and Negash, 2008). 그러므로 현재 MCI 개념의 유용성은 치매로 발전할

표 12.1	경도인지장애의 임상적 특징

기억증상 호소(memory complaint) : 친지가 확인해 주면 더 확실함
정상적인 일상생활(normal activities of daily living)
정상적인 일반인지기능(normal general cognitive function)
연령과 교육 수준에 비해 낮은 기억력(abnormal memory for age and education)
치매 없음(no dementia)

출전 : Petersen et al., 1999, p.304

가능성이 있음을 알려주는 경고 지표로서의 역할에 있다.

치매(dementia; 라틴어 de+mens)는 간단히 정의하면 뇌기능이상으로 정신기능이 손상된 상태이다. 그러므로 치매는 전에 안정적 수준이었던 정신기능이 감퇴했다는 의미를 함축한다. 그러나 보다 엄격한 의학적 정의도 제안되었다. 정신의학에서 영향력이 큰 **DSM-IV**(Diagnostic and Statistical Manual of Mental Disorders-IV)는 다수의 인지영역에 결손이 있으며, 이러한 결손이 정상적인 사회 및 직업생활을 방해하는 수준인 상태로 규정하고 있다(American Psychiatric Association, 1994). DSM-IV의 진단 기준은 행동신경학자들의 영향을 많이 받았는데, 이들은 결손이 있는 인지영역의 확인 및 신경해부적 기반을 함축적으로 강조하였다. 그러나 DSM-IV의 진단 기준에서는 결손을 보이는 인지영역들 중에 기억기능이 반드시 포함되어야 한다. 이러한 진단기준은 전두측두치매(frontotemporal dementia, 아래 참조)와 같이 기억기능의 결손이 없는 질환들을 배제시키는 문제점이 있다. 그러므로 **치매**(dementia)의 보다 유용한 정의를 내려 보면, 기억, 언어, 시공간지각, 행위기능(praxis), 계산, 개념적 혹은 의미적 지식, 관리기능(executive function), 성격 혹은 사회적 행동, 정서적 자각 혹은 표현의 9가지 영역들 중 3개 이상에서 후천적이고 지속적인 결손이 있는 상태이다(Mendez and Cummings, 2003). 이러한 9가지 영역들은 모두 정신상태검사에서 평가되며(제2장 참조), 종합적 신경행동 평가를 통해 결손을 확인할 수 있다.

전통적으로 치매는 대뇌피질(cerebral cortex)의 광범위성 손상으로 발생한다고 생각되었다. 그러므로 고위피질 기능(higher cortical function)의 방해가 이 증후군에서 나타나는 각종 인지나 정서기능의 결손을 설명하는 유일한 개념이었다. 인간행동

에 관련된 신경 활동 중 많은 부분이 신피질과 해마에서 일어나는 것은 의심할 수 없는 사실이다. 그러나 피질밑 부위들, 즉 시상(thalamus), 바닥핵(basal ganglia), 대뇌 백색질도 인간행동에 기여한다는 것 또한 자명한 사실이다. 그러므로 이 장은 치매와 관련된 광범위성 뇌손상이 피질을 포함하지만 거기에 국한되지는 않음을 강조한다. 뇌는 통합된 하나로 작동하여 다양한 행동들을 만들어내므로, 치매는 피질 구조의 손상뿐 아니라 피질밑 구조(subcortical structures)의 손상에서도 발생할 수 있으며 양자의 조합으로도 발생할 수 있다. 치매의 증후군들은 이 책에서 강조한 개념 중의 하나인 각 인지 및 정서기능과 관련된 분산신경망(distributed neural networks)의 중요성을 잘 보여준다. 치매 증후군들은 분산된 신경회로에서 각 부분의 손상이 어떤 증후군들을 발생시키는지를 예시할 뿐 아니라 여러 증후군들이 모여서 전체적으로 어떤 임상적 양상이 나타나는지를 보여준다.

치매를 일으키는 병인들의 목록은 매우 길며 새로운 병인들이 발견되어 계속 추가되고 있다. 이 장의 신경행동 증후군 논의는 손상 위치를 강조하였다. 이러한 강조를 반영하여 치매를 원발적(primary) 손상 부위를 기준으로 분류한 체계가 표 12.2에 제시되어 있다. 점차 축적된 많은 정보들이 치매의 병인에서 피질밑 회색질(subcortical gray matter) 질환들의 중요성을 강조하였다(Cummings and Benson, 1984; Bonelli and Cummings, 2008). 또한 대뇌 백색질의 질환들이 치매의 중요한 병인이라는 점도 제시되었다(Filley et al., 1988; Filley, 1998, 2001). 또 다른 일련의 치매는 뇌의 여러 부위들에 발생한 다양한 신경병리적 손상을 반영하는 점에서 혼합 치매를 구성한다. 피질 치매, 피질밑 치매, 백색질 치매, 혼합 치매의 구분은 이 장에서 뇌-행동 관계를 논하는 근간이 될 것이다. 치매의 다른 임상적 및 기초적 측면에 관한 논의는 다른 책들(Mendez and Cummings, 2003; Ropper and Samuels, 2009)을 참고하기 바란다.

원발적 손상 부위가 기준인 치매 분류 체계는 이 장의 목적을 위해서 가장 유용하다. 그러나 치매를 역전가능(reversible) 치매와 역전불가능(irreversible) 치매로 분류할 수 있음도 임상가들은 상기할 필요가 있다. 다음에서 논의하는 모든 치매들을 이러한 분류 체계에서 논할 수도 있다. 임상적으로 매우 중요한 점은 역전가능 치매

표 12.2 치매의 분류와 병인들

분류	병인
피질 치매 (cortical dementia)	알츠하이머병(Alzheimer's disease) 전두측두엽 퇴행(frontotemporal lobar degeneration) 　전두측두치매(frontotemporal dementia) 　진행성비유창실어증(progressive nonfluent aphasia) 　의미치매(semantic dementia)
피질밑 치매 (subcortical dementia)	헌팅턴병(Huntington's disease) 파킨슨병(Parkinson's disease) 진행성핵상마비(progressive supranuclear palsy) 윌슨병(Wilson's disease) 만성독성및대사장애(chronic toxic and metabolic disorders) 우울증(depression)
백색질 치매 (white matter dementia)	이염색백색질장애(metachromatic leukodystrophy) 다발성경화증(multiple sclerosis) 인간면역결핍바이러스-연관치매(HIV-associated dementia) 전신홍반루프스(systemic lupus erythematosus) 톨루엔백색질뇌병증(toluene leukoencephalopathy) 코발라민결핍(cobalamin deficiency) 빈스방거병(Binswanger's disease) 뇌외상(traumatic brain injury) 신경아교종(gliomas) 정상압물뇌증(normal pressure hydrocephalus)
혼합 치매 (mixed dementia)	다발경색치매(multi-infarct dementia) 크로이츠펠트-야콥병(Creutzfeldt-Jakob disease) 루이소체 치매(dementia with Lewy bodies) 피질바닥핵퇴행(corticobasal degeneration) 신경매독(neurosyphilis) 경막밑혈종(subdural hematoma) 수막종(meningioma) 저산소증-허혈(hypoxia-ischemia)

를 최대한 빨리 탐지할수록 치료 효과도 그만큼 높아진다는 점이다. 치매의 평가와 치료에 관한 자세한 논의 역시 다른 책들(Mendez and Cummings, 2003; Ropper and Samuels, 2009)을 참고하기 바란다.

표 12.2에 제시된 치매 분류 체계가 유용하긴 하지만 여러 논쟁이 되는 측면도 있다. 피질밑 치매(subcortical dementia)의 개념은 약 30년 전에 진행성핵상마비 (progressive supranuclear palsy, PSP; Albert, Feldman, and Willis, 1974)와 헌팅턴 병(Huntington's disease, HD; McHugh and Folstein, 1975)에서 나타나는 치매증상을 특징짓는 개념으로 처음 제안되었다. 그러나 이 개념은 피질밑 치매가 임상적으로 어떤 차별화된 특징을 갖는지 불분명한 점 및 피질질환과 피질밑 질환에서 신경병리가 있는 곳이 상당히 중첩된다는 점에서 도전을 받았다(Whitehouse, 1986). 그러나 치매에 따라 신경병리가 생기는 원발적 지점이 다를 수 있다는 것은 분명하다. 또한 임상적 경험은 모든 치매가 피질성이라는 견해가 지나치게 단순한 것임을 가르쳐 준다. 뇌-행동관계에서 기대할 수 있듯이 신경병리의 위치가 치매 유형보다 임상적 증상 및 징후와 더 밀접하게 연관되어 있다. 그러므로 어떤 부위들에 손상이 있느냐에 따라 다른 치매 증후군이 산출된다(Cummings and Mega, 2003). 이 장의 논의는 피질 치매, 피질밑 치매, 백색질 치매, 혼합 치매가 각각 어떤 다른 임상적 프로파일과 연관되는가를 구체적 질환, 손상, 중독과 연관하여 제시할 것이다. 이러한 논의는 고위대뇌기능(higher cerebral function)이라는 용어가 고위피질 기능(higher cortical function)이라는 용어에 비해 더 적절하다는 점을 설득력 있게 보여줄 것이다.

12.1 피질 치매

피질성 및 비피질성을 포함한 모든 치매 목록 중 가장 중요한 것은 **알츠하이머병** (Alzheimer's disease, AD)이다. AD는 약 100년 전에 Alois Alzheimer가 55세의 여성 환자에서 처음 기술하였는데(Alzheimer, 1907), 이 환자는 4년 전부터 시작하여 기억 상실증, 실어증, 성격변화로 이어지는 진행형 악화를 보였다. 이후 AD는 피질퇴행 (cortical degeneration) 질환이며 신경판(neurotic plaques)과 신경섬유매듭 (neurofibrillary tangles)이 특징임이 알려지게 되었다(Cummings, 2004; Querfurth and LaFerla, 2010). 이러한 신경병리는 신경원 및 시냅스 손실을 바탕으로 진행된다. Alzheimer의 사례 보고 이후 AD는 애매한 임상병리적 존재에서 산업화된 국가들의 대표적인 의학적 문제의 하나로 부상하였다. AD는 진행형 치매 중 가장 많이 발생하며 노인에서 발생하는 치매의 50% 이상에 해당한다. AD는 전 세계적으로 수많은 노인들에 영향을 주며, 엄청난 의료비용을 유발하고, 노인들이 요양원에 입원하게 되는 가장 주요한 이유이다(Katzman, 1986; Cummings, 2004).

AD는 진행형 신경퇴행 질환이며 극히 소수의 사례를 제외하곤 병인이 밝혀져 있지 않다. 병인이 밝혀진 사례들은 65세 이전에 발병하며 보통염색체우성소질(autosomal dominant trait)로 유전된다(Cummings, 2004). Alzheimer가 보고한 첫 환자는 가족성(familial)이었을 가능성이 높다. 그러나 현재 대부분의 AD 환자는 65세 이상이며 산발성(sporadic)이다. 아포지질단백질 ε4(apolipoprotein ε4, APOE4) 맞섬유전자(allele)는 AD의 원인은 아니지만 발생확률을 높이는 위험 요인이다(Cummings, 2004). Alzheimer는 자신이 보고한 사례를 전노년치매(presenile dementia)라는 명칭으로 언급하였다. 그러나 AD의 신경병리는 모든 연령에서 동일한 것이 밝혀짐에 따라 노년성(senile)과 전노년성(presenile)의 유형 구분은 타당성을 잃었다(Katzman, 1986; Cummings, 2004). AD는 아직도 치료 불가능한 질환이다. 발병에서 사망에 이르기까지 대략 6~12년이 걸리며 중간에 진행이 멈춘 사례는 한 건도 보고된 바 없다(Mendez and Cummings, 2003).

그림 12.1에서 볼 수 있듯이 해마와 인접 부위는 AD의 발병 초기에 손상된다. 이는 왜 AD의 초기 증상이 거의 언제나 기억상실증(amnesia)인지를 잘 설명해 준다. 두정엽과 측두엽도 초기에 손상되는 부위에 포함되며(그림 12.1 참조), 이는 언어, 행위기능(praxis), 계산, 지각, 시공간기술의 결손과 연관된다(Mendez and Cummings, 2003). 그러므로 초기 기억상실증에 이어 고전적인 피질 증후군들인 실어증, 실행증, 실인증이 곧 뒤따른다. 실어증은 피질경유감각(transcortical sensory)이나 베르니케, 실행증은 관념운동성(ideomotor)이나 관념성(ideational), 실인증은 물체실인증이나 얼굴실인증 유형이 많이 발생한다(Mendez and Cummings, 2003). 전두연합영역(frontal association cortex)은 좀 더 늦게 영향을 받으며, 일차감각 및 운동영역은 병의 거의 마지막 단계에서도 영향을 받지 않고 보존된다. 그러므로 해마와 연합영역에 발생한 선택적인 손상이 이 병의 신경행동적 증후군들을 설명한다.

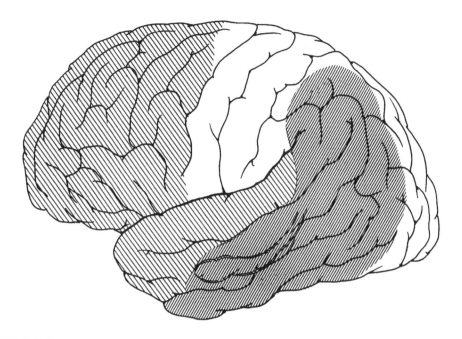

그림 12.1 초기 알츠하이머병에서 손상되는 부위. 짙은 음영과 약한 음영은 각각 심한 손상과 중등도 손상을 가리킨다.

AD가 진행됨에 따라 임상적 양상은 일련의 예측 가능한 진행적 하강을 거친다 (Mendez and Cummings, 2003). 기억상실증은 계속해서 현저한 특징으로 남으며, 이 증세가 악화될수록 보호자(caregivers)에 대한 의존성이 더 심해진다. 다른 인지기능의 결손도 보다 명백해지며 운전, 돈 관리, 안전사고 등이 점차 문제가 되는 이슈로 등장한다. 성격 변화나 편집망상(paranoid delusion)도 일시적으로 나타날 수 있다. 더 진행하면 조임근성 대소변못가림(sphincteric incontinence)이 나타나며 양로원에서의 간호가 불가피할 수 있다. 마지막 단계에 있는 환자는 누워서만 지내며, 말소리가 없고, 전적으로 의존적이다. 다른 원인으로 사망하지 않는다면 최소의식상태 (minimally conscious state, MCS; Giacino et al., 2002), 나중에는 지속식물상태 (persistent vegetative state, PVS; Multi-Society Task Force on PVS, 1994)가 나타난다. AD 환자에서 가장 빈번한 사망 원인은 폐, 요로(urinary tract) 감염 혹은 욕창 (decubitus ulcer) 등이다.

　　AD의 원인은 대부분의 환자들에서 무엇인지 모른다. 조발성 보통염색체우성 (autosomal dominant) AD의 연구에서 처음 밝혀진 것은 다운증후군(down syndrome, trisomy 21)과의 연관성이다. 이 연구는 다운증후군 환자들이 중년에 이르면 AD 신경병리가 보편적으로 발생하는 점에 기초했으며, 21번 염색체에서 아밀로이드전구단백질(amyloid precursor protein) 유전인자를 발견하였다(St. George-Hyslop et al., 1987). 다른 연구들은 14번 염색체의 프리세닐린(presenilin)-1의 돌연변이(Schellenberg et al., 1992)와 19번 염색체의 프리세닐린-2의 돌연변이(Corder et al., 1993)도 조발성 보통염색체우성 AD를 일으키는 것으로 보고되었다. 현재 이러한 돌연변이 유전자들은 모두 검사가 가능하다(Howard and Filley, 2009). 그러나 대부분의 AD 환자들은 산발적(sporadic)이며 병인을 알지 못한다. 알루미늄 중독(Perl and Brody, 1980)과 프리온(prion) 감염(Prusiner, 1993)이 원인으로 제안된 바 있지만 긍정되지 못했다. 현재 산발성 AD의 원인에 대한 가장 유력한 견해는 유전적 소인들에 환경적 요인들이 결합하여 발생한다는 것이다(Cummings, 2004). 유전적 소인들은 세포핵에 있는 여러 유전인자들(Clark and Goate, 1993; Querfurth and LaFerla, 2010) 및 미토콘드리아 유전체(mitochondrial genome)가 포함되며(Parker et al., 1994; Swerdlow and Khan, 2009) 환경적 요인에는 뇌외상 및 낮은 교육 수준이 포함된다. 보다 최근에는 많은 치매 환자들이 AD와 혈관성 질환이 모두 있다는 점에 기초해서 혈관성 기전이 AD의 발병에 기여한다는 개념이 제안되었다(Querfurth and LaFerla, 2010). 예를 들어 허혈성, 뇌외상, 기타 원인으로 발생한 백색질의 병리가 AD 발병기전의 시작이라는 제안이 있었다(Bartzokis, 2009). 이러한 개념들은 고혈압, 당뇨병, 심장질환, 비만, 흡연, 고콜레스테롤혈증(hypercholesterolemia), 뇌외상의 예방 및 치료가 AD를 예방하는 효과도 있음을 시사한다.

　　AD의 치료 약물을 개발하려는 시도의 대부분은 바닥앞뇌(basal forebrain)에 있는 메이너트바닥핵(nucleus basalis of Meynert)의 아세틸콜린성 신경원들(cholinergic cells)이 소실된다는 잘 확립된 관찰에 기초한다(Whitehouse et al., 1982). 그러나 효과적인 치료를 개발하는 노력은 그다지 성공적이지 못했다. 다만 콜린에스터레이스 (cholinesterase) 억제제 및 신경보호약물(neuroprotective drug)인 메만틴

(memantine)은 대증요법(symptomatic treatment)의 가능성을 보여주었다. 타크린 (tacrine)은 가장 먼저 허가된 콜린에스터레이스 억제제였으며, 도네페질(donepezil), 리비스티그민(rivastigmine), 갤란타민(galantamine)이 뒤를 이었다(Cummings, 2004). 메만틴은 글루타메이트(glutamate)로 인한 신경원 흥분독성(excitoxicity)을 감소시키는 약물로 AD 약전(pharmacopaeia)에 포함되었다(Cummings, 2004). 오늘 날 AD 환자에게는 인지기능 퇴행의 속도를 늦추기 위한 노력의 일환으로 콜린에스 터레이스 억제제 중 하나와 메만틴이 처방되는 것이 보통이다. 그러나 이 약물들이 병을 치료하는 것은 아니며 AD가 아직도 가역불능임을 유념해야 한다. 그러나 가역 불능이 치료불능을 의미하지는 않는다. 환자와 가족들에게 정보를 주고 공감하는 상 담을 시행함으로써 이 무서운 병이 가져다주는 짐을 상당히 완화시킬 수 있다.

AD의 근치요법(curative therapy)은 병인에 대한 보다 깊은 이해가 달성되어야 만 가능해질 것이다. Alzheimer의 보고(1907) 이후 연구자들의 관심은 이 병의 신경 병리적 특징인 신경판과 신경섬유매듭으로 향하였다(그림 12.2). 최근에는 신경판의 주요 구성요소인 아밀로이드 $\beta42$로 불리는 단백질이 일련의 신경독성과정을 거쳐 AD를 발생시킨다는 증거가 부상함에 따라 신경판이 특히 주목을 받았다 (Cummings, 2004). 그러나 이 방향의 연구는 여러 난관에 봉착하였다. 오랜 시간 AD 에서 지적기능 감퇴의 가장 중요한 상관물은 신경판(neuritic plaques)이라고 생각되 었다(Blessed, Tomlinson, and Roth, 1968). 그러나 최근에는 피질 시냅스가 소실된 정도가 치매 정도와 가장 강력한 상관을 보인다는 견해가 수용되었다(Terry et al., 1991). 더구나 많은 노인들이 상당량의 대뇌 아밀로이드를 축적하고 있음에도 불구 하고 인지적으로 정상이라는 사실이 분명해졌다(Alzenstein et al., 2008). 마지막으 로, 가장 중요한 점은 아밀로이드를 목표로 한 면역 약제(immunologic agents)로 AD 를 치료하려는 노력은 뇌에서 아밀로이드의 제거에 성공하는 경우에도 인지기능을 개선시키지 못했다(Querfurth and LaFerla, 2010). 그러므로 AD 발병기전의 지배적 이론인 아밀로이드 연쇄반응 가설(amyloid cascade hypothesis)은 여러 모순점들이 있으며 보다 많은 연구가 필요하다(Hardy, 2009).

현재 AD의 병인으로 유력한 것은 다양한 유전적 및 환경적 요인들이 임상적 증

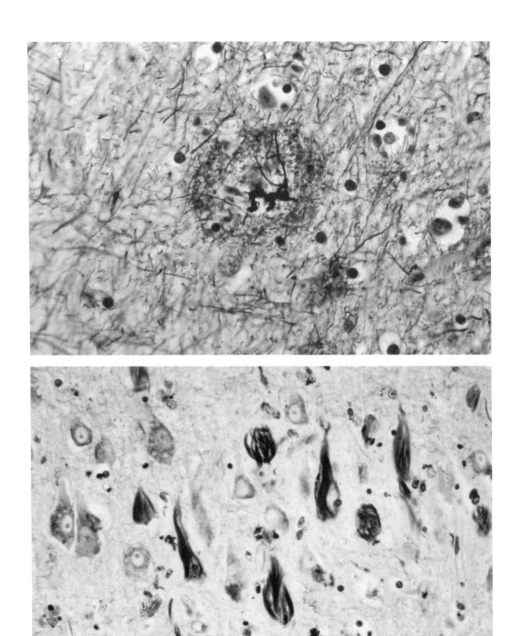

그림 12.2 알츠하이머병 환자의 신피질을 현미경으로 본 사진. 위 사진은 신경판(neuritic plaques), 아래 사진은 신경섬유매듭(neurofibrillary tangles)을 보여준다.

상과 징후들의 최종 원인인 시냅스 소실에 기여한다는 것이다. 만약 이러한 견해가 맞는다면 지적 능력은 피질 시냅스의 숫자에 중요하게 의존하며, 시냅스의 숫자를 유지하거나 증가시키려는 노력이 합리적인 접근일 수 있다. 이런 점에서 높은 학력과 지적 직업이 AD 발병에 대한 보호 요인(protective factor)이라는 매우 흥미로운 증거가 있다. 이는 지적으로 도전적인 일을 수행하는 것, 즉 '정신운동(mental exercise)'이 시냅스 밀도를 증가시키고 치매 발병을 지연시킬 수 있음을 시사한다(Stern, 2009). 풍요한 환경이 가지돌기(dendrite)의 성장과 뇌 무게를 증가시킨다는 동물 연구의 결과도(Marx, 2005; Stern, 2009) 이러한 가설을 지지한다. 반면에 일단 발병한 후에는 인지기능이 저하되는 속도는 병전 교육 수준의 영향을 받지 않는 것으로 보인다(Filley and Cullum, 1997). 그러므로 조기에 신체 및 정신운동을 규칙적으로 실시하는 것이 AD의 예방에 도움을 줄 가능성에 대한 관심이 높아지고 있다(Marx, 2005). 적어도 AD의 근치요법이 나오기까지는 적절한 신체 및 정신운동을 규칙적으로 실시하라는 충고는 상당히 합리적이다. 신경병리적 고려들은 미시적 수준에서 일어나는 피질의 변화가 AD의 인지적 변화의 바탕임을 보여준다. 그러므로 미래에는 AD에 대한 세포 및 시냅스 수준의 행동신경학이 부상하여 뇌-행동 관계에 새로운 통찰을 줄 수도 있을 것이다. 세포 수준의 새로운 행동신경학은 Broca나 Wernicke 혹은 다른 고전적 신경학자들이 국소성 뇌손상을 중심으로 전개한 고전적 행동신경학 못지않게 뇌-행동 관계의 이해에 기여할 수 있을 것이다.

　　전두측두엽퇴행(frontotemporal lobar degeneration, FTLD)은 피질 치매에서 AD 다음으로 중요하다(Josephs, 2007). 이 병의 역사는 매우 복잡하며 최근까지만 해도 **전두측두치매**(frontotemporal dementia, FTD)라고 칭하였으며, 그 이전에는 픽병(Pick's disease; Pick, 1892)이라고 칭하였다. FTD는 현재도 진단명으로 자주 쓰이는데 FTLD의 세 유형 중 하나로 분류된다. 나머지 두 유형은 **진행성비유창실어증**(progressive nonfluent aphasia, PNFA)과 **의미치매**(semantic dementia, SD)이다. **원발성진행성실어증**(primary progressive aphasia, PPA)이라는 용어가 PNFA와 SD를 모두 포괄하는 용어로 쓰이기도 한다(Mesulam, 2007). 일반적으로 FTLD는 AD와 다른 양상의 피질 퇴행을 보이며 신경행동 증후군도 전두엽과 측두엽의 손상을 반영하

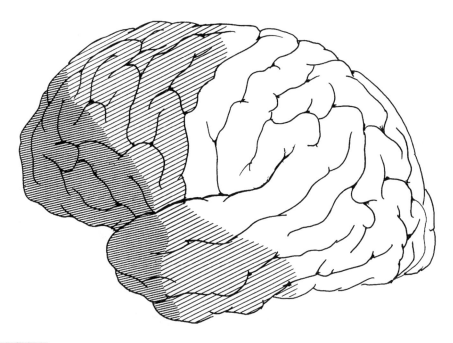

그림 12.3 초기 전두측두치매(early frontotemporal dementia)에서 손상되는 부위. 짙은 음영과 약한 음영은 각각 심한 손상과 중등도 손상을 가리킨다.

여 AD와 차별화된다. AD와는 달리 초기에 해마 손상은 없지만 전두피질이나 앞쪽측두(anterior temporal)피질(혹은 둘 다)이 심하게 손상된다. 이러한 퇴행 양상은 FTD에서 가장 명백하다. FTD는 3개의 유형 중 장애가 가장 심하며 양측 전두측두퇴행이 명백히 있다(그림 12.3 참조). 이 유형은 행동적 증상이 심함을 강조하기 위하여 **행동형전두측두치매**(behavioral variant FTD)라고도 칭한다. 이 유형은 손상이 양측적이긴 하지만 최근의 증거는 우측 전두엽의 퇴행이 행동장애와 더 밀접히 연관됨을 시사하였다(Rosen et al., 2005; Sollberger et al., 2009). 도덕적 행동이 우측 전두엽에 있는 신경망에 의해 매개됨도 제안되었다(Mendez, 2009). PNFA와 SD에서는 손상 부위가 보다 제한적인데 각각 좌측 전두엽과 측두엽에 있으며 그에 따른 언어증상을 발생시킨다. PNFA에서는 초기에 이름대기못함증(anomia)이 있으며 점차 비유창실어증(nonfluent aphasia)으로 발전한다. SD에서는 유창실어증(fluent aphasia)과 함께 단어들의 의미를 망각하는 증상이 특징적으로 나타난다. 모든 유형들에서 퇴행이 더 진행되면 더 심각한 임상적 증세와 신경병리 손상이 나타난다.

FTLD의 유전학과 분자병리학(molecular pathology)은 최근에 많은 진보를 이루었다. FTLD의 약 50%는 가족성이며 근육위축가쪽경화증(amyotrophic lateral sclerosis)을 포함한 다른 신경퇴행 질환들과 같이 나타나는 수가 많다(Bigio, 2008). FTLD의 조직병리학은 세 유형의 단백질병리(proteinopathy) 중 하나를 보여준다. (1) FTLD-tau는 가장 많은 유형인데 17번 염색체의 미세관(microtubule)-관련 단백질인 타우(tau)의 돌연변이와 연관된 타우병리이다. 이 유형은 고전적인 픽병을 포함한다. (2) FTLD-TDP는 TAR DNA-binding protein-43이 특징이며 17번 염색체의 프로그라눌린(progranulin) 유전자 돌연변이와 연관된다. (3) FTLD-FUS(fused in sarcoma)는 FUS 단백질과 16번 염색체의 돌연변이와 연관된다(Cairns and Ghoshal, 2010). 이러한 발견들은 FTLD에서 유전적 측면의 중요성이 부각되고 있음을 보여준다. 그러므로 다른 신경퇴행 질환들에서도 유전적 병인을 발견하려는 노력은 상당한 성과를 거둘 수 있을 것으로 예상된다.

물론 유전적 및 조직병리학적 정보는 환자를 보는 임상가가 알 수 없는 경우가 대부분이다. 그러나 FTLD가 전두엽이나 측두엽(혹은 양자 다)에 영향을 주는 점은 이 병의 세 유형들 모두가 AD와는 차별화된 임상적 특징을 보이게 한다. 핵심적인 사항은 전두엽과 측두엽의 기능이상으로 나타나는 증상이 병의 초기에 지배적인 반면에 기억기능은 별로 영향을 받지 않는다는 점이다(Filley and Cullum, 1993; Filley, Kleinschmidt-DeMasters, and Gross, 1994; Mendez and Cummings, 2003). AD의 초기 특징은 기억상실증과 유창실어증(fluent aphasia)이 있는 반면에 성격은 비교적 보존되는 것이다. 반면에 FTLD의 초기 특징은 억제못함증(disinhibition)이나 비유창실어증(nonfluent aphasia)이 있는 반면에 기억기능은 보존되는 것이다. 그러므로 FTLD는 기억장애가 주 문제가 아닌 치매의 좋은 예이며, 각 치매 유형이 세심하게 평가될 경우 특징적 증상이 저마다 다르다는 점을 잘 예시한다. FTLD의 진단은 도전적 과제이지만 자세한 신경행동적 평가와 더불어 적절한 신경심리검사와 신경영상기법이 시행된다면 병의 초기에도 가능할 수 있다(Filley and Cullum, 1993). 퇴행이 더 진행되어 후기로 갈수록 AD와 FTLD의 신경행동적 변별은 보다 어려워진다. AD와 마찬가지로 FTLD도 현재 치료 불가능하다. 또한 AD와는 대조적으로 FTLD에 대해 임상적 사용이 승인된 약물은 아직 없다.

12.2 피질밑 치매

피질밑 치매(subcortical dementia)는 행동신경학에서 지난 수십 년간 매우 중요한 개념으로 작용하였다(Cummings and Benson, 1984). 그러나 아직도 이 개념의 유용성에 관해서는 논쟁이 계속되고 있다. 보다 최근에는 **전두-피질밑 치매**(frontal-subcortical dementia)라는 용어가 대안적으로 제시되었다. 이는 전두계가 원발적인 피질밑 회색질의 병리로 방해받는다는 점을 강조한 용어이다(Bonelli and Cummings, 2008). 제1장의 전두-피질밑 회로의 논의는 전두엽이 피질밑 영역들과 대규모로 연결되어 있음을 제시하였다. 이러한 연결은 전두계가 피질밑 치매의 발생 기전에 기여할 수 있음을 보여준다. 어떤 용어가 선호되든지 간에 피질밑 치매의 개념은 임상적 및 신경해부학적으로 상당한 유용성을 갖는다. 또한 많은 임상가들이 피질밑 치매 범주에 속하는 치매들이 서로 비슷한 반면에 AD와는 다르다는 점을 지적하였다(Bonelli and Cummings, 2008). 원래 피질밑 치매의 개념은 파킨슨병과 같은 피질밑 회색질의 질환과 다발성경화증(multiple sclerosis)과 같은 백색질의 질환을 모두 포함하였다. 이러한 포괄적 분류는 아직도 나름의 장점이 있다(Bonelli and Cummings, 2008). 그러나 백색질 질환들과 그것이 고위기능에 미치는 효과가 최근에 많이 부각된 점에서 백색질과 피질밑 회색질에 영향을 미치는 질환들을 분리하여 논의하는 것도 장점이 있다. 이러한 분리는 행동의 신경해부학을 다루는 이 책에서는 특히 적합하다. 그러므로 우리는 피질밑 치매, 즉 피질밑 회색질에 손상을 주는 치매와 백색질 치매, 즉 말이집섬유계(myelinated systems)에 손상을 주는 치매를 구분하여 논의하는 접근을 할 것이다. 또한 이러한 구분의 정당성을 지지하는 임상적 증거도 제시할 것이다. 앞으로 연구가 더 진행됨에 따라 치매 분류가 더 세련화되리라는 것은 의심할 바 없다. 그러나 치매의 행동적 변화가 피질과 피질밑 영역 중 어디에 변성이 더 많이 분포하느냐에 따라 달라진다는 생각은 충분한 근거가 있다.

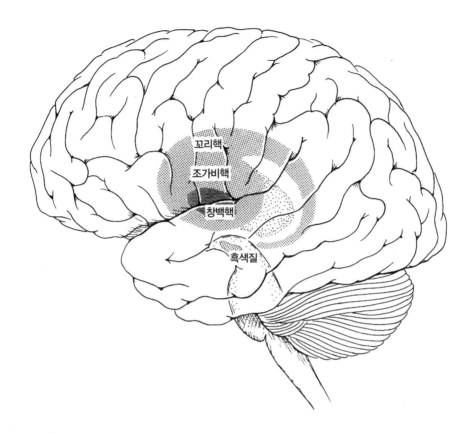

그림 12.4 피질밑 치매(subcortical dementia)에서 주로 손상되는 부위인 바닥핵(basal ganglia)

피질밑 치매의 개념이 수십 년 전 처음 도입되었을 때 이 범주에 속하는 것으로 제시된 질환은 **파킨슨병**(Parkinson's disease, PD), **헌팅턴병**(Huntington's disease, HD), **진행성핵상마비**(progressive supranuclear palsy, PSP), **윌슨병**(Wilson's disease, WD)이었다. 대표적 신경학 교과서들은 이 병들의 신경학을 자세히 논의한다(Ropper and Samuels, 2009). 그러나 간단히 요약하면, 이 병들은 모두 치매를 일으키며, 어떤 운동장애(movement disorder)를 동반하고, 모두 주로 바닥핵(basal ganglia) 및 연관된 피질밑 회색질 구조에 발생한 병리로 발생한다(그림 12.4 참조).

피질밑 회색질이 신경행동기능에서 하는 역할은 지난 수십 년간 신경학자들을 매혹시켜 왔다. 이 구조들은 회색질이지만 인지나 정서기능 보다는 운동기능과의 연관성이 전통적으로 보다 분명하였다. 예를 들어 PD는 많이 발생하는 운동질환으로 휴식떨림증(resting tremor), 운동느림증(bradykinesia), 과다굳음(rigidity)이 특징이다. 이러한 운동증상들은 흑색질(substantia nigra)에 있는 색소침착된 도파민성 신경원들의 소실과 긴밀하게 연관된다(그림 12.5 참조).

HD는 보통염색체우성(autosomal dominant) 질환으로 무도병(chorea)과 치매가 특징이며 꼬리핵(caudate nuclei)의 위축이 항상 발견된다(그림 12.6 참조). PD와 HD 모두에서 퇴행과정은 시간이 지나면서 다른 지역으로 퍼져나가며 결국 피질도 포함된다. 그러나 가장 먼저 퇴행이 일어나며 치료적 접근이 가장 가능한 임상적인 특징들은 피질밑 회색질 부위들의 선택적인 신경병리를 반영한다.

이러한 질환 및 다른 피질밑 치매 질환들에서 운동적 이상이 가장 즉시적으로 눈에 띄는 임상적 특징이긴 하지만 치매 또한 이환의 중요한 원인으로 평가받는다. 이 과의 후반부에서 논의되겠지만 피질밑 치매를 지지하는 관찰들에 근거한 연구들은 모든 치매 증후군들의 신경적 기반의 이해를 심화시키는 데 기여하였다.

앞에서 논의한 질환들보다 근거는 다소 부족하지만, **만성독성및대사장애**(chronic toxic and metabolic disorders)도 피질밑 치매로 볼 수 있는 신경행동적 손상을 일으킨다(Mendez and Cummings, 2003). 이러한 개념은 급성혼돈상태(제3장 참조)가 손상이 지속적인 경우 만성화될 수 있다는 점과 이러한 '만성혼돈상태(chronic confusional state)'가 임상적 및 병리적 측면에서 피질밑 치매와 유사하다는 점을 제시한다. 마지막으로, **우울증치매증후군**(dementia syndrome of depression)도 피질밑 치매로 분류된 바 있다(King and Caine, 1990). 그러나 이 증후군은 우울증과 치매가 별개라는 전통적 관념과 우울증의 신경병리 해부가 아직 불분명한 점에서 논란이 되어 왔다.

원래 피질밑 치매로 분류되었던 네 질환에 대해서 임상적 연구들이 꾸준하게 진행되었다. 피질밑 치매의 근대적 개념은 PSP에서 처음 제안되었다. 당시 PSP의 대표적 특징으로는 느린 사고(slowness of thought processes), 건망증(forgetfulness), 무감동증(apathy)과 우울증을 포함한 성격 변화, 학습된 지식의 조작장애(impaired ability to manipulate acquired knowledge)의 네 가지가 제시되었다(Albert,

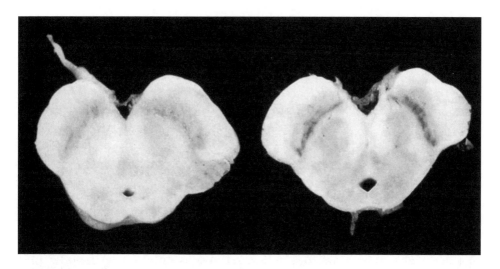

그림 12.5 좌측은 파킨슨병(Parkinson's disease) 환자의 중간뇌 절단면, 우측은 동연령대 정상인의 중간뇌 절단면. 파킨슨병 환자에서 흑색질(substantia nigra)의 색소세포가 소실된 것을 볼 수 있다.

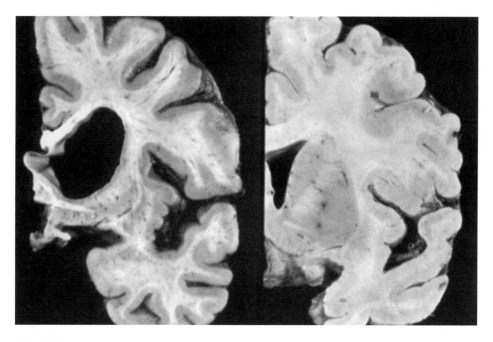

그림 12.6 좌측은 헌팅턴병(Huntington's disease) 환자의 뇌반구 절단면, 우측은 동연령대 정상인의 뇌반구 절단면. 헌팅턴병 환자에서 대규모의 꼬리핵 위축(caudate atrophy)을 볼 수 있다.

Feldman, and Willis, 1974). 유사한 임상적 특징들이 1년 후에 HD에 대해서도 보고되었다(McHugh and Folstein, 1975). PD(Cummings, 1988)와 WD(Medalia, Isaacs-Glaberman, and Scheinberg, 1988)의 신경심리 연구들도 유사한 결손을 보고하였다. 이러한 장애들은 피질 자체의 손상보다는 피질 과정의 타이밍과 활성화(timing and activation of cortical processes)의 문제를 반영하며 각성, 주의, 기분 및 동기와 같은 **기본적**(fundamental) 기능의 장애로 해석되었다(Albert, 1978). 반면에 기억, 언어, 행위기능(praxis), 지각과 같은 **도구적**(instrumental) 기능들은 피질밑 치매에서는 보존되는 것으로 생각되었다. 이와는 대조적으로 피질 치매에서는 기억상실증, 실어증, 실행증, 실인증과 같은 도구적 기능의 장애가 흔히 발생한다(Albert, 1978). 피질밑 치매의 임상적 특징은 애매한 점이 있고, PD와 같이 신경병리가 피질 부위에도 퍼지는 경우가 있다. 그러나 여러 연구들이 피질 치매 유형들과 피질밑 치매 유형들 간에 신경심리적으로 차별화되는 특징을 보고하였다(Huber et al., 1986; Pillon et al., 1986; Brandt, Folstein, and Folstein, 1988). 피질밑 치매 증후군들의 정확한 정의는 아직도 임상가들에게는 애매한 점이 남아 있지만 피질밑 병리가 비교적 특이한 신경행동적 결손을 유발한다는 개념은 점차 신뢰성을 얻고 있다(Huber and Shuttleworth, 1990; Drebing et al., 1994; Bonelli and Cummings, 2008). 그러나 치매 질환들은 중복적인 경우가 많음을 유념해야 한다(Mendez and Cummings, 2003; Querfurth and LaFerla, 2010). 그러므로 '순수한' 피질밑 치매 사례는 전형적이라기보다는 오히려 예외적이다. 예를 들어 뇌 부검에서 PD는 자주 AD와 함께 발견된다. 따라서 치매 환자의 생존 시 신경행동적 특징을 피질밑 치매와 피질 치매의 어느 한 범주로 분류하기가 어려울 수 있는 것은 놀랄 만한 일이 아니다.

가장 논쟁이 되는 것은 우울증치매증후군(dementia syndrome of depression)이다. 우울증이 매우 흔한 질환이며 기억상실증이나 치매의 변별 진단에 자주 등장하는 것은 분명하다. 거짓치매(pseudodementia)라는 용어가 이 증후군에 적용된 바 있지만(Wells, 1979), 이 용어는 우울증치매증후군이 치매의 용어가 의미하는 모든 기능적 장애의 요건을 충족하는 진성치매(true dementia)라는 점에서 문제점을 갖는다. 치매의 정의에 완전히 부합하는 다중 인지 결손(Mendez and Cummings, 2003)

이 우울증의 맥락에서 발생할 수 있다는 것은 분명하다(Caine, 1981). 우울증 환자들은 느리고, 부주의하며, 건망증이 있고, 동기가 없는 특징을 자주 보여준다. 이러한 결손은 기분의 통제를 매개하는 상행피질밑계(ascending subcortical system)의 구조적 혹은 신경화학적 병리를 반영하는 것으로 보인다(King and Caine, 1990). 우울증 환자들의 임상적 병력과 정신상태검사에서의 낮은 수행을 감안할 때 이 증후군에 치매라는 용어를 적용하는 것은 AD에 치매라는 용어를 적용하는 것만큼이나 자연스럽다. 우울증이 '기능적(functional)' 병인 반면에 치매는 '기질적(organic)' 병이라는 가정은 이제 낡은 것이고 임상적 유용성이 없다. 앞서 논의하였지만 치매라는 용어는 역전불가능을 의미하지 않는다. 그러므로 우울증치매증후군이라는 역전가능한 질환을 탐지하는 것은 행동신경학자가 해야 할 가장 중요한 과제 중 하나이다.

우울증에 관한 논의를 마치기 전에 **기분장애**(mood disorders)의 뇌 기반에 관해 잠시 살펴보자. 미리 결론부터 요약하면 기분장애는 피질밑 구조들 및 연관된 전두엽과 측두엽 구조들의 이상을 반영할 수 있다. 일반적으로 약물치료가 우울증과 양극성 장애(bipolar disorder)에 상당한 효과가 있다. 그러므로 기분장애의 발병기전(pathogenesis)은 신경전달물질계의 이상에 초점을 맞추어 왔으며 뇌의 구조적 변성에 대한 관심은 덜하였다. 기분장애의 초기 뇌 연구는 뇌실 확장증(ventriculomegaly), 고랑확장(sulcal widening), 기능신경영상(functional neuroimaging)의 과소전두성(hypofrontality)과 같은 비특이적 특징들을 제시하였다(Jeste, Lohr, and Goodwin, 1988). 뇌외상, 뇌졸중, 뇌종양, 간질, 다발성경화증, 퇴행성 질환과 같은 신경학적 질환에서 나타나는 이차적(secondary) 기분장애의 연구는 전두엽, 측두엽, 바닥핵의 결손을 시사하였다(Cummings, 1993; Guze and Gitlin, 1994). 기분장애의 아형들(subtypes)에 관해서는 우울증은 기능신경영상 연구에서 전두엽이상과의 연관성이 보고되었다(Koenigs and Grafman, 2009). 반면에 양극성장애(bipolar disorders)는 전두엽과 피질밑 부위의 대사저하증(Bearden, Hoffman, and Cannon, 2001) 및 백색질 비정상성과의 연관성이 보고되었다(Osuji and Cullum, 2005). 마지막으로, 들뜸증(mania)이 앞쪽 우반구 구조의 기능이상과 연관된다는 흥미로운 증거가 보고되었다(Cummings, 1986; Starkstein et al., 1990; Paskavitz et al., 1995).

　　임상적인 관점에서 유용한 일반화는 정신과적 장애들이 피질보다는 피질밑의 기능이상과 더 관련된다는 점이다(Salloway and Cummings, 1994). 각성, 주의, 기분의 기본적 기능들(fundamental functions)은 주로 뇌줄기, 사이뇌, 둘레계가 매개한다. 이 피질밑 부위들의 손상은 우울증이나 정신병증(psychosis)과 같이 전통적으로 정신과 질환으로 분류되는 다양한 행동적 이상들과 연관된다. 반면에 피질은 기억, 언어, 행위기능, 지각, 관리기능과 같은 보다 인지적 작용에 특이하다. 이러한 관점은 정신과적 질환들의 이해를 위해서는 일반적으로 피질밑계들에 대한 연구가 필수적임을 시사한다. 또한 '신경정신의학적(neuropsychiatric)'이라는 수식어가 피질밑 질환들의 효과 기술에서 적절할 수 있다(Salloway and Cummings, 1994). 그러나 피질과 피질밑 부위가 대규모로 연결되어 있는 점에서 이 두 부위를 임상적 및 신경해부적으로 구분하는 것은 근사적 접근에 불과하다. 분산신경망 및 전두-피질밑 회로가 점차 강조되는 추세에 비추어 피질 기능과 피질밑 기능을 이분법적이 아니라 상호보완적으로 보는 접근이 요구된다.

12.3 백색질 치매

백색질은 뇌 부피의 약 절반을 차지하며(Miller, Alston, and Corsellis, 1980) 약 135,000km에 이르는 말이집섬유가 뇌반구내 및 뇌반구간 영역들을 연결한다(Saver, 2006). 백색질은 뇌반구내 및 뇌반구간 영역들을 연결하여 빠르고 효과적인 신호전달을 가능하게 한다. 뇌 축삭들의 대부분은 말이집(myelin)으로 둘러싸여 있어서 신호가 전도되는 속도가 매우 빠르다. 행동신경학자들이 백색질길(white matter tracts)의 중요성에 관해 이론화를 시도한 적은 있었지만(Wernicke, 1874; Geschwind, 1965), 이 중요한 신경해부적 구성 요소는 피질과 피질밑 회백질에 주어진 관심에 비해 주목을 받지 못했다. 자기공명영상(MRI)의 등장으로 회색질과 백색질을 자세히 구분해 주는 영상이 가능해졌다. 이 환상적인 생체영상(in vivo imaging)의 기법은 뇌의 백색질을 침범하여 행동변화를 일으키는 뇌질환에 관한 우리의 지식을 크게 확장시켰다. 그와 함께 고위기능에서 백색질이 하는 역할에 대한 우리의 이해도 심화되

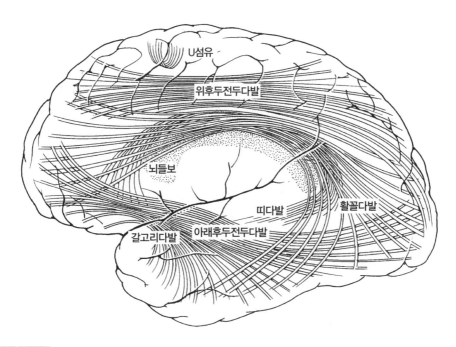

그림 12.7 백색질 치매(white matter dementia)에서 주로 손상되는 부위인 백색질길(white matter tracts)

었다. 예를 들어 인간의 전두엽 백색질 크기가 다른 유인원에 비해 비율적으로 특히 크다는 점이 최근에 보고되었다. 이는 백색질이 인간의 진화에서 매우 중요한 역할을 했음을 시사한다(Schoenemann, Sheehan, and Glotzer, 2005).

백색질은 크게 투사섬유(projection fibers), 맞교차섬유(commissural fibers), 연합섬유(association fibers)의 세 유형으로 구분할 수 있다(Nolte, 2002). 투사섬유는 기본 감각계 및 운동계에 관여하므로, 우리의 목적상 보다 중요한 것은 맞교차섬유와 연합섬유이다. 그림 12.7에는 두 섬유들이 표시되어 있다. 가장 주요한 맞교차길은 뇌들보(corpus callosum)이다. 뇌들보는 대규모의 뇌반구간 구조로 거의 모든 대뇌 부위들을 연결한다. 그러나 뇌반구간 연결은 앞맞교차(anterior commissure)와 해마맞교차(hippocampal commissure)로도 만들어진다. 뇌반구내 연합섬유들은 보다 복잡하다. 첫째, 짧은 연합섬유(short association fibers)는 활꼴섬유(arcuate fibers) 또는 U섬유라고도 불리는데 인접한 피질의 이랑들을 연결한다. 멀리 떨어진 영역들을 연결하는 긴 연합섬유에는 다섯 가지가 있는데, 모두 전두엽과 대뇌의 다른 엽을 연결한다. 다섯 가지는 활꼴다발(arcuate fasciculus) 혹은 위세로다발(superior longitudinal fasciculus), 위후두전두다발(superior occipitofrontal fasciculus), 아래후두전두다발(inferior occipitofrontal fasciculus), 갈고리다발(uncinate fasciculus), 띠다발(cingulum)이다. 이러한 백색질 구분은 표준적이며 유용하지만 현재 백색질의 신경해부학은 새로운 자료들이 수집됨에 따라 보다 세밀한 접근이 진행 중이다 (Schmahmann and Pandya, 2006). 앞으로 새로운 자료가 많이 축적되고 보다 강력한 신경영상기술이 등장함에 따라 백색질의 정확한 확인, 인지 및 정서기능과의 연관성이 보다 잘 밝혀질 것으로 기대된다.

백색질이 기초 운동 및 감각에 중요하다는 것은 부정할 수 없는 사실이다. 그러나 백색질이 고위기능에 어떻게 기여하는지는(혹은 정말 기여를 하는지는) 분명하지 않다. 중요한 시냅스 과정, 예를 들어 신경전달물질 방출(제1장 참조)과 장기증강 (long-term potentiation, LTP; 제4장 참조)이 신피질과 해마에서 일어남은 분명하다. 그러나 임상적 증거와 이론적 고려는 만약 행동신경학이 백색질을 무시한다면 극히 중요한 부분을 제외하는 결과를 빚음을 제시한다. 일반적으로 백색질은 뇌반구내와 뇌반구간 길들을 통해 **거시적 연결**(macroconnectivity)을 구성하는 점에서 **정보전달** (information transfer)에 중요하다. 반면에 회색질은 수십억 개의 시냅스를 통해 **미시적 연결**(microconnectivity)을 구성하는 점에서 **정보처리**(information processing) 에 중요하다. 그러므로 백색질과 회색질은 정상적 뇌기능에 모두 필요하다(Filley, 2005).

백색질이 중요한 부분을 차지하는 연구 분야 중 잘 알려진 예는 뇌들보(corpus callosum)를 절단한 사례에서 뇌반구 분리의 효과를 살펴본 것이다. 이러한 사례들은 보통 난치성간질(intractable epilepsy)의 치료를 위해 뇌들보를 절단한 경우이다. 수십 년간의 연구는 뇌반구간 인지기능의 통합이 실제로 뇌들보를 통해 일어남을 보여주었다(Seymour, Reuter-Lorenz, and Gazzaniga, 1994). 그러나 이러한 사례 및 다른 뇌들보 증후군 사례들, 예를 들어 순수실독증(pure alexia; 제5장 참조)과 뇌들보실행증(callosal apraxia; 제6장 참조)은 모두 드물다. 반면에 대뇌 백색질의 원발성 광범위 손상은 여러 종류의 질환 및 뇌외상에서 상당수 발생한다. 이러한 질환들은 예외 없이 어떤 신경행동 증후군을 발생시키는 것으로 보고되었다(Filley, 1998, 2001). 치매는 가장 빈번한 형태의 대뇌 백색질 신경행동 증후군이며 아래에서 보다 자세히 논의될 것이다.

　　인지장애나 치매를 일으키는 백색질 질환은 유전성(genetic), 말이집탈락성(demyelinative), 감염성(infectious), 염증성(inflammatory), 독성(toxic), 대사성(metabolic), 혈관성(vascular), 외상성(traumatic), 종양성(neoplastic), 물뇌증성(hydrocephalic)의 10개의 범주로 나누어 고려하는 것이 편리하다(Filley, 2001). 10개 범주에 속하는 질환의 예들이 아래에서 논의될 것이지만(표 12.2 참조), 백색질에 한정되거나 주된 효과를 끼치는 것으로 확인된 질환, 손상, 혹은 중독의 숫자는 100개를 상회한다(Filley, 2001). 이러한 질환들의 임상적 양상에 대한 사려 깊은 연구들은 기초 신경학적 결손 외에도 신경행동적 이상이 예외 없이 후유증으로 발견됨을 보여주었다. 치매나 인지적 결손은 사례에 따라 변이가 있지만 거의 항상 발견된다. 그러므로 백색질 치매의 개념은 행동신경학에서 비교적 주목을 받지 못했지만 앞으로 보다 많은 관심이 필요하다(Filley et al., 1988; Filley, 1998, 2001). 우리는 백색질 질환의 각 범주에 속하는 예들을 제시함으로써 백색질이 신경행동적 이상에 갖는 중요성을 다양한 신경병리에서 보여줄 것이다.

　　이염색백색질장애(metachromatic leukodystrophy, MLD)는 말이집(myelin)과 관련된 유전질환이다. 보통 아동기에 발병하지만 청소년기나 성인기에서도 발병할 수 있으며 치매가 발생한다(Shapiro et al., 1994). MLD는 보통염색체열성질환(autosomal recessive disease)으로 아릴 술파타아제 A(aryl sulfatase A)라는 효소의 결핍으로 말이집 형성에 장애를 보인다(Austin et al., 1968). MLD가 오랜 시간 진행된 환자들에서 MRI는 대뇌 광범위한 부위의 말이집형성이상(dysmyelination)을 보여준다(Filley and Gross, 1992). 후기발병(late onset) MLD에는 치매와 함께 정신병증(psychosis)도 자주 나타나는데 아마도 전두엽과 둘레계 백색질의 병리를 반영한다(Filley and Gross, 1992; Hyde, Ziegler, and Weinberger, 1992).

　　다발성경화증(multiple sclerosis, MS)은 중추신경계의 말이집탈락(demyelination)

질환으로 신경학적 장애를 일으킨다는 것이 신경학자들에게 잘 알려져 있다. MS와 관련된 인지 및 정서 이상은 1세기 훨씬 전에 Jean Marie Charcot(1877)가 처음 보고 하였다. 그러나 이 병이 가져오는 다양한 신경행동적 양상에 대한 관심은 20세기의 대부분 기간 동안 별 주목을 받지 못했다. MRI의 등장이 이러한 상황을 반전시켰는 데(Goodkin, Rudick, and Ross, 1994), 이 기술은 신경행동 증후군들과 백색질 손상 간의 상관성을 볼 수 있게 하였다. 인지적 결손 혹은 완전 치매(frank dementia)가 가 장 많이 기술된 증후군이며, 다양한 신경정신과적 증후군과 국소성 대뇌 말이집탈락 증후군들도 나타날 수 있다. MS에 대한 지역사회기반연구(community-based study) 는 인지장애의 유병률이 43%에 이르며(Rao et al., 1991) 치매의 유병률은 23%에 이 른다고 보고하였다(Boerner and Kapfhammer, 1999). 인지적 결손은 보다 심한 유형 의 MS에서 특히 많다(Heaton et al., 1985). 그러나 이러한 결손은 MMSE(Mini-Mental State Exam; Folstein, Folstein, and McHugh, 1975)에서는 탐지되지 않을 수 있는데, 이 검사는 MS 치매에 민감하지 못함이 제시되었다(Franklin et al., 1988). MS 의 MRI 연구는 치매 정도가 백색질 손상 정도와 연관됨을 보고하였다(Filley, 2001). MS 치매는 AD와는 달리 주의와 관리기능 이상을 보여주며 기억상실증과 실어증은 잘 보여주지 않는다(Filley et al., 1989). 백색질길(white matter tract)의 손상이 인지 적 장애에 중요한 점은 분명하지만 최근의 증거는 대뇌피질의 말이집탈락 (demyelination)도 있음을 제시하였다(Stadelmann et al., 2008). 피질 말이집탈락이 MS 환자들의 신경행동적 손상의 발병기전에서 어떤 역할을 하는지는 연구가 진행 중이다.

후천성면역결핍증후군(acquired immnodeficiency syndrome, AIDS)이 치매를 발생시키는 경우가 많음은 잘 알려진 사실이다. 이 치매는 원래 **AIDS치매복합**(AIDS Dementia Complex; ADC)으로 호칭되다가(Navia, Jordan, and Price, 1986a) 최근에 는 **인간면역결핍바이러스-연관치매**[Human Immnodeficiency Virus(HIV)-Associated Dementia; HAD]로 불린다(Boissé, Gill, and Power, 2008). AIDS 유행병 (epidemic)의 초기에 인지적 느림, 부주의, 기억상실(memory loss), 무감동증(apathy) 으로 이루어진 현저한 증후군이 발생하였다. AIDS 환자의 기회 감염(opportunistic infections)과 종양이 유사한 증후군을 발생시킬 수 있지만, 치매는 이러한 합병증이 없는 환자에서도 HIV로 발생할 수 있음이 보고되었다(Navia et al., 1986). HAD의 발병기전은 복잡하다. HIV는 신경세포들을 직접 감염시키지 않으며(Boissé, Gill, and Power, 2008) 피질 신경원의 소실은 일관되게 나타나는 소견이 아니다(Seilhean et al., 1993). 반면에 바닥핵의 손실은 일관되게 나타나며, 특히 피질밑 백색질의 손상은 병의 초기부터 마지막까지 매우 일관성 있게 관찰된다(Navia, Jordan, and Price, 1986b; Price et al., 1988; Budka, 1991). 치료를 받는 AIDS 환자들에서 인지기능이 개선되는 정도는 MRI로 관찰되는 백색질 손상이 감소한 정도와 연관된다(Thurnher et al., 2000). 그러므로 백색질 신경병리가 HAD에서 중요한 역할을 할 가능성이 크다.

뇌에 발생하는 염증성자가면역질환들(inflammatory autoimmune diseases)은 대부분의 감염질환들과 마찬가지로 병리가 대뇌 백색질에만 국한되지는 않는다. 이 감염질환들의 신경병리는 여러 뇌 부위들을 포함할 뿐 아니라 여러 발병(pathogenic) 과정들을 포함한다. 그러나 점차 증가하는 증거들이 신경행동 이상에서 백색질 손상의 중요성을 제시한다. **전신홍반루프스**(systemic lupus erythematosus, SLE)는 이 범주에 속하는 질환들 중 가장 많이 연구되었다. 신경정신의학루프스(neuropsychiatric lupus)라는 용어는 SLE 환자들에서 나타나는 증후군들을 지칭하는 것으로 인지적 이상을 포함한다(West, 1994). 이러한 문제는 명백한 신경학적 질환(예 : 뇌졸중)이 있는 SLE 환자나 그러한 질환이 없는 SLE 환자 모두에서 나타날 수 있다(Kozora et al., 1996). MRI의 백색질 고음영(hyperintensities)은 SLE에서 자주 나타나는 소견이며(Kozora et al., 1996), 아마도 질환의 근간이 되는 신경병리와 관련된다. 또한 이 병에서 치매와 백색질뇌병증(leukoencephalopathy) 간의 연관성이 제시되었다(Kirk, Kertesz, and Polk, 1991). 관례적 MRI에서 백색질이 정상이고 신경행동적 증상이 없는 SLE 환자들에게 보다 새로운 기술인 자기공명분광술(Magnetic Resonance Spectroscopy; MRS)을 적용한 연구가 행해진 바 있다(Filley et al., 2009). 이 연구는 미세한 인지장애가 백색질의 콜린(choline) 증가와는 연관성이 있지만 신경원 표지자(marker)인 N-아세틸 아스파르테이트(N-acetyl aspartate, NAA)나 대뇌위축과는 연관성이 없음을 보고하였다. SLE에서 말이집손상이 인지기능 결손에 기여한다는 증거가 점점 증가하였다. 아마도 백색질의 손상은 SLE의 가장 초기에 일어나는 뇌이상이며, 해마와 신피질을 포함한 회색질의 손상은 보다 늦게 일어난다.

백색질 치매의 특히 설득력 있는 예는 독성 범주에 속한다. **톨루엔백색질뇌병증**(toluene leukoencephalopathy)은 만성화된 톨루엔남용(toluene abuse)의 결과로 발생한다. 이 불행한 오락 습관이 대뇌 백색질에 광범위한 손상을 주고 치매를 발생시키는 것은 확고하게 밝혀졌으며(Rosenberg et al., 1988; Filley, Heaton, and Rosenberg, 1990), 여러 피질척수 징후, 소뇌 징후, 눈(ocular) 징후도 발생시킨다(Hormes, Filley, and Rosenberg, 1986). 톨루엔은 값싸고 쉽게 접근 가능한 쾌감유발제(euphoriant)로 스프레이페인트나 용매제에 함유되어 있다. 톨루엔 남용자들 중에는 대량으로 수년 이상 흡입해 온 경우가 흔하다. 톨루엔은 지질친화성(lipophilicity)이기 때문에 뇌에 잘 흡수되며(Hormes, Filley, and Rosenberg, 1986), 흡수된 톨루엔은 백색질을 선택적으로 손상시키는 반면에 피질의 회색질과 피질밑 구조들은 손상시키지 않는다(Rosenberg et al., 1988). 치매 증후군은 전형적인 피질밑 치매와 유사하며, 부주의, 무감동증, 건망증 및 보존된 언어기능이 특징이다(Hormes, Filley, and Rosenberg, 1986). MRI는 이 병에서 나타나는 백색질 변성에 민감하며, 회색질과 백색질 경계의 소실 및 뇌실주위백색질 신호증가(periventricular white matter signal intensity)를 보여준다(Filley, Heaton, and Rosenberg, 1990). 이러한 MRI 비정상성은 신경심리검사로 측정된 치매 정도와 유의한 상관을 보인다(Filley, Heaton, and Rosenberg, 1990). 톨루엔백색질뇌병증은 보다 큰 범주인 독성백색질뇌병증(toxic leukoencephalopathy)의 한 예이다. 독성백색질뇌병증은 다양한 치료 약물들, 남용 약물들 및 환경 독소들과 연관된 대뇌 백색질장애이다(Filley and Kleinschmidt-DeMasters, 2003).

독성백색질뇌병증(toxic leukoencephalopathy)의 논의를 마치기 앞서 **알코올남용**(alcohol abuse)도 논의할 만한 가치가 있다. 알코올은 신경계에 극히 다양한 효과를 미치는데, 이 중 상당 부분은 티아민(thiamine, 비타민 B₁) 결핍, 공존하는 전신성질환(systemic illness) 및 뇌외상에 의한 것이다. 알코올성 치매의 존재 여부는 논란이 되어 왔다. 일부 연구자들은 베르니케-코르샤코프증후군(Wernicke-Korsakoff syndrome; 제4장 참조)과 관계된 기억상실증만이 존재한다고 주장하였다(Victor,

Adams, and Collins, 1989). 반면에 다른 연구자들은 티아민결핍과는 무관한 치매가 존재한다고 주장하였다(Lishman, 1981; Mendez and Cummings, 2003). 그러나 최근 에는 후자의 견해를 지지하는 증거가 많은데, 대뇌 백색질에 특이한 손상이 알코올에 노출된 실험실 동물(Hansen et al., 1991) 및 인간 알코올중독(alcoholism) 환자에서 (de la Monte, 1988; Jensen and Pakkenberg, 1993) 보고되었다. 단주 후에 찍은 CT 와 MRI 영상에서 뇌위축이 회복되는 모습을 보이는 점도(Carlen and Wilkinson, 1987; Gazdzinski et al., 2010) 백색질 손상이 알코올성 치매에서 중요한 역할을 한다 는 견해를 지지한다.

코발라민결핍[Cobalamin (vitamin B_{12}) deficiency]이 백색질 손상을 일으키는 것 은 잘 확립된 사실이다(Adams and Kubik, 1944). 이 질환이 척수, 시신경, 말초신경 계에 손상을 일으킨다는 점 역시 잘 알려져 있다. 뇌에 발생하는 국소성 말이집탈락 (demyelinative) 손상은 아급성연합변성(subacute combined degeneration)에 전형 적인 척수의 등쪽이나 가쪽 기둥에 생기는 손상과 유사하다. 코발라민결핍의 가장 중요한 원인은 내인 인자(intrinsic factor)의 생산 실패로 인한 악성빈혈(pernicious anemia)이다. 그러나 신경계의 변성은 혈액(hematologic)의 비정상성이 시작되기 전 에도 발생할 수 있다. 치매는 코발라민결핍이 유발하는 여러 신경학 및 정신의학적 증상들의 하나이며(Lindenbaum et al., 1988), 주요 특징은 정신기능의 느림, 기억손 상, 우울증이다(Mendez and Cummings, 2003). 대뇌 백색질의 손상이 치매의 발생 과 연관되는 것으로 보이며 코발라민결핍 기간이 길지 않았다면 비경구적 (parenteral) 비타민 B_{12} 치료가 유익할 수 있다. 잘 기술된 사례 연구들이 B_{12} 투여가 인지기능 이상의 개선 및 MRI 백색질 고음영의 개선을 일으킴을 보여주었다 (Chatterjee et al., 1996; Stojsavljević et al., 1997).

빈스방거병(Binswanger's disease, BD) 역시 오래전에 기술되었지만(Binswanger, 1894). 최근에 와서야 많은 주목을 받게 된 질환이다. CT와 MRI의 등장으로 노인들 뇌에서 일어나는 허혈성(ischemic) 백색질 변성을 볼 수 있게 된 것이 중요한 전기가 되었다(Hachinski, Potter, and Merskey, 1987; Filley et al., 1989). BD는 전통적으로 뇌반구의 허혈성 말이집탈락(ischemic demyelination) 및 연관된 열공경색(lacunar infarcts)이 있는 고혈압 환자들에서 나타나는 치매로 생각되었다(Babikian and Ropper, 1987; Caplan, 1995). **백색질희박증**(leukoaraiosis; Hachinski, Potter, and Merskey, 1987)은 매우 흔하게 볼 수 있는 백색질 변화인데 BD의 시작과 연관된다(Román, 1996). 백색질 손상은 고혈압 및 다른 뇌혈관 질환 위험 요인들과 연관된다. 그러므로 이러한 위험 요인들의 관리가 관련 치매를 예방하는 좋은 대책일 수 있다. 여러 연구들이 치매 환자(Almkvist et al., 1992)와 일반 노인(Junque et al., 1990; Ylikoski et al., 1993; Schmidt et al., 1993) 모두에서 백색질 변성이 주의기능과 정보처리속도를 저하시킴을 보여주었다. 이러한 인지적 결손은 백색질 손상 면적이 어떤 역치(threshold)를 넘어야 발현되는 것으로 보인다(Boone et al., 1992). 그러므로 많은 사례들에서 CT나 MRI의 백색질 변성이 BD를 발생시키는 신경병리적 변화임이 시사된다. BD라는 용어를 피하고 대신 피질밑허혈성혈관치매(subcortical ischemic vascular dementia; Chui, 2007) 혹은 혈관성인지장애(vascular cognitive impairment; Selnes and Vinters, 2006)라는 용어를 사용하는 연구자들도 있다. 중요한 점은 뇌혈관성 백색질 변성이 많은 사례들에서 백색질 치매를 발생시킨다는 점이다(Filley, 2001). 다발경색치매(multi-infarct dementia)는 보다 흔히 볼 수 있는 혈관성치매(vascular dementia)인데 다음 섹션에서 논의할 것이다.

뇌외상(traumatic brain injury, TBI)은 제11장에서 논의했듯이 뇌에 여러 효과를 미친다. 뇌외상을 백색질 치매의 범주에 포함시킨 것은 백색질 이외의 신경병리적 손상은 무시해도 좋다는 의미는 아니다. 그러나 뇌외상에서 가장 흔하고 일관되게 보고되는 신경병리적 손상은 대뇌 및 상층 뇌줄기 백색질에 발생하는 광범위축삭손상(diffuse axonal injury, DAI)이다(Adams et al., 1982; Alexander, 1995). DAI는 외상축삭손상(traumatic axonal injury)이라고도 칭한다. DAI는 축삭 및 말이집(myelin)에 명백한 손상을 주는 반면에 회색질에 있는 세포체에는 거의 영향을 주지 않는다. DAI로 인한 손상이 백색질에서 가장 심한 점은 지속적인 부주의와 다루기 어려운 정서적 변성이 외상후치매의 특징인 점을 잘 설명한다(Filley, 2001). 나아가 DAI는 지속식물상태(persistent vegetative state)부터 뇌진탕후증후군(postconcussion syndrome)에 이르기까지 모든 외상후신경행동적 증후군들의 가장 중요한 원인일 가능성이 높다. 최근 증거는 콜린계(cholinergic system)의 손상이 뇌외상에서 현저함을 제시하였다(Salmond et al., 2005). 그러므로 콜린성 투약은 남아 있는 바닥앞뇌(basal forebrain) 신경원들이 백색질을 통해 신피질과 해마로 투사하는 기능을 강화하는 데 기여할 수도 있다(Arciniegas et al., 1999).

종양(neoplasms)은 뇌-행동 관계의 연구에 적절하지 못한 범주라고 생각되어 왔다. 뇌종양은 정확한 위치를 정하기가 어려울 경우가 많은데 퍼진 정도, 덩이효과(mass effect) 및 연관된 부종(edema)과 같이 복잡한 요인들이 개입된다. 그러나 개선된 신경영상기술의 덕택으로 여러 대뇌 종양들의 신경행동적 효과를 임상-신경병리 상관성의 관점에서 연구할 수 있게 되었다(Filley and Kleinschmidt-DeMasters, 1995). 종양은 백색질길(white matter tract)에 미치는 효과라는 관점에서 특별히 좋은 예이다. 예를 들어 **신경아교종**(gliomas)은 백색질에 있는 신경아교전구세포(glial progenitor cells)에서 시작하며(Canoll and Goldman, 2008), 백색질길들을 통하여 다른 뇌 부위로 퍼져나간다(Giese and Westphal, 1996). 신경행동장애를 일으키는 백색질 종양의 특히 좋은 예는 **대뇌신경교종증**(gliomatosis cerebri)이다. 이 드문 종양은 광범위하게 침윤하는 별아교세포성 악성종양(diffusely infiltrative astrocytic malignancy)이며, 대뇌 백색질에 분명한 편향을 보인다(Filley et al., 2003). 신경행동적 증후군은 이 종양의 가장 흔히 발현하고 지속되는 임상증상이다. 이 종양은 MRI에서 뇌반구내와 뇌반구간 백색질길을 통해 퍼져나가는 것이 관찰되며, 이로 인해 진행성치매를 유발한다(Filley et al., 2003). 대뇌신경교종증은 선택적 백색질 이상이 임상적으로 심각한 인지 및 정서장애와 연관될 수 있음을 보여주는 좋은 예이다(Filley et al., 2003). **뇌림프종**(cerebral lymphoma)은 유사한 임상적 경향을 보일 수 있는데 대뇌림프종증(lymphomatosis cerebri)과 같이 광범위하게 침윤하는 유형에서는 특히 그렇다(Rollins et al., 2005). 그러므로 뇌종양을 백색질 이상과 관련된 정신상태 변화를 연구하는 수단으로 접근하는 것은 더 큰 관심을 받을 만하다. 보다 강력한 영상기법들이 뇌종양의 위치와 퍼져나가는 양상을 볼 수 있는 기회를 주고 있는 점에서 이러한 접근은 특히 유망하다.

정상압물뇌증(normal pressure hydrocephalus, NPH)의 가장 전형적인 증상은

치매, 걸음장애(gait disturbance), 대소변못가림(incontinence)의 세 가지이다. NPH는 보통 원인불명(idiopathic)이지만 간혹 뇌외상, 수막염(meningitis), 거미막밑출혈(subarachnoid hemorrhage)의 병력과 관련되는 경우도 있다. NPH는 뇌실지름길(ventricular shunting) 절차로 효과적 치료가 가능한 경우가 있는 점에서 보통 역전가능치매(reversible dementia)로 분류된다(Adams et al., 1965). 신경병리적 연구들은 뇌실주변백색질이 주된 손상 부위임을 제시하였다(DiRocco et al., 1977; Del Bigio, 1993). 뇌실확장은 있지만 피질 손상이 없는 소견은 신경방사선적으로도 확인된다. 지름길절차 후의 임상적 회복은 뇌실주변백색질에 가해진 압착이 경감되기 때문으로 보인다. 그러나 물뇌중의 기간이 길어짐에 따라 지름길절차를 시행하더라도 회복을 보일 가능성은 점차 줄어든다(Del Bigio, 1993). NPH의 역전가능성을 제한하는 다른 요인들은 중복되어 나타나는 혈관성 질환(Earnest et al., 1974)과 AD(Bech et al., 1997)이다. 이 두 가지는 모두 NPH가 잘 발생하는 연령대에서 많이 발생하는 질환이다.

백색질 치매 범주에 속하는 질환들이 매우 다양한 점에서 이 범주에 공통적인 신경행동적 특징이 별로 없을 것이라고 예상할 수 있다. 그러나 사실 백색질 치매의 범주에 속하는 질환들은 상당히 유사한 신경행동적 특징을 보인다(Filley et al., 1988; Filley, 1998, 2001). 대체적으로 백색질 치매의 특징은 고전적 피질밑 치매와 유사한 편이지만 백색질 치매의 특징 중에는 피질 치매와 다른 점이 있고 피질밑 치매와 다른 점도 있다(표 12.3 참조). 이러한 치매 간 차이점은 일반적 가이드라인이 될 수 있으며, 치매의 초기 단계, 즉 정확한 진단이 가장 중요한 시기에 적용 가능하다. 치매가 진행될수록 임상적 양상은 치매의 병인에 관계없이 비슷해지는 경향을 보인다.

먼저, 느린 정보처리는 백색질 치매의 전형적 특징이며 모든 행동에 영향을 미친다(Filley, 2001). 인지적 느림은 피질밑 치매에서도 나타나지만 피질 치매에서는 현저하지 않다. 주의기능 이상, 특히 지속적 주의기능의 장애는 백색질 치매와 피질밑 치매에서는 현저하며 피질 치매에서는 현저하지 않다. 기억영역에서는 다음 두 가지가 차별화된다. 첫째, 인출 결손(retrieval deficit)이 백색질 치매와 피질밑 치매에서 특징적인 반면에 학습 결손(learning deficit), 즉 기억상실증(amnesia)이 피질 치매에

표 12.3	치매의 분류와 임상적 특징		
영역	피질 치매 (cortical dementia)	피질밑 치매 (subcortical dementia)	백색질 치매 (white matter dementia)
정보처리속도	정상	느림	느림
지속적 주의	정상	낮음	낮음
선언기억	기억상실증(amnesia)	인출 결손(retrieval deficit)	인출 결손(retrieval deficit)
절차기억	정상	낮음	정상
말하기	정상	과소발성(hypophonia) 말되풀이증(palilalia)	마비말장애(dysarthria)
언어	실어증(aphasia)	정상	정상
시공간기능	구성실행증 (constructional apraxia)	시각운동 결손 (visuomotor impairment)	시각운동 결손 (visuomotor impairment)
관리기능	낮음	느림 부주의 (inattention)	느림 부주의(inattention)
정서와 성격	무감동증(apathy) 과민성(irritability)	우울증(depression) 정신병증(psychosis)	우울증(depression) 정신병증(psychosis)
운동기능	실행증(apraxia)	피라미드바깥 징후 (extrapyramidal signs)	피질척수 징후 (corticospinal signs) 소뇌 징후(cerebellar signs)
감각기능	실인증(agnosia)	정상	시각상실(blindness) 청각상실(deafness) 감각저하(hypesthesia)

서 특징적이다(Filley et al., 1989; Lafosse et al., 2007). 둘째, 최근의 자료들은 절차적 학습(procedural memory)이 피질밑 치매에서만 손상됨을 제시하였다(Lafosse et al., 2007). 언어기능은 보통 백색질 치매와 피질밑 치매에서는 유지되지만 말하기에서는 결손이 나타난다. 말되풀이증(palilalia)과 과소발성증(hypophonia)이 피질밑 치매에서 흔히 나타나는 반면에 마비말장애(dysarthria)가 백색질 치매에서 흔히 나타난다. 시공간기술은 모든 치매에서 손상을 보인다. 피질 치매는 구성실행증

(constructional apraxia)이라고 칭하는 개념적 결손을 일으키는 반면에 다른 두 치매는 운동기능 이상이 기초가 된 시공간기술 장애를 일으킨다(Marshall et al., 1994). 관리기능(executive function) 역시 모든 치매에서 손상된다. 피질밑 치매와 백색질 치매에 나타나는 관리기능장애는 인지적 느림과 부주의의 영향을 많이 받는다. 정서와 성격 변화의 경우 피질 치매에서는 증상이 경한 편이며 무감동증(apathy)이나 과민성(irritability)이 나타난다. 반면에 다른 두 치매에서는 완전정신병증(frank psychosis)에 속하는 심한 우울증이 자주 나타난다. 마지막으로, 운동과 감각기능의 비정상성에서도 차별화된다. 운동기능에서 피질 치매는 실행증이 자주 나타나는 반면에 다른 두 치매는 피라미드바깥길(extrapyramidal) 징후, 피질척수길(corticospinal) 징후 및 소뇌 징후가 많이 나타난다. 감각기능에서 피질 치매는 실인증이 자주 나타나는 반면에 다른 두 치매는 정상이거나 일차감각입력의 장애가 많이 나타난다.

12.4 혼합 치매

결함이 없는 분류 체계는 거의 없다. 이 책의 치매 분류도 앞의 세 범주 어디에도 속하지 않는 질환들이 있기 때문에 새로운 범주가 필요하다. 이 질환들은 피질 회색질, 피질밑 회색질, 백색질 중 어느 하나만 배타적으로 손상시키거나 혹은 주로 손상시키지 않는다. 이 질환들의 신경병리는 매우 다양하며 임상적 양상도 상당히 다양하다. 아래에서는 이 혼합 치매(mixed dementia)의 범주에 속하는 질환들을 논의할 것이다.

혼합 치매의 범주에 속함이 잘 확립된 예 중 하나는 **다발경색치매**(multi-infarct dementia, MID)이다. MID는 혈관성 치매(vascular dementia)의 하나로 경색이 다양한 부위에 발생하며 연관된 기능장애도 다양하다. 그러므로 앞서 논의한 세 치매 범주 중 어느 하나로 분류될 수 없다(Román et al., 1993). 고전적 MID의 특징은 급성 뇌경색이 발생할 때마다 계단식 증상 악화가 진행되어 결국 치매가 발생하는 것이다. MID는 모든 치매 중 AD 다음으로 발생률이 높은 병인으로 알려져 있다(Mendez and Cummings, 2003). 고혈압, 당뇨병, 심장질환, 비만, 흡연, 고콜레스테롤혈증(hypercholesterolemia)은 모두 MID의 위험 요인이다. 이러한 위험 요인들의 예방적 조처 및 조직 플라스미노겐 활성인자(tissue plasminogen activator, tPA)를 이용한 혈전 용해는 잠재적 혹은 실제 뇌졸중 환자에서 중요한 치료적 선택이다. MID의 신경행동적 특징은 어느 뇌 부위가 영향을 입었느냐에 따라 예상 가능하게 다르다. 인지적으로 특히 중요한 뇌 부위(예 : 좌측 모이랑, 시상)를 침범하는 경우에는 한 번의 뇌경색만으로도 치매가 발생할 수 있다. 이러한 유형을 **전략경색치매**(strategic infarct dementia)라고 칭한다(Mendez and Cummings, 2003). 다발경색치매와 관련된 다른 유형의 혈관성 치매는 **열공상태**(lacunar state)이다. 이 치매는 열공이라 불리는 작은 허혈성 손상이 전두엽밑(subfrontal) 회색질과 백색질에 많이 발생하며, 전두엽적 증상이 현저한 것이 특징이다(Ishii, Nishahara and Imamura, 1986; Chui, 2007). 열공상태는 앞서 논의한 BD와 공통점이 많지만 열공이 백색질길뿐 아니라 피질밑 회색질에서도 나타나는 점이 다르다.

　　크로이츠펠트-야콥병(Creutzfeldt-Jakob disease, CJD)은 급속히 진행하는 치매이다. 이 치매는 간대성근경련(myoclonus)이 현저한 경우가 많고, 뇌파에서 주기적인 뾰족파가 나오는 것이 특징이다(Masters and Richardson, 1978; Johnson and Gibbs, 1998). CJD는 프리온(prion) 질환 혹은 전파성 스펀지형 뇌병증(transmissible spongiform encephalopathies)의 하나인데, 이러한 질환들에서는 세포 단백질의 비정상적 유형이 뇌에 축적된다(Knight and Will, 2004). CJD는 프리온 감염으로 발병하거나, 약 10~15%에서는 프리온단백질 유전인자의 돌연변이로 발병한다(Prusiner, 1993). 이 질환은 스펀지형 퇴행(spongiform degeneration)을 보이고, 신경원 소실이 피질, 바닥핵, 시상, 뇌줄기에서 발생하며, 때로는 축삭손상과 말이집탈락이 백색질에서 발생한다(Johnson and Gibbs, 1998). MRI는 이 질환의 진단에 유용하며 확산연쇄(diffusion sequence) MRI는 피질과 바닥핵의 회색질에서 강한 신호를 보여준다(Yee et al., 1999). 뇌척수액에서 14-3-3 단백질이 상승하는 것도 진단에 도움이 되는 지표이다. 그러므로 CJD의 진단을 위해 뇌생검(cerebral biopsy)을 할 필요성은 많이 줄었다(Knight and Will, 2004). CJD를 치료하거나 진행을 멈추는 방법은 현재 없으며 발병한 환자들은 대부분 1~2년 내에 사망한다. 1990년대 소에서 스펀지형 뇌병증으로 처음 나타났던 CJD의 변종이 인간에서도 나타나는 것이 관찰되었으며 변종 CJD(variant CJD)라고 칭해졌다(Knight and Will, 2004). 이 병은 '미친 소 병(mad cow disease)'의 인간 형태로 감염된 소고기를 먹음으로써 전파된다. 전형적 CJD와는 달리 보다 젊은 사람들에서 발병하며 정신과적 양상도 보다 심각한 것이 특징이다(Johnson and Gibbs, 1998). 공중보건당국의 조처로 감염된 소들이 격리됨에 따라 이 변종의 확산은 멈추었다. 현재는 전형적 CJD가 인간에게 가장 중요한 프리온병으로 남아 있다.

루이소체치매(dementia with Lewy bodies, DLB)는 PD와 관련된 퇴행성 질환이지만 루이소체가 피질밑 영역뿐 아니라 피질에도 광범위하게 퍼진 점이 다르다(Ferman and Boeve, 2007). 원래 광범위루이소체병(diffuse Lewy body disease, DLBD)으로 명칭되었지만(Burkhardt et al., 1988) 나중에 DLB라는 명칭이 더 선호를 받게 되었다. 이는 환자들의 뇌에서 루이소체가 특징적으로 나타나지만 신경판(neurotic plaques)과 신경섬유매듭(neurofibrillary tangles)도 다소간에 발견되는 점이 인지된 결과이다(McKeith et al., 2004). DLBD 사례도 보고되지만(Burkhardt et al., 1988) 매우 드문데 대부분의 사례들에서 루이소체가 AD적인 변화를 동반하기 때문이다. 루이소체가 광범위하게 퍼진 점은 DLB에서 예상되는 임상적 특징인 파킨슨증(parkinsonism) 외에도 왜 치매와 현저한 시각 환각이 나타나는지를 잘 설명한다(McKeith et al., 2004). 많은 환자들에서 혼돈상태가 악화와 호전을 반복하는 증상이 관찰된다. 파킨슨증을 위한 투약이 정신병증을 악화시키는 반면에 정신병증을 위한 투약이 파킨슨증을 악화시키는 경향 때문에 치료가 까다로울 수 있다. DLB는 비교적 최근에 치매 목록에 추가된 질환이지만 일부 연구에 의하면 MID 보다도 더 많이 발생하며 유병률에서 AD 다음의 2위이다(Ferman and Boeve, 2007).

피질바닥핵퇴행(corticalbasal degeneration)은 원인불명의 신경퇴행 질환으로 진행적인 비대칭성 과다굳음(rigidity), 실행증 및 비교적 경중의 치매가 나타나는 것이 특징이다(Boeve, Lang, and Litvan, 2003). 증상이 좌우 신체 중 어느 한쪽에만 있거나 편중된 경우가 많으며 다른 임상적 특징으로는 실어증, 편측무시증, 근긴장이상증(dystonia), 간대성근경련(myoclonus), 떨림증(tremor), 외인사지징후(alien limb sign)가 포함된다. 피질 및 바닥핵의 이상이 같이 나타나고 한 쪽에 편중되는 것은 신경퇴행 질환으로서 이 병의 독특한 특징이다. 그러나 FTD 및 PSP와 유사한 점도 있음이 지적된 바 있다(Boeve, Lang, and Litvan, 2003).

신경매독(neurosyphilis)은 현재는 많이 찾아볼 수 없지만 한때는 치매의 가장 빈번한 병인이었다(Timmermans and Carr, 2004). 페니실린(penicillin)이 20세기 중반에 도입되기까지 정신 병원에 수용 중인 환자들의 20%가 3기 매독(tertiary syphilis) 환자였다(Hutto, 2001). 가장 전형적인 유형은 전신불완전마비(general paresis)로 칭했으며, 심한 과대망상(grandiose delusions)과 팽창성 들뜸증(expansive mania) 때문에 정신과적 치료가 요구되었다(Mendez and Cummings, 2003). 발병인자인 스피로헤타균(spirochete)의 일종인 **트레포네마팔리듐**(Treponema pallidum)은 전두엽에 친화적이며, 이 병에서 정신의학적 증상이 나타나는 것에 기여한다. 그러나 다른 환자들은 정신병증(psychosis)이 없는 보다 '단순한(simple)' 치매를 보이는데 전두엽 이외의 부분이 주로 개입되었기 때문으로 보인다(Mendez and Cummings, 2003). 신경매독의 다른 유형들도 치매를 일으킬 수 있다. 수막혈관매독(meningovasular syphilis)에서는 뇌혈관염(cerebral vasculitis)과 수막염(meningitis)을 배경으로 다중 뇌졸중이 발생한다. 매독고무종(syphilitic gumma)은 뇌를 압착하는 점에서 다른 덩이질환과 유사하다(Mendez and Cummings, 2003). 신경매독이 HIV 감염과 공존하는 사례가 많이 있는데(Simon, 1985) 이 경우 증상이 더 심하고 치료도 더 어렵다(Timmermans and Carr, 2004).

경막밑혈종(subdural hematoma)과(Karnath, 2004) **종양**(neoplasms)과 같은(Taphoorn and Klein, 2004) 덩이병터(mass lesion)는 대뇌에 광범위한 영향을 준다. 머릿속 압력이 상승하는 경우는 이러한 영향이 특히 심하다. 경막밑혈종은 노인의 경우 머리외상이 없이도 발생할 수 있다. 덩이병터에서 비롯하는 치매는 원발적 혹은 이차적으로 영향을 입은 부위가 어디냐에 따라 다양한 신경학적 징후들과 신경행동적 변성들을 보여준다. 반신불완전마비(hemiparesis), 반쪽감각저하(hemihypesthesia), 시야결손, 시신경유두부종(papilledema)은 이러한 종류의 손상에서 현저할 수 있다. 다른 임상적 특징들, 예를 들어 두통이나 발작(seizures)도 흔하게 나타나며 신경학자에 의뢰되기 전에 임상적 주목을 받을 수 있다. 뇌종양은 앞에서는 백색질 치매의 범주에서 논의되었지만 회색질도 개입될 수 있다. 어떤 조직이 개입되던지 간에 신경행동 및 신경심리적 특징은 일반적으로 전두엽이나 측두엽 위치를 시사한다(Filley and Kleinschmidt-DeMasters, 1995). 심한 백색질독성(leukotoxicity)이 방사선 종양치료나 여러 화학 종양치료의 결과로 발생하여 치매로 이어지는 경우도 있다(Filley and Kleinschmidt-DeMasters, 2003). 경막밑혈종과 뇌종양, 특히 수막종(meningioma)과 같은 양성종양으로 발생하는 치매는 조기에 발견되는 경우 잠재적으로 역전가능하다(Hunter, Blackwood, and Bull, 1968). 앞서 논의하였듯이 백색질에서 시작하는 악성종양은 MRI로 즉시 탐지될 수 있다. 그러므로 이 영상기법을 조기 진단에 적용한다면 치료가 가장 효과적인 시점에서 종양을 탐지할 수 있다.

뇌 저산소증-허혈(hypoxia-ischemia)은 부족한 산소혈중치(blood oxygenation), 부족한 뇌관혈류(cerebral perfusion), 혹은 부족한 산소운반능력(oxygen-carrying capacity)으로 인한 빈혈(anemia)에서 발생할 수 있다(Mendez and Cummings, 2003; Anderson and Arciniegas, 2010). 만성적인 폐질환이나 심장질환도 저산소증-허혈로 인한 치매 증후군을 발생시킬 수 있다. 그러나 보다 많고 극적인 사례는 심폐정지(cardio-pulmonary arrest), 일산화탄소중독(carbon monoxide poisoning), 목조름(strangulation), 혹은 마취 사고에 의해 저산소증-허혈 뇌손상이 급성으로 발병하는 것이다(Mendez and Cummings, 2003). 행동신경학자가 임상적으로 직면하는 상황 중 하나는 심폐정지 후에 소생되었지만 심각한 결손을 보이는 환자들의 예후를 결정하는 것이다. 심각한 저산소증-허혈은 뇌사를 발생시킬 수 있지만 보다 약한 손상은 PVS(Multi-Society Task Force on PVS, 1994), MCS(Giacino et al., 2002) 혹은 심한 치매(Richardson, Chambers, and Heywood, 1959)로 이어질 수 있다. 해마를 포함하는 광범위한 층피질괴사(laminar cortical necrosis)가 저산소증-허혈에서 흔히 나타난다(Dougherty et al., 1981). 또한 손상 후 수일 혹은 수주 후에는 뇌의 말이집탈락(demyelination)도 가끔 발생한다(Plum, Posner, and Hain, 1962; Shprecher and Mehta, 2010). 이러한 심각한 손상을 입은 환자들의 장기적 돌봄은 보건관리체계가 직면한 커다란 도전적 과제 중 하나이다.

참고문헌

Adams, J. H., Graham, D. I., Murray, L. S., and Scott, G. Diffuse axonal injury due to non-missile head injury: an analysis of 45 cases. *Ann Neurol* 1982; 12: 557-563.

Adams, R. D., Fisher, C. M., Hakim, S., et al. Symptomatic occult hydrocephalus with "normal" cerebrospinal fluid pressure: a treatable syndrome. *N Engl J Med* 1965; 273: 117-126.

Adams, R. D., and Kubik, C. S. Subacute degeneration of the brain in pernicious anemia. *N Engl J Med* 1944; 231: 1-9.

Albert, M. L. Subcortical dementia. In: Katzman, R., Terry, R. D., and Bick, K. L., eds. *Alzheimer's Disease: Senile Dementia and Related Disorders.* New York: Raven Press; 1978: 173-180.

Albert, M. L., Feldman, R. G., and Willis, A. L. The "subcortical dementia" of progressive supranuclear palsy. *J Neurol Neurosurg Psychiatry* 1974; 37: 121-130.

Alexander, M. P. Mild traumatic brain injury: pathophysiology, natural history, and clinical management. *Neurology* 1995; 45: 1252-1260.

Almkvist, O., Wahlund, L.-O., Andersson-Lundman, G., et al. White-matter hyperintensity and neuropsychological functions in dementia and healthy aging. *Arch Neurol* 1992; 49: 626-632.

Alzenstein, H. J., Nebes, R. D., Saxton, J. A., et al. Frequent amyloid deposition without significant cognitive impairment among the elderly. *Arch Neurol* 2008; 65: 1509-1517.

Alzheimer, A. Über eine eigenartige Erkrankung der Hirnrinde. *Allegemeine Zeitschrift für Psychiatrie und Psychisch-Gerichtliche Medizin* 1907; 64: 146-148.

American Psychiatric Association. *Diagnostic and Statistical Manual of Mental Disorders.* 4th ed. Washington, DC: American Psychiatric Association; 1994.

Anderson, C. A., and Arciniegas, D. B. Cognitive sequelae of hypoxic-ischemic brain injury: a review. *NeuroRehabilitation* 2010; 26: 47-63.

Arciniegas, D., Adler, L., Topkoff, J., et al. Attention and memory dysfunction after traumatic brain injury: cholinergic mechanisms, sensory gating, and a hypothesis for further investigation. *Brain Injury* 1999; 13: 1-13.

Austin, J., Armstrong, D., Fouch, S., et al. Metachromatic leukodystrophy (MLD); vol. VIII: MLD in adults: diagnosis and pathogenesis. *Arch Neurol* 1968; 18: 225-240.

Babikian, V., and Ropper, A. H. Binswanger's disease: a review. *Stroke* 1987; 18: 2-12.

Bartzokis, G. Alzheimer's disease as homeostatic responses to age-related myelin breakdown. *Neurobiol Aging* 2009; September 21 [e-pub ahead of print].

Bearden, C. E., Hoffman, K. M., and Cannon, T. D. The neuropsychology and neuroanatomy of bipolar affective disorder: a critical review. *Bipolar Disord* 2001; 3: 106-150.

Bech, R. A., Juhler, M., Waldemar, G., et al. Frontal brain and leptomeningeal biopsy specimens correlated with cerebrospinal fluid outflow resistance and B-wave activity in patients suspected of normal-pressure hydrocephalus. *Neurosurgery* 1997; 40: 497-502.

Bigio, E. H. Update on recent molecular and genetic advances in frontotemporal lobar degeneration. *J Neuropathol Exp Neurol* 2008; 67: 635-648.

Binswanger, O. Die Abgrenzung der allgemeinen progressiven Paralyse. *Berl Klin Wochenschr* 1894; 31: 1102-1105, 1137-1139, 1180-1186.

Blessed, G., Tomlinson, B. E., and Roth, M. The association between quantitative measures of dementia and of senile change in the cerebral grey matter of elderly subjects. *Br J Psychiatry* 1968; 114: 797-811.

Boerner, R. J., and Kapfhammer, H. P. Psychopathological changes and cognitive impairment in encephalomyelitis disseminata. *Eur Arch Clin Neurosci* 1999; 249: 96-102.

Boeve, B. F., Lang, A. E., and Litvan, I. Corticobasal degeneration and its relationship to progressive supranuclear palsy and frontotemporal dementia. *Ann Neurol* 2003; 54 (Suppl 5): S15-S19.

Boissé, L., Gill, M. J., and Power, C. HIV infection of the central nervous system: clinical features and neuropathogenesis. *Neurol Clin* 2008; 26: 799-819.

Bonelli, R. M., and Cummings, J. L. Frontal-subcortical dementias. *Neurologist* 2008; 14: 100-107.

Boone, K., Miller, B. L., Lesser, I. M., et al. Neuropsychological correlates of white-matter lesions in healthy elderly subjects: a threshold effect. *Arch Neurol* 1992; 49: 549-554.

Brandt, J., Folstein, S. E., and Folstein, M. F. Differential cognitive impairment in Alzheimer's disease and Huntington's disease. *Ann Neurol* 1988; 23: 555-561.

Budka, H. Neuropathology of human immunodeficiency virus infection. *Brain Pathol* 1991; 1: 163-175.

Burkhardt, C. R., Filley, C. M., Kleinschmidt-DeMasters, B. K., et al. Diffuse Lewy body disease and progressive dementia. *Neurology* 1988; 38: 1520-1528.

Caine, E. D. Pseudodementia: current concepts and future directions. *Arch Gen Psychiatry* 1981; 38: 1359-1364

Cairns, N. J., and Ghoshal, N. FUS: a new actor on the frontotemporal dementia stage. *Neurology* 2010; 74: 354-356.

Canoll, P., and Goldman, J. E. The interface between glial progenitors and gliomas. *Acta Neuropathol* 2008; 116: 465-477.

Caplan, L. R. Binswanger's disease—revisited. *Neurology* 1995; 45: 626-633.

Carlen, P. L., and Wilkinson, D. A. Reversibility of alcohol-related brain damage: clinical and experimental observations. *Acta Med Scand Suppl* 1987; 717: 19-26.

Charcot, J. M. *Lectures on the Diseases of the Nervous System Delivered at La Salpêtrière.* London: New Sydenham Society; 1877.

Chatterjee, A., Yapundich, R., Palmer, C. A., et al. Leukoencephalopathy associated with cobalamin deficiency. *Neurology* 1996; 46: 832-834.

Chui, H. Subcortical ischemic vascular dementia. *Neurol Clin* 2007; 25: 717-740.

Clark, R. F., and Goate, A. M. Molecular genetics of Alzheimer's disease. *Arch Neurol* 1993; 50: 1164-1172.

Corder, E. H., Saunders, A. M., Strittmatter, W. J., et al. Gene dose of apolipoprotein E type 4 allele and the risk of Alzheimer's disease in late onset families. *Science* 1993; 261: 921-923.

Crook, T., Bartus, R. T., Ferris, S. H., et al. Age-associated memory impairment: proposed diagnostic criteria and measures of clinical change. Report of a National Institute of Mental Health work group. *Dev Neuropsychol* 1986; 2: 261-276.

Cullum, C. M., Butters, N., Troster, A. I., and Salmon, D. P. Normal aging and forgetting rates on the Wechsler Memory Scale—Revised. *Arch Clin Neuropsychol* 1990; 5: 23-30.

Cummings, J. L. Alzheimer's disease. *N Engl J Med* 2004; 351: 56-67.

_____ . Intellectual impairment in Parkinson's disease: clinical, pathologic, and biochemical correlates. *J Geriatr Psychiatry Neurol* 1988; 1: 24-36.

_____ . The neuroanatomy of depression. *J Clin Psychiatry* 1993; 54 (Suppl): 14-20.

_____ . Organic psychoses: delusional disorders and secondary mania. *Psychiat Clin N Am* 1986; 9: 293-311.

Cummings, J. L., and Benson, D. F. Subcortical dementia: review of an emerging concept. *Arch Neurol* 1984; 41: 874-879.

Cummings, J. L., and Mega, M. S. *Neuropsychiatry and Behavioral Neuroscience.* New York: Oxford University Press; 2003.

De la Monte, S. Disproportionate atrophy of cerebral white matter in chronic alcoholics. *Arch Neurol* 1988; 45: 990-992.

Del Bigio, M. R. Neuropathological changes caused by hydrocephalus. *Acta Neuropathol* 1993; 85: 573-585.

Dirocco, C., DiTrapani, G., Maira, G., et al. Anatomo-clinical correlations in normotensive hydrocephalus. *J Neurol Sci* 1977; 33: 437-452.

Dougherty, J. H., Rawlinson, D. G., Levy, D. E., and Plum, F. Hypoxic-ischemic brain injury and the vegetative state: clinical and neuropathologic correlations. *Neurology* 1981; 31: 991-997.

Drebing, C. E., Moore, L. H., Cummings, J. L., et al. Patterns of neuropsychological performance among forms of subcortical dementia. *Neuropsychiatry Neuropsychol Behav Neurol* 1994; 7: 57-66.

Earnest, M. P., Fahn, S., Karp, J. H., and Rowland, L. P. Normal pressure hydrocephalus and hypertensive cerebrovascular disease. *Arch Neurol* 1974; 31: 262-266.

Ferman, T. J., and Boeve, B. Dementia with Lewy bodies. *Neurol Clin* 2007; 25: 741-760.

Filley, C. M. The behavioral neurology of cerebral white matter. *Neurology* 1998; 50: 1535-1540.

_____. *The Behavioral Neurology of White Matter.* New York: Oxford University Press; 2001.

_____. White matter and behavioral neurology. *Ann NY Acad Sci* 2005; 1064: 162-183.

Filley C. M., and Cullum, C. M. Attention and vigilance functions in normal aging. *Appl Neuropsychol* 1994; 1: 29-32.

_____. Early detection of frontal-temporal degeneration by clinical evaluation. *Arch Clin Neuropsychol* 1993; 8: 359-367.

_____. Education and cognitive function in Alzheimer's disease. *Neuropsychiatry Neuropsychol Behav Neurol* 1997; 10: 48-51.

Filley, C. M., Davis, K. A., Schmitz, S. P., et al. Neuropsychological performance and magnetic resonance imaging in Alzheimer's disease and normal aging. *Neuropsychiatry Neuropsychol Behav Neurol* 1989; 2: 81-91.

Filley, C. M., Franklin, G. M., Heaton, R. K., and Rosenberg, N. L. White matter dementia: clinical disorders and implications. *Neuropsychiatry Neuropsychol Behav Neurol* 1988; 1: 239-254.

Filley, C. M., and Gross, K. F. Psychosis with cerebral white matter disease. *Neuropsychiatry Neuropsychol Behav Neurol* 1992; 5: 119-125.

Filley, C. M., Heaton, R. K., Nelson, L. M., et al. A comparison of dementia in Alzheimer's disease and multiple sclerosis. *Arch Neurol* 1989; 46: 157-161.

Filley, C. M., Heaton, R. K., and Rosenberg, N. L. White matter dementia in chronic toluene abuse. *Neurology* 1990; 40: 532-534.

Filley, C. M., and Kleinschmidt-DeMasters, B. K. Neurobehavioral presentations of brain neoplasms. *West J Med* 1995; 163: 19-25.

_____. Toxic leukoencephalopathy. *N Engl J Med* 2003; 345: 425-432.

Filley, C. M., Kleinschmidt-DeMasters, B. K., and Gross, K. F. Non-Alzheimer frontotemporal degenerative dementia: a neurobehavioral and pathologic study. *Clin Neuropathol* 1994; 13: 109-116.

Filley, C. M., Kleinschmidt-DeMasters, B. K., Lillehei, K. O., et al. Gliomatosis cerebri: neurobehavioral and neuropathological observations. *Cogn Behav Neurol* 2003; 16: 149-159.

Filley, C. M., Kozora, E., Brown, M. S., et al. White matter microstructure and cognition in non-neuropsychiatric systemic lupus erythematosus. *Cogn Behav Neurol* 2009; 22: 38-44.

Folstein, M. F., Folstein, S. E., and Mchugh, P. R. "Mini-mental state": a practical method for grading the cognitive state of patients for the clinician. *J Psychiat Res* 1975; 12: 189-198.

Franklin, G. M., Heaton, R. K., Nelson, L. M., et al. Correlation of neuropsychological and magnetic resonance imaging findings in chronic/progressive multiple sclerosis. *Neurology* 1988; 38: 1826-

1829.

Gazdzinski, S., Durazzo, T. C., Mon, A., et al. Cerebral white matter recovery in abstinent alcoholics: a multimodality magnetic resonance study. *Brain* 2010; 133: 1043-1053.

Geschwind, N. Disconnexion syndromes in animals and man. *Brain* 1965; 88: 237-294, 585-644.

Giacino, J. T., Ashwal, S., Childs, N., et al. The minimally conscious state: definition and diagnostic criteria. *Neurology* 2002; 58: 349-353.

Giese, A., and Westphal, M. Glioma invasion in the central nervous system. *Neurosurgery* 1996; 39: 235-250.

Goodkin, D. E., Rudick, R. A., and Ross, J. S. The use of brain magnetic resonance imaging in multiple sclerosis. *Arch Neurol* 1994; 51: 505-516.

Guze, B. H., and Gitlin, M. The neuropathologic basis of major affective disorders. *J Neuropsychiatry* 1994; 6: 114-121.

Hachinski, V. C., Potter, P., and Merskey, H. Leuko-araiosis. *Arch Neurol* 1987; 44: 21-23.

Hansen, L. A., Natelson, B. H., Lemere, C., et al. Alcohol-induced brain changes in dogs. *Arch Neurol* 1991; 48: 939-942.

Hardy, J. The amyloid hypothesis for Alzheimer's disease: a critical reappraisal. *J Neurochem* 2009; 110: 1129-1134.

Heaton, R. K., Nelson, L. M., Thompson, D. S., et al. Neuropsychological findings in relapsing-remitting and chronic-progressive multiple sclerosis. *J Consul Clin Psychol* 1985; 53: 103-110.

Hormes, J. T., Filley, C. M., and Rosenberg, N. L. Neurologic sequelae of chronic solvent vapor abuse. *Neurology* 1986; 36: 698-672.

Howard, K. L., and Filley, C. M. Advances in genetic testing for Alzheimer's disease. *Rev Neurol Dis* 2009; 6: 26-32.

Huber, S. J., and Shuttleworth, E. C. Neuropsychological assessment of subcortical dementia. In: Cummings, J. L., ed. *Subcortical Dementia.* New York: Oxford; 1990: 71-86.

Huber, S. J., Shuttleworth, E. C., Paulson, G. W., et al. Cortical vs. subcortical dementia: neuropsychological differences. *Arch Neurol* 1986; 43: 392-394.

Hunter, R., Blackwood, W., and Bull, J. Three cases of frontal meningiomas presenting psychiatrically. *Br Med J* 1968; 3: 9-16.

Hutto, B. Syphilis in clinical psychiatry: a review. *Psychosomatics* 2001; 42: 453-460.

Hyde, T. M., Ziegler, J. C., and Weinberger, D. R. Psychiatric disturbances in metachromatic leukodystrophy: insights into the neurobiology of psychosis. *Arch Neurol* 1992; 49: 401-406.

Ishii, N., Nishahara, Y., and Imamura, T. Why do frontal lobe symptoms predominate in vascular dementia with lacunes? *Neurology* 1986; 36: 340-345.

Jensen, G. B., and Pakkenberg, B. Do alcoholics drink their neurons away? *Lancet* 1993; 342: 1201-

1204.

Jeste, D. V., Lohr, J. B., and Goodwin, F. K. Neuroanatomical studies of major affective disorders: a review and suggestions for further research. *Br J Psychiatry* 1988; 153: 444-459.

Johnson, R. T., and Gibbs, G. J. Creutzfeldt-Jakob disease and related transmissible spongiform encephalopathies. *N Engl J Med* 1998; 339: 1994-2004.

Josephs, K. Frontotemporal lobar degeneration. *Neurol Clin* 2007; 25: 683-696.

Junque, C., Pujol, J., Vendrell, P., et al. Leuko-araiosis on magnetic resonance imaging and speed of mental processing. *Arch Neurol* 1990; 47: 151-156.

Karnath, B. Subdural hematoma: presentation and management in older adults. *Geriatrics* 2004; 59: 18-23.

Katzman, R. Alzheimer's disease. *N Engl J Med* 1986; 314: 964-973.

———. The prevalence and malignancy of Alzheimer disease. *Arch Neurol* 1976; 33: 217-218.

King, D. A., and Caine, E. D. Depression. In: Cummings, J. L., ed. *Subcortical Dementia.* New York: Oxford University Press; 1990: 218-230.

Kirk, A., Kertesz, A., and Polk, M. J. Dementia with leukoencephalopathy in systemic lupus erythematosus. *Can J Neurol Sci* 1991; 18: 344-348.

Knight, R.S.G., and Will, R. G. Prion diseases. *J Neurol Neurosurg Psychiatry* 2004; 75 (Suppl 1): 36-42.

Koenigs, M., and Grafman, J. The functional neuroanatomy of depression: distinct roles for ventromedial and dorsolateral prefrontal cortex. *Behav Brain Res* 2009 12; 201: 239-243.

Kozora, E., Thompson, L. L., West, S. G., and Kotzin, B. L. Analysis of cognitive and psychological deficits in systemic lupus erythematosus patients without overt central nervous system disease. *Arthritis Rheum* 1996; 39: 2035-2045.

Kral, V. A. Senescent forgetfulness: benign and malignant. *Can Med Assoc J* 1962; 86: 257-260.

Lafosse, J. M., Corboy, J. R., Leehey, M. A., et al. MS vs. HD: can white matter and subcortical gray matter pathology be distinguished neuropsychologically? *J Clin Exp Neuropsychol* 2007; 29: 142-154.

Lindenbaum, J., Healton, E. B., Savage, D. G., et al. Neuropsychiatric disorders caused by cobalamin deficiency in the absence of anemia or macrocytosis. *N Engl J Med* 1988; 318: 1720-1728.

Lishman, W. A. Cerebral disorder in alcoholism. *Brain* 1981; 104: 1-20.

Marx, J. Preventing Alzheimer's: a lifelong commitment? *Science* 2005; 309: 864-866.

Masters, C. L., and Richardson, E. P. Subacute spongiform encephalopathy (Creutzfeldt-Jakob disease). *Brain* 1978; 101: 333-344.

McHugh, P. R., and Folstein, M. E. Psychiatric syndromes of Huntington's chorea: a clinical and phenomenologic study. In: Benson, D. F., and Blumer, D., eds. *Psychiatric Aspects of Neurologic*

Disease. Vol. 1. New York: Grune and Stratton; 1975: 267-285.

McKeith, I., Mintzer, J., Aarsland, D., et al. Dementia with Lewy bodies. *Lancet Neurology* 2004; 3: 19-28.

Medalia, A., Isaacs-Glaberman, K., and Scheinberg, I. H. Neuropsychological impairment in Wilson's disease. *Arch Neurol* 1988; 45: 502-504.

Mendez, M. F. The neurobiology of moral behavior: review and neuropsychiatric implications. *CNS Spectr* 2009; 14: 608-620.

Mendez, M. F., and Cummings, J. L. *Dementia: A Clinical Approach.* 3rd ed. Philadelphia: Butterworth-Heinemann; 2003.

Mesulam, M.-M. Primary progressive aphasia: a 25-year retrospective. *Alzheimer Dis Assoc Disord* 2007; 21: S8-S11.

Miller, A.K.H., Alston, R. L., and Corsellis, J.A.N. Variation with age in the volumes of grey and white matter in the cerebral hemispheres of man: measurements with an image analyzer. *Neuropathol Appl Neurobiol* 1980; 6: 119-132.

Multi-Society Task Force on PVS. Medical aspects of the persistent vegetative state. *N Engl J Med* 1994; 330: 1499-1508, 1572-1579.

Navia, B. A., Cho, E. S., Petito, C. K., and Price, R. W. The AIDS dementia complex; II: Neuropathology. *Ann Neurol* 1986; 19: 525-535.

Navia, B. A., Jordan, B. D., and Price, R. W. The AIDS dementia complex; I: Clinical features. *Ann Neurol* 1986; 19: 517-524.

Nolte, J. *The Human Brain: An Introduction to Its Functional Anatomy.* St. Louis: Mosby; 2002.

Osuji, I. J., and Cullum, C. M. Cognition in bipolar disorder. *Psychiatr Clin North Am* 2005; 28: 427-441.

Parker, W. D., Parks, J., Filley, C. M., and Kleinschmidt-DeMasters, B. K. Electron transport chain defects in Alzheimer's disease brain. *Neurology* 1994; 44: 1090-1096.

Paskavitz, J. F., Anderson, C. A., Filley C. M., et al. Acute arcuate fiber demyelinating encephalopathy following Epstein-Barr virus infection. *Ann Neurol* 1995; 38: 127-131.

Perl, D. P., and Brody, A. R. Alzheimer's disease: x-ray spectrometric evidence of aluminum bearing accumulation in neurofibrillary tangle bearing neurons. *Science* 1980; 208: 297-299.

Petersen, R. C., and Negash, S. Mild cognitive impairment: an overview. *CNS Spectr* 2008; 13: 45-53.

Petersen, R. C., Smith, G. E., Waring, S. C., et al. Mild cognitive impairment: clinical characterization and outcome. *Arch Neurol* 1999; 56: 303-308.

Pick, A. Über die Beziehungen der Senilin Hirnatrophie zur Aphasie. *Prager Med Wochenschr* 1892; 17: 165-167.

Pillon, B., Dubois, B., Lhermitte, F., and Agid, Y. Heterogeneity of cognitive impairment in progressive supranuclear palsy, Parkinson's disease, and Alzheimer's disease. *Neurology* 1986; 36: 1179-1185.

Plum, F., Posner, J. B., and Hain, R. F. Delayed neurological deterioration after anoxia. *Arch Int Med* 1962; 110: 18-25.

Price, R. W., Brew, B., Sidtis, J., et al. The brain in AIDS: central nervous system HIV-1 infection and AIDS dementia complex. *Science* 1988; 239: 586-592.

Prusiner, S. B. Genetic and infectious prion diseases. *Arch Neurol* 1993; 50: 1129-1153.

Querfurth, H. W., and LaFerla, F. M. Alzheimer's disease. *N Engl J Med* 2010; 362: 329-344.

Rao, S. M., Leo, G. J., Bernardin, L., and Unverzagt, F. Cognitive dysfunction in multiple sclerosis; I: Frequency, patterns, and prediction. *Neurology* 1991; 41: 685-691.

Richardson, J. C., Chambers, R. A., and Heywood, P. M. Encephalopathies of anoxia and hypoglycemia. *Arch Neurol* 1959; 1: 178-190.

Rollins, K. E., Kleinschmidt-DeMasters, B. K., Corboy, J. R., et al. Lymphomatosis cerebri as a cause of white matter dementia. *Hum Pathol* 2005; 36: 282-290.

Román, G. C. From UBOs to Binswanger's disease: impact of magnetic resonance imaging on vascular dementia research. *Stroke* 1996; 27: 1269-1273.

Román, G. C., Tatemichi, T. K., Erkinjuntti, T., et al. Vascular dementia: diagnostic criteria for research studies. Report of the NINDS-AIREN International Workshop. *Neurology* 1993; 43: 250-260.

Ropper, A., and Samuels, M. *Adams and Victor's Principles of Neurology.* 9th ed. New York: McGraw-Hill; 2009.

Rosen, H. J., Allison, S. C., Schauer, G. F., et al. Neuroanatomical correlates of behavioural disorders in dementia. *Brain* 2005; 128: 2612-2625.

Rosenberg, N. L., Kleinschmidt-DeMasters, B. K., Davis, K. A., et al. Toluene abuse causes diffuse central nervous system white matter changes. *Ann Neurol* 1988; 23: 611-614.

St. George-Hyslop, P. H., Tanzi, R. E., Polinsky, R. J., et al. The genetic defect causing familial Alzheimer's disease maps on chromosome 21. *Science* 1987; 235: 885-890.

Salloway, S., and Cummings, J. Subcortical disease and neuropsychiatric illness. *J Neuropsychiatry Clin Neurosci* 1994; 6: 93-99.

Salmond, C. H., Chatfield, D. A., Menon, D. K., et al. Cognitive sequelae of head injury: involvement of basal forebrain and associated structures. *Brain* 2005; 128: 189-200.

Saver, J. Time is brain—quantified. *Stroke* 2006; 37: 263-266.

Schellenberg, G. H., Bird, T. D., Wijsman, E. M., et al. Genetic linkage evidence for a familial Alzheimer's disease locus on chromosome 14. *Science* 1992; 258: 668-671.

Schmahmann, J. D., and Pandya, D. *Fiber Pathways of the Brain.* New York: Oxford University Press; 2006.

Schmidt, R., Fazekas, F., Offenbacher, H., et al. Neuropsychologic correlates of MRI white matter hyperintensities: a study of 150 normal volunteers. *Neurology* 1993; 43: 2490-2494.

Schneider, J. A., Arvanitakis, Z., Leurgans, S. E., and Bennett, D. A. The neuropathology of probable Alzheimer disease and mild cognitive impairment. *Ann Neurol* 2009; 66: 200-208.

Schoenemann, P. T., Sheehan, M. J., and Glotzer, I. D. Prefrontal white matter volume is disproportionately larger in humans than in other primates. *Nat Neurosci* 2005; 8: 242-254.

Seilhean, D., Duyckaerts, C., Vazeax, R., et al. HIV-1-associated cognitive/motor complex: absence of neuronal loss in the cerebral neocortex. *Neurology* 1993; 43: 1492-1499.

Selnes, O. A., and Vinters, H. V. Vascular cognitive impairment. *Nat Clin Prac Neurol* 2006; 2: 538-547.

Seymour, S. E., Reuter-Lorenz, P. A., and Gazzaniga, M. S. The disconnection syndrome: basic findings reaffirmed. *Brain* 1994; 117: 105-115.

Shapiro, E. G., Lockman, L. A., Knopman, D., and Krivit, W. Characteristics of the dementia in late-onset metachromatic leukodystrophy. *Neurology* 1994; 44: 662-665.

Shprecher, D., and Mehta, L. The syndrome of delayed post-hypoxic leukoencephalopathy. *NeuroRehabilitation* 2010; 26: 65-72.

Simon, R. P. Neurosyphilis. *Arch Neurol* 1985; 42: 606-613.

Sollberger, M., Stanley, C. M., Wilson, S. M., et al. Neural basis of interpersonal traits in neurodegenerative diseases. *Neuropsychologia* 2009; 47: 2812-2827.

Stadelmann, C., Albert, M., Wegner, C., and Brück, W. Cortical pathology in multiple sclerosis. *Curr Opin Neurol* 2008; 21: 229-234.

Starkstein, S. E., Mayberg, H. S., Berthier, M. L., et al. Mania after brain injury: neuroradiological and metabolic findings. *Ann Neurol* 1990; 27: 652-659.

Stern, Y. Cognitive reserve. *Neuropsychologia* 2009; 47: 2015-2028.

Stojsavljević, N., Lević, Z., Drulović, J., and Dragutinović, G. A 44-month clinical-brain MRI follow-up in a patient with B_{12} deficiency. *Neurology* 1997; 49: 878-881.

Swerdlow, R. H., and Khan, S. M. The Alzheimer's disease mitochondrial cascade hypothesis: an update. *Exp Neurol* 2009; 218: 308-315.

Taphoorn, M. J., and Klein, M. Cognitive deficits in adult patients with brain tumours. *Lancet Neurol* 2004; 3: 159-168.

Terry, R. D., Masliah, E., Salmon, D. P., et al. Physical basis of cognitive alterations in Alzheimer's disease: synapse loss is the major correlate of cognitive impairment. *Ann Neurol* 1991; 30: 572-580.

Thurnher, M. M., Schindler, E. G., Thurnher, S. A., et al. Highly active antiretroviral therapy for patients with AIDS dementia complex: effect on MR imaging findings and clinical course. *AJNR* 2000; 21: 670-678.

Timmermans, M., and Carr, J. Neurosyphilis in the modern era. *J Neurol Neurosurg Psychiatry* 2004; 75: 1727-1730.

Victor, M., Adams, R. D., and Collins, G. H. *The Wernicke-Korsakoff Syndrome.* 2nd ed. Philadelphia: F. A. Davis; 1989.

Wells, C. E. Pseudodementia. *Am J Psychiatry* 1979; 136: 895-900.

Wernicke, C. *Der Aphasiche Symptomencomplex.* Breslau: Cohn and Weigert; 1874.

West, S. G. Neuropsychiatric lupus. *Rheum Dis Clin N Am* 1994; 20: 129-158.

Whitehouse, P. J. The concept of subcortical and cortical dementia: another look. *Ann Neurol* 1986; 19: 1-6.

Whitehouse, P. J., Price, D. L., Struble, R. G., et al. Alzheimer's disease and senile dementia: loss of neurons in the basal forebrain. *Science* 1982; 215: 1237-1239.

Yee, A. S., Simon, J. H., Anderson, C. A., et al. Diffusion-weighted MRI of right hemisphere dysfunction in Creutzfeldt-Jakob disease. *Neurology* 1999; 52: 1514-1515.

Ylikoski, R., Ylikoski, A., Erkinjuntti, T., et al. White matter changes in healthy elderly persons correlate with attention and speed of mental processing. *Arch Neurol* 1993; 50: 818-824.

맺는말

신경과 클리닉은 불행하지만 뇌 연구에 교육적인 뇌손상 사례들로 넘쳐나는 점에서 인간행동의 탐구를 위해서 계속 가동되는 실험실이다. 임상가의 가장 중요한 책무는 환자를 잘 돌보는 것이다. 그러나 이러한 책무는 뇌와 행동의 무한히 신비로운 관계에 관심을 기울임으로써 보다 달성 가능하고 의미 있게 된다. 환자의 치료와 뇌의 이해라는 두 가지 목표는 뇌질환, 뇌손상 및 뇌중독에서 나타나는 신경행동적 증후군에 대한 연구를 통해 함께 달성될 수 있다.

이 책의 목표는 신경학적으로 발생한 행동이상의 분석에 기초해서 고위기능의 해부학을 제시하는 것이었다. 그러므로 이 책에서 주로 사용한 접근은 신경행동 증후군의 분석이었다. 이러한 접근은 의학적 관심을 받는 환자들의 숫자와 증상의 범위가 제한적이라는 약점이 있다. 그러나 인간 종을 특징짓는 진정한 인간능력들을 연구하기 위해서는 동물 연구에서는 어떤 만족스러운 대안도 존재하지 않는다. 인간행동과 그것의 장애를 직접적으로 분석하기 위해서는 뇌손상을 입은 개인들을 세심하고 체계적으로 연구하는 것 외에 대안은 없다.

그러나 다양한 인간행동들과 관련된 뇌 영역을 확인하는 작업은 이제 막 시작 단계일 뿐이다. 손상법의 막강한 힘, 새로운 신경영상기술들의 민감성 및 신경심리평가가 주는 통찰은 각 뇌 영역들의 행동적 역할에 관한 이해를 심화시키고 있다. 그러나 뇌-행동 관계의 보다 정교한 이해를 위해서는 다른 여러 수준들에서의 분석도 필요하다. 신경병리학은 행동신경학의 전 분야에 유용하고 다른 어떤 방법으로도 대체할 수 없는 정보를 제공한다. 신경약리학에 대해 많이 소개하지는 않았지만 이제 막 밝혀지기 시작한 뇌의 신경행동적 구조에 대한 이해를 확장시킨다. 가끔 언급한 신경생리학도 뇌의 작동 원리를 밝히는 점에서 역시 필수불가결한 역할을 한다. 보다 기초적인 수준에서는 유전학, 생화학, 분자생물학이 뇌의 기원, 발달, 노화 및 가소성에 대한 기초 자료를 제공한다. 여러 관련 학문 분야들에서 수집된 자료를 통합적으로 분석함으로써 어떻게 뇌가 마음 활동에 기여하는지에 관한 거시적인 신경과학적 이해가 가능해진다. 이러한 통섭적 접근은 과거에 철학이 단독으로 답하려 했던 뇌와 마음에 대한 여러 의문들에 대해 경험적 자료에 기초한 답변을 주기 시작하였다.

가장 어려운 난제인 의식(consciousness) 조차도 뇌-행동 관계를 연구하는 여러 학문들의 통합적 노력으로 해결의 단서를 찾고 있다. 의식을 자기 및 환경의 자각과 동일한 것으로 보는 가정은 유용한 첫 시작이다. 그러나 의식을 뇌의 어떤 단일한 신경원, 핵, 이랑 혹은 엽과 연관시키는 모든 접근들은 잘못된 것이다. 오케스트라는 각 단원들의 조화된 수행으로 음악을 만들어낸다. 그렇다면 의식이라는 것도 뇌의 신경망을 구성하는 요소들의 동기화된 활동에서 출현하는 것이 아닐까? 이러한 상상이 그럴듯해 보이는 점도 있지만 아직은 비유에 불과할 뿐이다. 그러나 체계적으로 축적된 신경과학적 정보가 의식의 기초가 무엇인지를 밝힘에 따라서 의식의 본성도 점차 이해 가능한 범주에 속하게 될 것이다.

뇌와 행동에 대한 우리의 짧은 논의를 이제 마치고자 한다. 임상신경과학자들이 이제까지 알아낸 것들은 앞으로 이 분야에서 무엇이 밝혀질지에 관해 설득력 있는 전망을 제공한다. 우리 자신의 이해에 대한 전망이 지금보다 더 낙관적이었던 때는 없으며, 인간의 조건을 개선하기 위한 기회가 지금보다 더 희망적이었던 때는 없었다. 환자들의 고통은 아마도 그들의 불행으로부터 얻게 된 지식을 통하여 가치 있는 의미가 부여될 수 있을 것이다.

신경심리 용어설명

편집 C. M. Filley

간질(epilepsy) 자발적 발작이 반복적으로 일어나는 장애. 대뇌피질의 비정상적인 전기적 흥분성으로 인한 것임. 발작장애(seizure disorder)라고도 칭함.

감금증후군(locked-in syndrome) 사지마비(quadriplegia)가 있지만 수직 눈운동, 눈 깜박임, 인지기능은 유지된 상태. 다리뇌(pons)의 큰 손상에서 나타남. 날길차단상태(de-efferented state)라고도 칭함.

강제정상화(forced normalization) 측두엽간질에서 발작 통제(seizure control)와 정신병증(psychosis) 간에 역비례 관계가 있음을 지칭하는 용어. 대체정신병증(alternative psychosis)이라고도 칭함.

개념실행증(conceptual apraxia) 개념 오류(행동의 개념을 이해하지 못함)로 인한 학습된 운동 수행의 장애. 산출(production) 오류로 인한 장애와 대조적임. 좌측 두정엽 손상에서 많이 나타남('관념운동실행증' 참조).

거짓숨뇌정동(pseudobulbar affect) 안면 근육의 억제못함증이 있는 환자에서 나타나는 불수의적 웃음이나 울음. 양측 피질숨뇌(corticobulbar) 손상에서 나타남. 병적웃음(pathological laughing), 병적울음(pathological crying), 정서못가림(emotional incontinence)으로도 칭함.

걸음실행증(gait apraxia) 일차운동이나 일차감각의 손상이 없는 걸음장애. 물뇌증(hydrocephalus)으로 인한 양측 전두엽 기능이상에서 자주 나타남.

게르스트만증후군(Gerstmann's syndrome) 계산못함증(acalculia), 실서증(agraphia), 손가락실인

증(finger agnosia), 좌우혼동증(right-left disorientation)이 나타나는 증후군. 좌측 아래 두정 손상에서 많이 나타남('모이랑증후군' 참조).

게쉬인드증후군(Geschwind syndrome) 측두엽간질 환자들 중 일부가 보여주는 발작간기 (interictal) 성격증후군.

경도인지장애(mild cognitive impairment) 기억증세 호소, 정상적 일상생활, 정상적 일반 인지기 능, 연령에 비해 낮은 기억기능, 치매 없음(no dementia)이 나타나는 기억장애. 알츠하이머병 에 선행하는 경우가 많이 있지만 항상 그런 것은 아님.

경박증(moria) 부적절한 흥분과 유치한 정서를 보여주는 증상. 양측 눈확전두(orbitofrontal) 손 상에서 나타남.

계산못함증(acalculia) 계산하기의 후천적 장애. 좌측 두정엽 손상에서 많이 나타남.

과다쓰기증(hypergraphia) 글쓰기를 지나치게 많이 하는 증상. 일지, 일기, 시 등의 각종 산물을 과도하게 만들어냄. 측두엽간질 환자들 중 일부에서 나타남.

과소발성증(hypophonia) 지나치게 작은 말소리로 말하는 증상. 파킨슨병과 다른 피질밑 회백질 질환에서 나타남.

관념실행증(ideational apraxia) 일련의 동작으로 이루어지는 학습된 행위에서 각 동작은 개별적 으로 할 수 있지만 전체 행위를 적절하게 수행하지 못하는 증상. 좌측 두정 손상 혹은 광범위 피질 손상에서 나타남.

관념운동실행증(ideomotor apraxia) 언어적 지시에 따라 학습된 운동을 수행하지 못하는 증상. 좌측 실비우스주위(perisylvian) 손상에서 나타남.

관리기능장애(executive dysfunction) 복잡한 행동을 계획하고, 유지하고, 감시하고, 완수하는 것 을 못하는 증상. 보통 양측 등가쪽(dorsolateral) 전두 손상에서 나타남.

광범위축삭손상(diffuse axonal injury) 광범위하게 발생한 백색질의 엇갈림손상(shearing injury). 뇌줄기, 뇌반구 및 뇌들보에서 발생하며 모든 유형의 뇌외상에서 일어남. 외상성축삭손상 (traumatic axonal injury)이라고도 칭함.

교차실어증(crossed aphasia) 오른손잡이에서 우반구 손상으로 발생한 실어증.

구성실행증(constructional apraxia) 시공간적 기능의 이상을 지칭하는 용어.

급성혼돈상태(acute confusional state) 갑자기 나타나는 주의장애 ('섬망' 참조).

끈적함(viscosity) 말이 많고, 반복적이고, 지나치게 상세한 증상. 측두엽간질 환자들 중 일부에서 나타남. Stickiness라고도 칭함.

기억상실증(amnesia) 최근 선언기억(recent declarative memory)의 후천적 장애. 새로운 학습의 결손을 반영하는 경우가 많음. 안쪽 측두엽, 사이뇌(diencephalon), 혹은 바닥앞뇌(basal forebrain)의 손상과 연관됨.

농담증(witzelsucht) 적절하지 못한 익살. 양측 눈확전두(orbitofrontal) 손상에서 나타남.

뇌진탕(concussion) 뇌외상으로 인한 정신상태의 변화.

뇌진탕후증후군(postconcussion syndrome) 뇌진탕성 뇌외상후에 나타나는 두통, 부주의, 기억장애, 피로, 현기증, 불면증, 불안, 우울증.

뇌졸중(stroke) 뇌혈관의 혈류 흐름이 급작스럽게 방해를 받는 증상. 국소성 뇌조직 손상을 발생시킴. 뇌혈관사고(cerebrovascular accident)라는 명칭도 가끔 사용됨.

눈실행증(ocular apraxia) 목표 자극에 수의적으로 시선을 이동시키지 못하는 증상. 눈돌림실행증(oculomotor apraxia) 혹은 정신성시선마비(psychic paralysis of gaze)라고도 칭함. 바린트증후군의 한 요소임.

눌어증(aphemia) 말없음증(mutism) 혹은 심한 마비말장애(dysarthria)를 칭하는 것으로 비실어증 증후군임. 좌측 운동앞이랑(precentral gyrus)의 아랫부분의 작은 손상과 연관됨.

대뇌다리환각증(peduncular hallucinosis) 대뇌다리(cerebral peduncle) 혹은 인접한 중뇌구조의 손상에서 발생하는 유형적 시각 환시로 양성이며 즐거움을 주기도 함.

떨림섬망(delirium tremens) 섬망의 고전적 형태로 알코올 금단 후에 나타남.

동시보기실인증(simultanagnosia) 시각 장면의 모든 요소들을 한꺼번에 재인하지 못하는 증상. 바린트증후군의 한 요소임.

동작모방증(echopraxia) 지시가 없었는데도 동작을 따라 하는 증상. 전두엽 손상에서 많이 나타남.

마비말장애(dysarthria) 말하기의 후천적 장애. 조음(articulation)을 관장하는 운동계의 손상으로 발생함.

만성외상뇌병증(chronic traumatic encephalopathy) 반복적인 준치사(sublethal) 뇌외상으로 발생하는 진행성 신경퇴행 질환. 권투 및 다른 종목 선수들에서 나타남. 치매, 파킨슨증(parkinsonism), 말하기장애, 걸음장애가 특징임. 권투선수치매(dementia pugilistica)라고도 칭함.

말되풀이증(palilalia) 자신이 말한 단어, 구절, 음절을 불수의적으로 반복하는 증상. 파킨슨병 환자에서 많이 나타남('메아리증' 참조).

말실행증(verbal apraxia) 마비말장애(dysarthria)와 실어증의 중간 정도에 해당하는 말하기의 결손.

말없음증(mutism) 말이 없는 증상. 심한 실어증, 급성 눌어증, 말기 치매, 무동무언증 및 각종 정신과 질환에서 볼 수 있음.

말짓기증(confabulation) 질문에 대해 지어낸 답변을 하는 증상. 비의도적인(unintentional) 증상임. 기억상실증(amnesia) 환자들 중 일부에서 나타남.

망상(delusion) 고착된 잘못된 믿음. 정신과적 질환에서 많지만 측두엽에 영향을 주는 신경과적 질환에서도 나타남.

맞충격손상(contrecoup lesion) 뇌외상에서 직접 충격을 받은 곳의 맞은편에 생기는 타박상(contusion).

맹시(blindsight) 피질맹(cortical blindness) 환자의 잔존 시각. 위둔덕(superior colliculi), 베개핵(pulvinars), 두정피질의 시각기능이 보존되어 나타난다고 추정됨.

메아리증(echolalia) 검사자가 말한 단어나 구절을 불수의적으로 따라 말하는 증상. 혼합피질경유실어증(mixed transcortical aphasia)에서 많이 나타나지만 알츠하이머병, 정신분열증 및 기타 장애에서도 나타날 수 있음.

모이랑증후군(angular gyrus syndrome) 좌측 모이랑의 손상으로 발생하는 증후군으로 게르스트만증후군, 명칭실어증, 실서증 있는 실독증이 나타남.

무동무언증(akinetic mutism) 매우 심한 무의지증(abulia). 양측 안쪽(medial) 전두엽의 손상과 연관되는 경우가 많음.

무시증(neglect) 손상된 뇌반구의 반대편에 제시된 자극의 인지, 보고, 반응을 못하는 증상.

무의지증(abulia) 심한 무감동증 혹은 심한 동기 상실. 안쪽(medial) 전두엽 손상에서 많이 나타남.

물체실인증(object agnosia) 물체를 보고서 재인하지 못하는 증상. 시각실인증의 한 유형. 좌측 혹은 양측 후두측두 손상에서 볼 수 있음.

바린트증후군(Balint's syndrome) 동시보기실인증(simultanagnosia), 시각조화운동못함증(optic ataxia), 눈실행증(ocular apraxia, oculomotor apraxia, psychic paralysis of gaze)이 나타나는 증후군. 양측 후두두정 손상에서 발생함.

반복들림증(palinacousis) 청각 자극이 사라진 뒤에도 소리가 지속적으로 들리는 증상. 측두엽 손상에서 많이 나타남.

반복보임증(palinopsia) 시각 자극이 사라진 후에도 시각상이 계속적으로 보이는 증상. 우측 후 두두정 손상에서 많이 나타남.

반복증(perseveration) 자극이 바뀌었는데도 전에 하던 반응을 계속하는 증상. 등가쪽 (dorsolateral) 전두 손상에서 많이 나타나지만 다른 부위의 손상에서도 나타날 수 있음.

발달성난독증(developmental dyslexia) 지능, 동기, 교육 기회가 정상임에도 불구하고 읽기언어 의 학습을 못하는 증상.

발성곤란증(dysphonia) 음성(voice)의 후천적 장애. 후두(larynx)의 손상으로 발생함.

발작(seizure) 뇌 피질 신경원들의 발작적이고(paroxysmal) 과도한 전기 방전으로 발생하는 급 작스럽고 불수의적인 신경학적 사건.

발작기정신병증(ictal psychosis) 발작이 계속 지속됨으로 인하여 발생하는 정신병증. 복합부분 간질지속상태(complex partial status epilepticus)인 경우가 가장 많음.

발작후기정신병증(postictal psychosis) 측두엽성 복합부분발작 후에 나타나는 정신병증.

백색질 치매(white matter dementia) 질환, 손상 혹은 중독으로 인한 광범위 혹은 다초점적 백색 질 손상으로 발생하는 치매증후군.

벌레환촉(formication) 벌레가 피부 위를 기어 다니는 것처럼 느끼는 촉각 환각.

베르니케뇌병증(Wernicke's encephalopathy) 급성혼돈상태, 눈근육마비(ophthalmoplegia), 걸 음실조증(gait ataxia)이 나타나는 증상. 티아민(thiamine)이 결핍된 알코올 중독에서 가장 많이 볼 수 있음.

베르니케실어증(Wernicke's aphasia) 유창한 말하기와 청각적 이해 결손이 나타나는 실어증. 좌 측 위측두이랑의 뒷부분 손상에서 나타남.

베르니케-코르샤코프증후군(Wernicke-Korsakoff syndrome) 베르니케뇌병증과 코르샤코프기억 상실증의 조합이 나타나는 증후군.

변형보임증(metamorphopsia) 시각상의 형태가 왜곡되어 보이는 착각. 측두엽 발작이나 편두통 에서 가장 많이 나타남.

부정증(denial) 장애가 있는 것에 대한 노골적인 부정. 보통 우반구 손상에서 나타남 ('질병실인증’과 ‘질병무관심증’ 참조).

부주의(inattention) 중요한 외부 자극에 반응하고 다른 자극은 무시하는 능력의 결손. 급성혼돈 상태와 같이 양측적으로 나타나거나 국소성 우반구 손상과 같이 일측적으로 나타날 수 있다.

분리증후군(disconnection syndrome) 피질 영역들을 연결하는 백색질 또는 회색질의 장애로 발생하는 신경행동 증후군. 뇌들보 분리증후군과 뇌반구내연결 분리증후군이 있음.

분산신경망(distributed neural networks) 특정 인지 혹은 정서기능을 담당하는 뇌신경원들의 대규모 총합(ensembles). 뇌반구내와 뇌반구간의 여러 회색질 부위와 백색질 부위로 구성됨 (‘전두-피질밑 회로’ 참조).

브로카실어증(Broca’s aphasia) 말하기는 비유창한(nonfluent) 반면에 청각적 이해는 비교적 보존되는 실어증. 보통 좌측 아래 전두엽(inferior frontal lobe)의 큰 손상에서 발생함.

비실어증이름대기오류(nonaphasic misnaming) 자신만의 조회시스템에 의거해서 이름대기를 하는 증상. 급성혼돈상태 환자들에서 볼 수 있음.

비유창(nonfluency) 자발적 구어에서 짧은 구절 길이(5개 단어 이하), 문법상실증, 언어운율 이상, 마비말장애가 나타나는 증상. 브로카실어증 및 다른 비유창실어증에서 전형적으로 나타남.

사지운동실행증(limb-kinetic apraxia) 사지의 정교한 운동을 못하는 증상. 운동앞(premotor) 부위 손상 후 반대편 사지에 나타남. 수족실행증(melokinetic apraxia) 또는 신경지배실행증(innvervatory apraxia)이라고도 칭함.

산수못함증(anarithmetria) 계산하는 능력의 단독적(isolated) 결손. 좌측 두정엽 손상과 연관됨.

색정증(erotomania) 보통 여자 환자에서만 나타나는 망상으로 사회적으로 지위가 높은 중년 남자가 자기와 사랑에 빠졌다고 믿음. 끄레랑보오증후군(de Clérambault’s syndrome)이라고도 칭함.

색채이름대기못함증(color anomia) 색채 이름을 대지 못하는 증상. 시각영역과 언어영역의 분리로 일어남. 보통 순수실독증(pure alexia)과 함께 나타남.

섬망(delirium) 초조성(agitated) 급성혼돈상태. 망상, 환각, 자율신경 과다활동(빈맥, 고혈압, 열, 발한, 떨림증)이 특징적으로 나타남.

소멸(extinction) 양측에 자극이 제시될 시 손상된 뇌반구의 반대편에 제시된 자극을 무시하는 증상. 시각, 청각, 촉각에서 나타날 수 있음.

시각실어증(optic aphasia) 시각적으로 제시된 물체가 무엇인지는 이해하지만 이름을 말하지 못하는 증상. 좌측 뒤쪽 피질밑 손상과 연관됨. 연합못함시각실인증의 경한 유형임.

시각조화운동못함증(optic ataxia) 시각적으로 안내되는 사지동작을 적절히 수행하지 못하는 증상. 바린트증후군의 한 요소임.

시공간기능장애(visuospatial dysfunction) 시공간정보의 해석과 표상의 후천적 장애. 구성실행증(constructional apraxia)이라고도 칭함.

신어증(neologism) 착어증적 오류의 한 유형으로 새롭지만 무의미한 단어를 말하는 증상. 실어증(특히 유창실어증)과 정신분열증에서 볼 수 있음.

실독증(alexia) 읽기언어의 후천적 장애. 고전적 유형으로는 '실서증 있는 실독증'과 '실서증 없는 실독증(순수실독증)'이 있다.

실비우스주위 실어증들(perisylvian aphasias) 실비우스틈새 주변의 손상으로 발생하는 실어증 유형들. 모두 따라 말하기(repetition)의 결손이 있음. 브로카실어증, 베르니케실어증, 전도실어증, 완전실어증이 있음.

실서증(agraphia) 쓰기언어의 후천적 장애. 실어증 및 다른 신경행동 증후군들과 함께 많이 나타남.

실서증 없는 실독증(alexia without agraphia) 읽기언어의 후천적 장애가 있지만 쓰기언어는 정상임. 좌측 후두엽과 뇌들보 팽대(splenium)의 손상으로 발생함. 순수실독증(pure alexia)이라고도 칭함.

실서증 있는 실독증(alexia with agraphia) 읽기언어와 쓰기언어의 후천적 장애. 좌측 모이랑(angular gyrus)의 손상으로 발생함.

실어증(aphasia) 언어기능의 후천적 장애. 보통 좌반구 손상과 연관됨. 난어증(dysphasia)이라고도 칭함.

실운율증(aprosody) 언어의 정서 혹은 정동적 요소의 장애. 국소성 우반구 손상과 연관됨. aprosodia라고도 칭함.

실음악증(amusia) 음악적 기술의 후천성 상실. 국소성 혹은 광범위성 뇌손상 모두에서 가능하며 우반구 손상에서 많이 나타남.

실인증(agnosia) 특정 감각에서의 재인불능증. 시각실인증, 청각실인증, 촉각실인증으로 구분할 수 있음.

실행증(apraxia) 학습된 운동의 후천적 장애. 실어증을 일으키는 손상들에서 흔히 나타남. 고전적 유형으로는 사지운동실행증(limb kinetic apraxia), 관념운동실행증(ideomotor apraxia), 관념실행증(ideational apraxia)이 있음. 난행증(dyspraxia)이라고도 칭함.

안톤증후군(Anton's syndrome) 질병실인증의 한 유형으로 피질맹(cortical blindness)을 자각하지 못하는 증상.

알코올환각증(alcoholic hallucinosis) 알코올 금단시 나타나는 청각적 환각. 피해망상적인 내용이 많음.

양성노인건망증(benign senescent forgetfulness) 노인에서 나타나는 경증의 기억인출 장애. 기억상실증이나 치매와 같은 기능장애는 없음.

억제못함증(disinhibition) 부적절한 둘레계(limbic) 충동을 통제하는 능력의 결손. 보통 양측 눈확전두(orbitofrontal) 손상에서 발생함.

얼굴실인증(prosopagnosia) 친숙한 사람들의 얼굴을 재인하지 못하는 증상. 시각실인증의 한 유형임. 우측 혹은 양측 후두측두 손상에서 나타남.

연합못함시각실인증(associative visual agnosia) 시각적 자극이 정상적으로 지각됨에도 불구하고 의미를 추출하지 못하는 증상. 양측 후두측두 손상에서 발생함.

오셀로증후군(Othello syndrome) 배우자가 부정을 한다고 믿는 망상. 망상질투(delusional jealousy) 혹은 병적질투(pathological jealousy)라고도 칭함.

옷입기실행증(dressing apraxia) 옷과 신체의 대응 관계를 이해하지 못해서 옷입기를 못하는 증상. 보통 우반구 두정엽 손상에서 나타남.

완전실어증(global aphasia) 비유창(nonfluent) 말하기, 청각적 이해의 결손, 따라 말하기의 결손, 이름대기의 결손이 나타나는 실어증. 보통 좌측 실비우스주위의 큰 손상에서 나타남.

외상후기억상실증(post-traumatic amnesia) 뇌외상에서 의식을 회복한 후에 나타나는 새로운 학습의 결손.

운동지속못함증(motor impersistence) 의도적 운동을 지속하지 못하는 증상. 우반구 특히 우측 전두엽 손상에서 볼 수 있음.

움직임실인증(akinetopsia) 움직임의 지각에서 결손을 보이는 증상. 등쪽 시각연합영역의 손상과 연관됨.

원발성진행성실어증(primary progressive aphasia) 전두측두엽퇴행(frontotemporal lobar degeneration)의 언어적 유형들을 지칭하는 용어임. 진행성비유창실어증(progressive nonfluent aphasia)과 의미치매(semantic dementia)가 있음.

의미치매(semantic dementia) 전두측두엽퇴행(frontotemporal lobar degeneration)의 한 유형으로 유창실어증과 단어의미 지식의 상실이 나타남. 좌측 측두엽퇴행과 연관됨.

이름대기못함증(anomia) 물체의 이름을 말하는 능력의 결손. 대부분 실어증에서 나타나는 특징임. 이름대기어려움증(dysnomia)이라고도 칭함.

일과성완전기억상실증(transient global amnesia) 일시적이며 역전가능한 기억상실증. 안쪽 측두엽의 허혈과 관련될 가능성이 높음.

자극-종속행동(stimulus-bound behavior) 중요하지 않은 자극에 과도하게 주의를 줌으로써 발생하는 부적절한 행동. 등가쪽(dorsolateral) 전두 손상에서 많이 나타남.

작게보임증(micropsia) 시각상이 실제보다 작게 보이는 착각. 측두엽 발작이나 편두통에서 가장 많이 나타남.

장소복제기억착오증(reduplicative paramnesia) 자기의 집이나 친숙한 장소가 그 장소와 비슷하게 보이는 다른 장소라고 믿는 망상. 양측 전두엽과 우반구의 손상과 연관됨.

전도실어증(conduction aphasia) 따라 말하기는 결손이 있지만 말하기 유창성과 청각적 이해는 보존된 실어증. 좌측 활꼴다발(arcuate fasciculus) 혹은 인접 부위의 손상으로 발생함.

전두실독증(frontal alexia) 철자실독증(literal alexia) 증후군으로 철자 읽기를 단어 읽기보다 잘 못하는 증상. 좌측 아래전두 손상과 연관됨. 앞쪽실독증(anterior alexia) 혹은 제3실독증(third alexia)이라고도 칭함.

전두측두엽퇴행(frontotemporal lobar degeneration) 전두엽과 측두엽의 퇴행이 나타나는 피질 치매. 전두측두치매, 진행성비유창실어증(progressive nonfluent aphasia), 의미치매(semantic dementia)의 세 유형이 있다.

전두-피질밑 회로(frontal-subcortical circuits) 전두피질, 바닥핵, 시상 및 이 부위들을 연결하는 백색질들로 구성된 여러 개의 병렬 신경회로. 처신(comportment), 동기, 관리기능(executive function)에 기여함('분산신경망' 참조)

전략경색치매(strategic infarct dementia) 인지기능의 표상에 매우 중요한 대뇌 부위(예 : 좌측 모이랑, 시상)에 일어난 한 번의 뇌졸중으로 발생한 치매.

전향기억상실증(anterograde amnesia) 기억상실 증후군(amnesic syndromes) 환자에서 새로운 정보를 학습하지 못하는 증상.

정신분열형정신병증(schizophreniform psychosis) 정신분열증과 유사하지만 사실은 측두엽간질에서 비롯하는 정신병증.

정신운동지연(psychomotor retardation) 정신기능과 운동이 느린 증상. 우울증에서 많이 나타남. 양측 안쪽전두 손상에서 나타나는 무감동증과 무의지증을 지칭하기도 함. 바닥핵(basal ganglia) 질환에서 나타나는 정신완서(bradyphrenia)를 칭하기도 함.

주의력결핍과잉행동장애(attention-deficit/hyperactivity disorder) 부주의 혹은 과잉행동(혹은 양자 모두)이 나타나는 증후군. 아동기에 시작하며 일부는 성인기에도 지속됨.

주의산만성(distractibility) 중요하지 않은 요소들에 의해 쉽게 주의가 분산되는 증상. 전두엽 손상에서 많이 나타남.

중추성색맹(central achromatopsia) 후두측두 손상에서 발생하는 색채를 지각하지 못하는 증상.

지각못함시각실인증(apperceptive visual agnosia) 시지각의 손상으로 인한 시각 자극의 재인불능증. 양측 후두엽 손상으로 발생함.

지남력장애(disorientation) 상대방의 이름, 현재 장소, 현재 시간을 회상하지 못하는 증상. 현재 장소와 현재 시간을 회상하지 못하는 것은 최근기억(recent memory) 이상의 지표로도 많이 활용됨.

지속식물상태(persistent vegetative state) 각성은 있지만 인지와 정서기능은 부재한 상태. 광범위한 대뇌반구 손상에서 발생함 ('최소의식상태' 참조).

진행성비유창실어증(progressive nonfluent aphasia) 전두측두엽퇴행(frontotemporal lobar degeneration)의 한 유형으로 좌측 전두엽의 퇴행으로 인한 명칭실어증과 비유창실어증이 특징임.

질병무관심증(anosodiaphoria) 자신의 장애를 자각은 하지만 관심이 없는 증상. 보통 우반구 손상에서 나타남 ('질병실인증'과 '부정증' 참조).

질병실인증(anosognosia) 자신의 장애를 자각하지 못하는 증상. 보통 우반구 손상에서 나타남 ('부정증'과 '질병무관심증' 참조).

착각(illusion) 자극의 오지각. 환각의 발생과 유사한 임상적 조건에서 나타남.

착어증(paraphasia) 실어증 환자의 말하기에서 철자나 단어가 바뀌치기 된 오류. 철자(음소)착어증, 의미착어증, 신어증의 유형들이 있음.

찰스보닛증후군(Charles Bonnet syndrome) 시각상실과 연관된 유형 환시. 보통 안구 병리(ocular pathology)에서 발생함.

촉각글자실인증(agraphesthesia) 손바닥에 눌러서 써준 글자나 철자의 재인불능증.

최소의식상태(minimally conscious state) 의식 수준이 극심하게 낮지만, 자신 혹은 환경을 자각하고 있다는 최소한의 분명한 행동적 증거가 있는 상태 ('지속식물상태' 참조).

충격손상(coup lesion) 뇌외상에서 직접 충격을 받은 부위의 밑에 생기는 타박상.

측두엽간질(temporal lobe epilepsy) 발작장애의 한 유형으로 과민성 피질 초점이 측두엽에 있음. 복합부분발작(complex partial seizure)과 밀접히 관련됨. 과거에 사용되던 용어인 정신운동발작장애(psychomotor seizure disorder)와도 밀접히 관련됨.

치매(dementia) 후천적이고 지속되는 지적능력의 장애로 기억, 언어, 시공간지각, 행위기능(praxis), 계산, 개념적 혹은 의미적 지식, 관리기능(executive function), 성격 혹은 사회적 행동, 정서적 자각 혹은 표현의 아홉 가지 영역들 중 세 가지 이상이 영향을 받은 상태.

캅그라스증후군(Capgras syndrome) 친지가 당사자가 아니라 당사자와 비슷하게 생긴 다른 사람이라고 믿는 증상. 망상성 착오의 한 유형임. 양측 전두엽과 우반구의 손상과 연관됨.

코르샤코프기억상실증(Korsakoff's amnesia) 치료되지 않은 베르니케뇌병증(Wernicke's encephalopathy)에서 후속적으로 나타나는 만성 기억상실증. 코르샤코프정신병증(Korsakoff's psychosis)이라는 명칭이 더 많이 사용되지만 정확한 용어는 아님.

크게보임증(macropsia) 시각상이 실제보다 크게 보이는 착각. 측두엽 발작이나 편두통에서 가장 많이 나타남.

클리버-부시증후군(Klüver-Bucy syndrome) 과다성행동(hypersexuality), 양순함(placidity), 과다구강성(oral tendencies), 정신성맹(psychic blindness), 과다탐색증(hypermetamorphosis)이 나타나는 증후군. 양측 앞쪽 측두엽이 손상된 고등 영장류와 인간에서 나타남.

타박상(contusion) 뇌외상으로 인해서 생긴 피질과 하부 백색질의 멍. 전두극(frontopolar)과 앞쪽 측두(anterior temporal)에 많이 생김.

파국적 반응(catastrophic reaction) 심한 우울감, 초조증(agitation), 적개심을 보이는 증상. 좌반구 손상으로 심한 실어증을 보이는 환자들 중 일부에서 나타남.

편측무시증(hemineglect) 손상된 뇌반구 반대편에 제시된 감각 자극을 무시하는 증상. 좌반구 손상에 비해 우반구 손상에서 더 많이 나타남.

폭발손상(blast injury) 가까운 장소에서 일어난 폭발이 공기를 갑자기 파열시켜 발생하는 광범위성 뇌손상. 뇌외상의 한 유형임.

프레고리증후군(Fregoli syndrome) 두 명의 다른 사람이 겉모습만 바꾼 동일한 사람이라고 믿는 증상. 망상성 착오의 한 유형임. 양측 전두엽과 우반구의 손상과 연관됨.

피질경유 실어증들(transcortical aphasias) 실비우스틈새 바깥 영역의 손상으로 발생하는 실어증들. 공통적으로 따라 말하기(repetition)가 보존됨. 피질경유운동실어증, 피질경유감각실어증, 명칭실어증, 혼합피질경유실어증이 있음.

피질농(cortical deafness) 양측 일차청각피질 혹은 바로 밑에 있는 백색질의 손상으로 인한 청각 상실.

피질맹(cortical blindness) 양측 일차시각피질 혹은 바로 밑에 있는 백색질의 손상으로 인한 시각 상실.

혼돈(confusion) 각성과 언어기능은 정상이지만 사고의 일관성을 유지하는 능력은 없는 상태.

혼미(stupor) 각성장애의 한 유형으로 격렬한 자극을 반복적으로 주어야지만 반응이 있는 상태.

혼수(coma) 각성이 없고 반응이 없는 상태. 의식 수준 장애의 한 유형임. 상부 뇌줄기(upper brainstem) 손상 혹은 광범위 양측 뇌반구 손상에서 발생함.

환각(hallucination) 외부 자극이 없음에도 감각경험을 하는 증상. 다양한 신경과 및 정신과 장애에서 나타날 수 있음.

횡설수설실어증(jargon aphasia) 심한 베르니케실어증. 말이 빠르고, 착어증, 신어증(neologisms)이 많음.

후천성사회병질증(acquired sociopathy) 후천성 반사회적 행동과 억제못함증(disinhibition)이 나타나는 증후군. 양측 눈확전두(orbitofrontal) 손상과 연관됨.

후향기억상실증(retrograde amnesia) 기억상실증을 발생시킨 사고 전에 일어났던 일들을 기억하지 못하는 증상.

신경심리사례

편집 김홍근

* 이 사례들은 관련 문헌 및 저자의 임상자료에서 수집하여 정리한 것입니다.

1. 주의장애

1.1 급성혼돈상태(acute confusional state) : 전해질 불균형

41세의 남자 환자로 병원에 오기 36시간 전부터 식중독으로 심한 구토와 설사를 계속하였다. 점차 신체적으로 약화되고 정신적으로 혼란된 상태를 보여서 병원으로 옮겨졌다. 병원에 도착했을 당시 신체 마비, 감각 이상, 시야 결손은 없었다. 각성은 충분한 상태였고, 주변 상황에 관심을 보였으며, 횡설수설 끊임 없이 말을 하였다. 언어는 정상이었지만 한 주제에 대해서만 말하지 못하였고 일관된 사고를 할 수 없었다. 질문을 하면 응답을 하다가 곧 다른 곳으로 주의가 분산되고 원 주제와 관련 없는 다른 주제들을 말하였다. '숫자외우기'에서 2-3개의 숫자만을 반복할 수 있었는데 이조차도 항상 성공하지는 못했으며 거꾸로말하기는 전혀 불가능하였다. 검사자가 자신의 이름을 계속 말해주어도 순간적으로만 기억할 뿐 시간이 조금만 지나면 기억하지 못했다. 주의를 요하는 검사들(예, 100에서 7연속빼기)을 실시한 결과 모두 극심하게 저조하였다. 정보를 2-3초 이상 유지하지 못하였으므로 기억검사의 수행도 극히 낮았다. 혈액검사에서 나트륨이 결핍되어 있었고(112mg), 전해질 불균형으로 인한 급성혼돈상태로 진단되었다. 설사를 진정시키고 고장식염수(hypertonic saline)를 주입함에 따라 환자의 상태는 급속히 호전되었다. 출전 : Benson, 1994

1.2 급성혼돈상태(acute confusional state) : 우측 중간대뇌동맥 경색

61세의 남자 환자로 갑자기 정신적으로 혼란된 상태에 빠져 병원으로 옮겨졌다. 발견될 당시 자기 방에서 극도로 흥분하고 혼란된 상태에서 문을 차고 괴성을 지르고 있었다. 병원 이송 직후 각성은 있었지만 주의력은 2자리의 숫자만 반복할 수 있을 정도로 낮았다. 주의력이 극도로 산만해서 주변의 사소한 변화만으로도 분산되었다. 사고의 흐름에 일관성이 없었으며, 자극에 대해 적절한 반응을 하는 능력이 극도로 약화된 상태였다. 행동은 조용한 상태에서 극도의 흥분까지 다양하였는데 흥분 시는 강제적인 신체 구속이 필요하였다. 청각적 환각이 있었으며 시간, 장소, 사람에 대한 지남력이 모두 없었다. 구어는 착어증과 에둘러말하기(circumlocution)가 많았고 물건의 이름대기가 불가능하였다. 문자어는 읽을 수는 있었지만 쓰지는 못하였다. 좌측에 제시한 시각 자극에 대해 반응이 없었지만 편측무시증인지 편측시야결손인지 변별하기 어려웠다. 걸음이 불안정하였으며, 대소변을 가리지 못했고, 식기를 사용하지 않고 음식을 먹었다. 본인은 자신의 갑작스런 변화에 대해 통찰력이 전혀 없었다. 환자의 증상은 2~3일 후에 사라졌고 안정을 찾았다. 동맥조영술(arteriogram)에서 우측 중간대뇌동맥의 모가지(angular branch) 경색이 확인되었다. 출전 : Mesulam et al., 1976

1.3 조급증 : 전두엽 뇌경색

"65세 남자 환자분이 두 번의 혈관막힘을 겪은 후 성격이 많이 변해서 보호자가 모시고 왔다. MRI(자기공명영상)를 찍어보니 이미 앞쪽뇌와 앞쪽뇌에 연결된 뇌 깊숙이 있는 바닥핵에 혈관막힘의 흔적이 있고, 두 번의 혈관막힘의 흔적 외에도 증상 없이 발생한 혈관막힘의 흔적이 여러 군데 발견되었다. 환자는 혈관성 치매로 진단되었다. 부인에게 성격변화에 대해 자세히 물어보니 가장 두드러진 증상은 조급증이었다. "내일 병원에 가는 날입니다." 이렇게 하루 전에 환자에게 알려주었다가는 병원에 갈 때까지 보통 곤혹을 치르는 것이 아니라고 털어놓았다. 환자가 밤잠도 안 자고 계속 몇 시냐고 묻기 때문이다. 다음날 오후에 병원을 가야 하는데 새벽부터 옷을 입고 앉아 있다. 넥타이까지 매고는 초조한 기색으로 계속 시계를 본다. 아파트 현관문을 오전 내내 10번 이상 들락날락한다. 마침내 병원에 갈 시간이 가까워지면 부인이 화장을 하고 옷을 갈아입을 동안을 못 기다리고 엘리베이터를 타고 내려갔다가 올라오기를 반복한다. 급기야는 자동차 문을 열고 경적을 울린다. 아파트 전체가 시끄러우니 부인은 입술연지도 제대로 바르지 못하고 허둥대는 것이 다반사다." 출전 : 나덕렬, 2008, pp. 33~34

2. 기억장애

2.1 단기기억의 결손

사례 1.1, 1.2 참고

2.2 기억상실증(amnesia) : 단순포진성 뇌염

50세의 남자 환자로 뇌염을 심하게 앓다가 혼수상태에 빠졌다. 검사실 검사에서 단순포진성 뇌염(herpes simplex encephalitis)으로 확인되었다. 혼수상태에서 깨어난 직후에는 우측 불완전마비, 실어증, 치매가 있는 상태였다. 시간이 지나면서 불완전마비는 완전히 회복되었고, 실어증도 명칭대기에만 한정될 정도로 회복되었으며, 인지기능도 웩슬러지능검사로 측정한 지능지수가 133일 정도로 회복되었다. 그러나 심한 기억장애가 지속되었다. 시간과 장소에 대한 지남력이 전혀 없었고, 기억검사에서 새로운 정보를 학습하는 능력이 거의 전무하였다(전향기억상실증). 과거 수년 간에 대한 기억을 상실한 상태였지만 보다 오래 전에 일어난 일들은 기억하였다(후향기억상실증). 새로운 운동 기술을 학습하는 능력은 유지하고 있었다. 학습한 운동을 몇 달 후에 시켜보면 전보다 수행이 향상되어 있었다(절차기억 정상). 10여년 이후의 추적 검사에서도 기억장애 증상은 지속되었다. 출전 : Cermak and O'Connor, 1983

2.3 언어기억의 선택적 결손 : 좌측 측두엽간질

환자는 간질증상으로 모 대학병원 간질센터에 내원한 26세의 남자였다. 6세경에 수막염(meningitis)으로 병원에 입원한 적이 있었으며, 8세 때 처음으로 갑자기 정신을 잃고 발작을 보였으나 약물복용으로 조절되었다. 그러나 11세 때부터 1년에 1-2회 발작이 재발되었고 17세 때까지는 주 2-3회 꼴로 발작회수가 증가하였다. 발작시 증후로는 3-4초간 '아득한 느낌'이 있으며 이후 정신을 잃고 전신발작을 보인다. 뇌파 및 MRI 검사에서 좌측 측두엽에 간질 초점부위가 확인되었다. K-WAIS로 측정한 지능지수(FIQ)는 103으로 보통 수준이었다. 반면에 'Rey-Kim 기억검사'(김홍근, 2001)로 측정한 기억지수(MQ)는 80으로 경계선 수준이었다. 기억검사에서 특이한 점은 언어기억 능력과 시각기억 능력의 극단적 차이였다. 시각기억검사의 환산점수는 11점(63백분위)으로 정상 수준이었음에 비해서, 언어기억검사의 환산점수는 1점(0.1백분위)에 불과하였다. 출전 : 김홍근, 1999

2.4 말짓기증(confabulation) : 코르샤코프기억상실증

53세의 남자로 직업은 변호사이고 매우 오랜 기간의 알코올중독 병력이 있었다. 지난 3개월 동안 심한 전향기억상실증으로 어떤 정보도 학습이 되지 않는 상태였다. 예를 들어 검사자 이름, 병원 이름, 현재의 계절과 월, 자신의 의학적 문제가 무엇인지 기억하지 못하였다. 그러나 주의는 '숫자외우기'에서 8자리가 가능할 정도의 수준이었고, 웩슬러지능검사로 측정한 지능지수도 133의 높은 점수를 보였다. 과거기억은 지난 10-15년간의 기억은 거의 없는 상태였지만 그 이전의 기억은 유지하고 있었다. 그는 말짓기증적 특징을 보였는데 예를 들어 실제로는 병원에 입원 중이었음에도 불구하고 지난 주에 다녀온 '전국여행'에 대해서 이야기하였다. 지남력에 대한 질문에서도 항상 말짓기증적인 응답을 하였다. 환자가 알코올중독상태에서 회복함에 따라 말짓기증은 점차 감소하였고 정보 학습(예, 검사자 이름)도 약간은 가능한 상태가 되었다. 출전 : Benson, 1994

3. 언어장애

3.1 브로카실어증(Broca's aphasia)

다음은 한 브로카실어증 환자가 Western 실어증검사의 '해변가 그림'을 보고 설명하는 것을 옮긴 것이다. "아 … 어느 것부터요 … 예 예 … 아 … 애들은 공을 갖고 … 음 … 배구를 하네요 … 음 … 그리고 할아버지 … 할머니 … 는 … 여 … 뭐 … 여 … 방에서 나왔는데 … ㅅㅅ산책을 나왔고 … 이른 … 아가씨는 … 어 … 음 … ㅊ … 책을 보고 … 또 … 어 … 기타를 치 … 쳤는강 … 그건 모르겠고 … 그리고 … 이 아가씨는 … 이 … 어 … 가 … 강아지를 있네요 … 그리고 ㅎㅎ홀텔 … 호텔이 두 개 있고요 … 그냥 뭐 … 우 … 없는데요 … 다 됐는거 같습니다." 출전 : 김영은, 임상자료

3.2 베르니케실어증(Wernicke's aphasia)

다음은 한 베르니케실어증 환자(P)와 치료자(T)의 대화를 옮긴 것이다.

> T: 성함이 어떻게 되십니까?
>
> P: 사갚? 사갚플 내고 있는데
>
> T: 이름이 어떻게 되십니까?
>
> P: 이름을 내고 있습니다. 예 이릎
>
> T: 제 이름은 ○○○입니다.
>
> P: 예 하고 있습니다.
>
> T: 잘 보고 이야기 해주세요(Western 실어증검사의 '해변가 그림').
>
> P: 네 … 그거 해변에 예 예 … 그냥 뭐 해 고거는 애들이 놀려 해려 가지고 있고 고애를 놀거 어른들이 내는 것 같고 … 집을. 근저 큰 애들이 애들이 가져고 얼 뜨고 어르게 노는 것 같습니다. 거기에서 인자 스크를 차지해서 그 혼자 자리를 그냥 대형 천을 덮고 거 내홀리 덮고 있는 거 … 가에 뭐 개가 있고 아마 애들이 같이 노는 모양인 거 같습니다. 출전 : 김영은. 임상자료

3.3 전도실어증(conduction aphasia)

"유창하게 말을 할 수 있고 알아듣기 능력이 좋은 반면 특징적으로 따라 말하기에 심한 장애를 보였다. 즉 모두 2어절 이상의 문장 반복이 불가능하였고 고작 2내지 3음절 단어 반복이 가능하였으나 이 때에도 음소착어증이 뚜렷하였다. 예를 들어 '코'를 '호'로 발음하거나 '시계'를 '테배'로 발음하는가 하면 '사닥다리'를 '파닥자리' 등으로 말하였다. 또한 같은 길이의 음절일 때 낱말보다는 숫자반복을 더 잘하는 편이었다." 출전 : 나덕렬 등, 1989, pp. 319~320

3.4 명칭실어증(anomic aphasia)

"54세 여자 환자가 갑자기 시작된 언어장애를 주소로 신경과에 내원하였다. (…) 환자는 내원 3일 전 갑자기 전화 통화 도중 가족들의 이름을 말하지 못하고, 본인이 하

고 싶은 말을 표현하지 못하는 증상을 보였다. 보호자에게 병력 청취시 환자는 발병 전에는 기억, 언어 등의 인지장애는 전혀 없었다고 하며, 의료진이 환자와 면담시에도 최근 일상에서의 중요한 사건은 모두 기억하고 있으나 언어장애로 정확한 의사표현을 하지 못하여 자세한 부분까지 기억하는지는 확인하기 어려웠다. 대화 시 유창성은 유지되어 있고, 대부분의 질문은 이해하였다. 물건이름이나 사람이름을 금방 대지 못하고 대체어도 찾지 못해 말문이 자주 막히며 "그거, 저거"라는 지시대명사를 자주 사용하였고, 대화중 상황과 상관없는 단어를 사용하는 경우도 자주 있었다. 발병 3일째 시행한 뇌자기공명영상상에서 좌측 측두엽의 위, 중간이랑(superior and middle temporal gyrus) 부위로 급성 뇌경색이 확인되었다. (…) 언어영역 검사인 한국판 보스톤 이름대기 검사(Korean version Boston Naming Test, K-BNT)에서는 7/60점으로 이름대기 장애가 심하였으나, 사물의 의미는 알고 있었다." 출전 : 김정은, 김지향, 2006, pp. 475~476

3.5 완전실어증(global aphasia)

"79세 남자 환자로 내원 5일전 갑자기 발생한 실어증을 주소로 내원하였다. 환자는 대졸 학력을 가지고 있었으며 오른손잡이였다 (…) 신경학적 검사상 의식은 명료하였으며 검사자의 지시에 이해하려고 노력하는 모습을 보였으나 묻는 말을 전혀 이해하지 못하였고 간혹 "응, 웅" 등의 불확실한 단음절만을 발음할 수 있었다. (…) 언어소통이 불가능하기 때문에 다른 인지 기능을 검사할 수 없었으나 간혹 검사 중에도 환자가 주변에 대한 경계를 하는 모습 및 공격적인 태도를 관찰할 수 있었다. (…) 뇌자기 공명촬영(Magnetic Resonance Imaging; MRI)상 좌측 상부측두엽 부위(superior temporal are)에 급성기의 뇌경색 소견이 관찰되었으며 (…) 환자는 입원 후 한달까지는 입원했을 당시와 비슷한 수준을 보였으나 한달 이후부터 불확실하지만 2음절 정도의 단어를 말할 수 있게 되었다. 입원한지 두 달 지나서는 말의 양은 많아졌으나 음절을 나열하는 정도였고, 이해력은 한 문장 정도의 간단한 말에 대한 이해는 가능한 정도로 회복되었다." 출전 : 곽용태 등, 2000, pp. 73~74

3.6 착어증(paraphasia)

(1)음소착어증 (phonemic paraphasia) : 장미-잠미; 호두-조두, 어두; 권총-천총; 시계-지계; 안경-안전; 거울-어울; 열쇠-설쇠; 가위-가지; 우표-우포, 우코; 연필-양필; 명함-명안, 전암; 젓가락-젓가랑; 단추-잔수; 머리빗-너지빗; 딸기-빨기; 주사기-주사지; 칫솔-디솔; 손톱깎이-돈고자끼; 온도계-손도계. (2)의미착어증 (semantic paraphasia) : 꽃-꽃병; 칫솔-치약; 온도계-체온계. 출전 : 김영은, 임상자료

3.7 실서증 있는 실독증(alexia with agraphia)

"78세 남자가 내원 6시간 전, 갑자기 말이 어눌해지며, 자신이 표현하고자 하는 말을 하기 힘들고, 사물의 이름이 생각나지 않는 증상을 주소로 내원하였다. (…) 학력은 중졸로 9년간의 교육기간을 가졌으며, 그 이후 서예가로 활동 중이었다. (…) 한국형 간이정신상태 검사에서 16/30점을 나타내었으며, 신경학적 검사에서 지남력은 정상이었으나, 언어 기능의 저하가 관찰되었다. 스스로 말하기는 비교적 유창하였으나, 간간이 주저하며 힘겹게 말하는 경향이 있었고, 몇 단어에서는 착어증(paraphasia)을 보였다. 청력 저하로 제한이 있었지만, 듣고 이해하기나 따라 말하기는 보존되어 있었다. (…) 시야장애는 없었고, 본인의 이름은 정확히 읽고 썼으나, 부인의 이름뿐만 아니라 자녀들의 이름조차 정확히 읽거나 쓰지를 못하였다. 환자에게 신문을 읽게 하였을 때, 한글은 거의 읽지 못하였으나, 한자 읽기는 대부분에서 이상이 없었다. 간단한 한글 5개(생일, 부모, 조부, 병원, 일본)를 읽게 하였을 때, '병원'을 '병어'로, '일본'을 '일버'로 발음하는 착어증을 보였으며, 나머지 세 단어는 읽지 못하였다. 하지만 이들 5개 단어를 한자로 바꾸어 읽게 하였을 때, 5개 단어 모두 올바르게 읽어 내었다. (…) 내원 2일 후 시행한 뇌 자기공명영상에서 좌측 마루-뒤통수 부위에 국한된 급성기 뇌경색이 관찰되었다." 출전 : 임은광 등, 2008, pp. 361~363

3.8 실서증 없는 실독증(alexia without agraphia)

사례 5.2 참고

3.9 산수못함증(anarithmetria)

42세 남자로 수년 전에 교통사고로 좌측 두정엽에 손상을 입은 환자였다. 환자의 학력은 대졸이었고 병전에는 회사에서 중역으로 근무하고 있었다. 현재 남아 있는 인지적 후유증으로는 읽기/쓰기의 속도가 느리고, 좌우를 혼동하고, 물건의 이름을 잘 생각해내지 못하고, 손가락 인식을 잘 못하는 등의 증상이 있었다(게르스트만증후군). 그러나 가장 현저한 인지적 증상은 계산하기에 있었다. 그는 숫자의 인식에는 문제가 없었다. 또한 단순한 덧셈, 뺄셈, 곱셈 문제(예, 7+4; 9−6; 8×7)를 듣거나 보고서 잘 풀 수 있었다. 그러나 위의 자리수에서 10을 빌려오거나 위의 자리수로 1을 올리는 과정이 포함된 계산은 항상 실패하였다. 이런 문제에서 환자는 중도에 계산하는 방식을 변경하곤 했는데, 예를 들어 첫째 줄의 숫자들은 더하고, 둘째 줄의 숫자들은 곱하였다. 환자는 자신이 병전에는 수학을 매우 잘하는 편이었고 암산에도 능했다고 하였다. 출전 : Benson, 1994

4. 실행증

4.1 관념운동실행증(ideomotor apraxia)

54세의 남자 환자로 좌측 모서리위이랑(supramarginal gyrus)에 작은 뇌경색이 있는 환자였다. 마비나 감각 이상이 없고, 말을 듣고 이해하는 데 전혀 지장이 없었다. 그러나 주먹 쥐기, 악수하기, 망치질하기, 머리빗질하기의 지시를 듣고서 해당 동작을 수행할 수 없었다. 이러한 동작의 시범을 보고서 따라 하는 것 조차도 매우 어려워했다. 그러나 동작의 보기들을 보여 주고 고르게 하면 올바른 동작을 선택하였다. 또한 수저나 포크를 사용하는 동작은 어려움 없이 수행하였다. 일상 생활에서의 손발 동작은 자연스럽고 어려움이 없이 진행되었다. 수 개월 뒤의 추적검사에서 "혀를 내밀어보세요"라고 하자, 입을 열고 닫고, 얼굴을 찌푸리고, 눈을 가늘게 뜨는 등의 동작을 반복하다가 무려 2분이 지나서야 혀를 내미는데 성공하였다. 그러나 곧 이어서 스스로 혀를 내밀어 입술을 닦는 동작을 하였다. 그러므로 혀를 내밀지 못한 것이 근쇠

약(motor weakness) 때문이 아니라는 점이 분명하였다. 출전 : Benson et al., 1973

4.2 뇌들보실행증(callosal apraxia)

42세의 남자 환자로 뇌들보 무릎(genu)의 오른편 백색질에 뇌경색으로 인한 것으로 추정되는 손상이 있었다. 처음에 좌측 반신불완전마비(hemiparesis)가 있었지만 점차 호전되어 기초적 운동기능은 완전히 회복되었다. 언어적 장애는 전혀 관찰되지 않았다. 환자는 지시에 따라 우측 팔다리로 동작을 수행하는 데는 이상이 없었지만 동일한 동작을 좌측 팔다리로 수행할 수는 없었다. 예를 들어 악수하기, 주먹 쥐기, 손가락 튕기기, 망치질 등을 오른손으로 수행할 수 있었지만, 왼손으로는 상동적으로 흔드는 동작 밖에 하지 못하였다. 그러나 먼저 우측 팔다리로 동작을 수행한 후에 좌측 팔다리로 그 동작을 따라 하는 것은 가능하였다. 오른손으로 쓴 글자는 읽을 수 있는 형태였지만 왼손으로 쓴 글자는 알아볼 수 없는 '끄적거림'에 불과하였다. 왼손으로는 무엇을 쓰라고 하든 그의 이름의 첫 글자를 쓴 후 몇 철자를 더 쓴 후 중단하였다. 오른손으로 쓴 글자를 보고서 왼손으로 똑같이 쓰는 것은 가능했지만 매우 느리고 서툴렀다. 출전 : Benson, 1994

4.3 말실행증(verbal apraxia)

"초등학교졸업 학력을 가진 56세 남자가 언어장애와 우측 편마비를 주소로 내원했다. (⋯) 검사 결과, 스스로 말하기(2/20)에서 환자는 자신의 성은 제대로 말했으나 이름은 "호지. 조흐", 주소는 "조야(충남). 조여에(부여시). 조야(충남) 오여으(부여시)"라고 하는 등 무의미한 음절을 나열하는 양상을 보였다. 불편한 점을 묻는 질문에는 "아(말). 마(말)"이라고 하였으며, 그림설명과제에서 "아타 아저지 여패(아저씨 옆에), 조 애드(애들) 지여 피서 허⋯아조자 쇼쳐저저⋯"와 같은 양상을 보였다. 그러나 청각적 이해력(9.5/10)은 정상적으로 보존되어 있어 10어절 이상의 복잡한 명령수행도 가능했다. (⋯) 사물이름대기검사(confrontation naming)에서 환자가 이름을 말하지 못하는 항목들을 글로 써보게 했을 때 20개 항목 모두 정반응을 보였다. (⋯) 환자는 말할 때, 항상 조음기관을 움직이기 위해 애쓰는 모습이 역력했고 발음하기

전에 입술로 여러 번 입 모양을 만들어 보는 음의 탐색행동(groping)을 보였다. 환자는 자신의 오류를 인식하고 반복시도를 통해 이를 수정하려는 노력을 했으나 매 번 다른 양상의 오류를 보였다. 길항반복운동 과제(diadochokinetic task)에서 /퍼/, /터/, /커/를 각각 반복하게 했을 때 정확한 조음이 불가능하였고 모두 '아'라는 모음만 산출하였고 연속운동속도(sequential motion rate) 과제인 /퍼-터-커/는 아예 수행하지 못했다. (…) 환자는 또한 구강안면실행증(buccofacial apraxia)이 동반되어 있어 '뽀뽀하기', '혀차기', '혀로 시계소리(똑딱똑딱)내기'. '빨대로 빨기'에서 적절한 입모양이나 구강기관의 움직임을 보이지 못했다." 출전 : 조경희 등, 2006, pp. 479~480

5. 실인증

5.1 지각못함실인증(apperceptive agnosia)

25세의 군인으로 일산화탄소 중독으로 오랜 기간 의식 상실이 있었던 환자였다. 회복이 불완전하여 장기 입원 중이며 주 진단명은 '시각상실'과 '만성뇌증후군'(chronic brain syndrome)이었다. 각성상태가 정상이었고, 협조적이었으며, 언어와 기억이 정상이었다. 그러나 쓰기와 읽기가 불가능하였고, 철자나 그림을 보고서 따라 쓰거나 그리지 못했다. 물체를 보고서는 무엇인지 전혀 몰랐지만 손으로 만지면 즉시 알았다. 또한 사람을 보고서도 누구인지 전혀 몰랐지만 목소리를 듣는 즉시 알았다. '시각상실'처럼 보임에도 불구하고 그는 자신이 "볼 수 있다"(see)라고 주장하였다. 시각 검사에서 시력(visual acuity)이 정상이었으며, 색, 밝기, 운동 방향을 변별하는 능력도 정상이었다. 그러나 형태를 변별하는 능력은 전혀 없었다. 예를 들어 연필, 빗, 칫솔을 보고서 모양의 차이를 말하지 못했다. 또한 세 도형(예, 원 2, 십자가1) 중 다른 하나를 변별하는 검사에서 무선적 반응을 계속하였다. 일산화탄소 중독으로 일차 및 이차시각피질이 손상되어 발생한 지각못함실인증으로 추정되었다. 출전 : Benson and Greenberg, 1969

5.2 연합못함실인증(associative agnosia)

47세의 남자 의사로 술과 진정제 과다 투여를 통한 자살 기도에서 청색증저혈압삽화(cyanotic hypotensive episode)가 있었다. 3주가 지나자 정신 상태가 명료한 수준으로 회복하였고, 스스로 돌아다닐 수 있었으며, 우측 같은쪽반맹(homonymous hemianopsia)이 있었지만 다른 신경학적 증상은 없었다. 의사 소통에 지장이 없고 풍부한 어휘를 사용함에도 불구하고 물건을 보고서 무엇인지 전혀 말하지 못했다. 그러나 물체를 만지자마자 무엇인지 금새 알았다. 또한 사람을 보고서 누구인지 전혀 몰랐지만 목소리를 들으면 즉시 알았다(얼굴실인증). 색깔을 보고 무슨 색인지 전혀 말하지 못했고, 색깔이름을 듣고서 보기 중에서 짚어내는 과제를 전혀 하지 못했다(색채이름대기못함증). 그러나 물체의 색깔을 물어보면(예, 바나나가 무슨 색이지요?) 정확히 답하였고, 조각들을 색에 따라 분류하는 과제도 잘 하였다. 그림을 보고서 무엇을 그린 것인지 말하지는 못했지만 복잡한 그림까지도 그대로 따라 그릴 수 있었으며, 지시에 따라 물체를 그릴 수도 있었다. 그는 자신의 활동에 대해 한 문단으로 작문해서 쓸 수 있었지만 자신이 쓴 글조차도 읽는 것은 전혀 불가능하였다(실서증 없는 실독증). 삼차원 변별, 미로 찾기, 숨은 그림 찾기 등의 시각적 과제도 잘 하였다. 일상 생활에서도 스스로 돌아다니는 데 별 다른 지장이 없었다. 3년 뒤에 사망한 후 실시한 부검에서 좌측 일차시각피질과 시각연합피질 그리고 우측 시각연합피질의 손상이 확인되었다. 출전 : Rubens and Benson, 1971

5.3 얼굴실인증(prosopagnosia)

사례 5.2 참고

5.4 중추성색맹(central achromatopsia)

직업이 화가인 65세의 남자로 차를 몰고 가다가 트럭과 측면 충돌하는 사고를 당하였다. 큰 부상은 없었으며 사고 후 응급실에서 확인된 증상은 글자를 읽지 못하는 것과 색깔을 보지 못하는 것 이외는 없었다. 글자를 읽지 못하는 증상은 얼마 지나지 않아서 회복되었지만 색깔을 보지 못하는 증상은 계속되었다. 환자는 온 세상이 흑

백으로 보여서 자신이 완전히 색맹인 상태라고 하였다. 그는 온 세상이 '잿빛'이어서 더럽게 느껴지고 사람들의 살도 쥐색으로 보여서 역겹다고 하였다. 이 때문에 그는 사회 생활도 위축되었고 성생활도 불가능하게 되었다. 또한 음식들도 혐오스럽게 보여서 눈을 감고 먹어야 될 정도였다. 그런데 눈을 감고 상상한 상태에서도 색은 보이지 않았다. 예를 들어 주황색의 토마토를 상상할 수 없었으며 마음 속에서도 회색으로 보인다고 하였다(심상 장애). 색이 보이지 않는 것은 일상 생활에서 각종 장애와 불편을 가져왔다. 예를 들어 교통 표시등에서 빨간색과 파란색을 구별하지 못해서 '위치'를 가지고 구별해야 했다. 또한 식탁에서 쨈과 캐찹을 구별하거나 마요네즈와 머스터드를 구별할 수 없어서 항상 정해진 위치에 놓고 사용해야 했다. 출전 : Sacks, 1995

5.5 바린트증후군(Balint's syndrome)

"63세 여자가 1996년 11월 7일 내원 하루 전날 기상시 갑자기 발생한 시각장애를 주소로 ○○○○신경과를 내원하였다. 환자는 내원 전날 아침에 자신의 방과 바로 붙어있는 화장실 문을 찾지 못하고 헤매다가 실금을 하였으며 또한 아침 식사시 숟가락을 밥그릇에 제대로 넣지를 못하고 자꾸 오른쪽 허공에 숟가락을 헛질하였다. (…) 우측의 동측 시야반맹이 관찰되었으며 환자는 정면을 바라보다가도 금새 양안구가 엉뚱한 곳을 응시하는 경향을 보였다. (…) 환자의 정면에서 끝에 구슬이 달린 노란 막대기를 흔들다가 멈추는 것을 반복하였을 때 환자는 막대기가 흔들리는지 여부를 정확하게 알고 있었다. 그러나 그 물체를 잡아보라고 했을 때는 손이 전혀 엉뚱한 곳을 움켜쥐었다. (…) 환자에게 그림을 보여주었을 때 그림을 제대로 쳐다보지 못하였는데 우연히 포착했다가도 금방 그림이 없어졌다고 말하였다. 그 때 환자의 눈을 보면 그림을 주시하고 있는 것이 아니라 전혀 엉뚱한 곳을 바라보고 있었다. (…) 환자에게 작은 '8'자들로 이루어진 '3'자(Fig. 1)를 보여주었을 때 8자가 많이 보인다고 하며 8자를 손가락으로 따라가며 3자를 그리기도 하였지만 큰 '3'자는 보지 못하였다. (…) 공장내부에 트럭들이 있고 사람들이 일하는 장면이 담겨있는 사진을 보여주었을 때 차바퀴, 공장바닥의 매우 작은 빨간 페인트 자국과 사람들을 언급하였지만 전

체적으로 어디에서 어떤 일이 일어나고 있는지는 전혀 말하지 못하였다." 출전 : 최성
혜 등, 1997, pp. 901~902

5.6 움직임실인증(akinetopsia)

43세의 여자로 뇌혈관 장애로 뇌의 뒷부분에 손상을 입은 환자였다. 그녀의 주호소
는 움직임을 잘 볼 수 없다는 것이었다. 예를 들어 그녀는 주전자에서 차를 부을 때
물이 '얼은' 것처럼 보인다고 하였다. 또한 찻잔에 물이 차오르는 것이 보이지 않기
때문에 적절한 순간에 멈출 수 없다고 하였다. 방에 여러 사람이 있을 때는 혼란스러
웠는데 사람들이 움직이는 것이 보이지 않고 '여기, 저기'에 갑자기 나타났다 사라지
곤 한다고 하였다. 이에 비해 시각의 다른 측면들은 정상이었다. 색채 지각을 잘 하였
으며 실인증도 없었고 읽거나 쓰기에도 지장이 없었다. 출전 : Zihl, 1983

5.7 심상장애(visual imagery deficits)

7년 전에 교통사고로 인해 후두-측두 영역에 손상을 입은 25세의 남자 환자였다. 그
는 연합못함실인증, 얼굴실인증, 중추성색맹의 증세가 있었는데 심상에서도 유사한
결함을 보여주었다. 예를 들어 코끼리가 어떻게 생겼는지 말해보라고 하자 "다리가
깁니다 … 그리고 목이 길어서 구부리면 땅에 있는 것도 집어올릴 수 있어요"라고 말
했다. 코끼리를 그려보라고 하자 그림 1A와 같이 그렸다. 시계를 그려보라고 하자 동
그라미 밖에 그리지 못하고 머뭇거렸으며, 숫자까지 그리라고 요청하자 1과 6의 숫
자를 우측 상단에 모두 그려 넣은 후 멈추었다. 반면에 시계를 보고 그리는 것은 매
우 잘하였다(그림 1B). 물체의 색깔을 상상하는 것도 어려워하였는데, 예를 들어 수
박, 참외, 포도의 색깔이 무엇인지 물어도 답하지 못했다. 반면에 그는 시공간장애는
없었으며 심상에서도 시공간적 관계의 상상은 문제가 없었다. 예를 들어 그가 다니
는 학교에서 병원까지 오는 길을 설명해 보라고 하자 망설임 없이 매우 정확하게 기
술하였다. 출전 : Levine, Warach, and Farah, 1985

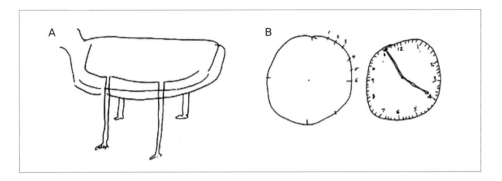

그림 1 심상장애 환자 : (A) 코끼리를 그린 것, (B) 시계를 안 보고 그리거나(왼쪽 그림) 보고 그린 것(오른쪽 그림)(출처 : Levine et al., 1985)

5.8 순수말귀먹음(pure word deafness)

"본 환자는 36세 남자로 내원 일주일전 갑자기 주위의 소리는 들리나 사람들의 말을 전혀 알아듣지 못하는 증상이 발생하여 내원하였다. 환자는 사람들의 말은 전혀 알아듣지 못하였지만 문자는 정상적으로 식별하고 이해할 수 있다고 하였다. (…) 내원 당일에 시행한 Western 실어증 검사의 결과(Table 1)는 자발언어는 유창하였고 문법적으로 적당하였으며 어휘 구사도 교육수준(고졸)을 감안할 때 적절하였으며 착어증의 증거는 없었다. 그러나 검사자가 하는 말은 전혀 알아듣지 못하였고 검사자가 한 말은 전혀 따라하지 못하였다. 환자에게 모르는 음악을 들려주었을 때 환자는 음을 내는 악기의 종류(기타, 섹스폰, 피리, 가야금 등)를 정확히 알아 맞혔고 리듬과 음률은 따라 할 수 있었지만 가사를 전혀 알아듣지 못하였다. 남자와 여자 목소리의 차이를 감별하였으며 웃음소리와 울음소리도 구별하였다. 비언어성음(손뼉, 동물울음, 전화벨소리 등)도 정확히 구별하였다. 읽기, 쓰기는 정상이었으며 색깔, 신체부위, 도형, 물건에 대한 명칭도 정확히 답변하였다. (…) 증상 발현 1주일 만에 시행한 뇌자기공명영상 소견(Fig. 1. A, B)에서 양측 상측두회에 경색의 소견을 보였다."

출전 : 성상민, 김상화, 박규현, 1997, p. 378

5.9 청각소리실인증(auditory sound agnosia)

57세의 남자 환자로 어느 날 오후 갑자기 청각에 이상을 느끼게 되었다. 내원 시 신경학적 검사에서 특이한 소견은 없었으며 시각, 체감각, 운동 기능이 정상이었다. 청력 검사에서도 완전히 정상이었지만 비언어 소리를 듣는 데 어려움이 있다고 호소하였다. 실제로 비언어 소리에 대한 이해도를 평가한 결과 전혀 불가능한 상태였다. 예를 들어 휘파람, 손뼉, 손가락 튕기기 소리를 들려주면 소리가 났다는 것은 알지만 무슨 소리인지 전혀 알지 못했다. 또한 전화벨, 개 짖는 소리, 말발굽 소리도 구별하지 못했다. 이러한 비언어 소리에 대한 실인증은 수 년이 지나도 지속되었다. 이에 반해 말소리의 이해는 초기에는 약간의 장애가 있었지만 얼마 지나지 않아서 완벽한 수준으로 회복하였다. 시간이 지남에 따라 편집증이 생겼고 의사, 종업원, 아내를 비롯한 주위 사람들을 의심하였다. 실어증 검사를 완벽히 '통과' 함에도 불구하고 사람들의 말을 잘 이해하지 못한다는 불평을 하였는데, 아마도 말소리의 운율을 이해하지 못해서 감정을 파악하지 못하는 것과 관련된 것으로 추측되었다. 뇌영상 검사에서 우측 측두엽에 작은 뇌경색이 있을 것으로 의심되었다. 출전 : Albert et al., 1972

5.10 촉각실인증(tactile agnosia)

46세의 남자 환자로 교통사고로 인해 오른쪽 두정엽에 손상을 입었다. 의식이 회복된 후 좌측 상지를 잘 사용하지 않는 행동이 관찰되었다. 체감각을 평가한 결과 좌우측 상지 모두에서 기본적 감각(통각, 온도각, 촉각, 진동각)은 이상이 없었다. 그러나 보다 복잡한 감각(이점역, 촉각의 위치, 위치각[position sense])는 좌측 상지에서 매우 저조하였다. 특히 좌측 상지에서 촉각으로 글자나 물체를 인지하는 것은 전혀 불가능하였다. 눈을 감긴 상태에서 왼손으로 물체(예, 연필, 빗)를 만지게 하면 무엇인지 말하지 못하거나 말짓기증(confabulatory) 반응을 보였다. 그러나 오른손으로 만지게 하면 즉시 말하였다. 좌측 상지에 감각 이상만 있을 뿐 운동 이상은 없었지만 좌측 상지의 사용을 거의 하지 않았다. 출전 : Devinsky, 1992

6. 우반구 증후군

6.1 구성실행증(constructional apraxia)

68세의 남자로 어느 날 기상시에 왼쪽 팔다리가 차가운 느낌이 있으면서 약간 어둔하였고 두통과 머리가 무거운 느낌이 지속되었다. 밤에 근무하러 가는데 야식을 먹기 위해서 평소 자주 가던 음식점을 찾지 못해서 수 km 떨어진 곳까지 걸어갔다가 택시 타고 다시 돌아온 적이 있었다. 이후 점차 신체적으로 약화되고 어리둥절한 모습이 자주 보여서 병원을 찾게 되었다. MRI상 우반구에 큰 뇌경색이 있는 것으로 확인되었다(그림 2A). 발병 1주일 후 실시한 웩슬러지능검사에서 언어이해지표(VCI)는 122인 반면에 지각조직지표(POI)는 72로 50점이라는 극단적인 차이가 있었다. 언어성 소검사인 기본지식문제, 이해문제, 공통성의 연령별 환산점수가 각각 13점, 16점, 12점으로 평균 이상이었다. 반면에 시공간성 소검사인 빠진곳찾기, 토막짜기, 모양맞추기의 연령별 환산점수는 각각 5점, 7점, 3점으로 극심하게 낮았다. Rey Complex Figure의 모사하기를 보면 전체적 구도가 '깨져' 있어 구성실행증을 반영하였다(그림 2B). 또한 좌측의 많은 부분이 생략되어 있어 편측무시증을 반영하였다. 출전 : 김홍근, 임상자료

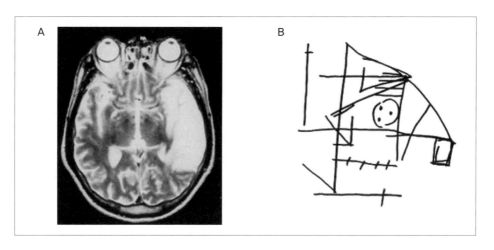

그림 2 구성실행증을 보인 환자 : (A) MRI 사진(사진의 오른쪽이 뇌의 오른쪽임), (B) Rey Complex Figure를 보고 그린 것

6.2 편측무시증(hemineglect)

60대 여자로 우반구의 뒤쪽에 큰 뇌경색이 발병하여 편측무시증을 보였다. 그녀는 식사를 할 때 오른편에 놓인 음식만을 먹고 왼편에 놓인 음식을 무시하였으며, "밥을 왜 이렇게 조금 주느냐"는 불평을 하곤 했다. 화장이나 립스틱을 바르는 것도 얼굴의 오른편에만 바르고 왼편은 무시하였다. 그녀는 자기가 이런 실수를 한다는 것을 지적해서 보여주면 이해하고 웃기도 했지만 고칠 수는 없었다. 그녀에게는 마치 왼편 공간이 없는 것과 같기 때문에 왼편을 직접 바라보거나 그 쪽으로 신체를 돌리는 일이 불가능한 것처럼 보였다. 출전 : Sacks, 1998

6.3 질병실인증(anosognosia)

61세의 남자 환자로 어느 날 갑자기 좌측 신체에 편마비(hemiplegia)가 나타났다. 얼마 지나지 않아서 의식이 명료하고, 의사소통에 이상이 없을 정도로 회복하였다. 그러나 지남력은 충분하지 않아서 병원 이름을 기억하지 못하였다. 또한 좌측 신체의 편마비와 감각 이상이 심한 상태로 계속되고 있었지만 이런 점을 전혀 인지하지 못하고 부정하였다. 그는 자신의 신체에 아무런 이상이 없고 지금이라도 당장 일어나서 걸어 다닐 수 있다고 하였다. 또한 지시에 따라 좌측 신체를 마음대로 움직일 수 있다고 주장하였다. 실제로 지시에 따라 좌측 신체를 움직일 수 없음을 보고 나서는 마비가 있다는 사실을 인정하였다. 그러나 몇 분 지나지 않아서 다시 물어보면 자신의 신체에 아무 이상이 없다는 말을 또 다시 되풀이하였다. 우반구 뇌경색에 따른 질병실인증으로 진단되었다. 출전 : Devinsky, 1992

6.4 운동지속못함증(motor impersistence)

"환자에게 눈을 30초 동안 감고 있으라고 하면 2초나 3초 후에 눈을 뜬다. 다시 눈을 감으라고 해도 감지만 이내 다시 눈을 뜬다 마치 어린아이들에게 기도를 할 때 눈을 감고 있으라고 해도 자꾸 실눈을 뜨는 것과 비슷할지도 모른다. 그리고 환자에게 팔을 앞으로 나란히 하라고 하면 금방 팔을 내린다. 결국 한 동작을 오래 지속하지 못하므로 지구력을 필요로 하는 일을 할 수 없다. 이런 증상이 심하면 검사 도중 벌떡 일어나 물먹으러 나갔다 오고, 검사실에 창문이 있으면 창 밖을 내다보고 오는 것을 수없이 반복한다. 교회에서 집중하지 못하고 주위를 두리번거리고 기도시간에 눈을 감지 못한다. 중간에 일어나서 뒤에서 서성이기도 한다." 출전 : 나덕렬, 2008, pp. 59~60

6.5 공간지남력장애(spatial disorientation)

54세의 남자로 2개월 전에 우반구 안쪽 후두엽(right medial occipital lobe)에 뇌경색이 발생한 환자였다. 신경학적 검사에서 좌시야의 하부에 사분맹(quadrantanopia)이 있었고 좌시야의 상부는 무시하는 경향이 있었다. 얼굴 재인은 잘하였고 병원 스탭들의 얼굴도 쉽게 학습하였다. 그러나 지난 2개월 동안 잘 아는 장소에서 길을 잃곤 하는 증상을 보였다. 예를 들어 병실에서 화장실을 잘 가지 못하였으며, 문의 수를 세워서 찾는 방법을 학습하였다. 병원내 매점은 층수와 방향표시(←, →)를 순차적으로 암기하여 이동하는 방법을 학습하였다. 그러나 중간에 한 번이라도 방향표시를 실수하는 경우 완전히 길을 잃어서 타인의 도움이 필요하였다. 퇴원해서도 수 년간 살아온 아파트이지만 건물을 찾지 못하거나 건물 내에서 자기 집을 찾지 못하는 일이 여러 차례 발생하였다. 동네에서 자기가 지금 어디 있는지 알기 위해, 대문 색깔, 우편함 형태 같은 특징에 의존해야 했다. 구성실행증도 심했으며 스스로 옷을 입는 것도 불가능하였다(옷입기실행증). 출전 : Landis et al., 1986

6.6 옷입기실행증(dressing apraxia)

사례 6.5 참고

6.7 실운율증(aprosody)

우울증의 진단을 받고 정신병동에 입원해 있다가 약물치료의 효과가 없어서 신경과로 의뢰된 환자였다. 그는 거의 하루 종일 축 처진 자세로 아무 표정이나 움직임 없이 지냈다. 그러나 시간과 장소에 대한 지남력, 기억력, 언어기능이 정상이었다. 이차원 그리기는 가능했지만 삼차원 그리기는 잘 수행하지 못하였다. 망상, 환각, 사고장애는 없는 것으로 보였다. 가장 눈길을 끄는 이상은 말할 때 나타났다. 그가 하는 모든 말은 어휘와 문법적으로 정상이었지만 운율이 전혀 없는 단조로운 어조였다. Jingle Bells나 Happy Birthday 노래를 불러보라고 하자 그는 아무런 멜로디 없이 단조롭게 가사를 읽듯이 말하였다. 입원하게 된 경위에 물었을 때, "자식놈들이 나를 정신병원에 처넣은 거야. 내가 나가기만 하면 이 놈들을 찾아서 가만두지 않을 거야"라는 격한 내용의 말을 하였다. 이 말이 매우 감정적인 내용임에도 불구하고 극히 단조로운 어조로 아무 표정이나 제스처 없이 말하는 점이 매우 특이하였다. CT 검사에서 우반구의 브로카영역에 해당하는 부위에 뇌경색이 확인되었다. 출전 : Devinsky, 1992

6.8 실음악증(amusia)

어느 날 좌측 신체에 불완전마비가 와서 내원한 65세의 여자 환자였다. 일본의 전통 현악기인 사미센(samisen)을 가르치는 전문 음악인이며, 일본 전통 노래 부르기에도 익숙하였다. 입원 당일 실시한 신경학적 검사에서 좌측 손가락에 경도의 불완전 마비가 있을 뿐 특이한 소견은 없었다. 입원 1개월 후에 실시한 인지검사에서는 지능 (WAIS VIQ 116, PIQ 108), 언어, 기억, 공간력이 모두 정상이었고, 실행증이 없었고, 말할 때의 운율도 정상이었다. 그러나 환자는 사미센 연주나 노래 부르기에 문제가 있다고 불평하였다. 사미센을 연주하면서 음의 고저(pitch)에서 자주 실수하였고 노래를 부를 때도 유사한 실수를 반복하였다. 환자는 자기가 어느 부분에서 실수하는지에 대해 통찰력이 있었다. 노래를 가사 없이 흥얼거리는 식으로 부르게 해도 박자는 맞았지만 고저에서의 실수는 계속되었다. 음악을 연주하는 능력이 병전에 비해 심하게 손상된 반면에 음악을 듣고 이해하는 능력은 별다른 변화가 없었다. MRI 영상에서 우측 위측두이랑(upper temporal gyrus) 밑의 백색질에 얇게 형성된 혈종 (hematoma)이 발견되었다. 출전 : Takeda, Bandou, and Nishimura, 1990

6.9 캅그라스증후군(Capgras syndrome)

44세 남자 환자로 자동차에 치어서 두부 손상을 입었다. 뇌손상은 양측 전두엽과 우측 측두-두정엽에서 가장 현저하였다. 초기에 기억장애, 대소변지림증(incontinence), 조화운동못함증(ataxia) 등을 보였으나 사고 10개월 후에는 부인과 외출이 가능할 만큼 회복되었다. 이 때부터 매우 특이한 망상이 나타났다. 환자는 자기가 원래 가족과 사는 것이 아니고, 원래 가족과 생김새, 이름, 구성원, 사는 집이 똑 같은 두 번째 가족과 살고 있다고 주장하였다. 자기 부인을 보고서 자기의 원래 부인과 똑 같이 생긴 다른 사람이라고 하였다. 이러한 사람에 관한 망상은 가족에만 나타나고 다른 사람들에 대해서는 없었다. 피해망상을 비롯하여 다른 종류의 사고장애나 환각도 없었다. 환자에게 "어떻게 생김새, 이름, 구성원, 사는 집이 똑 같은 두 가족이 있을 수 있냐?"고 물으면, "정말 놀랍지만 현실이기 때문에 믿을 수 밖에 없다"고 하였다. 망상 내용의 비논리적인 점을 설명해주면 그는 수용적인 태도를 취하였지만 몇 시간 뒤에 물어보면 원래의 망상으로 돌아와 있었다. 이러한 망상 때문에 그는 퇴원하지 못하고 계속 입원치료를 받았다. 이 망상은 3년 뒤의 추적 검사에서도 계속되고 있었다.

출전 : Alexander, Stuss, and Benson, 1979

6.10 장소복제기억착오증(reduplicative paramnesia)

환자는 만취한 상태에서 넘어져서 두부에 손상을 입은 49세 남자였다. 2주 정도 지났을 때 환자는 정신적으로 별다른 후유증이 없을 정도로 회복되었으며 웩슬러 지능지수는 114였다. 그러나 장소에 대한 특이한 망상이 관찰되었다. 그는 자기가 입원하고 있는 곳이 M보훈병원이 아니고 자기 고향에 건설된 M보훈병원의 지점이라고 하였다. 그는 자기의 주장을 입증하는 증거로 고향에서 그 병원을 건설하는데 참여한 일꾼과 이야기를 나눈 적이 있다고 하였다. 이 망상은 수 주간에 걸쳐 조금씩 완화되었다. 병원직원들이 환자와 함께 고향으로 가서 그런 병원이 없음을 보여주었을 때 그는 "내 생각이 잘못된 것 같다"고 인정하였다. 그럼에도 고향에 있는 M보훈병원의 지점에 입원해 있는 것처럼 아직도 생각된다고 하였다. 약 1달 정도 지난 후속 평가에서는 그러한 망상이 완전히 사라졌다. 출전 : Benson, Gardner, and Meadows, 1976

7. 측두엽 증후군

7.1 편도체 손상

SM은 여자 환자로 Urbach-Wiethe라는 유전병으로 인해 양측 편도체에 결손이 있었다. 이 환자는 언어, 기억, 지각에서는 이상이 없었으며 지능은 평균하(low average) 수준이었다. 이 환자의 가장 특이한 점은 정서적으로 공포심을 느끼지 못한다는 것이었다. 일생에 걸쳐 위급한 상황을 여러 번 겪은 적이 있었지만 한 번도 공포감을 느끼지 않았다고 하였다. 예를 들어 칼이나 권총으로 생명을 위협당하거나, 가정 폭력으로 죽음 직전까지 간 경험을 했을 때 불쾌하며 화가 났지만 공포감은 느끼지 않았다고 하였다. 연구자들은 SM에게 뱀이나 거미와 같은 동물을 만지게 하거나, '귀신의 집'에 데리고 가거나, 영화의 공포장면만을 편집한 비디오를 보여주었다. 이 모든 상황에서 SM은 어떤 공포 반응도 보이지 않았다. SM은 얼굴 사진을 보고 정서를 판단하는 과제에서 공포 표정에서 가장 큰 결함을 보였다. 표정을 그려보라는 과제에서 (예, "행복한 얼굴 표정을 그려보시오") 다른 표정은 적절하게 그렸지만 공포 표정은 무엇인지 모른다면서 그리기를 거부하였다. 출전 : Feinstein et al., 2010

7.2 이미 본 느낌(déjà vu)

환자는 18세의 여자로 12세부터 간질을 앓아왔으며 초점부위는 왼쪽 뒤측두엽(posterior temporal lobe)에 있었다. 환자는 자신의 발작을 다음과 같이 설명하였다. "I have a feeling of fear, then I have difficulty speaking, I have the impression that I am in the clouds, that I am going crazy. I do not have the impression that it is a dream, and yet I have the feeling of having already seen that which I am now living. I am seeing again a scene identical to that which has already happended before. For example, the other time, I was explaining something to a friend and suddenly I have the impression that I had already done it, that I had said exactly the same thing, in the same place. It could be an ordinary event, that I don't always have any clear memory of, or sometimes, in contrast, it is a very old memory of my childhood. I have the impression of not knowing anymore where I am or where I am going. I have something that passes in my head, but I can't explain what it is." 출전 : Bancaud et al., 1994, pp. 80~81

7.3 정신분열형정신병증(schizophreniform psychosis)

36세의 여성으로 8세 때 열성경련(febrile convulsions)이 있은 이후 간질 발작을 앓아왔다. 발작시 증상은 시선 고정, 입맛을 다시는 동작, 대발작이다. 아동기에는 부끄럼을 많이 타고 수동적인 성격이었지만 별다른 행동적 이상은 관찰되지 않았다. 그러나 17세 때부터 정신병증(psychosis)이 나타나기 시작하였다. 환자는 만성적으로 불안하고, 예민하고, 쓸데 없이 세세한 것에 집착하였으며, 편집증이 생겨서 남자들이 자기를 감시하며 따라다닌다는 망상을 계속하였다. 여러 번 정신병원에 입원하였으며 편집형 정신분열병(paranoid schizophrenia)이라는 진단을 받았다. 입원한 상태에서는 병원 스탭들이 자신을 강간해서 임신시켰다는 망상을 자주 하였다. 출전 : Ramani and Gumnit, 1982

7.4 측두엽간질 성격(temporal lobe epilepsy personality)

VG는 세일즈업을 하는 36세의 남자로 21세부터 발작을 시작하였다. 그의 발작은 이미 본 느낌(déjà vu)으로 시작하여, 무엇인가가 가슴으로 치밀어 오르는 느낌, 그 다음에는 눈이 초점을 잃은 상태에서 무의미한 소리를 반복적으로 내었다. 34세가 되었을 때 발작후 의식 손상 기간이 2시간에 이를 만큼 길어졌고, 자기가 누구이고 여기가 어디냐는 질문을 반복하였다. 이 시기에 하나님이 빛과 함께 나타나 계시를 내리는 영적 경험을 하였는데 힘이 충만해지고 기쁨으로 넘치다가 곧 이어 우울해지고 자살 충동을 느꼈다고 하였다. 하나님은 그에게 너를 지켜줄 것이니 신의 존재를 세상에 알리라고 말하였다고 하였다. 이후 그는 비슷한 영적 경험을 거의 매달하게 되었으며 매우 종교적이 되었다. 동시에 자기의 영적 경험에 관해 많은 글을 쓰는 습관이 생기기 시작하였다. 지난 2년간 그의 종교성은 더욱 심화되었고 아주 사소한 일도 종교적 가치에 비추어 해석하는 편집적 상태가 되었다. 그는 항상 죄책감으로 괴로

워하였고, 자기 자신을 극심하게 부정적으로 평가하였다. 성적 관심이 줄어들어 성행위를 거의 하지 않게 되었으며, 점차 사회적 활동에서 철수하여 고립되었다. 그러나 자신의 영적 경험을 글로 쓰는 일은 계속 유지하였다. 뇌파검사에서 간질 병소가 중간측두(mid-temporal) 영역에 있는 것으로 진단되었다. 출전 : Roberts, Robertson, and Trimble, 1982

7.5 측두엽간질 : 해리장애(dissociative states)

27세의 여자 환자로 전신발작을 경험한 적은 없었다. 그러나 자주 갑작스런 공포, 치밀어 올라오는 느낌, 후각 환각(표백제, 암모니아), 이미 본 느낌(déjà vu), 어지러움과 의식상실을 경험하였다. 그녀는 매우 능력 있는 여성으로 4개 국어를 하였고 플루트 연주도 잘하였다. 남편에 따르면 그녀는 돌연 자신의 어린 시절(예, 4세, 7세, 16세)로 돌아가는 다중인격적 변화를 보이곤 하였다. 이러한 변화는 자발적으로 갑자기 일어나며 시초에 "나는 몇 살입니다"라는 선언이 있고 나서 그에 따라 행동하였다. 예를 들어 버릇 없고 미성숙한 아이처럼 행동하며, 옛날에 유행한 음악을 좋아하며, 왼손으로 글을 쓰고, 독일어(원래의 모국어임)를 사용하였다. 이러한 행동에는 일관성이 없는 부분도 있었는데, 예를 들어 6세라고 하고서는 그런 연령에는 지나치게 수준이 높은 어휘를 구사하였다. 환자는 이러한 삽화에 대해 전혀 기억이 없었고 남편을 통해서만 관련 정보를 수집할 수 있었다. 그러나 환자 자신도 어느 정도는 이런 다중인격들을 의식하고 있었다. 환자는 이 존재들이 우연히 한 몸을 쓰게 된 '작은 사람들'이라고 표현하였으며, 이에 대해 별로 개의치 않는 태도를 보였다. 출전 : Mesulam, 1981

7.6 클리버-부시증후군(Klüver-Bucy syndrome)

31세 여자로 임신 6개월일 때 단순포진성 뇌염(herpes simplex encephalitis)에 감염되었다. 아기를 사산한 후 얼마 지나서 환자의 각성은 정상수준으로 돌아왔지만 행동적으로 극심한 이상을 보였다. 성적 행동의 변화가 있었는데 남편과의 성생활에 대한 관심이 없어진 반면에 여성 간병인들에게 육체적 및 언어적으로 성적 접근을 하는 행동이 관찰되었다(과다성행동). 정서적으로는 양순해졌는데, 환자의 행동은 수동적이었고 마치 애완견이 주인에게 복종하는 것처럼 보였다(양순함). 항상 무엇인가를 씹거나 삼키는 입 모양을 하였으며 눈에 보이는 무엇이든 입으로 가져갔다. 음식뿐만 아니라 먹을 수 없는 것들, 예를 들어 화장지나 대변까지도 먹는 행동이 관찰되었다. 환자의 이런 행동을 통제하기 위해서 냉장고를 체인으로 묶어놔야 했으며, 화장지나 껌을 대량으로 주어 씹게 하였다(과다구강성). 환자는 가족이나 친구들을 알아보지 못하였다(시각실인증). 물체나 물건도 알아보지 못하는 것처럼 보였으며, 보이는 무엇이든 손과 입으로 강박적으로 탐색하였다(과다탐색증). 언어적으로는 심한 실어증이 있었는데, 말이 지리멸렬하고, 반복적이며, 상스럽고, 신조어가 많았다. 학습은 불가능한 것처럼 보였지만 정식적인 평가는 불가능하였다. 이러한 행동적 증상들에 대해 Klüver-Bucy 증후군의 진단이 내려졌다. 출전 : Lilly, et al., 1983

8. 전두엽 증후군

8.1 눈확전두 증후군(orbitofrontal syndrome) I

베트남 전쟁에서 5년 전에 총상을 입은 32세의 남자였다. 총알은 그의 왼쪽 관자놀이를 뚫고 들어가 오른쪽 눈구멍으로 빠져 나왔다. 환자는 감각, 운동, 언어, 기억, 인지 기능에서 정상이었으며 IQ는 113이었다. 그는 웨스트포인트 사관학교를 졸업하였고, 대위까지 진급하였으며, 병전에는 조용하고, 지적이고, 매우 예의가 바른 젊은이였던 것으로 전해졌다. 그러나 현재는 지나치게 큰 소리로 말하고, 쓸 데 없이 웃어대며, 경박하고, 예절이 전혀 없는 사람으로 변해있었다. 그는 성추행을 포함해서 자신의 욕구를 만족시켜 주는 일이라면 뻔뻔하고 서슴없이 행동에 옮겼다. 그는 하루 종일 자신과 접촉하는 모든 사람들에게 비하하는 욕을 하였다. 또한 대화하는 방식이 너무 노골적이고 상대방에 대한 배려가 없어서 항상 주위 사람들을 당황하고 불쾌하게 만들었다. 그가 이런 혐오스런 행동을 전혀 통제할 수 없었기 때문에 아무리 단순한 일을 시키는 직장에서도 곧 해고되었다. 출전 : Blumer and Benson, 1975

8.2 눈확전두 증후군(orbitofrontal syndrome) Ⅱ

"49세 주부가 '행동이 변했다'라는 이유로 우리 기억장애클리닉을 방문하였다. 환자는 약 7년 전부터 자발적인 활동이 떨어지고, 사회 활동이 감소되었다. (…) 이민을 간 지 1년 후에 시어머니가 캐나다에 가보니 환자의 행동이 눈에 띄게 달라져 있었다. 남편에게 명령조로 소리를 지르고 반말을 하였다. 다른 사람을 의식하지 않은 행동을 하였는데, 예를 들면, 어른들 앞에서 드러눕거나 방귀를 뀌고, 손님을 초대한 자리에서 음식을 준비하고는 자신이 먼저 집어먹어 버렸다. 또한 길거리를 가다가 소변이 마려우면 그 자리에서 소변을 누어서 사람들을 난감하게 만든 적이 있었다. 그리고 해야 할 말과 해서는 안 될 말에 대한 분별력이 없어졌다. 예를 들어 본인이 고3 때부터 담배를 피웠던 사실을 주위 사람들에게 아무렇지도 않게 얘기하고 다니거나 남편에 대한 흉을 보고 다녔다. 최근에 담배를 다시 한 갑씩 피우기 시작하였고 시부모가 방문했는데도 숨기지 않고 매일 피웠다. 커피를 하루에 28잔까지 마시는 것이 목격되었고 살을 뺀다며 설사약을 하루에 20알 이상씩 먹는 모습도 발견되었다. 결국 이 환자도 전두엽치매로 밝혀졌다." 출전 : 나덕렬, 2008, pp. 46~47

8.3 후천성사회병질증(acquired sociopathy)

M.H.는 26세의 여성으로 여러 행동적 문제로 병원에 의뢰되었다. 그녀는 4세 경에 자동차와 충돌하여 48시간 동안 의식을 잃었고, 양쪽 머리뼈의 골절, 우측 전두엽 혈종의 병력이 있었다. 이후 그녀는 자신의 원하는 바가 충족되지 않을 때 난폭한 행동을 보이기 시작하였으며 점차 악화되었다. 자신의 동생을 두들겨 팼고, 아버지를 넘어뜨렸으며, 누이를 유리로 벤 적도 있었다. 그녀의 이런 행동 때문에 가족들은 항상 공포 속에 생활하였고 그녀가 칼부림을 하여 경찰을 부른 적도 있었다. 그녀는 10대 이래 난잡한 성생활을 계속하였고 이를 주위사람들에게 자랑하곤 하였다. 고등학교를 졸업한 후 여러 허드렛일을 하는 직업을 전전했지만 동료나 손님들에게 공격적인 행동을 보여서 곧 해고되기를 반복하였다. 우울증은 없었지만 충동적으로 자살을 2번 시도하였는데 한 번은 수면제를 과다 복용하였고, 다른 한 번은 이층에서 뛰어내렸다. 첫 번째 임신은 중절시켰고, 두 번째 임신은 자연 유산하였다. 세 번째 임신은

가족들이 반대하였지만 출산하였다. 그녀는 아기에게 음식을 정기적으로 주지 않았고, 추운 날씨에도 옷을 입히지 않았으며, 신체적으로 학대하는 등 엄마의 역할을 제대로 수행하지 않았다. 출전 : Price et al., 1990

8.4 등가쪽전두 증후군(dorsolateral frontal syndrome)

D.N.은 5년 전에 교통사고로 뇌외상을 입은 31세의 남자로 사고 전에는 전문직에 있었다. 사고 2일 후 찍은 CT영상은 오른쪽 전두엽 및 오른쪽 안쪽 뇌섬엽의 심한 손상을 보여주었다. 왼쪽 전두엽의 손상은 상대적으로 경하였다. 양측 가쪽 뇌실이 확장되어 있었지만 오른쪽이 더 심하였다. 사고 당시 의식이 없거나 저하된 기간이 3개월이나 지속되었다. 회복 이후 그는 가장 간단한 일 조차도 스스로 처리하지 못할 정도로 행동적 문제를 보였다. 이로 인해 그는 직장에 복귀할 수 없었고 집에서 시간을 보내었다. 그의 개인위생 상태는 엉망이었으며 아내가 지시하지 않는 한 스스로 세수를 하거나 머리를 감는 일이 결코 없었다. 집에 계속 있지만 청소, 빨래, 요리, 세금 내기 등의 집안 일에 어떤 도움을 주는 행동도 결코 스스로 하는 법이 없었다. 그의 아내가 밖에 나가 있는 경우 식사 준비는 10살인 아들이 대신해야만 했다. 시장을 볼 경우 무엇을 살 것인지 목록을 스스로 작성하는 일이 결코 없었고, 아내가 목록을 만들어주어도 그대로 빠짐 없이 사오지 못했다. 아내는 그에게 해야 할 행동을 매우 구체적으로 하나하나 명시해주어야만 했고, 이런 경우에도 그는 하던 일을 중간에 그만 두고 신문을 읽는 등의 엉뚱한 일에 빠지는 수가 많았다. 아내는 그가 밖에 나가서 무엇을 해야 할 것인가 그리고 친지를 만나면 무엇을 말해야 할 것인지를 항상 적어주고 관리해야 했다. 이러한 실생활의 심각한 장애에도 불구하고 웩슬러지능검사로 측정한 그의 지능지수는 121(언어성지능, 126, 동작성지능, 112)의 높은 수준이었다. 출전 : Shallice and Burgess, 1991

8.5 반복증(perseveration)

25세의 남자로 망상과 난폭한 행동으로 정신과적 진료를 받은 병력이 있는 환자였다. 입원 후 실시한 검사에서 좌측 전두엽에 종양이 발견되었다. 그의 단어유창성

(verbal fluency) 수행은 반복증이 매우 현저하였디. 'ㅅ'시행의 반응은 "사람, 사모, 사랑하는 감정, 사랑하니까, 사랑 사랑, 사주 팔자, 사과나무, 사과, 사춘기, 사람, 사주, 사랑이 불타는 나무", 'ㅇ'시행의 반응은 "이야기, 이상한 사람, 이상한 남자, 이해력, 이해심, 이타심, 이기주의, 이 남자, 이런저런 사람, 이기자, 이겨야 한다, 이기주의를 버리자", 'ㄱ'시행의 반응은 "김치, 김장, 김밥, 김치 사이소, 김장김치, 김, 김요리, 김 세다, 기운, 기운 센 사람, 기분, 기분 좋다, 기쁨, 기쁨 두배 슬픔 두배"이었다. 이러한 반복증은 검사자가 주의를 주어도 지속되었다. 웩슬러지능검사로 측정한 환자의 FIQ는 105로 보통 수준이었다. 반면에 'Kims 전두엽-관리기능 신경심리검사'(김홍근, 2001)로 측정된 Executive IQ는 78로 FIQ에 비해 27점이나 낮아서 관리지능의 감퇴가 뚜렷하였다. 출전 : 김홍근, 2001

8.6 안쪽전두 증후군(medial frontal syndrome)

"어느 날 외래로 할아버지 한 분이 오셨다. 기골이 장대하고 풍채가 아주 좋은 분이셨다. 반면에 할머니는 아주 자그마하고 여리고 조용하셨다. 할아버지는 원래 아주 목소리가 쩌렁쩌렁하고 입담이 좋은 분이었다고 한다. 어떤 모임에든 나가면 좌중을 휘어잡아야 직성이 풀리는 분이셨다. 가부장적이어서 무슨 일이든 본인이 주도를 해야 하고 부인은 물론 자식들에게도 무척 엄격한 편이었다. (···) 그런데 할아버지가 어느 날부터 너무 조용해졌다. 앞쪽뇌에 산소를 공급하는 뇌혈관이 막혀서 앞쪽뇌가 손상되었던 것이다. 처음 일주일 동안 할아버지는 잠을 계속 주무셨다. 잠에서 깨어난 후 의식은 깨끗이 돌아온 것 같았다. 그러나 의욕이 없어지고 주위의 모든 것에 무관심해졌다. 소파에 멍하게 앉아 있는 시간이 많아졌고 아무 생각 없이 TV를 보는 것 같았다. 밥 먹으라고 하면 먹고, 깨우지 않으면 계속 잠을 잤다. 말수가 눈에 띄게 줄어 얘기를 시켜야만 겨우 대답할 뿐, 말을 거의 하지 않았다." 출전 : 나덕렬, 2008, p. 52

8.7 환경의존증후군(environmental dependency syndrome)

"이 환자는 의사와 마주 앉으면 거의 본능적으로 의사의 윗호주머니에서 볼펜을 꺼내서 책상 위에 뭔가를 끄적거린다. 책상 위에 놓인 진찰 도구를 그냥 두지 않는다.

청진기를 귀에 걸고 진찰하는 시늉을 한다. 무릎반사를 보는 망치를 집어서 몸 여기 저기를 두들겨본다. (…) 우리 환자 앞에 아무 말 없이 물 한 잔을 놓아두면 그는 앞 뒤 생각 없이 쭉 들이킨다. 또 크리넥스 한 통을 놓아두면 거의 바닥이 보일 때까지 계속 휴지를 뽑는다. (…) 신기하게도 이 환자는 아무 것도 없는 빈 공간에서는 어떤 행동도 하지 않는다. 혼자서 자발적으로 하는 행동은 거의 없는 것이다. 표정에는 흥 미나 의욕이 보이지 않지만, 그럼에도 뭔가 외부자극이 나타나기만 하면 그것에는 무 조건 반응한다." 출전 : 나덕렬, 2008, p. 30

8.8 거짓숨뇌정동(psedobulbar affect)

56세의 남자 환자로 다발성경화증(multiple sclerosis)을 앓고 있었다. 그는 최근에 나 타난 걸음장애(gait disturbance)로 진료를 받고 있는 중이었다. 그는 얼마 전에 개를 산책시키다 넘어진 일을 설명하다가 갑자기 폭발적으로 웃기 시작하였다. 너무 심하 게 웃어서 눈물을 흘렸으며 이 웃음은 수분 동안 지속되었다. 진료 도중 이러한 웃음 삽화가 별 다른 자극 없이 반복적으로 일어났다. 환자의 아내는 "전에는 이런 적이 한 번도 없었다"고 하였다. MRI에서 뇌실주변의 백색질 손상이 확인되어 다발성경 화증의 병력과 일치하였다. 출전 : Hoegerl and Zboray, 2008

9. 치매

9.1 알츠하이머병(Alzheimer's disease)

OH씨는 69세의 여자 환자로 기억력장애를 주소로 내원하였다. 학력은 대학교 중퇴 이며 전직은 초등학교 교사이다. 보호자의 보고에 따르면 기억력 저하는 5-6년 전부 터 시작되었다. 현재 반복적 행동과 왔다 갔다 안절부절못하는 불안 증세가 있다. 특 히 돈에 집착하여 돈을 찾고 다니며 돈을 쥐어주면 안정된다. 식사를 지나치게 자주 하는 경향도 있다. 치매 단계에서는 CDR(Clinical Dementia Rating) 1(경도의 치매) 로 평가되었으며, MMSE-K1의 총점은 20/30이었다. 노인용 인지기능검사(CSOA; 김 홍근, 김태유, 2007)의 결과를 보면 전체지능 91, 기본지능 107, 관리지능 85, 주의기능 109, 작업기억 117, 언어기능 106, 시공간기능 103, 기억기능 49이었다. 다른 인지 기능이 정상 수준을 유지하면서 기억기능만 극단적으로 낮은 점은 초기 알츠하이머 병을 시사한다. 출전 : 김홍근, 김태유, 2007

9.2 전두측두치매(frontotemporal dementia) I

PY씨는 78세의 남자 환자로 욕설, 과잉행동을 주소로 내원하였다. 학력은 국민학교 졸업이며 전직은 상업이다. 보호자의 보고에 따르면 증상은 5-6년 전부터 시작되었다. 성격 변화와 함께, 욕설, 공격적 성향, 과잉행동을 보이는 일이 점차 잦아졌다. 씻기 습관도 점차 잦아졌고, 길을 잃어버리는 경우도 점차 잦아졌다. 계산 능력도 점차 떨어져 현재는 간단한 계산조차 불가능한 상태이다. 치매 단계에서는 CDR(Clinical Dementia Rating) 2(중등도의 치매)로 평가되었으며, MMSE-K1의 총점은 26/30이었다. 노인용 인지기능검사(CSOA; 김홍근, 김태유, 2007)의 결과를 보면 전체지능 85, 기본지능 96, 관리지능 78, 주의기능 106, 작업기억 76, 언어기능 85, 시공간기능 83, 기억기능 93이었다. 일반적 치매 환자와는 달리 기억기능이 정상수준인 반면에 관리 기능이 비정상적으로 낮고 성격 변화가 심한 점은 전두측두치매를 시사한다. 출전 : 김홍근, 김태유, 2007

9.3 전두측두치매(frontotemporal dementia) II

사례 8.2 참고

9.4 진행성비유창실어증(progressive nonfluent aphasia)

"58세 여자가 내원 7년 전부터 발생하여 서서히 진행되는 언어장애를 주소로 내원하였다. 환자는 7년 전부터 본인이 의도하는 대로 발음이 안 되는 느낌을 받기 시작하였고 5년 전 어떤 모임에 참석했다가 친구들로부터 말이 어눌하다는 얘기를 처음 들었다고 한다. 그 당시 인근 병원을 방문하였으나 이비인후과 검사 및 뇌 검사에서 정상이라고 진단받았다. 4년 전 평소 즐겨보던 잡지를 읽고 있었는데 잘 읽어지지 않는 느낌을 받았고 그 이후 점점 읽기가 어려워져 글자로 씌어 있는 것은 보지 않았고 다른 사람의 말을 전해 듣는 방식으로 생활하였다. 내원 3년 전부터 며칠 전 일이 잘 생각이 안 날 정도의 기억력 장애가 발생하였고, 1년 전 우측 어깨부위에 통증이 생기기 시작하였다. 금년 봄부터 젓가락 질이 서툴어졌고 문장이 길어지면 들어도 이해하기 힘들게 되었다. (…) 뇌자기공명영상(MRI)을 시행하였는데, 좌측 실비우스 틈새(sylvian fissure)가 넓어지고 좌측 전두 덮개(frontal operculum)와 좌측 위관자이랑(superior temporal gyrus)의 위축 소견이 관찰되었다." 출전 : 이정석 등, 2008, p. 128~129

9.5 진행성핵상마비(progressive supranuclear palsy)

SB는 말하기가 느려진 증상을 주문제로 의뢰된 64세의 여자 환자였다. 남편에 따르면 3년 전부터 처음에는 말이 느려지더니, 그 다음에는 생각이 느려지고, 다른 모든 것도 느려지기 시작하며 점점 악화되었다. 현재는 가사일을 할 수 없으며, 스스로 쇼핑이나 필요한 일상 행동도 할 수 없는 상태이다. 성격적인 변화도 있는데 병전에는 생기 있고 온화하였는데 이제는 평소 무감동하고 때때로 심하게 성질을 부리는 성격이 되었다. 남편은 기억에 문제는 있지만 괜찮은 편이라고 하였다. 정식 기억검사에서 환자는 처음에는 대답을 전혀 못하다가 시간을 더 주면 거의 모든 대답이 정확하였다. 말하기는 말이 느리긴 했지만 실어증은 없었다. 다만 적절한 단어를 찾는 데 시간이 걸리는 증상이 있었다. 글씨를 쓸 때 떨림증은 없었지만 느리고 지나치게 작은 글씨로 썼다. 읽기 역시 느린 것을 제외하고는 정상이었다. 암산에 대한 반응 역시 느리긴 했지만 답변은 정확하였다. 속담의 해석이 구체적이고 두 물체의 공통점을 묻는 질문에 답하지 못하여서 추상적 사고의 문제를 보였다. 눈운동은 상하방향과 좌우방향 모두에서 심한 장애가 있었으며 다른 부위의 운동에서도 피라미드바깥(extrapyramidal) 증상이 관찰되었다. 출전 : Albert, Feldman, and Willis, 1974

9.6 뇌외상(traumatic brain injury) 치매

사례 8.4 참고

9.7 다발경색치매(multi-infarct dementia)

사례 1.3 참고

9.8 루이소체치매(dementia with Lewy bodies)

환자는 74세인 1984년 초에 움직이지 못하는 증상, 특히 침대에서 일어날 수 없는 증상으로 내원한 여자이다. 1985년 2월 진료에서 경도의 근육경직(rigidity), 운동느림증(bradykinesia), 떨림증(tremor), 앞으로 숙인 자세와 보폭이 좁고 다리를 끌고 걷는(shuffling gait) 소견을 보였다. 또한 지남력과 최근기억이 저하되어있었다. 레보도파(levodopa)를 투여하자 신체적 증상은 개선을 보였지만 정신적 증상은 변화가 없었다. 1985년 8월 진료에서는 전반적인 인지장애가 관찰되었다. 시간과 장소에 대한 지남력이 없었고, 즉시기억과 지연기억에서 모두 극심한 장애가 있었고, 사물의 명칭을 잘 말하지 못하였다. 또한 간헐적으로 흥분해서 소란을 피우는 행동이 있어서 진정제를 투여해야 했다. 1985년 10월 진료에서 흥분기간(period of agitation)과 기면기간(period of drowsiness)이 번갈아 가며 교대로 나타남이 관찰되었다. 출전 : Byrne et al., 1989

9.9 말되풀이증(palilalia)

SH는 60세의 남자 환자로 파킨슨병(Parkinson's disease)을 앓고 있었다. 다음은 검사자(T)와 환자(P)의 대화 중 일부를 인용한 것이다.

T: 처음에 어떤 증세로 시작되셨어요?

P: (중략) 열심히 받았는데 … 아무런 효과가 없어, 효과가 없어, 효과가 없었단 얘기야

T: 말씀하시는 것 외에 어떤 점이 또 불편하세요?

P: 걸음 걷는 거 안 좋지. 걸음 걸음 걷는 거, 걸음 걷는 거, 피해 피해 피해 가는 거. 이런 거 계속 오래 오래 가는데 피해 피해 가는 거 아주 아주 안 좋고 … 또 하나, 또 하나, 또 하나 안되는 게 뭐냐면 … 에 … 홍분, 홍분을 빨리하고 … 홍분을 빨리해, 홍분을. 출전 : 김향희 등, 1999, p. 306

참고문헌

곽용태, 한일우, 정희, 구민성 (2000). 편마비를 동반하지 않은 전실어증 1예. 대한신경과학회지, 18, 73-76.

김정은, 정지향 (2006). 좌측 측두엽 뇌경색 후 순수 명칭 실어증을 보인 환자 1예. 대한신경과학회지, 24, 475-478.

김향희, 조수진, 이원용, 나덕렬, 이광호 (1999). 동어반복증 2예. 대한신경과학회지, 17, 303-308.

김홍근 (1999). Rey-Kim 기억검사 : 해설서. 대구 : 도서출판 신경심리.

김홍근 (2001). Kims 전두엽-관리기능검사 : 해설서. 대구 : 도서출판 신경심리.

김홍근, 김태유 (2007). 노인용 인지검사 : 해설서. 대구 : 도서출판 신경심리.

나덕렬 (2008). 앞쪽형인간. 서울 : 허원미디어.

나덕렬, 박성호, 김광국, 이광우, 노재규, 이상복, 명호진 (1989). 7예의 전도실어증의 뇌 전산화 단층 촬영상에서의 병변의 위치. 대한신경과학회지, 7, 318-331.

성상민, 김상화, 박규현 (1997). 순수어농 1례. 대한신경과학회지, 15, 377-381.

이정석, 최재철, 강사윤, 강지훈 (2008). 진행성 비유창성 실어증 환자에서 발생한 우측 팔의 경직과 행위상실증. 대한신경과학회지, 26, 128-132.

임은광, 성영희, 이영배, 박현미, 신동진, 박기형 (2008). 좌측 마루-뒤통수엽 뇌경색 후에 나타난 한글과 한자의 해리 현상 : 한자보다 한글에 선택적으로 나타난 실서증과 실독증. 대한신경과학회지, 26, 361-364.

조경희, 이재홍, 권순억, 송하섭, 권미선 (2006). 뇌섬엽의 경색으로 발생한 순수 말실행증. 대한신경과학회지, 24, 479-482.

최성혜, 나덕렬, 정필욱, 이광호 (1997). Balint 증후군 1례. 대한신경과학회지, 15, 900-906.

Albert, M. L., Sparks, R., Von Stockert, T., and Sax, D. (1972). A case study of auditory agnosia: Linguistic and non-linguistic processing. *Cortex, 8,* 427-445.

Albert, M. L., Feldman, R. G., and Willis, A. L. (1974). The subcortical dementia of progressive supranuclear palsy. *Journal of Neurology, Neurosurgery, and Psychiatry, 37,* 121-130.

Alexander, M., Stuss, D., and Benson, D. (1979). Capgras syndrome: A reduplicative phenomenon. *Neurology, 29,* 334-339.

Bancaud, J., Brunet-Bourgin, F., Chauvel, P., and Halgren, E. (1994). Anatomical origin of déjàvu and vivid 'memories' in human temporal lobe epilepsy. *Brain, 117,* 71-90.

Benson, D. F., Gardner, H., and Meadows, J. C. (1976). Reduplicative paramnesia. *Neurology, 26,* 147-151.

Benson, D. F. (1994). *The neurology of thinking.* New York: Oxford University Press.

Benson, D. F., and Greenberg, J. P. (1969). Visual form agnosia: A specific defect in visual discrimination. *Archives of Neurology, 20,* 82-89.

Benson, D. F., Sheremata, W., Bouchard, R., Segarra, J., Price, D., and Geschwind, N. (1973). Conduction aphasia. A clinicopathological study. *Archives of Neurology, 28,* 339-346.

Blumer, D., and Benson, D. F. (1975). Personality changes with frontal and temporal lobe lesions. In D. F. Benson and D. Blumer (Eds.), *Psychiatric aspects of neurologic disease* (pp.25-47), New York: Grune and Stratton.

Byrne, E., Lennox, G., Lowe, J., and Godwin-Austen, R. (1989). Diffuse Lewy body disease: Clinical features in 15 cases. *Journal of Neurology, Neurosurgery, and Psychiatry, 52,* 709-717.

Cermak, L. S., and O'Connor, M. (1983). The anterograde and retrograde retrieval ability of a patient with amnesia due to encephalitis. *Neuropsychologia, 21,* 213-234.

Devinsky, O. (1992). *Behavioral neurology: 100 maxims.* St. Louis, MO: Mosby Year Book.

Feinstein, J., Adolphs, R., Damasio, A., and Tranel, D. (2010). The Human amygdala and the induction and experience of fear. *Current Biology, 21,* 34-38.

Hoegerl, C., and Zboray, S. (2008). Pathological laughter in a patient with multiple sclerosis. *Journal of the American Osteopathic Association, 108,* 409-411.

Landis, T., Cummings, J. L., Benson, D. F., and Palmer, E. P. (1986). Loss of topographic familiarity: An environmental agnosia. *Archives of Neurology, 43,* 132-136.

Levine, D., Warach, J., and Farah, M. (1985). Two visual systems in mental imagery: Dissociation of "what" and "where" in imagery disorders due to bilateral posterior cerebral lesions. *Neurology, 35,* 1010-1018.

Lilly, R., Cummings, J. L., Benson, D. F., and Frankel, M. (1983). The human Klüver Bucy syndrome. *Neurology, 33,* 1141-1145.

Mesulam, M. (1981). Dissociative states with abnormal temporal lobe EEG: Multiple personality and the illusion of possession. *Archives of Neurology, 38,* 176-181.

Mesulam, M., Waxman, S., Geschwind, N., and Sabin, T. (1976). Acute confusional states with right middle cerebral artery infarctions. *Journal of Neurology, Neurosurgery, and Psychiatry, 39,* 84-89.

Price, B. H., Daffner, K. R., Stowe, R. M., and Mesulam, M. (1990). The comportmental learning disabilities of early frontal lobe damage. *Brain, 113,* 1383-1393.

Ramani, V., and Gumnit, R. (1982). Intensive monitoring of interictal psychosis in epilepsy. *Annals of Neurology, 11,* 613-622.

Roberts, J., Robertson, M., and Trimble, M. (1982). The lateralising significance of hypergraphia in temporal lobe epilepsy. *Journal of Neurology, Neurosurgery, and Psychiatry, 45,* 131-138.

Rubens, A., and Benson, D. F. (1971). Associative visual agnosia. *Archives of Neurology, 24,* 305-315.

Sacks, O. W. (1995). *An anthropologist on Mars: Seven paradoxical tales.* New York: Vintage Books.

Sacks, O. W. (1998). *The man who mistook his wife for a hat and other clinical tales.* New York: HarperCollins.

Shallice, T., and Burgess, P. W. (1991). Deficits in strategy application following frontal lobe damage in man. *Brain, 114,* 727-741.

Takeda, K., Bandou, M., and Nishimura, Y. (1990). Motor amusia following a right temporal lobe hemorrhage: a case report. *Rinsh Shinkeigaku, 30,* 78-83.

Zihl, J. D., von Cramon, D., and Mai, N. (1983). Selective disturbance of movemet vision after bilateral brain damage. *Brain, 106,* 313-340.

신경해부그림

편집 김홍근

* 본 그림들은 직접 그리거나 Wikimedia commons에서 제공한 것입니다.

1. 방향 용어

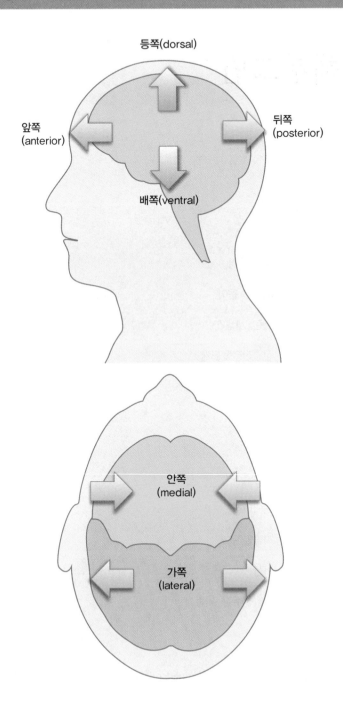

2. 뇌단면 용어

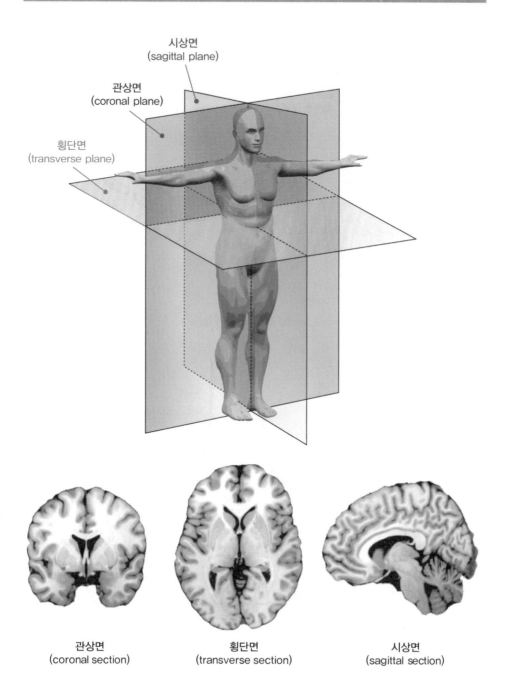

시상면
(sagittal plane)

관상면
(coronal plane)

횡단면
(transverse plane)

관상면
(coronal section)

횡단면
(transverse section)

시상면
(sagittal section)

3. 뉴런, 시냅스

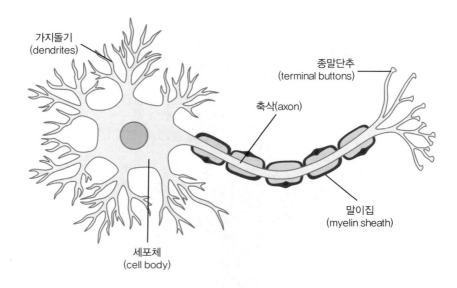

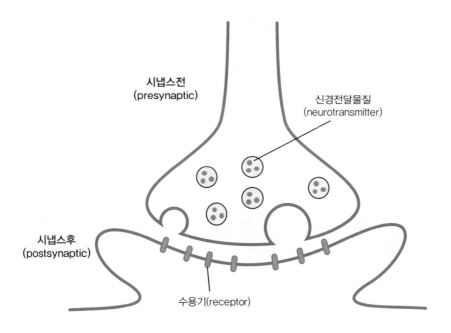

4. 신경전달물질계

아세틸콜린(acetylcholine)

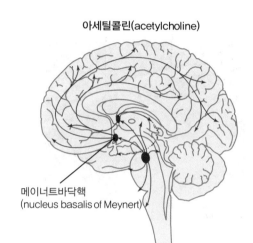

메이너트바닥핵
(nucleus basalis of Meynert)

도파민(dopamine)

배쪽피개영역
(ventral tegmental area)

흑색질
(substantia nigra)

노에피네프린(norepinephrine)

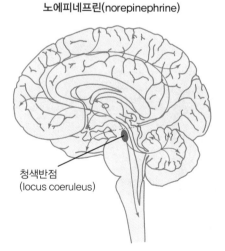

청색반점
(locus coeruleus)

세로토닌(serotonin)

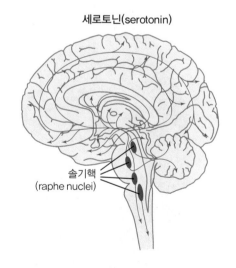

솔기핵
(raphe nuclei)

5. 뇌막, 머리뼈

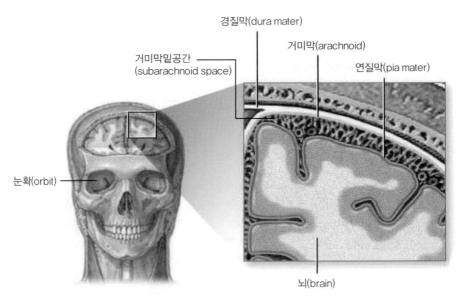

경질막(dura mater)

거미막(arachnoid)

연질막(pia mater)

거미막밑공간
(subarachnoid space)

눈확(orbit)

뇌(brain)

머리뼈의 속바닥

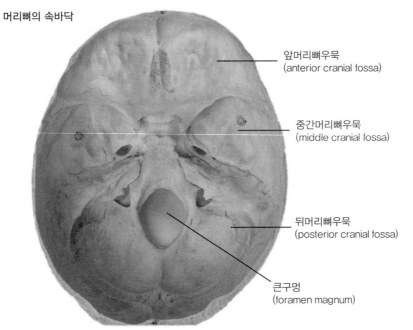

앞머리뼈우묵
(anterior cranial fossa)

중간머리뼈우묵
(middle cranial fossa)

뒤머리뼈우묵
(posterior cranial fossa)

큰구멍
(foramen magnum)

6. 뇌실계

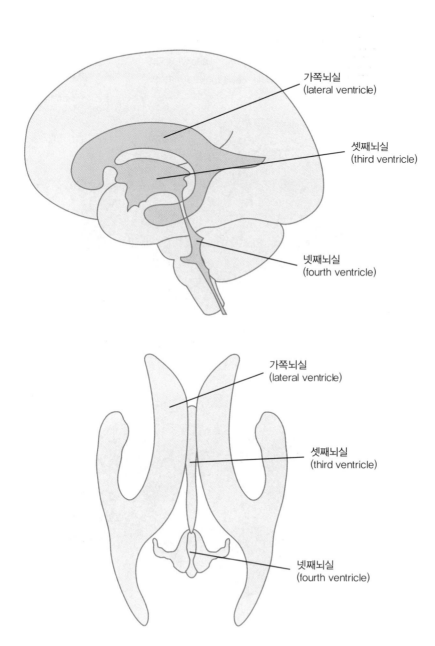

가쪽뇌실
(lateral ventricle)

셋째뇌실
(third ventricle)

넷째뇌실
(fourth ventricle)

가쪽뇌실
(lateral ventricle)

셋째뇌실
(third ventricle)

넷째뇌실
(fourth ventricle)

7. 뇌혈관계

앞대뇌동맥(anterior cerebral artery) 영역
중간대뇌동맥(middle cerebral artery) 영역
뒤대뇌동맥(posterior cerebral artery) 영역

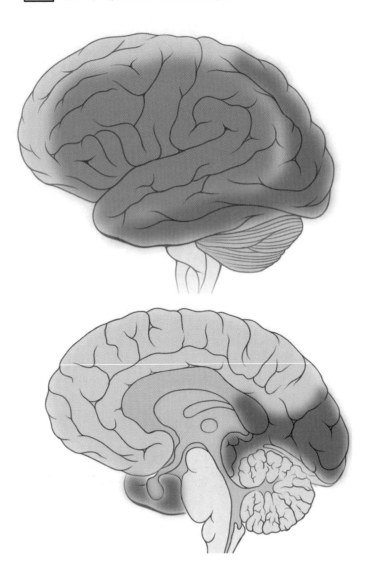

8. 뇌영역 구분

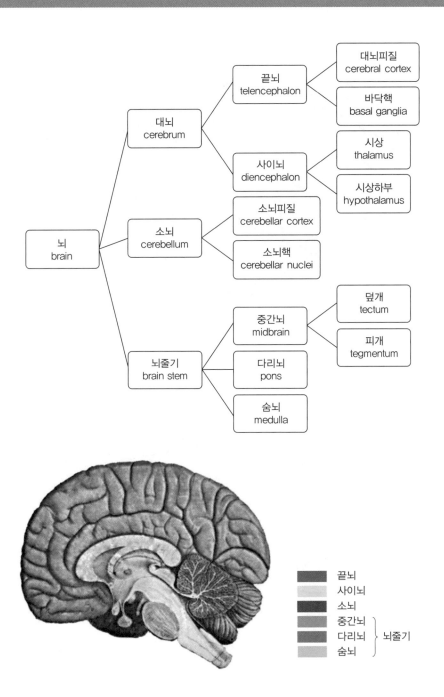

		대뇌피질 cerebral cortex
	끝뇌 telencephalon	바닥핵 basal ganglia
대뇌 cerebrum		시상 thalamus
	사이뇌 diencephalon	시상하부 hypothalamus

끝뇌
사이뇌
소뇌
중간뇌
다리뇌 } 뇌줄기
숨뇌

9. 대뇌피질

바깥면

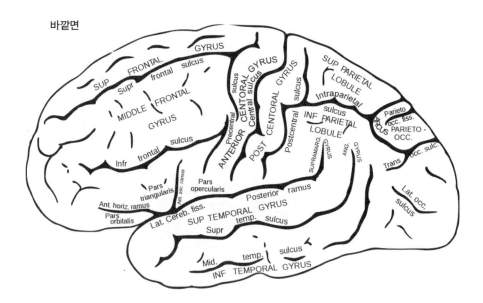

안쪽면

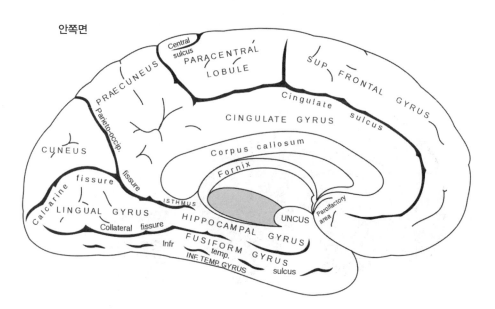

10. 피질밑 구조

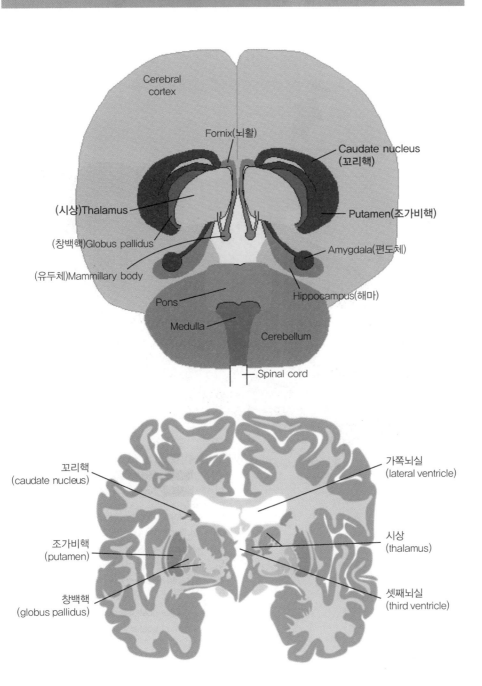

11. 시상

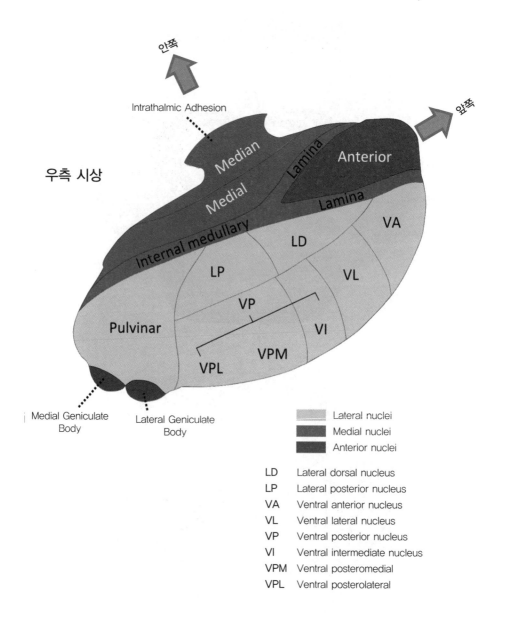

우측 시상

안쪽

앞쪽

Intrathalmic Adhesion

Median

Medial

Lamina

Anterior

Lamina

Internal medullary

LD

VA

LP

VL

VP

VI

Pulvinar

VPM

VPL

Medial Geniculate
Body

Lateral Geniculate
Body

	Lateral nuclei
	Medial nuclei
	Anterior nuclei

LD	Lateral dorsal nucleus
LP	Lateral posterior nucleus
VA	Ventral anterior nucleus
VL	Ventral lateral nucleus
VP	Ventral posterior nucleus
VI	Ventral intermediate nucleus
VPM	Ventral posteromedial
VPL	Ventral posterolateral

12. 피질척수길, 뇌줄기

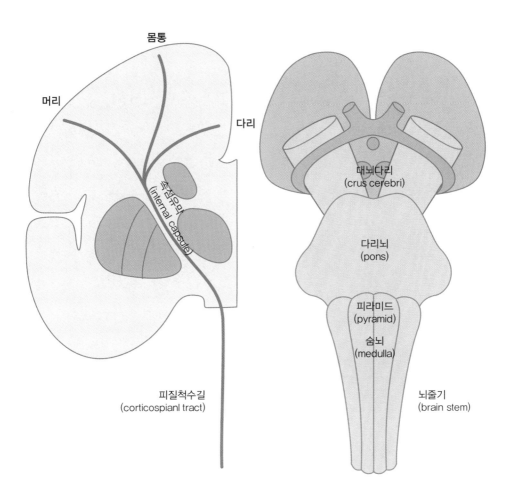

몸통

머리

다리

속섬유막
(internal capsule)

대뇌다리
(crus cerebri)

다리뇌
(pons)

피라미드
(pyramid)

숨뇌
(medulla)

피질척수길
(corticospianl tract)

뇌줄기
(brain stem)

찾아보기

ㄹ

ㅁ

ㅈ

ㅎ

저자 소개

Christopher M. Filley

콜로라도대학교 의과대학에서 신경과와 정신과 교수로 재직하고 있으며, 행동신경학부의 부장으로도 활동하고 있다. 또한 덴버재향의학센터의 신경학 클리닉의 책임자로도 활동하고 있다. 그는 1996년 이래 미국의 가장 훌륭한 의사 명단에 계속해서 수록되고 있다.

역자 소개

김홍근

고려대학교에서 심리학을 부전공한 후, 미국 University of Chicago에서 신경심리학으로 박사학위를 받았다. 1992년 이래 대구대학교의 재활심리학과에서 교수로 재직 중이다. 주요 관심 분야는 기억기능, 전두엽-관리기능, 뇌반구 전문화, 디폴트 네트웍, 기능신경영상, 임상신경심리검사 등이다. 관련 논문을 『Journal of Neuroscience』, 『Neuropsychologia』, 『Cerebral Cortex』 등의 SCI급 학술지에 수십 편 발표하였으며, 여러 SCI급 학술지의 논문심사위원으로 활동하였다. 또한 국내 임상 현장에서 많이 사용되는 「Rey-Kim 기억검사」, 「Kims 전두엽-관리기능 신경심리검사」, 「노인용 인지검사」 등의 검사도구를 제작하였다. 홈페이지는 https://sites.google.com/site/hkimlab2012이다.